동아시아의 역사분쟁

동아시아의
역사분쟁
歷史紛爭

송기호 지음

솔

The Clash of Histories in East Asia
written by Kiho Song All rights reserved. © Sol publishing co. 2007

책을 내면서

마침내 금년 1월에 중국의 동북공정 사업이 종결되었다. 2002년 2월부터 5년간 실행되었던 중국의 이 정책 사업은 그동안 한·중 간에 많은 갈등을 야기했지만, 이제는 언제 그랬냐는 듯이 세인의 관심 밖으로 밀려나버린 느낌이다. 지금까지의 논란을 정리하여 앞으로의 감계로 삼으려는 움직임도 별로 보이지 않는다.

올해 1학기 교양강의를 마치기 전에 학생들에게 수강 소감을 적게 했다. 그 가운데 신입생의 글이 눈에 들어왔다. "저는 동북공정 같은 것에 대해서 들어보지도 못하고 이번에 처음으로 알게 되었는데요"라고 올린 것이다. 5년간이나 언론에 오르내리고 인구에 회자된 동북공정을 들어본 적조차 없다고 했다. 기가 막혔지만 이것이 우리 교육의 현주소인 셈이다.

이 책은 원래 '동아시아의 한국고대사 논쟁'이란 교양 과목의 교재로 쓴 것이다. 교과목 명칭에서는 동북공정 때문에 고대사가 강조되었지만, 실제로는 한국 역사와 영토를 둘러싸고 동아시아 삼국 사이에 벌어지는 작금의 쟁론을 체계적으로 정리하여 소개한 것이다. 사실 이러한 책이 없는 현 상황에서 입문서의 역할도 할 수 있기를 내심 기대한다.

이 책을 완성하기까지 3년 정도의 준비 기간이 필요했다. 2004년 중반에 교무처장으로부터 핵심교양 과목을 개발해달라는 제안을 받았다. 그때는 동북공정 문제가 국내에서 큰 이슈가 되었던 때라 가을에 이 주제로 강의계획을 제출했다. 2005년 1학기와 2학기에 걸쳐 강의를 하면서 강의안을 완성했고, 2006년에 밴쿠버 브리티시 컬럼비아 대학에서 보낸 안식년을 이용하여 집필을 마칠 수 있었다. 그리고 2007년 1학기에 이를 교재로 실험 강의를 하면서 미진한 부분을 대폭 보완하여 마무리 짓게 되었다.

이 책은 후반부에 있는 동북공정 문제가 핵심을 이루고 있고, 마지막 장에 제시한 한국사의 정체성은 그에 대한 필자 나름의 답변 성격을 띠고 있다. 그렇지만 그것만으로 불충분하다는 생각이 들어서 한·중·일 사이에 현안이 되어 있는 다른 문제들도 함께 다루었다. 역사교과서 및 민족주의 문제, 영토 문제 등이 그러하다. 그뿐 아니라 한국사를 바라보는 다양한 관점들도 정리해보았다.

이러다 보니 필자가 그동안 연구해왔던 분야를 벗어나는 경우도 있게 되었다. 이 부분에 대해서는 필자 개인의 판단을 자제하고, 전문가의 입을 빌려서 논지를 전개하는 방식을 많이 채택했다. 본문에 인용문이 다수 제시된 것은 이 때문이다. 또한 대립되는 두 견해를 객관적으로 비교하여 제시함으로써 학생, 독자들의 객관적 사고를 이끌어내는 데에 중점을 두었다. 한쪽 견해에 치우치게 되면 논쟁의 본질을 이해하는 데 별로 도움이 되지 않는다고 생각해서 되도록이면 중립 자세를 견지하려고 노력했다. 그것이 교재의 기본 성격이란 생각이 든다.

이 책을 읽어보면 느낄 수 있겠지만, 국가 간에 벌어지는 논쟁은 역사 문제이건 영토 문제건 간에 상호 배치되는 이중 잣대에 바탕을 두고 있다. 과거에 우리 것이었다는 주장과 근대에 와서 새롭게 우리 것이 되었다는 주장이 그것이다. 예컨대 일본이 북방 4개 도서가 자신의 영토라 하는 것은 전자에 해당하고, 센카쿠열도의 연고권을 주장하는 것은 후자에 해당한다. 중국학계가 한반도의 고구려마저 중국사라 하는 것은 전자에 속하는 것이요, 중국 안의 역사가 모두 중국사라는 것은 후자에 속한다. 우리의 상황도 결코 이와 다르지 않다. 독도 문제를 국제 이슈화하는 데에 반대하면서 동해 표기 문제는 국제기구로 끌고 가려고 한다. 따라서 이런 조건이라 한다면 아무리 논쟁을 해도 해결될 수가 없다. 학문보다는 힘의 논리가 앞설 수밖에 없다. 학술이 아니라 정치의 문제가 되는 것이다.

그렇다고 한국사 연구자로서 수수방관만 할 수도 없는 노릇이다. 그래서 나름대로의 생각을 제시한 것이 제9장이다. 우리 역사를 통관해보면 영토와 영토 의식, 역사와 역사의식은 항상 변해온 것을 알 수 있다. 그런 변화 속에도 변하지 않는 핵심이 있었다. 삼한, 즉 삼국이 한국사의 범주인 것은 한국과 중국이 모두 인정해왔으며, 적어도 압록강 이남의 영토는 중국에서 넘보지 않았다. 따라서 이마저 부정하려는 중국의 최근 태도는 버려야 할 것이다. 그렇지 않으면 상호 갈등과 분란이 끊임없이 야기될 수밖에 없다.

이 책에서는 독자의 이해를 돕기 위해서 '읽기자료'를 붙이고, 사진과 그림자료를 많이 첨가했다. '읽기자료'는 원래 각 장마다 넣으려 했으나 분량이 너무 늘어나는 문제가 발생하여 최소한으로 줄였다. 사진은 되도록이면 필자가 평소에 찍어둔 것을 활용했지만, 그것만으로는 미진하여 신문과 인터넷 자료도 활용했다. 마침 동북공정 문제가 불거진 초기부터 일일이 스크랩해두었던 것이 큰 도움이 되었다.

그러나 막상 출판하려 하니 저작권 문제가 불거지게 되었다. 정식으로 저작권료를 지불하려다보니 인문학 도서의 수익성으로 볼 때에 도저히 감당할 수 없을 정도였다. 또 일일이 접촉해서 해결할 수도 없는 노릇이었다. 그렇다고 이를 빼자니 책의 특색을 살릴 수가 없었다. 갈수록 '읽는 책'에서 '보는 책'으로 변해 가는데, 저작권 문제를 해결해줄 만한 제도가 마련되어 있지 않다는 사실을 절감했다. 그래서 출판사 측에 이 문제 처리를 떠넘기고 말았다.

이런 어려움이 있음에도 책을 흔쾌히 내주기로 한 친우 임양묵 솔 출판사 사장에게 감사를 표한다. 문장을 가다듬고 복잡한 삽도를 잘 처리하고 저작권 문제까지 해결하려 노력해준 편집진에게도 고마움을 전한다. 아울러 '읽기자료'로 활용할 수 있도록 허락해주신 다카하시 데쓰야高橋哲哉, 에드워드 슐츠Edward J. Shultz 교수, 사진이나 표 등을 제공해준 정병준, 호사카 유지保坂祐二, 김낙년 교수, 이형석 백두문화연구소 대표에게도 감사를 드린다. 원고의 교정에 김수진, 홍기승 대학원생도 수고해주었다.

개인적으로는 올해 가장 힘든 시기를 보내고 있다. 신경이 예민해서 고생하는데다가 허리 통증까지 겹쳤기 때문이다. 그래도 틈틈이 시간을 내서 수정을 하고 교정을 볼 수 있어서 그나마 다행이었다. 하루 빨리 내게 드리운 어두운 구름이 걷혔으면 하는 바람이다.

2007년 7월 20일
구름 낀 관악산 아래에서

| 차례 |

책을 내면서 • 5

제1장 · 민족주의와 역사교육 • 13

    1. 일본의 우익세력과 역사 교과서 • 15
    2. 중국의 부상과 애국주의 역사교육 • 30
    3. 남북한의 민족주의 역사학 • 38

    읽기자료 1   일본의 망언 사례들 • 46
    읽기자료 2   '정신의 자유'와 일본의 민주주의 • 49

제2장 · 영토분쟁과 역사 • 67

    1. 동아시아의 영토분쟁 • 67
    2. 백두산 정계비, 간도 문제 • 73
    3. 독도 영유권과 동해 표기 • 82
    4. 연해주와 한국사 • 91

    읽기자료   다케시마와 독도 • 95

제3장 · 한국사의 관점 논쟁 • 105

    1. 식민주의사관과 반식민주의사관 ― 일본과 남북한 • 106
    2. 식민지수탈론과 식민지근대화론 ― 한국사와 경제사 • 116
    3. 한국사의 특수성과 보편성 ― 미국과 한국 • 124
    4. 가야와 임나 ― 한국과 일본 • 127

제4장 · 중국의 동북공정과 한국사 체계 • 139

    1. 동북공정과 역사 인식 • 140

    2. 동북공정의 배경 • 151

    3. 만주와 한국사 체계 • 161

제5장 · 중국의 영토관과 민족관 • 171

    1. 전통시대의 천하관과 화이사상 • 172

    2. 신중국의 새로운 인식 • 183

    3. 중국 밖에서의 관점 • 200

제6장 · 중국의 인식1—한민족, 고조선, 부여, 발해 • 209

    1. 만주 종족과 한민족 형성 • 210

    2. 고조선과 한사군, 부여와 북옥저 • 215

    3. 발해 • 222

    읽기자료   발해는 과연 중국사인가? • 238

제7장 · 중국의 인식2—고구려 • 247

    1. 중국의 고구려사 인식 • 249

    2. 중국의 주요 주장들 • 255

    읽기자료   고구려사 연구의 몇 가지 문제에 대한 시험적 논의 • 276

제8장 · 분쟁의 해법 찾기 • 287

    1. 동북공정에 대한 국내 반응 • 288

    2. 탈민족주의론 • 292

    3. 제3의 역사론 • 298

    4. 역사 공유론 • 303

    5. 기타 인식들 • 305

제9장 · 한국사의 정체성 • 311

    1. 역사 의식 • 312

    2. 국경과 영토 의식 • 324

    3. 독자적인 천하관 • 332

    4. 연구의 미래 • 340

    읽기자료   외국학계의 시선으로 본 고구려 문제 • 344

찾아보기 • 351

| 제1장 |
민족주의와 역사교육

일러두기
1. 미처 처리하지 못한 저작권 문제는 추후라도 해결할 터이니 연락을 바랍니다.
2. 본문 인용문의 자세한 출처는 장마다 붙인 참고문헌을 참조하기 바랍니다.
3. 인용문은 본문과 일관성을 유지하기 위해서 외래어 표기나 일부 문구를 바꿨습니다.

제1장
민족주의와 역사교육

　우리가 살고 있는 지역을 '동북아시아' 또는 '동아시아'라 부른다. 이곳에 속해 있는 국가로는 남·북한을 비롯하여 중국과 타이완, 일본이 있다. 그렇지만 역사의 긴 흐름에서 볼 때 중국과 타이완 그리고 남한과 북한의 분단은 잠정적이고 일시적인 상황에 불과하며, 동아시아는 크게 한·중·일 삼국으로 압축할 수 있다.

　중국의 면적과 인구는 각각 960만 제곱킬로미터와 13억 명이다. 일본은 38만 제곱킬로미터와 1억 3,000만 명, 남북한은 22만 제곱킬로미터와 7,000만 명 정도가 된다. 중국은 러시아와 캐나다에 이어 세계에서 세 번째로 큰 영토를 가졌고, 아시아 대륙의 5분의 1을 넘으며, 한반도보다는 43배 이상 크다. 일본도 한반도의 1.5배 이상 큰 나라다. 이렇게 큰 나라가 둘러싸고 있는 사실에 대해서 우리는 둔감한 편이다. 세계가 경계의 눈초리를 보내는 이들 나라를 오히려 우습게 여기는 경향마저 보인다.

　한·중·일 삼국은 아시아 전체 면적의 23퍼센트를 차지하고, 전체 인구의 42퍼센트를 차지하는 거대한 덩어리다. 이 삼국은 장기간 이웃하면서 때로는 친선하고 때로는 반목했다. 그중에서도 한국과 중국은 전통적으로 밀접한 관계를 유지했지만, 이에 비해 일본은 바다 건너 따로 떨어져 상대적으로 이 두 나라와 거리를 두어왔다. 그러나 근대에 들어와서 동아시아의 국제질서가 새롭게 재편되었다. 남한은 일본 및 미국과 협력 관계를 맺었고, 사회주의 진영을 이루었던 중국과 북한, 러시아는 또 다른 블록을 형성했다.

　냉전체제가 무너진 지금에 이르러서도 이러한 양대 진영의 대결구도는 흔들림이 없다. 그림1-1 한·미·일을 중심으로 하는 삼각동맹체제가 형성되어 있고, 그에 대응하여 중·러

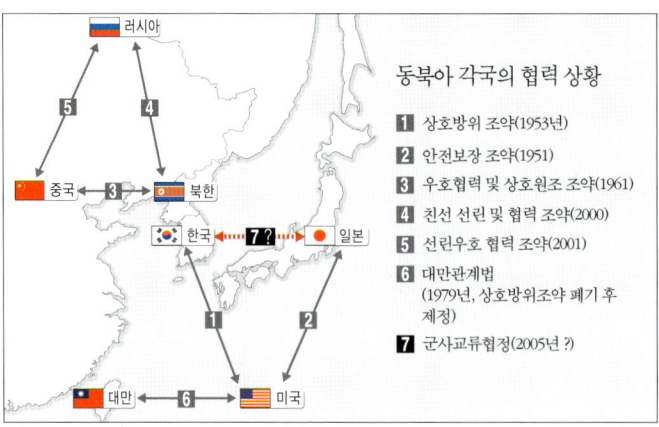

그림 1-1 동북아시아 각국의 협력 상황(《중앙일보》 2005. 8. 26)

가 합동군사훈련을 진행하는 등, 두 진영의 군사적 대결구도는 여전하다. 그러나 군사적 대결로만 그치는 것이 아니라 북한의 핵 개발, 영토분쟁, 타이완 독립, 역사와 교과서 문제 등, 여러 현안들이 얽히면서 지역 내 대립과 갈등은 복잡한 양상을 띠고 있다. 그림1-2 한반도 일대에서 벌어지는 이러한 대립구도를 타파하기 위해서 2005년에 대통령이 '동북아 균형자론'을 제기하여 균형추 역할을 자임하고 나섰으나, 이러한 이상론이 힘을 얻을 수 있을지는 아직도 미지수다.

지금 세계의 다른 곳에서는 지역공동체를 형성하여 공동 번영을 추구하고 있다. 미국, 멕시코, 캐나다의 북미자유협정NAFTA이나 유럽 각국이 만든 유럽연합EU 체제가 대표적인 예다. 그러나 이에 대응할 아시아인의 공동체는 논의만 무성할 뿐이지 구체적 실현 가능성은 당분간 적어 보인다. 공동체 형성에 발목을 잡고 있는 원인 중 하나는 바로 동아시아 삼국의 과도한 민족주의다.

일본은 근래에 들어서 더욱 우경화되어가고, 중국은 경제발전을 바탕으로 패권대국을 지향하고 있다. 양국 모두 과거 역사에 매몰되어, 반성보다는 미화하는 데 골몰하고 있으며, 책임 문제는 상대국에 떠넘기려는 자세를 취하고 있다. 남·북한의 역사 인식, 세계정세 인식도 민족주의에 과도하게 경도되어 있다는 점에서 결코 이 지적에서 자유로울 수 없다.

이렇게 동아시아 삼국이 겉으로는 서로 대결하면서 안으로는 서로 닮아가고 있다는 점에서 동아시아 국가들을 '적대적 공범관계' 또는 '내연의 적'으로 규정한 지적은 수긍되는 면이 있다.

최근의 역사전쟁에서 보듯이 동아시아의 민족주의는 서로가 서로를 배제하고 타자

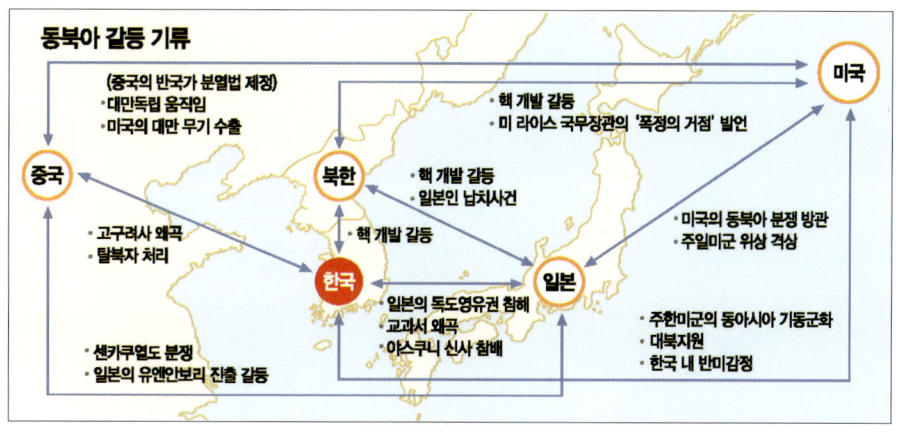

그림 1-2 동북아시아 각국의 갈등 상황(《동아일보》 2005. 3. 17)

화한다는 점에서 현상적으로는 첨예하게 충돌하지만, 사유의 기본적인 틀과 이데올로기적 전략을 공유한다. 적대적이면서 동시에 공범자적 관계를 구성하는 것이다. 이 '적대적 공범관계' 속에서 동아시아의 민족주의는 서로가 서로를 배제하고 타자화시키면서도 동시에 서로가 서로를 살찌우고 강화시켰던 것이다. 민족주의를 국민 통합과 동원의 지배 이데올로기로 삼는 동아시아의 국가권력은 표면적으로는 적이지만 실제로는 내연관계를 맺고 있는 '내연의 적'인 것이다. 이들은 동아시아의 민중들 사이에 민족적 냉전체제를 조성하고 끊임없이 그것을 재생산함으로써 권력의 헤게모니를 강화해왔다.

_임지현, 26~27쪽.

이제 한 · 중 · 일의 이러한 현실을 역사 교과서 문제를 중심으로 검토해보도록 하겠다.

1. 일본의 우익세력과 역사 교과서

1.1. 우익세력의 실상

일본의 우익세력은 과거 역사를 미화하고 민족적 우월성을 내세우는 폐쇄적 민족주의의 성향을 띠고 있다. 이들은 천황제를 지지하고, 이를 뒷받침하는 일본의 고유 종교인 신도神道와도 밀접한 연관을 가진다. 현실적으로는 일본의 군사대국화를 꿈꾸면서 자위대를 정식 군대로 만들려 하고 이들의 해외 파병을 지지한다. 이런 세력은 지금 정치, 언론, 경제 등 일본사회 곳곳에 포진하고 있다. 그림1-3 이 점은 우리 사회와 구별된다. 특히 일간지인 〈산케이産經〉 신문과 〈요미우리讀賣〉 신문, 월간지 〈세이론正論〉이 우익을 대변하고 있다.

이들이 최근에 더욱 득세할 수 있었던 배경으로는 우선 1990년 일본의 경제 위기를 들 수 있다. 1980년대에 구가했던 최대 호황기가 버블경제로 이어지고 1990년대 들어 그 거품이 꺼지면서 경제적 위기를 맞이하게 되자, 일본은 이러한 위기에 대한 정신적 보상을 과거 역사에서 찾았다. 이와 함께 새로운 주도세력으로 등장한 전후세대는 제2차 세계대전이 끝난 직후에 태어난 베이비 붐 세대로서 단카이團塊세대라고도

일본 사회의 주요 우익세력

정치권
- 일본의 장래와 역사 교육을 생각하는 의원들의 모임
- 일본회의
- 다함께 야스쿠니 신사에 참배하는 일본 국회의원 모임

언론계
- 신문: 산케이, 요미우리 신문 등
- 출판업계: 세이론(후소샤), 쇼쿤(분게이슌주사), 주간신초(신초샤), SAPIO (쇼가쿠칸) 등

경제계
- 미쓰비시중공업·가지마 건설·후코쿠 생명·아지노모토·주가이(中外)제약·히노자동차 판매·스미토모생명 등의 전·현직 임원들이 개별 참여

그림 1-3 일본의 주요 우익세력(〈중앙일보〉 2005. 4. 26)

하는데, 이들을 중심으로 하는 네오콘neocon(신보수주의자)은 과거 전쟁의 책임은 전전세대戰前世代에게 있고 자신들과는 무관하다고 생각하고 있다. 이러한 전후세대 네오콘들이 일본의 집권당인 자민당과 내각에서 중심세력을 이루고 있다. 그림1-4

2006년 현재 중요한 정치적 지위에 있는 인물들의 가계 내력도 눈여겨볼 필요가 있다. 2009년 처음 정권 교체가 이루어졌다고 하지만 제국주의시대 이래로 권력이 지속적으로 계승되고 있다. 고이즈미 준이치로小泉純一郞의 할아버지와 아버지는 모두 태평양전쟁의 전범인 도조 히데키東條英機 편에 섰던 정치인이었고, 아베 신조安倍晉三의 외할아버지는 만주국 책임자로서 A급 전범이었던 기시 노부스케岸信介였다. 아소 다로麻生太郞는 일제시대에 조선인 징용으로 악명이 높았던 규슈九州 이즈카飯塚의 아소탄광 가문 출신이면서 만주 펑티엔奉天의 총영사를 역임하고 전후 초대 총리가 된 요시다 시게루吉田茂의 외손자다.

일본 우익세력의 동향과 관련하여 첫째로 그들의 계속되는 '망언'을 언급하지 않을 수 없다. 이들은 전통적으로 한국에 대한 비하 발언을 서슴지 않았으니, 이를 흔히 '망언'이라 부른다. 그림1-5 그러한 대표적인 사례로 두 가지를 들어보겠다.

사례 1

1948년경 스즈키 다케오鈴木武雄(경성제대 교수로 재직 후 도쿄대학 교수로 재직) **망언**

■ 고이즈미 내각과 자민당의 '네오콘'들

고이즈미 준이치로 (小泉純一郎·63) 총리
- 매년 1회 야스쿠니 참배
- 전쟁대비법인 유사법제 통과, 이라크에 자위대 파병

아소 다로 (麻生太郎·65) 총무상
- 자민당 교육기본법 검토특별위원회 위원장
- 우익 단체 '일본회의' 산하 국회의원 간담회 회장
- "창씨개명은 조선인들이 원해서 했다" 망언

마치무라 노부타카 (町村信孝·60) 외상
- 도쿄대 재학시 우파 학생운동 리더
- 2001년 문부과학상 당시 왜곡 역사 교과서 검정 통과

나카야마 나리아키 (中山成彬·62) 문부과학상
- 왜곡 교과서 지원하는 '일본의 앞날과 역사교육을 생각하는 모임' 대표 출신

나카가와 쇼이치 (中川昭一·52) 경제산업상
- '일본의 앞날과 역사교육을 생각하는 모임' 대표 출신
- 일본회의 산하 국회의원간담회 회장 대리
- 납치의원연맹 회장
- 역사 교과서 문제를 생각하는 초당파 의원연맹 회장

고이케 유리코 (小池百合子·53) 환경상
- 납치의원연맹 부회장
- 역사 교과서 문제를 생각하는 초당파 의원연맹 회장

다니가키 사다카즈 (谷垣禎一·60) 재무상
- 자민당 역사검토위원회 소속

아베 신조 (安倍晋三) 자민당 간사장 대리
- 자민당 납치문제대책본부장(대북 강경파의 선봉장)
- 역사 교과서 문제를 생각하는 초당파 의원연맹 회장

그림 1-4 일본의 우익 정치가들(《조선일보》 2005. 3. 14)

    일본의 조선 통치가 구미 강국의 식민지 통치보다 심하게 조선인을 노예적으로 착취하고 그 행복을 유린했다는 논고에 대해서는 정당한 항변의 여지가 있다고 나는 믿는다. 뜻대로 안 된 많은 실패도 있지만, 일본의 조선 통치는 이상으로서는 이른바 식민지 지배를 지향한 것은 아니었다. [중략] 제1차 세계대전 전야, 20세기 초두의 세계정세 및 세계사조와 그때까지의 조선의 상태, 즉 어떠한 의미에서도 완전한 독립국으로서 자립할 만한 힘을 갖지 못했던 조선의 상태를 돌아볼 때, 이것은 반드시 일본만이 책망을 들어야 할 탐욕스러운 팽창정책이라고는 말할 수 없을 것이다. [중략] 조선 경제가 그토록 비참한 상태에서 병합 후 불과 30여 년 사이에 지금과 같은 일대 발전을 이루게 된 것은 분명 일본이 지도한 결과라 해도 과언이 아니다. [중략] 재정면에서는 일본의 조선에 대한 원조는 정산해보면 플러스다.

_다카사키 소오지, 236쪽.

사례 2
1986년 10월 후지오 마사유키藤尾正行 문부상 제2차 망언

    가령 침략이 있었다고 해도 침략을 받은 측에도 여러 가지로 생각해야 할 문제가 있다고 나는 생각합니다. 예를 들면 일청전쟁이라는 것을 생각해보면, 당시 조선반도는

그림 1-5 망언 만평《조선일보》 2007. 4. 2）

도대체 어떠한 정세에 있었는가. 다름 아닌 청국의 속령입니다. 그 청국의 조선에 대한 영향이라는 것은 웬일인지 언급되지 않습니다.

그래서 청국이 일본에 패해, 그 대신 일본이 진출하려고 했는데 삼국간섭이 있었지요. 일본은 굴복을 강요당했고, 그 뒤에 어슬렁어슬렁 나온 것이 러시아입니다. 이것을 그냥 놔두었으면 조선반도는 러시아의 속령이 되어 있었을지도 모릅니다. 일본의 입장에서 보면 (미운 놈의) 배때기가 나타난 것이니까, 어떻게 하든 이것을 저지하지 않으면 안 된다, 그 뿌리를 자르려고 하는데 러일전쟁이 일어난 것이지요.

지금 한국에 대한 침략이라고 한창 거론되고 있는 한·일의 합방에서도, 적어도 그만한 역사적 배경이 있었을 것입니다. 한·일의 합방이라는 것은 당시 일본을 대표하고 있던 이토 히로부미와 한국을 대표하고 있던 고종 간의 담판과 합의에 기초해서 이루어진 것입니다.

_다카사키 소오지, 247~248쪽.

일본의 한반도 지배는 청나라와 러시아의 손길로부터 벗어나게 해준 은혜로운 조치였으며, 그것도 한국과의 합의를 거친 것이었다. 따라서 그것은 결코 침략이나 착취가 아니었으며, 오히려 한국의 경제를 발전시켜 근대화를 이룩해주었다고 한다. 이러한 주장은 2005년 3월에 국내에서 문제가 되었던 한승조의 칼럼에서도 그대로 드러난다.

그 당시의 국제 정세와 열국과의 관계를 잘 알게 되면 한국이 당시에 러시아에게 점거 병탄되지 않았던 것이 오히려 다행스러운 일이었음을 알 수가 있다. 만일 러시아에 합방 병탄되었더라면 어떠한 결과가 생기며 어떻게 되었겠는가를 생각해보라. 그러면 1917년 러시아 혁명으로 인하여 한국은 공산화를 면하기가 어려웠을 것이다. 스탈린이 집권하자 그는 1930년대에 그랬듯이 대규모의 민족 이주정책을 강행하여 한국민들을 시베리아나 중앙아시아 오지로 이주시켜서 마구 분산 수용했을 것 같다. 〔중략〕

이런 역사적인 사실로 보아서 한반도가 러시아에 의하여 점거되지 않고 일본에게 합방되었던 것이 얼마나 다행이었던가? 오히려 근대화가 촉진됨으로써 잃은 것에 못지 않게 얻은 것이 더 많았음도 인정해야 할 것 같다.

 필자가 또 일본의 식민통치를 받은 것이 불행 중 다행이었다고 생각하는 이유 중의 하나는 한·일 양국의 인종적 또 문화적인 뿌리가 같았음으로 인하여 한국의 민족문화가 일제 식민통치의 기간을 통해서 더욱 성장 발전 강화되었을망정 소실되거나 약화되지 않았기 때문이다. 한국의 역사나 어문학 등 한국학 연구의 기초를 세워준 것이 오히려 일본인 학자들과 그의 한국인 제자들이 아니었던가? 이런 말에 또 흥분하는 사람들도 있겠지만 사실은 사실로 받아들이는 객관성을 중시함이 학문하는 올바른 자세일 것이다. 〔중략〕위와 같은 점을 감안할 때 일본의 한국에 대한 식민지 지배는 오히려 천만다행이며 저주할 일이기보다는 도리어 축복이며 일본인들에게 고마워해야 할 사유는 될지언정 일정日政 35년 동안 일본에게 저항하지 않고 협력하는 등 친일 행위를 한 것 때문에 나무라고 규탄하거나 죄인 취급을 해야 할 이유가 없는 것이다.

_〈세이론正論〉 2005년 4월호.

 둘째로 일본 총리의 야스쿠니 신사靖國神社 참배 문제를 들 수 있다. 일본 도쿄에 있는 이 신사는 1869년에 창설되었고, 1874년 일본군의 타이완 출병 이후 모든 전쟁과 식민지 지배 과정에서 사망한 사람들의 위패가 봉안되어 있다. 따라서 제2차 세계대전의 전범은 물론이고, 나아가 운요호 사건(강화도 사건), 임오군란, 갑신정변을 비롯한 한국 침략 과정에서의 전사자, '한국 폭도 진압 사건', '조선인 토벌' 등으로 부르는 식민지 지배 때 사망한 사람들도 합사되어 있다.

 총리의 방문이 순수한 참배의 의미가 있을지는 몰라도 주변국에서는 과거 군국주의와 연관지어 생각하지 않을 수 없는 이유가 여기에 있다. 이에 따라 적어도 제2차 세계대전의 A급 전범만이라도 다른 곳에 봉안하기를 요구하고 있다. 그러나 도쿄대학 다카하시 데쓰야 高橋哲哉의 견해에 따르면 그것만으로 부족하다고 한다.

 자, 가령 야스쿠니 신사로부터 A급 전범이 분사되었다고 합시다. 또한 한국, 타이완, 그리고 일본인 유족 중 일부로부터도 제소되고 있는 합사 취소 요구에 야스쿠니 신사가 응했다고 합시다. 그래도 아직 일본 민주주의에서 매우 중요한 '야스쿠니 문제'가 남습니다. 일본 수상이나 천황의 야스쿠니 참배가 헌법상의 정교분리 원칙에 위배되는 것이 아닌가 하는 문제 말입니다. 〔중략〕 야스쿠니 신사는 구 제국시대에는 국가기관이었지만, 패전 후에는 민간 신도계 종교단체이며 종교법인법상 '종교법인'에 지나지 않습니다.

_다카하시 데쓰야, 서울대학교 강연문, 2005. 3. 31.

즉 일본 총리의 공식적인 신사 참배가 일본 헌법에 위배된다는 것이다. 일본이 패전한 뒤에 연합군의 점령하에서 만들어진 평화헌법 제20조 3항에는 "국가 및 그 기관은 종교, 교육, 기타 어떠한 종교적 활동도 할 수 없다"고 규정되어 있다. 또한 일본 천황과 신도와의 종교적 연관성도 부정되었다. 이런 문제점 때문에 우익세력은 천황 숭배와 신도 확장을 위해서 헌법 개정 운동을 전개하고 있다.

헌법에 위배되는 또 하나의 문제는 군사대국화와 관련된다. 우익세력은 엄밀한 의미에서 군대라 할 수 없는 자위대를 정식 군대로 개편하기 위해 노력하고 있다. 일본 헌법 제2장은 '전쟁의 포기'란 제목 아래 제9조 1항에서 "일본 국민은 정의와 질서를 기조로 하는 국제평화를 절실히 희구하고, 국권의 발동인 전쟁이나 무력에 의한 위협 및 무력 행사는, 국제분쟁을 해결하는 수단으로서는, 영구히 포기한다"고 했고, 2항에서 "전항의 목적을 달성하기 위해서, 육해공군 기타 전력은 보유하지 않는다. 국가의 교전권은 인정되지 않는다"고 선언했다.

이에 따라 자위대는 단순히 방어를 위해서 만들어졌지만, 미·소 간의 냉전체제와 일본의 경제발전에 따라 그 규모가 계속 확대되어왔다. 더구나 1991년에 일어난 걸프전은 CNN을 통하여 전세계에 생중계되었고, 전쟁은 나쁘다고만 배워온 일본인에게 '좋은 전쟁'도 있다는 인식을 심어주게 되면서 헌법 조항에 대한 문제 제기가 더욱 활발히 일어나게 되었다. 이에 따라 일본은 2003년에 장기간 논란이 되었던 유사법제有事法制를 통과시키고 나서 이라크에 처음으로 해외 파병을 실행했다. 유사법제란 유사시, 즉 전쟁시 자위대와 정부의 대응 방침을 정한 법규를 가리킨다.

일본 우익세력의 또 다른 중요한 활동이 바로 역사 왜곡이다. 이를 지원하는 단체로서 우선 '새로운 역사 교과서를 만드는 모임新しい歷史敎科書をつくる會'이 있다. 1997년 1월에 결성된 이 단체는 〈산케이〉 신문의 전폭적인 지원과 함께 자민당 의원 모임, 우익 기업 등의 지원도 받고 있다. 이들의 창립 취지문을 들여다보자.

그런데 전후의 역사교육은 일본인이 계승할 만한 문화와 전통을 잊고 일본인의 자랑을 잃어버리게 하는 것이었습니다. 특히 근현대사에서 일본인은 자손 대대로 사죄해야 하는 운명을 지닌 죄인과 같이 취급되고 있습니다. 냉전 종결 후에는 이 자학적 경향이 더욱 강해져서, 현행 역사 교과서는 과거 적대국의 선전을 그대로 사실로서 기술하기까지 하고 있습니다. 세계에서 이런 역사교육을 하는 나라는 없습니다.

이처럼 종래의 역사 교과서 서술을 '자학사관'이라고 비판했으니, 이 모임을 주도하는 인물인 후지오카 노부카쓰藤岡信勝는 이에 대해서 다음과 같이 설명했다.

> 자국민을 인류사에 유례없는 잔학무도한 인간 집단으로 꾸미며, 자국사를 악마적 소행의 연속으로 그린다. 자국에 채찍질하고, 저주하고, 욕하고, 규탄한다. 이런 역사의 관점, 정신적 태도를 '자학사관'이라고 부르기로 한다. 자학사관은 전후의 일본사회, 특히 매스컴과 교육계에 달라붙은 병이다. 지병이다. 증식하는 암세포다. 이런 병을 제거하지 않으면 일본은 건전한 국가로 탈바꿈할 수가 없다.
>
> _하종문, 17쪽.

이리하여 새로운 역사관에 입각한 교과서를 만들겠다며《새로운 역사 교과서》를 2001년에 처음 만들어 시판했고, 교과서 채택 운동까지 벌이고 있다.

이들은 교과서 검정의 기준이 되는 '근린제국近隣諸國' 조항의 철폐 요구 운동을 펼치고 있다. 이 조항은 1982년에 아시아 각국으로부터 역사 왜곡에 대한 비판이 일자 그에 대한 해결책으로 검정 기준에 삽입한 것으로서, 일본에서의 역사 왜곡에 제동을 거는 장치가 되어왔다.

또 하나의 단체는 '일본회의日本會議'다. 이는 '일본을 지키는 국민회의日本を守る國民會議'와 '일본을 지키는 모임日本を守る會'이 통합되어 1997년 5월에 결성된 단체로, 설립 대회에 국회의원 100여 명을 비롯하여 종교계, 학계, 경제계 등 전국에서 약 1,000명이 참석할 정도로 성황을 이루었다. 특히 1981년에 우익의 대중화를 표방하면서 조직된 '일본을 지키는 국민회의'는 1986년에《신편일본사新編日本史》를 출간하여 논란을 일으켰는데, 그러한 정신이 그대로 일본회의에 계승되었다.

1.2. 일본 역사 교과서의 왜곡 문제

일본의 역사 교과서 왜곡 문제는 이미 1955년부터 불거져서 지금까지 이어지고 있으니 그 역사가 오래되었다. 그림1-6 이 가운데 1980년대 이후의 사건 경과를 간단히 살펴보자.

첫 번째 사건은 1982년의 왜곡 사건이다. 이해 6월에 고교 역사 교과서 검정에서 중국

일본 교과서 왜곡 주요일지	
1949년 4월	일본, 검정 교과서 사용 개시
55년 8월	민주당(자민당 전신), 교과서 역사 편향 기술 공격 개시
65년 6월	이에나가 사부로(家永三郞, 현 도쿄교육대 명예교수) 문부성 검정 항의 소송 제기
82년 6월	문부성, 고교 역사 교과서 검정에서 중국 '침략'을 '진출'로 바꿔쓰도록 지시한 것이 문제화
7월	한국, 중국 정부가 시정 요구
8월	모리 요시로(森喜朗), 당시 자민당 문교제도 조사회 부회장, 당특사로 방한. 미야자와 기이치(宮澤喜一) 관방장관, 일본 정부 책임으로 교과서 기술 시정 약속 담화 발표
11월	문부성, '근린제국 조항' 검정기준에 추가
84년 1월	이에나가 3차 소송
86년 7월	'일본을 지키는 국민 회의'의 고교 교과서 '신편 일본사' 검정을 둘러싸고 한국, 중국이 반발, 문부성의 이례적인 수정 지시를 거쳐 최종 합격
89년 4월	日 검정제도 전면 개정
93년 8월	고노 요헤이(河野洋平) 관방장관, 위안부 동원 일본군 관여 인정 담화 발표
96년 6월	중학교 역사 교과서 전부에 위안부 기술 등장
97년 1월	위안부 기술 등의 삭제를 요구하는 '새 역사 교과서를 만드는 모임(새역모)' 발족
2000년 9월	침략 미화, 황국 사관 중심의 '새역모' 교과서 검정 신청본 내용 파문
10월	주일 한국대사 '역사왜곡 좌시 않겠다' 천명
12월	새 모임 교과서 200여곳 수정 통보 보도
2001년 2월	한국, 중국 '새역모' 교과서 문제 정식 제기, '새역모' 교과서 검정통과 기정사실화
2월 28일	정부 이한동(李漢東) 총리주재 긴급 관계부처 회의 이정빈(李廷彬) 외교 주한일본대사 초치 정부 입장 전달
3월 1일	김대중(金大中) 대통령 3.1절 기념식사서 "日 올바른 역사인식 가져야" 언급
4일	일본 언론 새 모임 교과서 1차 수정결과 보도
29일	일본 우익교과서 등 8종 검정통과 결정
4월 3일	일본 정부 검정결과 공식 발표, 정부 강력 유감 성명
4일	한승수(韓昇洙) 외교, 주한일본대사 초치 항의
10일	최상룡(崔相龍) 주일대사 일시소환(19일 귀임)정부, 제네바 유엔 인권위에서 교과서 왜곡 정식 문제제기
12일	정부 '일본 역사교과서 왜곡대책반' 출범 전문가 분석팀 일본 교과서 왜곡실태 검토시작
19일	주일대사, 한 외교 교과서 '친서' 일본 고노 외상에 전달
24일	국사편찬위 2차 정밀검토결과 종료
27일	김대통령, 고이즈미 일 총리 통화시 적극적 대처 촉구
5월 8일	한 외교, 주한일본대사 초치해 정부 재수정안 공식 전달
2004년 4월	日 정부, 2006년 4월부터 사용할 교과서 신청본 접수 (새역모 교과서 포함 8종 접수), 검정 돌입
2005년 3월말~4월초	日 정부, 신청본 검정결과 발표예정(8월까지 채택)
2006년 4월	채택본 학교에서 사용

그림 1-6 일본 교과서 왜곡 일지(《연합뉴스》 2005. 3. 11)

'침략'을 '진출'로 바꿔 쓰거나 침략의 주체를 모호하게 서술하도록 문부성이 지시해 파문이 발생했다. 예를 들어서, 청일전쟁의 발발에 대해서 검정 전에는 "1894년 7월 일본 함대가 청의 함대를 공격하고"라고 기술했던 부분이, 검정 후에는 "일·청 양국의 함대에 의한 해전이 인천과 가까운 풍도만에서 일어났다"로 바뀌었다.

이에 따라 한국과 중국에서 시정을 요구했고, 8월에는 전국적인 궐기대회가 국내에서 일어났다. 결국 일본정부로부터 시정 약속을 받아냈고, 11월에는 문부성에서 검정 기준으로 '근린제국' 조항을 신설했다. 그 내용은 "근린近隣 아시아 여러 나라와의 근현대 역사적 사상事象을 다룰 때 국제 이해와 국제 협조의 견지에서 필요한 배려가 이루어져야 한다"고 되어 있다.

이에 대해서 국내에서는 두 가지 반응이 나타났다. 하나는 국수주의적인 사관을 내세우는 아마추어 역사학자들인 재야사학자가 득세한 것이다. 당시 전두환 정권에서는 이를 부추기는 분위기였으니, 군대 및 예비군 내의 정신교육에서는 주로 그런 내용을 다루게 했고, 국수주의사관에 입각한 잡지에 출판 지원금을 내주었다. 다른 한편으로 보수적인 언론인 〈조선일보〉와 〈동아일보〉가 극일 운동을 주도해나갔고, 나중에는 국수주의사관에 가까운 글을 연재했다.

다른 하나는 492억 원에 달하는 국민 성금을 모금하여 독립기념관을 세운 것이다. 당시에 독립이란 용어가 신생국가를 연상시킨다고 해서 적절하지 않다는 지적도 있었으나 그 명칭은 지금까지 그대로 내려오고 있다. 이처럼 일본의 역사 왜곡에 대한 국내의 대응은 임지현의 지적처럼 비슷한 성향을 지닌 쌍생아를 길러내는 방향으로 나타났다. 상대를 비판하면서 오히려 닮아가는 사례는 흔히 볼 수 있다.

여기에 덧붙일 것은 이때 비로소 한국에 대한 내용이 외국 교과서에 어떻게 서술되어 있는지 검토하는 작업이 시작되었다는 점이다. 한국에 대해서 왜곡된 내용을 찾아서 수정을 요구하는 '한국바로알리기사업'은 그동안 한국교육개발원이 담당하다가 2003년에 한국학중앙연구원 한국문화교류센터로 이관되었다.

두 번째 사건은 2001년의 왜곡 사건이다. 전해에 '새로운 역사 교과서를 만드는 모임'이 만든 교과서 검정 신청본이 공개되어 파란을 일으켰고, 2001년 2월에 와서 한국과 중국에서 정식으로 문제를 제기했다. 그러나 일부 수정을 거쳐 이 교과서가 검정을 통과했다. 한국 측에서는 문제가 된 후소샤扶桑社 교과서에서 25개 항목을, 기존의 7개 교과서에서 10개 항목을 추출하여 시정을 요구했다.

일본 교과서의 설명 부분과 한국 측에서 제기한 문제점을 몇 가지만 추려서 예로 들어보겠다.

주제	후소샤 교과서 내용	지적 사항
삼국 조공설	· 570년 이후가 되자 동아시아 일대에 지금까지 일어난 여러 국가의 움직임과는 다른 새로운 사태가 일어났다. 고구려가 돌연 야마토 조정에 접근해와 조공한 것이다. 이어서 신라와 백제도 마찬가지로 일본에 조공을 했다. 삼국이 서로 견제한 결과였다.	· 《일본서기》만을 근거로 한 기술(한국과 중국의 역사서에는 없는 내용). · 6세기 이후 삼국이 일본보다 정치·문화적 우위에 있었다는 것이 한·일 학계의 통설.
임진왜란	· 1세기 만에 전국의 통일을 이루자 도요토미 히데요시의 의기는 왕성해졌다. 히데요시는 다시 중국의 명명을 정복하여 천황과 자신이 거기에 살고 동아시아에서 인도까지 지배하고자 하는 거대한 꿈에 빠져들어 1592년 15만 대군을 조선에 보냈다. 가토 기요마사와 코니시 유키나가 등의 무장이 거느린 일본군은 곧바로 수도인 한성을 함락하고 조선 북부까지 진격했다. 그러나 조선 측의 이순신이 거느리는 수군의 활동과 민중의 저항이 있고 명나라 장군도 있어, 전쟁이 일본에 불리해지자 명과 평화 교섭을 위해 병사를 철수했다. 두 번에 걸친 출병 결과 조선의 국토와 사람들의 생활이 현저히 황폐해졌다. 명도 일본과의 전투로 쇠퇴했으며 도요토미가家의 지배도 흔들렸다.	· 침략을 '출병'으로 기술하여 일방적 침략 사실 은폐. · 임진왜란의 원인을 명나라 정복, 히데요시의 개인적 망상만으로 기술. · 전쟁 기간 중 일본군에 의해 자행된 인적·물적 피해상 축소.
한국강제병합	· 한반도는 전략적으로 중요하지만 군사적으로는 불안정했다. 영국, 미국, 러시아 삼국 모두가 지배를 원했으나 실제로 통치를 유지하기는 곤란하다고 생각하고 있었다. 자신이 직접 지배하고 싶지는 않지만 또 다른 나라가 차지하는 것도 달갑게 여기지 않는 지역에 대하여 통치자로서 신흥국 일본의 등장은 삼국에 있어 좋은 상황이었다. [중략] 1910년 일본은 한국을 병합했다(한국 병합). 이것은 동아시아를 안정시키는 정책으로서 구미열강으로부터 지지를 받은 것이었다. 한국 병합은 일본의 안전과 만주의 권익을 방위하는 데 필요했으나 경제적으로나 정치적으로 반드시 이익을 가져다준 것은 아니었다. 다만 그것이 실행된 당시로서는 국제 관계 원칙에 따라 합법적으로 이루어졌다. 그러나 한국 국내에는 당연히 병합에 대한 찬반양론이 있었고 반대파의 일부로부터는 심한 저항도 일어났다.	· 한국 병합 과정에서 벌어진 침략 행위와 강제성을 은폐하고, 국제적으로 인정받은 것으로 기술.

정재정은 후소샤 교과서에서 왜곡된 내용을 다음과 같이 정리했다.

> 1. 일본은 고대 이래로 한반도에 세력을 뻗치고 있었다.
> 2. 역사적으로 보아 한국은 중국에 속한 비자주적 국가였던 것에 비해 일본은 자주독립국가였다.
> 3. 역사적 능력 면에서 일본은 영민英敏했던 반면 한국은 아둔했다.
> 4. 한반도는 일본의 안전을 위협하는 흉기고, 일본의 안전을 위해서는 이것을 제거해야 한다.
> 5. 한일관계사 속에서 일본은 항상 옳았고 한국은 항상 글렀다는 식으로 책임을 한국 측에 전가했다.
> 6. 일본은 한국의 근대화를 위해 애썼으나 한국이 이를 받아들이지 않아서 어쩔 수 없이 한국을 '병합' 했다.
>
> _이만열, 6쪽.

후소샤 교과서는 2005년 중학교 교과서 검정 때 다시 한 번 파란을 일으켰다. 이 당시에 제출된 검정 검토본에서도 한국과 중국을 노골적으로 비하했다. 한국에 대해서는 '조선반도와 일본'이란 독립된 항목을 설정하여 한반도 위협론을 서술했으니 그 부분을 읽어보면 왜곡의 실상을 잘 알 수 있다.

일본의 독립과 조선반도

동아시아의 지도를 보자. 일본은 유라시아 대륙에서 조금 떨어져, 바다에 떠 있는 섬나라다. 이 일본을 향해서 대륙에서부터 하나의 팔과 같이 조선반도가 돌출해 있다. 양국의 이와 같은 지리적 관계는 오랜 역사 위에서 중요한 의미를 지녀왔다.

고래로 조선반도는 중국의 선진 문명을 일본에 전하는 통로였다. 그러나 조선반도 전체가 일본에 적대적인 대국의 지배하에 들어가면 일본의 독립은 위태롭게 된다. 일본은 중국과 조선반도의 동향에 주의를 기울이지 않으면 안 되었다. 일본이 고대 율령국가를 형성한 것도 동아시아 속에서 자립하는 것을 지향했던 것이다.

가마쿠라시대에 원구元寇의 거점이 되었던 것도 조선반도였다. 그때의 공포의 기억은 일본인 사이에 오래 전해져왔다. 반대로 도요토미 히데요시가 조선반도에 군대를 보냈던 일〔出兵〕도 있다. 에도시대에는 쓰시마번을 통하여 도쿠가와 막부와 조선과의 양호한 관계가 계속되었다.

조선의 근대화와 일본

메이지유신 정부는 정권 수립 후 바로 조선과 국교를 맺으려 했다. 그러나 중국의 청조에 복속하고 있던 조선은 외교 관계를 맺는 것을 거절했다. 조선을 개국시킨 1876년의 일조수호조규는 그 제1조에서 '조선은 자주국'이라고 선언했다. 이것은 청조의 지배로부터 조선을 분리시키려는 목적이 있었다.

청조 이상으로 무서운 대국은 부동항을 찾아 동아시아로 눈을 돌리기 시작한 러시아였다. 러시아는 1891년에 시베리아 철도의 건설에 착수하여, 그 위협은 바짝 다가왔다. 조선반도가 동방으로 영토를 계속 확대하고 있는 러시아의 지배하에 들어가면 일본을 공격하는 아주 절호의 기지가 되어, 섬나라 일본은 자국의 방위가 곤란하게 된다고 생각되었다.

그래서 일본은 조선의 개국 후, 조선의 근대화를 원조했다. 조선에서도 시찰단이 와서 메이지유신의 성과를 배우려고 했다. 조선이 타국에 침범을 당하지 않는 국가가 되는 것은 일본의 안전보장에 있어서도 매우 중요했다.

조선을 둘러싼 일청의 대립

한편 청은 동아시아의 정세를 다른 시각으로 파악하고 있었다. 1879년, 오랫동안 청에도 조공을 해온 류큐琉球가 오키나와현이 되어 일본의 영토로 편입된 것은 청조에게 커다란 충격이었다. 그 후 청불전쟁에 패하여 또 하나의 조공국인 베트남이 프랑스의 지배하에 들어갔다. 조공국이 차차 소멸해가는 것은 황제의 덕의 쇠퇴를 의미하고, 중국을 중심으로 하는 동아시아 질서가 붕괴되는 위기를 나타내는 것이었다.

그래서 청은 최후의 유력한 조공국인 조선만은 잃지 않으려고 해서, 일본을 적으로 간주하게 되었다. 일본이 일청·일러의 두 개의 전쟁을 하게 되는 배경에는 이와 같은 동아시아의 국제 관계가 있었다.

_후소사 일본 중학교 역사 교과서 2005년 검정 합격본 검토용,
아시아 평화와 역사교육연대 번역본, 163쪽.

중국에 대한 서술 부분을 읽어보면 이것이 과연 중학생의 교과서에 적절한지 의문이 일지 않을 수 없다.

중국의 외교에 대한 시데하라 기주로의 견해

일본은 불평등조약의 쓴맛을 보고 그 철폐를 꾀함에 있어서 열국列國을 책하기보다도 먼저 나를 책했다. 타도 제국주의 따위를 외치지 않고 우선 조용히 국내 정치의 혁신에 전력을 다했다. 제국주의시대에 우리들 선배의 고충은 용이하지 않은 것이었지만, 국내의 근대화가 달성되자 열국은 흔쾌히 대등조약對等條約에 동의했다. 일본은 외국인이 치외법권을 향유한 시대에도 열국의 제국주의를 저주하지 않고 나라를 진보시켰다. 〔중략〕 우리들은 반드시 일본의 선례대로 하라는 것은 아니지만, 지나(중국)가 빨리 평등한 지위를 가질 것을 희망하기 때문에 동국同國 관민官民의 자중을 요구하지 않을 수 없다.

중국의 정세에 대한 미米 외교관 마크마리의 견해

인종 의식이 되살아난 중국인은 고의로 자국의 법적 의무를 경멸하고 목적 실현을 위해서는 무턱대고 폭력에 호소하고 도발적인 행동을 했다. 그리고 힘에 호소하려고 하다가 힘으로 반격될 것 같으면 주뼛주뼛하지만, 적대자가 무언가 약한 조짐을 보이면 곧바로 거만하게 군다. 〔중략〕 중국에 호의를 가진 외교관들은 중국이 외국에 대한 적대와 배반을 계속한다면, 언젠가는 한두 나라가 참을 수 없게 되어 호되게 즉각 보복해올 것이라고 충고하고 있었다.

_같은 책, 195쪽.

이런 교과서에 대해 다음과 같은 문제점이 지적되었다.

첫째, 이 책은 유사 이래 일본의 모든 역사와 문화를 자랑스럽다고 한다. 그러나 책갈피 이곳저곳에서 일본의 독자성을 돋보이게 하기 위해 한국의 종속성을 의도적으로 강조하는 치졸함이 묻어난다. 예컨대 한국은 고대 임나일본부의 존재에서 알 수 있듯이 일본의 직접 지배를 받거나, 역대왕조가 중국에 조공을 바치는 복속국이었지만, 일본은 중국의 천자와 어깨를 겨루는 천황이 다스리는 독립국이었으니 일본이 한 수 위라는 식이다.

둘째, 한국과 중국에 대한 서술과 달리 서양 특히 미국과 영국에 대해 강한 국력과 앞선 문화를 가진, 따라 배워야 할 문명국으로 긍정적으로 묘사하는 데에서 서양에 대한 열등의식도 배어나온다. 이 책은 일관되게 "일본과 서양은 있다"와 "한국과 동양은 없다"로 극명하게 대비되는 역사 서술을 함으로써 한국이 독자문화 생산능력과 자치능력이 결여된 이질적이며 마땅히 멸시해야 할 존재라는 부정적 관념을 갖게 한다. 유럽을 떨게 한 몽고조차도 일본을 점령하지 못했으며, 유색인종 국가로는 유일무이하게 백인종 국가인 러시아와 겨뤄 열강의 대열에 들어간 강대국이니 자긍심을 가지라고 속삭인다. 또 일본은 현존 목조건축으로 가장 오래된 호류지法隆寺, 가장 큰 목조건축과 부처인 도다이지東大寺의 다이부쓰덴大佛殿과 다이부쓰大佛, 인구 100만의 18세기 초 세계 최대의 도시 에도東京, 그리고 고흐도 모방한 '우키요에浮世繪'라는 화풍을 뽐낼 수 있지만, 한국은 중국의 앞선 문물을 일본에 전해주는 다리 역할만 했지 이렇다 할 문화가 없다는 투다.

셋째, 이 책은 일본 인근의 한국과 중국, 러시아가 더불어 살 대상이 아니라 자국의 안전을 위협하는 세력이거나 존중할 만한 것이 없는 열등한 존재로 묘사한다. 서양을 제외하고 더불어 살기의 중요성을 설파하는 대목은 메이지 초 일본에 왔다 조난당한 터키 군함의 생존자를 구조한 일과 1985년 이란·이라크 전쟁 때 터키가 테헤란 공항에 비행기를 보내 일본인의 귀환을 도운 일을 대응시켜 '은혜 갚기'라는 표현으로 소개한 것 외에는 찾아볼 수 없다.

한마디로 이 책은 일본의 역사와 문화의 독자성을 자랑하고 그 우월성을 입증하기 위해 독자와 종속, 우월과 열등, 문명과 야만, 진보와 정체, 우군과 적군이라는 균형 감각이 결여된 도식적 이항 대립의 수사법을 남용하고 있다.

_허동현, 6~8쪽.

이와 함께 과거 전쟁은 모든 문제 해결의 수단이자 국력 향상의 지름길로 예찬하고, 한국에 대한 침략을 은폐하고 근대화를 도운 것처럼 묘사하고 있으며 독일, 이탈리아, 소련의 파시즘을 전체주의라고 비판하면서도 일본의 군국주의에 대한 성찰은 어디에도 나타나지 않는 모순을 지니고 있다고도 지적했다.

일본 국내에서는 1998년 6월에 결성된 시민단체인 '아이들과 교과서 전국네트21子ども と教科書全國ネット21', '역사교육아시아네트워크 재팬歷史教育アジアネットワークJAPAN'을 중심으로 우익 교과서 채택 저지 활동을 벌이고 있다. 국내에서도 대응 단체가 결성되었다. 2001년 4월에 90개 시민단체가 연합하여 '일본교과서바로잡기운동본부'를 결성했고, 2003년에는 한국의 역사교육과 중국의 고구려사 왜곡 등 한·중·일을 비롯한 동아시아의 역사 갈등을 해결하기 위해 '아시아 평화와 역사교육연대'로 명칭을 변경했다. 또 2001년 5월부터는 국회도서관 안에 '일본 역사 교과서 왜곡관련 자료전시관'을 운영하고

있다. 2002년 3월에는 한일역사공동연구위원회가 구성되어 한·일 연구자의 이견을 해소하려고 노력했지만, 주요 쟁점에서 합의를 도출하지 못한 채 2005년 3월에 종료되고 말았고, 제2기 위원회가 2006년 3월에 다시 발족되었다. 아울러 2006년 9월에는 정부기구인 동북아역사재단이 출범했다.

일본의 교과서 왜곡에 대응하여 새로운 역사서도 간행되었다. 한일가톨릭주교회의가 《한국과 일본에서 함께 읽는 열린 한국사》(솔, 2004)와 《젊은이들에게 전하고 싶은 한국의 역사》(메이시서점, 2004)를 출간했으나 한국사에 국한된 한계가 있다. 또 '아시아 평화와 역사교육연대'가 주도하고 삼국의 집필자가 참여한 한·중·일 공동 역사 부교재 《미래를 여는 역사》(2005. 5)가 발간되었으나 근대사, 즉 19세기 말 삼국의 개항에서 1945년까지로 한정되어 있다. 이 밖에 한·일 간 공동 역사 교재로서 《조선통신사》(2005. 4) 《여성의 눈으로 본 한일 근현대사》(2005. 10) 《마주보는 한일사》(2006. 8) 《한일 교류의 역사》(2007. 3) 등도 선보였다. 그러나 시간에 쫓겨 충분한 논의와 절충을 거치지 못함으로써 체계와 통일성 있는 서술을 하지 못한 한계도 보인다.

다른 한편으로, 국가 간의 역사 전쟁을 해소하기 위해서 국가를 뛰어넘는 '동아시아사'를 서술해야 한다는 주장도 제기되고 있고, 2012년에는 고등학교 과목으로 '동아시아사'가 신설된다고 하는데, 2천년간 독립적으로 전개되어온 한·중·일의 역사를 하나로 통합시켜 서술하는 것이 가능하려면 앞으로 가야 할 길이 많이 남아 있다. 이러한 어려움은 《새 유럽의 역사 Histoire de l'Europe》에서도 이미 보여준 바 있다.

역사 교과서 분쟁은 비단 한·일 간에만 벌어지는 것은 아니다. 2005년 말에 프랑스의 역사 왜곡에 대한 기사가 난 적이 있다(《조선일보》 2005. 12. 1). 2005년 2월에 통과된 '2005년 2월 23일 법' 가운데 제4조에 "교과과정은 해외, 특히 북아프리카에서 행한 프랑스인들의 긍정적 역할을 인지한다"고 되어 있어서 식민 지배를 긍정적으로 평가하는 내용을 학교에서 가르치도록 권장하고 있어 논란이 되었음에도 11월 말 의회의 표결 결과에 따라 그대로 존속되었다. 그리하여 알제리 정부와 야당 및 북아프리카 이민자들로부터 강한 반발을 사게 되었다. 이처럼 역사 서술은 강한 자가 주도권을 쥘 수밖에 없다.

때로는 역사분쟁을 해결하려는 노력도 나타났다. 독일과 폴란드의 사례가 대표적으로 손꼽힌다. 양국은 영토와 역사 문제에서 상호 대립을 지속해오다가 유네스코의 후원 아래 1972년에 '역사와 지리 교과서 개정을 위한 폴란드-독일 위원회'를 창립했다. 이 위원회는 여러 차례 회의를 거쳐 1976년에 권고안을 채택했고 1987년에 활동을 종료했다. 그 결과 상대국에 대한 부정적 서술은 상당히 해소된 것으로 평가되고 있다. 그러나 쟁점 가운데 일부에서만 합의점을 도출했고, 그 합의점도 교과서에 별로 반영되지 않았다는 한계도

그림 1-7 중국의 강대국화 상황(《중앙일보》 2006. 2. 8)

있다. 유럽 통합의 움직임과 함께 1988년에는 역사학자 프레데릭 들로슈Frederic Delouche가 '유럽 공동의 역사 교과서' 편찬을 주창했고, 1992년에 12개국 학자들이 공동으로 저술한 《새 유럽의 역사》가 출판되었다. 그러나 이런 노력에도 불구하고 이 교과서는 민족사의 틀을 넘지 못했고 몇몇 중요한 국가들의 역사 중심으로 기술되었으며, 유럽연합 관료의 자녀가 다니는 학교 이외에서는 거의 채택되지 않았다는 한계점을 지녔다. 이런 사례들은 공동 노력이 얼마나 지난한 것인가를 잘 보여준다.

2006년 7월에는 프랑스와 독일이 공동으로 역사 교과서를 발간하기 시작했다. 1945년 이후의 역사를 다룬 제3권을 먼저 발간했고, 장차 그 앞 시기를 다룬 2권의 책을 더 내기로 되어 있다. 따라서 이 작업의 성공 여부에 주목할 필요가 있다.

2. 중국의 부상과 애국주의 역사교육

2.1. 중국의 강대국화와 중화주의

중국은 덩샤오핑鄧小平 이래 25년 이상 개혁·개방 정책을 시행한 결과 세계 무대에서 무시할 수 없는 강대국으로 성장했다. 그림1-7 이것은 다음 자료가 잘 보여준다.

여러 가지 지표와 통계는 지난 4반세기 동안 중국의 개혁 및 개방 노선이 놀랄 만한 성공을 거두었음을 실증해주고 있다. 1978~2004년의 짧지 않은 기간 동안 중국의 연평균 경제성장률은 9퍼센트를 상회했으며 이는 동 기간 세계 평균 성장률(3.3퍼센트)의 세 배에 가까운 고성장이라고 하겠다. 2004년 말 현재 중국은 철강, 석탄, 화학비료, 텔레비전, 에어컨, 사진기 및 전화기 등의 최대 생산국이며 6,100억 달러에 이르는 외환보유 총액 세계 2위의 국가이기도 하다. 또 같은 해에 중국은 처음으로 일본을 제치고 미국과 독일에 이어 세계 3대 교역국의 반열에 오르기도 했다.

    25년간 개혁 노정의 결과로 중국 경제는 현재 국민총생산GNP 기준으로—2004년 말 1조 6,500억 달러—세계 7위의 위치에 올랐으며, 이를 '구매력 평가PPP' 방법으로 산정할 경우 이미 수년 동안 미국에 이어 세계 2위의 자리를 지켜오고 있다. 향후 10년 정도 중국이 5퍼센트 이상의 성장을 지속한다면 2010년 이전에 프랑스와 영국, 독일을 따라잡을 것으로 예상된다. 그뿐 아니라 늦어도 2020년경에는 일본의 경제 규모를 추월할 것으로 추정되며, 2025년경에는 세계 제조업에서 차지하는 중국의 비중이 지금의 7퍼센트에서 무려 25퍼센트까지 높아질 것으로 전망된다. 더 나아가 빠르면 2030년, 늦어도 2040년 무렵에는 중국의 경제 총량이 미국의 그것과 비슷해지거나 더 커질 것으로 평가되고 있다.

_정재호, 12~13쪽.

    인구 13억 명의 중국은 유엔 안전보장이사회 상임이사국의 하나이며 핵 보유국이기도 하다. 1997년 동아시아 국가들이 금융 위기를 겪을 때 중국은 위안화 가치를 절하하지 않고 동남아 국가에 40억 달러를 원조해줌으로써 이 지역의 안정을 도모하는 지도자 역할을 수행한 것으로 평가받았다. 그런가 하면 2008년 베이징 올림픽과 2010년 상하이 세계박람회를 유치했고, 유인 우주선 선저우神舟의 발사에도 성공했다. 지역적으로 '동아시아공동체EAC'를 창설해 '동남아국가연합ASEAN + 3'에서 주도권을 확보했고, 2001년 결성된 '상하이협력기구SCO'를 주도하고 있다. 또 2003년 8월부터는 북핵 문제를 둘러싼 6자회담을 개최하면서 중앙아시아와 동북아에서 주도권을 잡아가고 있다.

    2004년 7월에는 중국이 기존의 경제우선 정책 대신에 국방우선 정책으로 선회했다는 기사가 등장했다(《조선일보》 2004. 7. 27). 자신의 모습을 드러내지 않고 적절한 때를 기다린다는 '도광양회韜光養晦' 정책으로부터, 직접 개입하여 소기의 목적을 이룬다는 '유소작위有所作爲', 나아가 '부국강병富國强兵' 정책으로 나아가기 시작한 것이다. 외교적 공세주의, 군사적 확장주의 및 정치적 민족주의를 선택하여 21세기 위대한 중국Great China 건설에 본격적으로 나선 것이다.

    이러한 중국의 부상은 필연적으로 미국과 일본을 자극했다. 2006년 초에 공개된 미국의 4개년 국방전략보고서QDR는 중국을 세계적으로 중요한 '이익상관자stakeholder'면서 아시아에서는 미국에 대한 잠재적 위협 국가로 분류했고, 일본도 2004년 12월 공표한 '신방 위계획대강'에서 중국을 안보 위협 국가로 적시했다고 한다. 이리하여 미국은 아시아에서 패권을 유지하기 위해 중국을 견제하고자 노력해왔고, 여기에 일본도 적극적으로 동참하고 있다. 새뮤얼 헌팅턴Samuel P. Huntington은 《문명의 충돌The Clash of Civilizations》(김영사, 1997)에서 장차 기독교 문명이 이슬람 문명 및 중국과 충돌할 것이라 예견한 바 있는데, 실제로 지금 이슬람권에서 전쟁이 벌어지고 있고 중국과도 대결 양상이 점점 커지고 있다.

중국의 자신감은 내부적으로 중화주의를 더욱 강화하는 방향으로 나타나고 있다. 2004년에 중국 공산당의 당장黨章에서 "제1조 중국 공산당은 노동자 계급의 선봉대"라고 한 것을 "중국 공산당은 노동자 계급의 선봉대인 동시에 중국 인민과 중화민족의 선봉대"라고 변경해 '중화민족'을 명시했다. 중국이 전세계에 내보내는 CCTV 4번 채널에서는 전세계 5,000만 화교를 대상으로 "동승일면기同升一面旗 공애일개가共愛一個家", 즉 "한폭의 깃발을 함께 올리고, 하나의 집을 모두 사랑하자"는 공익광고를 반복적으로 내보낸다고 한다(《조선일보》 2005. 4. 28). '중화민족 공동체', 즉 '중화민족 대가족' 의식을 끊임없이 주입시키고 있는 것이다.

2005년 2월에는 타이완 독립 움직임을 저지하기 위해서 '반국가분열법'을 전국인민대표대회에서 통과시켰다. 이 법은 '비평화적 수단non-peaceful means'을 동원할 수 있도록 하는 내용을 골자로 하고 있어서, 경제 제재나 해협 봉쇄 등을 취할 수 있는 근거를 마련하게 되어 타이완의 반발을 야기했다.

흥미로운 것은 중국의 성장에 따라 강대국에 대한 인식도 바뀌기 시작했다는 점이다. 종전에는 강대국을 제국주의 침략자와 동일시하여 배척과 증오의 대상으로 삼았다. 1999년 5월 북대서양조약기구NATO의 폭격기들이 실수로 벨그라드의 중국 대사관을 폭격한 사건이 일어났을 때, 유고슬라비아에 대한 중국의 인식은 그 한 예다.

> 중국의 독자들과 시청자들의 유고슬라비아에 대한 인식은 '미국 제국주의자들'에 의한, 죄 없는 세르비아에 대한 사악한 공격으로 각인되었다. 4월 9일자 〈차이나 데일리China Daily〉지의 만화는 세르비아를 코소보라는 어린양에게 피난처를 제공하는 숫양으로 묘사한 반면, 북대서양조약기구를 이빨을 드러내고 있는 늑대와 호랑이로 묘사했다.
>
> _로스 테릴, 38쪽.

그러나 이제 중국은 스스로 문호를 개방하고 강대국이 됨으로써 인식의 전환을 가져오

지 않을 수 없게 된 것이다. 그림1-8

  역사교육에서도 애국주의가 강조되고 있다. 중국은 국정 교과서 제도를 시행하다가 1980년대 말부터 지방의 실정에 맞는 교과서 개발을 권장하기 시작하면서 심사제로 바꾸었다. 그러나 아직까지 전국에서 사용하는 교과서는 인민교육출판사의 교과서가 중심을 이루고 있다.

  중국은 역사교육에서 사회주의(유물사관)와 애국주의를 중요한 원칙으로 삼고, '사회주의 조국을 열렬히 사랑하는 교육'을 지향하고 있다. 특히 애국주의에 대해서 다음과 같은 지적은 참고할 만하다.

> 현재 사용되고 있는 역사 교재를 관통하는 핵심 개념도 무엇보다 '애국주의'일 것이다. 짱룽臧嶸에 의하면, '애국주의는 역사교육과 교학의 중심 주제'다. 하지만 교육자가 "학생에게 심어줘야 할 애국주의는 사회주의적 애국주의로, 협애한 민족 이기주의와 대국 쇼비니즘과 근본적으로 대립하는 것이고, 무산계급의 국제주의와 긴밀하게 연계된 것이다." 그래서 옌 즈량嚴志梁은 "개혁의 걸음걸이를 가속하여 청소년을 애국주의자와 사회주의자로 키우자"고 했다.
>
> _박장배, 159쪽.

  위와 같은 경계에도 불구하고 중국의 애국주의는 '사회주의 현대화 강국', '책임 있는 대국'의 지향과 맞물려서 대국주의와 패권주의로 흐를 위험성을 내포하고 있다. 국제주의보다는 국가주의에 경도될 가능성이 큰 것이다. 역사인식의 최종 목표를 다음과 같이 민족과 국가, 그리고 당에 대한 충성으로 귀결시키고 있기 때문에 더욱 그러하다.

> (중국 근대사에 대한) 학습을 통해 [중략] 민족 자존심과 자신감을 수립하고, 더욱 애국주의 감정을 강화하고, 중국 공산당이 없으면 신중국도 없다는 이치를 알아서 중화민족 부흥을 위해 분투하는 신념을 굳세게 다진다.
>
> _오병수, 206쪽.

강대국에 대한 중국 공산당의 입장 변화

과거
"강대국은 약소국 식민통치하면서 자원과 경제 수탈했다"
"중국은 세계 혁명의 중심. 강대국의 세계질서 뒤엎는 지도자가 될 것"

현재
"강대국은 훌륭한 사회구조를 가졌고 법치와 인권 존중하기도 했다"
"중국은 강대국 돼도 타국 위협하지 않을 것. 평화적 발전 지향"

그림 1-8 중국의 강대국관 변화(《조선일보》 2006. 11. 28)

중국 근현대사의 서술이 외부의 침략과 이에 대한 중국인의 저항이라는 이분법적 서술을 택하고 있는 것도 이러한 애국주의 교육과 관련된다.

> 결국 중국의 중고교 역사 교과서에서는 중국의 근현대 역사를 '침략↔저항', '애국↔매국'이라는 이분법적인 틀로 파악하고 있는 셈이다. 이처럼 경직된 역사 인식에서는 '침략↔저항', '애국↔매국'이라는 이분법적 사고 틀 이외에, 중간적 사고 영역이나 삶의 공간은 끼어들 여지가 전혀 없다. 이 역사관에는 외부의 침략(약탈)세력과 거기에 저항하는 중국 인민만이 있을 뿐이고, 그 속에서 선택할 수 있는 삶의 방식은 침략세력에게 협조해서 일신의 안위를 꾀하는 것(매국)과, 조국과 민족을 위해 굳건히 저항하는 것(애국) 사이의 양자택일 밖에 놓여 있지 않다. 전자는 악이고 후자는 선이다.
>
> 중국정부가 어린 학생들에게 고취시키고 있는 역사 인식과 역사적 덕목은 오직 조국과 민족을 위해 충성하고 조국과 민족을 사랑하는 것뿐이다. 반면에 소수민족으로서의 독자성·사생활·개성·자유 혹은 중국 소수민족과 주변 민족국가의 혈통적 역사적 관련성을 인정하는 행위나 언사는 중국과 중국민족의 분열을 야기하고 중국의 존엄성에 손상만을 끼치는 악의 근원으로 암시되고 있다. 오늘날까지도 중국정부가 소수민족만의 독자적인 역사교육이나 자민족 역사 인식의 공유를 허락하지 않고 있는 사실에서도 중국정부가 소수민족에 무엇을 요구하고 있는지를 엿볼 수 있다.
>
> _윤휘탁 2004, 5쪽.

이런 원칙은 역사의 왜곡을 초래했다.

> 베이징은 일본이 자신들의 교과서를 통해 역사를 왜곡했다고 비판한다. 그러나 중국의 교과서 역시 중국의 역사를 왜곡하는 것은 사실이다. 중국 중학생들의 역사 교과서에는 19세기로부터 20세기에 이르는 기간 동안 중국에 대한 일본의 침략이 9개 장에서 소개되고 있지만, 원나라 당시 중국이 일본을 침략했다는 사실은 언급조차 되지 않는다. 여러 권으로 된 중국 역사에 의하면 베트남에 관한 언급은 정말 형편없다. 다른 교과서들과 마찬가지로 이 책도 중국의 당정국가가 편찬한 책이다. 한나라가 베트남을 정복한 후 천 년 이상 베트남을 식민지로 가지고 있었다는 언급은 전혀 없다. 4권으로 된 중국사에서 베트남에 관한 유일한 설명은 베트남과 관련된 1885년의 프랑스·중국 전쟁뿐이다. 베트남이란 중국과 프랑스가 교전을 벌인 '장소'로 표현되었을 뿐이다.

〔중략〕 마찬가지로 중국이 한국을 침공했고 식민지 지배를 했다는 사실도 중국 역사에 포함되지 않았다.

_로스 테릴, 408쪽.

이들의 역사 원칙에 따라 한국사도 왜곡해 서술하고 있다. 다음 지적은 그 가운데 일부다.

	중국 교과서 내용	지적 사항
한민족	· 조선민족은 예로부터 조선반도에 거주했다. 기원 전후에 조선반도 북부를 통치하고 있던 것은 고구려 노예제 국가였다. 후에 조선반도 서남부와 동남부에는 또 잇따라 백제, 신라 두 노예제 국가가 나타났다.	· 조선민족이 조선반도에만 거주한 것으로 한정하여 서술. · 삼국 이전 고조선과 부여에 대한 언급이 없음.
고구려	· 기원 전후 조선반도 북부에서는 고구려 노예제 국가가 흥기했다.	· 고구려의 발상지를 압록강 이남으로 국한시킴.
발해	· 7세기 말 속말말갈의 수령 대조영이 정권을 수립했다. 〔중략〕 개원 초기에 당 현종은 대조영을 발해군왕으로 봉하고 홀한주를 통할하게 했으며 홀한주도독을 더하여 주었다. 이로부터 〔중략〕 발해도 정식으로 당조의 판도에 들어왔다.	· 발해의 건국주체는 고구려 유민임. · 소수민족정권의 수립이 아닌 국가의 건국이었음. · 대조영이 당의 책봉을 받은 것은 정치적 예속 관계를 의미한 것이 아님. 당의 판도 바깥에 있던 독립국가였음.
다라니경	· 1966년 한국에서 발견된 우리나라 당 왕조가 인쇄·제작한 〈무구정광다라니경〉	· 다라니경은 통일신라의 목판인쇄술로 제작된 것임.
청일전쟁	· 1894년 조선에서 동학당 봉기가 일어났다. 청 정부는 조선 정부의 요청에 의해 군대를 파견하여 봉기를 탄압하는 것을 도와주었다. 일본도 이 기회를 이용하여 조선에 군대를 파견했다. 〔중략〕 갑오중일전쟁은 일본이 서방 열강들의 지지하에 조선을 정복하고 중국에 침입하기 위하여 도발한 침략 전쟁으로서 중국의 실패로 끝났다.	· 중국의 조선에 대한 내정간섭과 이권 침탈, 종주권 유지를 위한 출병 동기는 은폐한 채 조선의 요청만 강조함으로써 중국의 출병 동기를 합리화함.
6·25 전쟁	· 신중국은 창건된 지 얼마 되지 않아 외부 침략의 위협에 직면했다. 1950년 여름에 조선내전이 폭발했다. 미국은 신속히 무력으로 조선의 내부 사무를 간섭했고 얼마 지나지 않아서 또 미군을 위주로 하는 '연합국군'을 조직하여 조선을 침략했다. 〔중략〕 항미원조 전쟁은 미군의 실패로 승리적으로 종결되었다. 중국인민지원군은 기를 나누어 개선했다.	· 소위 '조선내전'의 폭발과 미군의 개입을 중국의 침략 위협으로 과장하고 왜곡 서술함. · 남침 사실을 전혀 언급하지 않음. · 미국 등 연합국의 전쟁 개입을 침략으로 서술. 그러나 유엔군의 참전은 유엔의 정당한 결의에 의한 것임. · 전쟁의 평가도 한국과 미국의 입장에서는 정반대임.

_윤휘탁, 2006년 발표문에서 발췌.

2.2. 중국과 우리

중국은 1980년대 후반부터 우리와 활발하게 왕래하기 시작했고, 1992년 8월에 한·중 수교를 선언하면서 본격적인 교류가 이루어졌다. 그러나 서로 가까워질수록 마찰도 자주 일어났다. 충돌은 경제적 문제뿐 아니라 남북 관계와 관련된 정치적 문제에서도 나타났다. 때로는 외교적 호혜성을 무시한 중국의 패권주의에서 연유된 경우도 있었다.

2000년 6월에 한국이 중국산 마늘에 대한 관세율을 대폭 올리는 세이프가드 조치를 취하자 중국은 한국산 휴대폰과 폴리에틸렌에 대해 잠정적 수입 중단 조치를 취한 적이 있다. 이런 한·중 마늘 분쟁을 필두로 하여 발생한 활어 발암물질 사건, 김치 납 성분 및 기생충 알 검출 사건 등은 경제적 마찰의 사례들이다. 2002년 6월에는 중국 공안이 베이징 주재 한국 총영사관에 진입한 탈북자들을 끌어내고 외교관을 폭행한 사건이 벌어졌으니 이것은 남북 관계와 관련된 마찰이라 할 수 있다.

이 밖에 중국의 소수민족정책이나 타이완 통일정책과 관련하여 내정에 관여하거나 외교적 관례를 무시하는 사태도 벌어졌다. 2002년 1월과 3월에 재외동포법 개정을 위해서 조선족 실태를 조사하려는 한국 국회의원에게 중국은 두 차례 비자 발급을 거부했고, 중국에 가서도 공안당국의 감시로 조선족의 면담이 제대로 이루어지지 못했다(《조선일보》 2002. 4. 1). 2004년 4월에는 중국의 외교부 홈페이지에서 고구려를 삭제했으며, 5월에는 타이완의 천수이볜陳水扁 총통 취임식에 참석하려는 국회의원들에게 중국 대사관에서 편지를 보내 저지하려 했다(《조선일보》 2004. 8. 24). 2004년에 강릉 단오제를 유네스코 세계문화유산으로 등록하려 하자 중국에서는 단오절이 자신들의 명절이라며 반발했다. 다행히 강릉 단오제는 2005년에 유네스코 세계무형문화재로 등록되었다.

재외동포법(재외동포의 출입국과 법적 지위에 관한 법률) 개정 문제는 양국의 중요 현안이 되었다. 이 법은 1999년에 재외동포의 출입국과 국내에서의 법적 지위 보장을 목적으로 제정되었는데, 입법 과정에서 중국과 러시아의 항의를 받게 되었다. 특히 중국 측은 "재외동포의 범위를 포괄적으로 규정해 중국 내 조선족의 민족주의를 자극할 잠재성을 여전히 남겨놓았다"는 유감의 뜻을 전했다고 한다(《조선일보》 1998. 10. 11). 이에 따라 이 법의 적용 대상을 '대한민국 국적을 가진 해외 영주권자' 및 '대한민국 국적을 가졌다가 외국 국적을 취득하면서 국적을 포기한 사람과 그 직계존비속'으로 제한함으로써 재미동포와 재일동포에게만 이 법이 적용되고, 근대에 민족의 수난과 더불어 어쩔 수 없이 고국을 떠난 조선족과 고려인은 제외되었다.

국내에서 활동하던 조선족과 고려인은 이에 대해 반발했고, 결국 2001년 헌법재판소는 이에 대해 동포 간 평등권 위반을 이유로 헌법 불합치 결정을 내렸다. 그리고 2004년 3월에 '대한민국의 국적을 보유했던 자(대한민국정부 수립 이전에 국외로 이주한 동포를 포함한다) 또는 그 직계비속'도 재외동포에 포함시킴으로써 중국 및 러시아, 독립국가연합CIS 동포들도 법 적용을 받을 수 있게 되었다.

노무현 대통령은 2003년 2월의 취임사에서 다음과 같이 말했다.

> 한반도는 중국과 일본, 대륙과 해양을 연결하는 다리입니다. 이런 지정학적 위치가 지난날에는 우리에게 고통을 주었습니다. 그러나 오늘날에는 오히려 기회를 주고 있습니다. 21세기 동북아시대의 중심적 역할을 우리에게 요구하고 있는 것입니다. 〔중략〕 존경하는 국민 여러분. 오랜 세월 동안 우리는 변방의 역사를 살아왔습니다. 때로는 자신의 운명을 스스로 결정하지 못하는 의존의 역사를 강요받기도 했습니다. 그러나 이제 우리는 새로운 전기를 맞았습니다. 21세기 동북아시대의 중심 국가로 웅비할 기회를 맞이하고 있습니다.
>
> _대통령 취임사, 2003. 2. 25.

이에 따라 주요 국정 과제로서 '동북아 경제 중심 국가 건설'을 내세웠다. 그러나 중국이 '동북아 중심'이라는 말에 '국가'까지 붙이면 한국이 '동북아 큰형님 국가'라는 의미로 해석돼 오해를 살 수 있다는 불만을 내비침으로써, 결국에는 이를 추진할 위원회의 명칭에서 '국가 건설'을 빼고 '동북아 경제 중심 추진위원회'로 애매하게 바꿀 수밖에 없었다(《조선일보》 2003. 4. 1).

이처럼 우리의 정책이 중국의 영향을 받는 사례들은 점차 늘고 있다. 달라이 라마의 초청 문제도 중국의 항의로 실현되지 못하고 있다. 이로 보건대 중국과 관계를 어떻게 맺으면서 살아가느냐 하는 것이 우리의 미래를 결정짓는 관건이 될 것이다. 중국 외교관이 미국에서 공개적으로 "북한은 중국의 완충 지대Buffer Zone이기 때문에 중국은 한국 주도의 통일을 원치 않을 것"이라고 표명할 정도이니(《문화일보》 2005. 3. 12), 중국 주도의 6자회담이 어떻게 전개될 것인지는 이미 예견할 수 있는 것이다.

3. 남북한의 민족주의 역사학

3.1. 남한의 민족주의와 역사 교과서

신문에 우리의 자화상을 그린 만화가 실린 적이 있다. 그림1-9 고구려사는 중국으로부터, 근대사는 일본으로부터 도전을 받으면서, 장래에는 미국에 의존한다는 내용이다.

우리의 민족주의는 몇 가지 특징을 지니고 있다. 첫째, 근대의 외세침략과 해방 후 분단이라는 시대적 배경에서 형성되었기에 자연히 저항적인 성격을 띠면서 그 저변에 피해의식이 깔려 있다는 점이다. 이러한 저항적 민족주의는 자연히 배타성을 띠게 된다.

2005년 8월 29일, 국치일에 친일파 명단 3,090명을 발표한 것이나 친일파 청산을 위한 과거사진상규명위원회가 구성된 것은 그러한 측면이 아직도 지속되고 있음을 실감하게 해준다. 근래 자주파냐 동맹파냐 하는 이념 투쟁도 사실은 이러한 민족주의와 무관하지 않다.

따라서 한국의 민족주의는 외국에 대한 침략과 같은 공격적 민족주의와 성격을 달리 한다. 이에 따라 민족은 역사적 산물이 아니라, 고정불변하거나 초역사적인 실체로 여기는 경향을 띠게 되었다. 한국에서는 좌파이건 우파이건 중도파이건 모두 민족을 내세운다. 자신의 이념적 정당성을 민족주의에서 찾게 됨으로써 어떠한 이념이든 민족적인 것과 반민족적인 것으로 귀납될 수밖에 없는 운명을 띠고 있다. 이것은 자연히 민족지상주의를 불러오는 폐단을 낳았다.

극우적 성향을 지닌 남한 재야사학자들의 역사 해석은 북한학계의 주체사관과 별다른 차이를 보이지 않는다. 모두 민족을 위한 것이라 생각하기 때문이다. 이에 따라 단군묘 발굴을 계기로 남한의 극우적 재야단체가 북한 사람들과 함께 개천절 행사를 공동으로 치르기도 했다.

이러한 민족 우선주의는 다음과 같은 지적에서도 찾아볼 수 있다.

2003년 노무현 대통령이 일본을 방문했을 때의 한국

그림 1-9 시평 만화《경향신문》 2005. 3. 12)

언론의 태도에서 잘 드러났다. 한국 언론은 노무현 대통령의 방미에 대해서는 서로 다른 입장과 평가를 보였음에도 불구하고 방일에 대해서는 '등신 외교' 발언을 비롯하여 정치적인 색채에 관계없이 하나의 일관된 목소리를 냈다. 〈조선일보〉에서부터 〈한겨레〉 〈오마이 뉴스〉에 이르기까지 노무현 대통령이 일본과의 역사 청산 문제에 대하여 아무런 언급을 하지 않았다는 것이 그러한 비판의 중심에 있었다. 미국의 문제에 대해서는 서로 다른 입장을 가지고 있는 진보와 보수가 일본의 입장에 대해서는 어떻게 동일한 목소리를 내는 것일까?

_박태균, 2쪽.

둘째, 배달민족, 백의민족, 단군자손 등과 같은 동일 혈연체 의식이 아주 강하다는 점이다. 이 의식이 너무 강조된 나머지 화교, 혼혈아 등에 대한 차별이 가장 심한 나라가 되는 폐단도 낳았다. 2007년 8월에는 유엔 인종차별위원회CERD가 단일민족 국가의 이미지를 극복하고 다민족성을 교육시키라고 권고했을 정도다.

이상과 같은 문제점에 대해서 '민족주의는 반역이다' 라는 선정적 구호와 함께 강력한 비판이 제기되기도 했다. 그러나 근대 이후 지금까지 우리를 지탱해온 민족주의를 없애야 한다는 데 선뜻 동의하기는 어려운 일이다. 그러면서도 한편으로는 민족주의를 넘어선 그 무엇이 요구되고 있다.

21세기, 세계화의 시대에 들어선 오늘의 시점에서 남북한의 민족주의는 여전히 과거의 저항 민족주의에서 불가피하게 파생된 배타성을 충분히 극복하지 못하고 있다. 하지만 한국 민족주의는 그 역사 속에서 배타성 외에도 개방성을 강하게 지녀왔다. [중략] 그러면 이제 21세기 한국인들은 민족주의에 대해 어떻게 생각해야 할까. 통일 민족국가의 수립, 강대국 사이에서의 자주권 유지 등이 현존하는 과제로 존재하는 한, 한국인들이 민족주의를 쉽게 포기하기는 어려울 것이다. 여기서 개방적 민족주의나 안재홍이 제시한 '민족주의와 세계주의의 공존' 이 대안으로 제시되고 있다. [중략] 하지만 21세기 한반도를 둘러싼 정세는 여기에서 한 걸음 더 나아갈 것을 요구하고 있다고 여겨진다. [중략] 한국인들은 이제 20세기의 '민족주의의 시대'를 넘어, 21세기의 '국제 협조·국제 연대의 시대'로 나아갈 필요가 있다는 것이 필자의 소박한 의견이다.

_박찬승, 409쪽, 424~425쪽.

2001년 1학기에 역사철학부로 입학한 학생들에게 국사 교과서의 문제점을 지적해보라

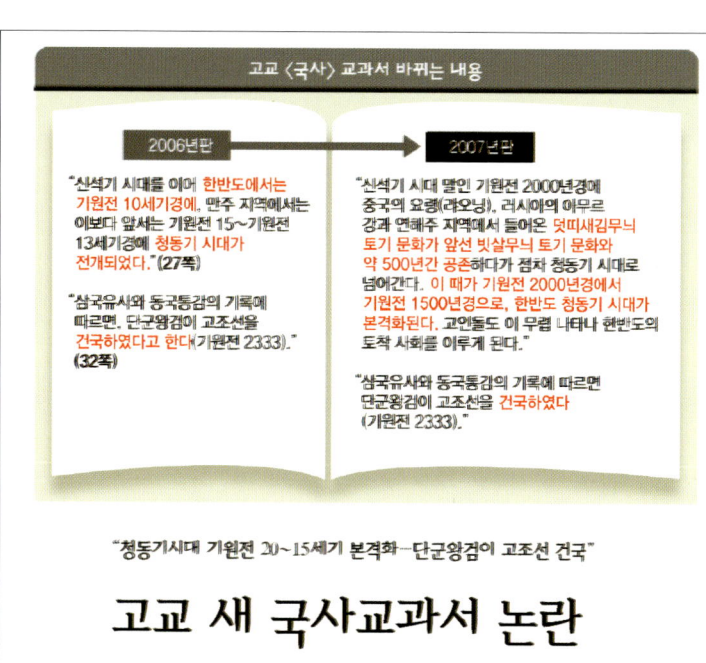

그림 1-10 새 국사교과서 논란
《한겨레》 2007. 2. 24)

는 과제를 낸 적이 있었다. 이를 분석해보니, 우리 교과서가 너무 민족주의적이라는 지적이 80명 가운데 38명으로 가장 많았고, 심지어는 '혈연주의적', '극우적', '국수주의적'이라는 말까지 나왔다. 그 다음으로는 예상대로 35명이 근·현대사 서술의 빈약함을 꼽았고, 31명이 국정 교과서 체제의 문제점을 지적했다.

2007년 2월 말에 교육인적자원부는 교과서의 일부 내용을 수정한다고 갑자기 발표했다. 청동기시대의 시작을 기원전 1500~2000년경으로 앞당기고 단군조선 건국에 관한 언급을 일부 고친다는 것이었다. 그림1-10 일간신문은 이를 두고 공통적으로 두 가지를 언급했다. 고조선을 신화에서 역사로 끌어올리고, 중국 동북공정에 대응하기 위한 조치라는 것이다. 그러나 청동기시대의 시작 연대를 이렇게 끌어올리는 것은 소수 연구자가 주장하는 것이고, 고조선의 건국 연대를 기원전 2333년으로 믿는 학자는 아무도 없다. 학계의 의견 수렴 없이 정치가나 국수주의자의 입김에 따라 교과서 역사를 마음대로 바꾸는 것은 국사 교과서가 민족주의의 포로가 되어 있는 것을 의미하며, 동북공정에 대응할 명분을 이미 상실하고 만 것이다.

이처럼 국가가 주도하는 단일 교과서는 국가주의를 조장할 가능성이 크다는 점에서 바

뛰어야 한다. 일본 교과서에 대한 비판을 접한 일본 측에서는 오히려 한국 교과서의 문제점을 지적했다. 교과서 서술 내용도 문제다. 이에 대한 지적은 다음 세 학생의 글로 대신할 수 있다.

① 역사 교과서에서 가장 많이 등장하는 단어는 아마 '민족'일 듯싶다. 상권의 머리말부터 하권의 마지막 현대사 부분까지 민족이란 단어는 수없이 등장한다.

② 일제에 의해 세뇌되었던 식민사관에 대항하기 위해 유달리 극우적이고 민족주의적인 사학이 발전할 수밖에 없었다는 불가피성은 인정한다. 그러나 겪어온 역사적 체험이 보편적이기보다는 특수한 것이기 때문에 우리나라 국사 교과서에 짙은 민족주의적 색채는 정당화되는 것일까? 그것이 국가와 민족에 대한 무한한 애정이라고 생각하는 것은 잘못된 것 같다. 식민사관을 극복하기 위한 대립항으로서 똑같이 치우친 민족주의적 사관을 설정하는 것은 건강한 역사관이라고 보기 어렵다. 마치 팔을 다친 사람이 그 고통을 잊기 위해서 다리에 상처를 내는 것과 똑같은 것이 아닐까? 그것보다는 직접적으로 팔에 난 상처를 살펴보고 치료하는 것이 올바른 치유 방법이 되지 않을까 하는 생각이 든다.

③ 허나 지금 문제가 되고 있는 것은 바로 이 식민사관에 대응하기 위해 나타난 민족주의에 입각한 사관이다. 일본인들이 왜곡시켜놓은 역사를 수정하는 과정에서, 그 반대의 맥락에서의 역사 왜곡이 일어난 것이다. 대부분의 역사책에서 우리 민족의 단일성, 정통성 등을 강조하며 마치 우리 민족의 문화는 세계 어느 곳의 그것과 비교해도 월등한 듯이 씌어 있다. 한글은 이 세상에서 가장 우수한 문자이며 고려의 금속활자, 장영실의 발명품 등은 서양보다 몇백 년이나 앞섰다고 역사책에서는 그에 대한 칭송을 아끼지 않는다. 한글이나 측우기가 뛰어난 문화유산이라는 것은 사실이지만, 세계 제일이라고 역설하는 데에는 너무나 큰 오류가 있는 것 같다. 각 나라의 문화는 모두 특별하며 존재 자체만으로도 큰 의미가 있는 것이지, 어느 한 민족이 뛰어나거나 뒤떨어져 있다고 평가할 수 없는 일이다.

이제 우리의 역사 교과서도 민족의 우수성을 찾는 것이 아니라 우리 문화의 특색을 찾는 데 주안점을 두어야 할 것이다. 그러기 위해서는 정치사, 경제사뿐 아니라 문화사, 생활사 방면으로 범위를 넓힐 필요가 있다.

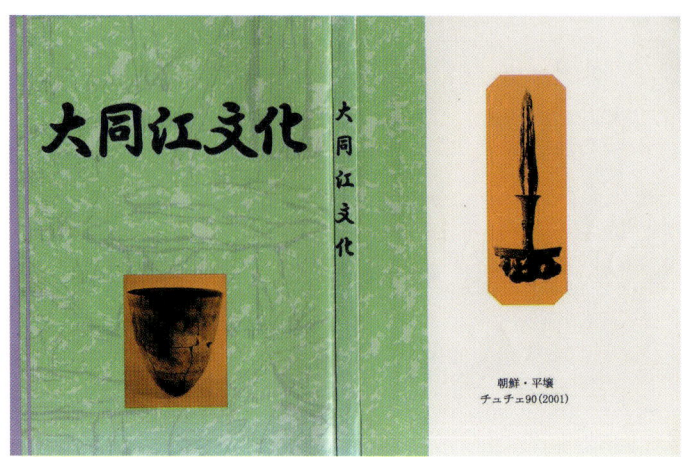

그림 1-11 대동강문화 책 표지

3.2. 북한의 역사

북한은 주체사관을 내세우고 있으니, 그것은 극단적인 민족주의사관의 하나다. 다음은 최근에 발간된 책의 한 부분이다.

> 유구한 우리 민족사의 시원이 인류 력사의 서막이 열리던 구석기시대 첫 시기에 발단되였으며 조선사람이 우리 조국 강토에서 독자적으로 기원한 단일민족이라는 것은 이미 오래전에 고고학적 및 인류학적으로 확증되였다. 지난 시기에 신화적 인물로 간주되여오던 단군이 실재한 력사적 인물로 확인됨으로써 우리 나라는 유구한 력사를 가진 고대선진문명국이고 우리 민족은 생겨난 때로부터 하나의 핏줄을 이어 온 단일민족이며 혁명의 수도 평양이 조선민족의 원고향이라는것이 밝혀졌다.
>
> _《조선민족의 발상지 평양》 머리말, 2000.

이 글은 세계학계의 일반론을 거스르면서까지 우리 민족이 한반도에서 독자적으로 형성된 것으로 설명하고 있다. 역사의 시작부터 지금까지 평양은 항상 중심지 역할을 해왔다고 주장한다. 최근에는 세계 4대 문명과 동등한 것으로 대동강문화를 제기하고 있다. 그림1-11 중국의 동북공정에 대한 비판 논리를 대동강문화론에서 찾고 있기도 하다(《동아일보》 2004. 8. 11).

주체사관에서는 민족을 구성하는 요소로서 혈통, 문화, 언어, 강토의 공통성을 들고 있다. 마르크스주의사관에서 제시한 경제적 공통성을 혈통의 공통성으로 치환해버렸다.

그림 1-12 북한의 단군소주

> 조선민족은 한핏줄을 이어받으면서 하나의 문화와 하나의 언어를 가지고 몇천 년 동안 한 강토 우에서 살아온 단일민족입니다.
>
> _《김일성저작집》 38권, 105쪽._

이 네 가지 요소 가운데서 혈통을 가장 중요시한다. 혈통은 불변이므로 자의에 의해서 민족이 결정되는 것이 아니다. 이리하여 민족은 숙명적 공동체가 되는 것이다. 민족에 대한 헌신은 최고 의무이며, 이것이 반외세 애국주의의 토대가 된다. 이에 따라 대외관계 역사는 반침략 투쟁 일색으로 도배되고, 여기서 선도적 역할을 한 애국 명장들이 부각된다. 이런 역사관에서는 선린우호적인 대외 교류나 외래문화의 수용은 설 자리가 없게 되고 항쟁적인 대외관계만 설정될 뿐이다.

북한의 주체사관은 단군까지도 실제 인물로 만들어놓았다. ^{그림1-12} 2002년 개천절에 북한에서 발표한 '단군 및 고조선에 관한 북남 역사학자들의 공동학술토론회 공동보도문'을 보면, 남북 학술교류도 정치적으로 이용되는 것을 알 수 있다.

첫째, 단군은 실재한 역사적 인물이며 우리 민족의 첫 국가인 단군조선을 세운 건국시조다.

둘째, 우리 민족은 유구한 역사를 가진 단군민족이며 우리는 《삼국유사》를 비롯한 여러 사서들에 고조선의 중심지가 평양이라는 기록을 중시한다.

셋째, 고조선은 오늘의 조선반도와 동북아시아의 넓은 지역을 기본 영역으로 한 강대국이었다.

넷째, 북과 남의 역사학자들은 반만년의 유구한 민족사를 빛내고 우수한 민족성을 고수하기 위한 학술적 유대를 강화하고 협조를 공동으로 활발히 벌인다.

다섯째, 북과 남의 역사학자들은 민족 앞에 지닌 사명감을 깊이 간직하고 북남 역사학자들의 연대를 강화하며 애국애족의 입장에서 민족사 연구를 심화시켜 나감으로써 우리 민족끼리 힘을 합쳐 조국을 통일하는 위업에 적극 이바지해나갈 것이다.

_〈조선통신〉 www.kcna.co.jp

조선시대 기록에는 단군묘와 함께 기자묘도 등장한다. 평양 을밀대 아래에 있는 기자묘라는 것이 그것이다. 그러나 북한에서는 기자묘에 대해서 전혀 언급하지 않으면서 단군묘는 역사적 사실이라고 주장하고 있다. 이것은 결국 자신에게 유리한 자료만 이용하는 비합리성을 여실히 보여주는 것이다.

비록 강도의 차이는 있지만 남북한 모두 민족주의적 색채를 강하게 띠고 있음은 부인할 수 없다. 그러한 민족주의적 역사 인식은 일본의 극우적 역사 인식이나 중국의 사회주의적 애국주의 역사 인식과 부딪칠 때에 상호 분쟁만 야기할 뿐이지 결코 해결책을 마련할 수 없을 것이다. 그런 점에서 21세기 초두에 서 있는 우리가 스스로 역사 인식을 어떻게 바꾸어갈지 고민해야 할 것이다. 20세기식 민족주의 역사학은 그 역사적 소임을 다했고, 이제는 세계 10위권 국가에 걸맞은 새로운 역사학이 필요할 때인 것이다.

■ 참고 사이트와 문헌

새로운 역사 교과서를 만드는 모임新しい歷史教科書'をつくる會 : www.tsukurukai.com

아시아 평화와 역사교육연대 : www.ilovehistory.or.kr

아이들과 교과서 전국네트21子どもと教科書全國ネット21 : www.ne.jp/asahi/kyokasho/net21

역사교육아시아네트 재팬歷史敎育アジアネットワークJAPAN : www.jca.apc.org/asia-net/index.shtml

일본 역사 교과서 왜곡 관련 자료 전시관 : www.nanet.go.kr/japan

일본회의日本會議 : www.nipponkaigi.org

김승렬, 〈'두 개의 시선'으로 바라본 관계사—독일-폴란드 역사 교과서 대화〉《역사교육》 101, 2007.

김정인, 〈동아시아 공동 역사교재 개발—그 경험의 공유와 도약을 위한 모색〉《역사교육》 101, 2007.

다카사키 소오지 지음, 최혜주 옮김,《일본망언의 계보》한울, 1996.

다카하시 데쓰야高橋哲哉, 〈'정신의 자유'와 일본의 민주주의—한일 지식인·시민의 대화를 위하여〉서울대학교 강연문, 2005. 3. 31.

로스 테릴Ross Terrill 저, 이춘근 역,《새로운 제국—중국》국제문제시리즈 7, 나남출판, 2005.

박장배, 〈개혁개방 이후 중국의 중·고교용 역사교재 편제 분석—《세계역사》《세계근현대사》교과서를 중심으로〉《중국의 역사교육과 교과서》고구려연구재단 연구총서 18, 2006.

박찬승,《민족주의의 시대—일제하의 한국 민족주의》경인문화사, 2007.

박태균, 〈한중일 민족주의 문제와 지역협력의 현안—역사문제를 둘러싼 갈등을 중심으로〉서울대학교 국제지역원 학술대회 발표문, 2004. 4. 17.

서중석, 〈민족의식의 형성과 전개〉《한국사특강》서울대학교출판부, 1990

송기호, 〈민족주의사관과 발해사〉《역사비평》58, 2002.

오병수, 〈중국의 중등학교 교육과정 개혁과 자국사 교육의 편제—《教育課程標準》체제의 수용을 중심으로〉《중국의 역사교육과 교과서》고구려연구재단 연구총서 18, 2006.

윤휘탁, 〈중국의 역사 교과서 발간과 한국사 서술 현황—타이완 역사 교과서와의 비교 분석〉《중국의 역사교육, 그 실상과 의도》고구려연구재단 제5차 국내학술회의 발표문, 2006. 3. 17.

윤휘탁,《신중화주의— '중화민족 대가정' 만들기와 한반도》푸른역사, 2006.

이만열, 〈일본 역사 교과서 왜곡—그 배경과 현상〉《일본역사 교과서에 대한 한·일 양국의 시각과 공동대응 방안》역사교육연구회·역사학회·한국역사연구회 공동 학술대회, 2005. 3. 5.

이영학, 〈동아시아인의 연대와 평화를 위한 교과서운동— '일본교과서바로잡기운동본부'의 성과물을 중심으로〉《역사비평》62, 2003.

일본교과서바로잡기 운동본부 편, 《일본 교과서 역사 왜곡—문답으로 읽는》역사비평사, 2001.

임지현, 〈'국사'의 안과 밖—헤게모니와 '국사'의 대 연쇄連鎖〉《국사의 신화를 넘어서》휴머니스트, 2004.

정재호, 〈'강대국화'의 조건과 중국의 부상〉《중국의 강대국화—비교 및 국제정치학적 접근》길, 2006.

최갑수, 〈새로운 유럽—국민국가의 총합인가 그 대안인가? 프레데릭 들로슈 편《새 유럽의 역사》, 까치, 1995》《창작과비평》1995년 여름호.

최덕수, 〈한일 역사 교과서 문제와 역사분쟁〉《제47회 전국역사학대회 공동주제 세계화시대의 역사분쟁 발표문》전국역사학대회 조직위원회, 2004. 5. 28~29.

카또오 노리히로 저, 서은혜 역, 《사죄와 망언 사이에서》창작과비평사, 1998.

타와라 요시후미俵義文 저, 일본 교과서 바로잡기 운동 본부 역, 《위험한 교과서》역사넷, 2001. (부록으로 관련 자료 첨부)

하종문, 〈반자학사관과 가학적 내셔널리즘〉《일본의 역사 교과서 문제와 네오내셔널리즘의 동향》올바른 한일관계 정립을 위한 한국의 역사학 관련 학회 공동심포지움, 한국사연구회, 2001.

허동현, 〈총론—일본 중학교 역사 교과서(후소샤 판) 문제의 배경과 특징 : 역사기억의 왜곡과 성찰〉《일본 중학교 교과서의 역사서술과 역사인식》한국사연구단체협의회 학술회의 발표문, 2005. 4. 22.

호사카 유지, 《일본 고지도에도 독도 없다》자음과모음, 2005.

■읽기자료1
일본의 망언 사례들
· 1953년 제3차 한일회담 당시 구보다 간이치로久保田貫一郎

일본의 조선 통치는 조선인에게 은혜를 베푼 점이 있으며, 만약 일본이 조선에 진출하지 않았다면 중국이나 러시아가 조선을 식민지화했을 것이다.

· 1963년 이케다 하야토池田勇人 수상

조선을 병합한 이후 일본의 비행에 대해서 나는 견문이 적어 충분히 알고 있지 못한다.

· 1963년 시이나 에쓰사부로椎名悅三郞 외상

일본이 메이지 이래 이처럼 강대한 서구 제국주의의 위협으로부터 아시아를 지키고 일본의 독립을 유지하기 위해 타이완을 경영하고 조선을 합방하고 만주에 5족 공화의 꿈을 건 것이 일본 제국주의라고 한다면, 그것은 영광의 제국주의이며 고토 신페이後藤新平는 아시아 해방의 파이어니어일 것이다. 나는 그렇게 확신한다.

· 1965년 다카쓰키 신이치高杉晋一 제7차 한일 회담 일본 측 수석대표

36년간은 착취를 위한 것이 아니라 선의로 한 것이다. 〔중략〕 일본은 조선에 공장이나 가옥, 산림 등을 다 두고 왔다. 창씨개명도 좋았다. 조선사람을 동화해 일본인과 동등하게 취급하기 위해 취해진 조치였지, 착취나 압박 같은 것은 아니다.

· 1965년 사토 에이사쿠佐藤榮作 수상

대등한 입장에서 또 자유의사로 이 조약(한국병합조약)이 체결된 것으로 생각하고 있다.

· 1974년 다나카 가쿠에이田中角榮 수상

과거 일본과 조선반도의 합방시대가 길었지만, 그 후 한국이나 그 밖의 사람들의 의견을 들을 때면—긴 합방의 역사에서 지금도 민족의 마음에 심어져 있는 것은 일본으로부터 들여온 김 양식을 비롯해 더 나아가 일본의 교육제도, 특히 의무교육제도 같이 지금까지도 지켜가는 훌륭한 것이라고들 하는데—아무래도 경제적인 것보다는 정신적인 것, 정말로 생활 속에 뿌리를 내린다는 것이 상당히 중요하다는 것을 이번 아세안 5개국 순방에서 나는 뼈저리게 느꼈다.

· 1979년 사쿠라다 다케시櫻田武 게이단렌經團連 회장

한국의 눈부신 경제발전은 과거 일본 식민지시대의 훌륭한 교육 덕분. 36년간의 일본 통치의 공적은 한국에 근대적인 교육제도, 행정조직, 군사제도를 심어준 데 있다. 당시의 교육을 받은 사람들이 오늘날 한국 경제발전의 주역이 되고 있다. 깊이 생각하면, 오늘날 한국 혁명정부의 경제발전은 일본 교육의 결과다. 일본은 한국인의 문맹 퇴치에 기여한 바 크다. 소학교 1학년 때, 한일합방 축하행렬에 붙어서 일장기를 흔들었던 것이 생각난다.

· 1982년 마쓰노 유키야스松野幸泰 국토청장관

한국의 역사 교과서에도 잘못이 있을 것이다. 예를 들면 한일병합도 한국에서는 일본이 침략한 것으로 되어 있는 것 같은데, 한국의 당시 국내 정세 등도 있어 어느

쪽이 옳은지 알 수 없다. 일본으로서도 정확하게 조사해야 한다고 생각한다.
- 1986년 후지오 마사유키藤尾正行 문부상

한일합방은 형식으로나 역사적 사실로나 합의로 성립된 것이다. 한국에도 어느 정도 책임이 있다. 한일합방이 없었다면 청국이나 러시아가 한반도에 손을 대지 않았으리라는 보장이 있는가. 19세기의 조선 대한제국에는 독립국가를 유지해갈 만한 능력도 기개도 없어, 외교적인 혼란을 자초하고 말았다는 측면도 있지 않은가. '한·일 간의 불행한 역사'를 낳은 책임의 절반은 역시 시대착오로 무능력한 조선 대한제국 측에도 있었던 것이 아닌가. 그것은 현명한 한국인들도 가슴 깊이 알고 있으리라고 나는 생각한다. 병합된 한국에 대해 일본이 매우 악의를 갖고 있었을 리도 없는 것 아닌가. 가령 기초적인 교육에 대해서도 일본은 많은 예산을 투여했던 만큼, 세계 식민지 가운데 식자율識字率이 가장 높다는 측면도 있다. 물론 예를 들면 관동대지진 때 여러 가지 소문을 흘려 그들에게 압박을 가했다는 사실도 있다. 그러나 반드시 나쁜 짓만을 한 것은 아니다.

- 1994년 사쿠라이 슌櫻井信 환경청장관

일본이 침략 전쟁을 하려고 했던 것은 아니다. 일본이 나쁘다고 하는 사고방식으로 대처해서는 안 된다. 전쟁 결과 아시아 국가들은 독립을 얻었으며 교육이 보급되어 유럽 국가가 지배했던 아프리카 국가들보다 문자 해득률이 높아졌으며 경제 부흥도 이루었다.

- 1995년 와타나베 미치오渡邊美智雄 외무장관

일본은 한국을 통치한 적이 있지만, 식민지 지배라는 말은 샌프란시스코 강화조약 등의 공문서에는 어디에도 씌어 있지 않다. 한일합병조약은 원만히 체결된 것으로, 무력으로 이루어진 것이 아니다.

- 1995년의 에토 다카미江藤隆美 총무청장관

다만 한일병합이라는 것은 만일 제일로 책임을 묻는다면, 그 당시에 도장을 찍은 수상 이완용. 싫으면 거절했으면 그만이다. 일본도 나빴다. 일본도 강제로 도장을 찍도록 했으니까, 군대를 전국에 배치해 절대 폭동이 일어나지 않도록 해서 일주일 후에 (조약을) 발표했다. 그러나 일본은 좋은 일도 했다. 고등농림학교를 세웠다. 서울에는 제국대학도 만들었다. 그러한 의미에서 교육수준을 높인 것이다. 기존에는 교육이라는 것이 전혀 없었으니까. 도로, 철도, 항만정비를 비롯해 산에 나무도 심었다. 그러나 긍지 높은 민족에 대한 배려를 극히 결한 것도 사실. 그것이 지금 꼬리가 잡혀 있는 것이다. 그 첫 번째가 창씨개명. 나는 그 당시 조선인 이름을 가진 동급생 몇 명과 같이 공부하고 있었다. 국민 모두에게 창씨개명을 시켰다고는 생각지 않는다.

· 2001년 노로타 호세野呂田芳成 자민당의원

우리가 제2차 세계대전에 참전해 서구의 식민주의 정책을 아시아에서 몰아냈다. 동남아시아 지역 주민들은 아직도 일본 덕분에 독립할 수 있었다고 말하고 있다.

· 2003년 이시하라 신타로石原愼太郎 도쿄도지사

우리는 결코 무력으로 침범하지 않았다. 한일합방을 100퍼센트 정당화할 생각은 없지만 굳이 말하자면 그들(조선인)의 선조에게 책임이 있다. 식민지주의라고 해도 매우 앞선 것이었고 인간적이었다.

· 2004년 나카야마 나리아키中山成彬 문부과학상

문부상이 돼서 맨 먼저 본 게 역사 교과서였다. 최근 이른바 종군위안부나 강제연행 같은 표현이 줄어든 것은 정말 잘된 일이라고 생각한다. 어느 나라 역사에도 빛과 그림자가 있다. 잘못한 것은 반성해야 하지만 모두 나빴다는 자학사관에 입각한 교육을 해서는 안 된다. 후손들에게 자신의 민족과 역사, 전통에 자부심을 갖고 살도록 교육하는 것이 중요하다.

_이만열, 〈일본 역사 교과서 왜곡—그 배경과 현상〉《일본역사 교과서에 대한 한 · 일 양국의 시각과 공동대응 방안》 역사교육연구회 · 역사학회 · 한국역사연구회 공동 학술대회, 2005. 3. 5. 자료.

■ 읽기자료2

'정신의 자유'와 일본의 민주주의—한 · 일 지식인 · 시민의 대화를 위하여

일본 문부과학성의 교과서 검정 결과가 공표되는 날이 가까워 오면서, '새로운 역사 교과서를 만드는 모임'이 만든 역사 교과서(후소샤 발행)를 둘러싼 긴장이 고조되고 있습니다. 게다가 독도(일본에서는 다케시마라고 부릅니다)를 둘러싼 대립이 시마네현의 '다케시마의 날' 제정으로 격화되고 있습니다. 한국의 광복과 일본의 패전으로부터 60년이 경과된 올해, 아직 이러한 문제들을 해결하지 못한 데 대해 일본의 연구자로서 책임을 느끼지 않을 수 없습니다.

올해는 한국의 광복과 일본의 패전으로부터 60년째일 뿐 아니라, 한일조약 40주년, 을사조약 100주년이 되는 해이기도 합니다. 이들 조약에 대한 되물음까지를 포함하여, 우리들이 지금 한일 양국 및 동아시아 근현대사 전체를 미래 지향적으로 다시 검토해야 한다는 공통의 과제 앞에 서 있음은 명백한 사실입니다.

지난 삼일절에 노무현 대통령은 최근 한일 관계의 발전을 염두에 두면서도, 역사 인식 문제에 대해서는 매우 뼈 있는 발언을 했습니다. "두 나라의 관계 발전을 위해서는 일본 정부와 국민의 진지한 노력이 필요합니다. 과거의 사실을 규명하고 진심으로 사죄하여, 배상할 일이 있으면 배상하고 화해해야 합니다. 그것이 전세계에서 행해진 과거의 보편적인 역사 청산 방법입니다. 우리는 납치 문제로 인한 일본 국민의 분노를 충분히 이해합니다. 마찬가지로 일본도 입장을 바꾸어서 생각해야만 합니다. 일제 치하 36년간 강제징용으로부터 종군위안부 문제에 이르기까지 수천, 수만 배의 고통을 받은 우리 국민의 분노를 이해해야 합니다."

제가 특히 강한 인상을 받은 점은 이 발언이 '일본의 지성'에 대한 '호소'였다는 것입니다. "일본의 지성에게 다시 한 번 호소합니다. 진실한 자기반성의 토대 위에서 한일 간의 감정적 대립을 해소하고 상처가 아물 수 있도록 솔선수범해주셔야만 합니다."

물론 우리들은 정치적 권위주의와 마찬가지로 지적 권위주의에도 결코 빠져서는 안 됩니다. 하지만 시민사회가 어려운 문제를 껴안고 신음하고 있을 때, 각각의 전문적 지식과 판단력을 구사하여 해결책을 제시해야 한다는 지식인·연구자의 책임을 자각해야만 합니다. 역사 인식 문제에 관해서 저는 지금까지 작은 노력을 기울여왔습니다. 그 일부는 《전후책임론》(역사비평사) 《단절의 세기 증언의 시대》(공저, 역사비평사) 《국가주의를 넘어서》(공저, 삼인)로, 한국어 번역판이 나와서 다행히 여러분들의 비판을 받을 수 있게 되었습니다.

이런 역사 인식 문제를 둘러싼 긴박한 상황을 염두에 두면서도, 저는 역사 인식 문제를 직접 이 강연의 테마로 삼지는 않았습니다. '정신의 자유와 일본의 민주주의'라는 테마를 고른 것은 다음과 같은 이유에서입니다.

식민지 지배, 전쟁, 민족 차별, 군사독재 등 폭력의 역사를 둘러싸고 가해자, 피해자, 당사자가 역사 인식을 '공유'하기 위해서는 역사를 아는 것만으로는 모자랍니다. 식민지 지배라면 식민지 지배를, 민족 차별이라면 민족 차별을 옳지 않다고 생각하는 가치관이 공유되어 있지 않다면, 이에 관한 역사 인식은 공유될 수 없기 때문입니다. 극단적인 이야기지만, 자유나 평등이나 평화의 가치를 인정하지 않는 사람들과 침략이나 식민지 지배에 관한 역사 인식을 공유하는 일은 매우 어렵습니다. 따라서 역사 인식의 공유를 위해서는 이른바 민주적 가치관의 확립을 위한 노력이 필요하며, 이러한 민주적 가치관의 확립이 없다면 역사 인식의 공유는 불가능하다고 생각합니다.

대한민국 헌법과 일본국 헌법에는 각각 인간의 존엄과 기본적 인권, 자유와 평등, 정의와 평화의 가치가 명기되어 있습니다. 한일 양국 모두 자유와 민주주의를 표방하는

그림 1-13 강연 장면(2005. 3. 31)

국가로서 오늘날까지 존립해왔습니다. 하지만 저는 오늘날 일본 민주주의가 심각한 위기에 직면해 있다고 생각합니다. 일본국 헌법에 명기된 민주적인 여러 가치들이 정치권력과 시민사회 양쪽의 국가주의 세력으로부터 공격을 받아, 헌법 '개정'이라는 이름의 개악에 직면해 있는 것입니다. 게다가 골치 아픈 일은 '일본은 패전 후 한 번은 민주주의를 자기 것으로 만들었으나, 그 전제가 무너지기 시작했다'고 할 수는 없다는 점입니다. '전후 60년'이 되는 올해, 일본의 '전후 민주주의'란 무엇이었는가, 일본의 시민사회는 과연 한 번이라도 민주적인 가치를 진정 자기 것으로 만든 적이 있는가, 이런 물음들을 던질 수밖에 없는 지점에 서 있다고 생각합니다.

일본의 역사 인식의 문제점은 일본 민주주의의 문제점과 대응합니다. 역사 인식의 미확립은 민주주의의 미확립에, 역사 인식의 위기는 민주주의의 위기에 대응합니다. 저는 역사 인식 문제에 비해 한국에서 이야기되는 빈도가 낮은 일본 민주주의의 문제점을, 특히 시민적인 '정신의 자유'를 둘러싼 문제점을 중심으로 해서, 민주주의의 본질이란 무엇인가를 실마리 삼아 대화를 시작하고 싶습니다.

자, 여기서 말하는 '정신의 자유'란 무엇일까요?

지금부터 100년도 전인 청일전쟁 전인 1891년까지 시계바늘을 되돌려봅시다. 이 해의 1월 9일, 도쿄의 제1고등중학교에서 사건이 일어났습니다. 전해인 1890년에 이른바 '교육칙어'가 메이지 천황의 이름으로 공표되었습니다. '교육칙어'는 '충군애국'의 도덕을 설파하고, "국가의 위기 시에는 천황과 국가를 위해 목숨을 바쳐서라도 충성을 다하라"고 가르치는 천황의 말로, 구 제국시대에 일본 교육을 지배한 경전이라고도 할 수 있습니다. 사건은 제1고등중학교의 교육칙어 봉독식奉讀式, 즉 교원과 학생 전원이 칙어를 받아들여 집단으로 읽는 의식 중에 일어났습니다. 위탁 교원인 우치무라 간조內村鑑三가 칙어 말미에 있던 메이지 천황의 서명에 깊숙이 고개 숙여 배례해야 함에도, 순간 기독교인으로서의 '양심의 가책'으로 '주저'하여 가벼운 인사만 했던 것입니다. 이 행위가 국가원수에 대한 '불경'에 해당한다는 각 방면에서의 맹렬한 비난으로, 결국 그는 사직할 수밖에 없었습니다. 이른바 우치무라 간조 '불경 사건'이라 불리는 일입니다.

우치무라 간조는 그 후 3개월 동안 '사회적 파문' 상태에 몰렸고, 설상가상으로 사랑하는 아내마저 격심한 폐렴에 걸려 세상을 뜨고 맙니다. 심신이 한없이 지쳐버린 우치무라는 에치고(현재의 니이가타)의 다카다라는 곳으로 옮겨 요양했고, 거기서 미국인 친구 알프레드 스트라저드에게 편지를 씁니다. 그중 한 부분을 인용해보겠습니다.

"나는 내 처지가 인간의 자식 중 최악이라고는 믿지 않는다. 하지만 친구여, 그대는 망가진 가정, 나빠진 건강, 부풀려진 오해, 그렇게까지 사랑한 국민에 의한 박해, 이것들이 한꺼번에 한 사람을 급습한 상태로부터 교훈을 얻을 수 있으리라. 나는 이해하지 않을 수 없었다. 정치적 자유liberty와 신교의 자유freedom of conscience란 거기에 헌신한 자들이 그에 걸맞는 시련을 겪지 않고는 어떤 나라에서도 얻을 수 없다는 사실을."

일본의 민주주의, 특히 시민적 '정신의 자유'가 위기에 처한 지금, 저에게 이 우치무라 간조의 말은 예언과 같은 울림을 갖습니다. 일본은 메이지 유신 후 근대 통일국가로서의 체제를 급속히 정비했습니다. 1889년에는 '대일본제국헌법'(이른바 '메이지 헌법')이 공포되었습니다. 그 제28조에는 "일본 신민은 안녕 질서를 저해하지 않고 신민의 의무에 어긋나지 않는 한에서 신교의 자유를 갖는다"고, 제한은 붙어 있으나 '신교의 자유'를 보장하는 조항이 들어 있었습니다. 하지만 우치무라 간조는 이 '불경 사건'의 경험을 통해 천황제 국가 권력으로부터 '하사'된 '신교의 자유'가 실은 거짓 자유에 불과하다는 사실을 직감한 것이라 생각합니다. 우치무라는 '정치적 자유와 신교의 자유'라고 썼습니다. 대일본제국헌법하에서는 국가의 주권자는 '통치권을 총람하는'(제4조) 천황이었으며, 천황의 '신민'인 국민에게 진정한 '정치적 자유'는 없었습니다. freedom of conscience는 대한민국 헌법에서 '양심의 자유'(제19조), 일본국 헌법에서는 '사상·양심의 자유'(제19조)지만, 사상·양심의 자유는 원래 종교전쟁 후 웨스트팔리아조약에서 승인된 서구적 '신교의 자유'에 기원을 둡니다. 그것이 근대국가에서 세속화·일반화되었는데, 우치무라는 이것을 '신교의 자유'라고 생각한 것 같습니다. 정치적 자유, 사상·양심·신교의 자유 모두, 그 나라 사람들이 스스로의 생활과 경험 속에서 갈망하지 않는다면, 또한 이를 억압하는 세력이 있으면 싸워서라도 획득하려 한 것이 아니라면, 취약한 채로 남을 수밖에 없다는 사실, 우치무라의 말은 이 사실을 시사하고 있습니다.

이 사건으로부터 100년 이상이 경과한 오늘날, 그때와 달라진 점이 도대체 무엇인가라고 의아해할 만한 사태가 일본의 학교에서 진행되고 있다면 여러분들은 놀라실까요? 구 제국시대부터 사실상 일본의 국가였던 '기미가요' 제창과 국기였던 일장기 게양이 졸업식·입학식과 같은 학교 행사에 강제되고 있습니다. 이 문제는 최근에 와서 시작된 것이 아니라 1980년대 후반에 문부성의 지시로 강제력이 강화되었고, 1999년 국기국가법 성립으로 일장기·기미가요가 정식 국기·국가가 된 이후 한층 심해졌습니다. 피폭지로서 평화교육이 활발했던 히로시마현 등 몇몇의 저항 거점이 사라진 현재, 우익 정치가로 알려진 이시하라 신타로 도쿄 도지사의 주도하에 도쿄도에서는 국기게양과 국가제창이 이상할 정도로 강제되고 있습니다.

기미가요 제창을 위해 피아노 반주를 지시받았으나 기독교 신자로서 천황을 찬양하는 연주는 할 수 없다고 거부한 음악 교사, 천황제 국가의 상징으로서 침략 전쟁과 식민지 지배의 기억으로 이어지는 노래는 연주할 수 없다고 거부한 교원, 또한 마찬가지 이유로 기미가요 제창 때 일어서기를 거부한 교원들이 작년 봄까지 약 300명 가깝게 직무명령 위반으로 처분되었습니다. 학교 행사에서 기미가요·일장기를 강요하는 일은 현대의 교육칙어 예배라고 할 수 있습니다. 히로시마현, 구루메시, 마치다시 등의 교육위원회는 기미가요 제창 때 학생들이 큰 소리로 부르고 있는지 성량을 문제 삼고 있는데, 어느 정도 머리를 숙였는지가 문제가 된 우치무라 사건과 본질적으로 다르지 않다고 생각됩니다. 이시하라 신타로 도지사의 주도하에서 이러한 정책을 추진하고 있는 도쿄도 교육위원의 한 사람인 도리가이 겐(일본을 대표하는 상사 중 하나인 '마루베니'의 사장)의 말을 소개해봅니다. "(일장기·기미가요에 반대하는 사람은) 철저하게 분쇄하지 않으면 화근이 된다. 특히 반세기 동안 눌어붙어온 암이니까, 흔적을 남겨놓아서는 안 된다. 반드시 증식하니까."

물론 강요에 반대하는 사람들도 일방적으로 당하고만 있지는 않습니다. 처분을 받은 교직원은 과감하게 재판 투쟁에 나섰으며, 이를 지원하는 시민운동도 활발합니다. 하지만 지금까지 일본의 사법부는 교직원은 공무원으로서 직무명령에 따를 의무가 있다는 입장으로, 직무명령 자체가 사상·양심의 자유를 침해하는 헌법 위반이라는 판단을 내리지 않고 있습니다. 처분을 세 번 받으면 면직될 위험이 있기 때문에 피아노 반주 거부나 기립 거부를 선택하는 일은 직업을 건 싸움이 됩니다. 그래도 싸우고 있는 교원은 우치무라 간조가 말하는 '그에 걸맞은 시련' 속에서 현재 살아가고 있는 사람들이라고 할 수 있습니다.

참고로 말하자면 우치무라 간조는 교육칙어 예배는 비판했지만, 교육칙어의 내용 자체는 수용했습니다. 청일전쟁 때는 '문명국' 일본에는 '자유 정치'가 있고 '자유 종교'가 있다고 하면서 '의전론義戰論'을 전개하기도 했습니다. 그 이후 전쟁의 비참함을 깨닫고는 '의전론'을 철회하여 러일전쟁 때는 '비전론'을 주창했지만, 정치적 자유나 신교의 자유라는 이념까지도 '문명'의 이데올로기가 되어 전쟁을 정당화하는 데 이용될 수 있다는 점을 잊지 말아야 합니다. 또한 우치무라 간조는 삼일운동에 대해 다음과 같이 말했습니다. "우리나라 사람이 조선에서 저지른 일을 미안하게 생각하고 있습니다. 물론 미국인이 문제 삼고 있는 잔학 사건의 대부분은 하찮은 날조에 지나지 않는다고 믿습니다. 주님이 오셔서 우리를 바르게 판단해주실 겁니다"(미국인 D. C. 벨에게 보내는 서한, 1919년 8월). 삼일운동에 대한 일본의 대탄압에 대해 사죄의 뜻을 밝히면서도, 주님은 "우리들을 바르게 판단해주실 겁니다"라거나, 잔학 행위가 있었다고는 믿지 않는다거나 하는 마음의 동요를 엿볼 수 있습니다. 우치무라는 일반적으로 일본의 지배하에 있던 조선의 정치적 상황에 '동정'을, 또한 조선의 기독교 발전에 대해 일본 이상으로 '기대'를 가지고 있었지만 식민지 통치 자체를 부정할 수는 없었습니다. 100년 후의 일본인은 우치무라가 직감한 '주어진 자유'의 나약함을 자각하면서 당시의 우치무라의 한계를 넘어서야 할 것입니다.

학교 행사에서의 국기·국가의 강요는 현대 일본에서 헌법 제19조에 보장되어 있는 사상·양심의 자유가 유린되고 있는 가장 전형적인 사례입니다. 제가 오늘 강연 테마로 고른 '정신의 자유'란 일본국 헌법에서 보자면, 제19조 '사상·양심의 자유', 제20조 '신교의 자유와 정교분리', 제21조 '언론·출판, 집회·결사, 그 외 일체의 표현의 자유와 검열의 금지', 제23조 '학문의 자유'에 대응합니다. 흥미롭게도 대한민국 헌법에서도 '양심의 자유'가 제19조, '종교의 자유와 정교분리'가 제20조, '표현의 자유와 검열의 금지'가 제21조로 일본국 헌법에 대응하며, 단 '학문·예술의 자유'만이 제22조로 약간 다를 뿐입니다. 헌법 수준에서 보자면 한국과 일본은 '정신의 자유'에 관한 민주적 가치를 공유하고 있는 것입니다. 한국사회에서 현재 이들 가치가 어떤 상황인가, 일본과 상이한 역사적·사회적·문화적 배경하에서 이들 가치를 둘러싸고 어떤 문제가 제기되고 있는가, 이 부분에 대해서는 여러분들에게 여쭤봐야겠지만, 일본에서는 현재 이들 가치가 명백하게 위협받고 있습니다.

일본국 헌법 제20조에 보장된 '신교의 자유'와 '정교분리'에 관해서는 일본 수상의 야스쿠니 신사 참배 문제가 가장 알기 쉬운 예라고 생각됩니다.

야스쿠니 신사를 둘러싼 문제는 여러 가지 영역에 걸쳐 있어서 상당히 복잡합니다.

저는 4월 10일에 출간할 예정인 《야스쿠니 문제》라는 책에서 이 문제에 대한 사견을 정리했는데, 제1장은 '감정 문제', 제2장은 '역사 인식 문제', 제3장은 '종교 문제', 제4장은 '문화 문제'로, 크게 네 가지 측면에서 접근한 것입니다.

'감정 문제'란 야스쿠니 신사의 본질적 기능이 유족과 국민들의 감정에 호소하여 전쟁을 정당화하고, 새로운 전쟁에 국민을 동원해 협력시킨다는 것입니다. 장병이 전쟁에서 죽음을 당했을 때 유족은 원래 '슬픔'에 빠져야 하지만 야스쿠니 신사에 전사자를 '영령'으로 합사合祀하여 천황과 국가를 위해 '명예롭게 전사했다'고 찬양함으로써 유족은 역으로 '뿌듯한' 감정을 갖게 되고, 국민들 또한 '그들을 본받아 그들에 이어 천황과 국가를 위해 목숨을 바치자'고 생각하게 됩니다. 야스쿠니 신사의 본질은 한마디로 전몰 장병의 죽음을 애도하는 '추도' 시설이 아니라, 그 죽음을 찬양하는 '현창顯彰' 시설인 것입니다. 야스쿠니 신사가 관여한 구 일본제국 전쟁의 침략적 성격, 야스쿠니 신사가 신도神道 시설이라는 특수한 성격 등을 제외하고 전사자의 현창 시설로서만 일반화한다면, 이런 시설은 일본뿐 아니라 세계 각지에 존재할 것입니다. "조국을 위해 죽는다Pro Patria Mori"는 일을 성스러운 행위로 찬양하는 국가 의례는 역사가인 에른스트 칸토로비치Ernst Kantorovich나 조지 모세Georges L. Mosse가 논했듯이, 서양에서는 고대 그리스·로마로부터 근대국가로 이어지는 전통을 가지고 있으며 한국에는 전쟁기념관이나 국립묘지(현충원)가 있습니다. 이들 시설이나 국가 의례를 역사학·철학·정치학 등의 관점에서 비교·연구하여 닮은 점과 다른 점을 논하는 일은 공동연구의 테마가 될 수 있을 것입니다.

'문화 문제'란 수상의 야스쿠니 참배에 대한 한국이나 중국으로부터의 비판을 일본과의 '문화의 차이'나 '생과 사에 대한 관점 차이'를 무시한 간섭이라고 배척하려는 논의의 문제입니다. 이런 논의는 조잡한 것에서 비교적 세련된 것까지 여러 가지가 있으나 자주 눈에 띄는 주장은 이런 것입니다. 중국 문화는 중죄인이 죽어도 '용서하지 않는' 문화이지만, 일본 문화는 아무리 중죄인이라도 죽으면 '용서하는' 문화이기 때문에 일본에서는 'A급 전범'이라도 죽으면 용서받는데, 이런 문화적 차이를 인정하지 않는 것이 부당하다는 것입니다. 이런 논의는 '일본 문화'나 '중국 문화' 등 일국가 단위의 문화가 존재한다는 소박한 논리를 전제로 삼고 있다는 점, 설사 그런 논리를 인정하더라도 그것을 타국이나 타민족과의 역사적 관계로부터 분리시켜 정당화한다는 점에서 용인할 수 없습니다. 또한 일본인은 자주 '일본 문화는 용서하는 문화'라고 말하는데, 야스쿠니 신사는 A급 전범은 '용서'하지만 천황의 군대에 적대하여 죽어간 자들은 외국인이든 일본인이든(내전의 경우) 결코 '용서하지 않는' 신사입니다. 중세 이후의 무사 문화 중에는 불교의 '원친평등怨親平等' 사상에 의한 '피아공양彼我供養' 관념이 있어, 몽고(원)군의 습격을 받은 후 호조 도키무네北條時宗를 비롯한 적국의 전사자를 공양한 사례가 종종 있긴 하지만, 근대 일본 국가가 '발명'해낸 야스쿠니 신사는 그러한 '전통'과 단절한 것입니다.

그렇다면 '역사 인식 문제'란 무엇일까요? 일본 수상의 야스쿠니 참배에 대해 한국 정부나 특히 중국정부는 A급 전범을 찬양하고 전쟁 책임을 애매하게 만든다고 비판해왔습니다. 물론 타당합니다. 그렇지만 문제를 A급 전범에 국한시키는 일은 중국이나 한국 측에서 보자면 일종의 정치적 타협일 것입니다. 전쟁 책임을 당시의 지도자에 집중시킴으로써, 그 외의 문제에는 입을 다물어버리는 셈입니다. 하지만 가령 야스쿠니 신사가 A급 전범의 분사分祀(야스쿠니 신사에 합사하지 않는 것)에 동의한다면 어떻게 될까요? 야스쿠니 신사에 A급 전범이 없어지게 되면 중국정부나 한국정부는 일본 수상의 야스쿠니 신사 참배를 비판하지 않으리라 생각되지만, 그것으로 전쟁 책임 문제가 끝나는 것도 아니며, 역사 인식 문제가 해결되는 것도 아닙니다. A급 전범이 분사되면 천황의 야스쿠니 신사 참배가 부활하겠지만, 메이지 천황의 명령으로 만든 '천황의 신사' 야스쿠니의 전쟁 책임도 남게 됩니다. 또한 한국과의 관계에서 특히 중요한 점은 A급 전범이란 극동 국제 군사 재판(도쿄재판)에서 1928년 이후 일본의 전쟁 책임, 즉 '만주사변' 이후의 전쟁 책임을 묻는 데 피고가 된 자들이란 점입니다. 야스쿠니 신사는 1869년에 창설되어 1874년 일본군의 타이완 출병 이래의 모든 전쟁과 식민지 탄압으로 인한 사망자를 합사하고 있다는 점을 잊어선 안 됩니다. 야스쿠니 신사에는 강화도 사건, 임오군란, 갑신정변 등 일본의 한국 침략 과정에서의 전사자, 야스쿠니 신사에서 '한국 폭도 진압 사건', '비적·불정不逞 조선인 토벌' 등으로 부르는 식민지 탄압 때 사망한 일본군 전사자를 포함해 구 일본제국의 식민지 획득, 식민지 지배를 위한 군사 행동의 전사자까지 합사되어 있습니다. 'A급 전범'은 일본의 식민지 지배 책임을 전혀 묻지 않았던 도쿄재판의 범주에 국한될 뿐입니다. 야스쿠니 신사의 역사적 책임은 이러한 의미에서 전쟁 책임을 넘어, 일본 근대의 식민지주의 전체의 책임으로서 되물어져야 합니다. 현재 한국 유족들이 야스쿠니 신사에서 멋대로 제사를 지내고 있는 가족의 합사를 그만두게 하려고 일본 재판소에 제소 중입니다. 이는 일본의 식민지주의 위에 전시 동원이 겹쳐 일어난 심각한 피해입니다. 유족들의 합사 취소를 거부하여 한국이나 타이완 출신 전사자의 합사를 계속하고 있는 야스쿠니 신사의 태도가 얼마나 부조리한가를 저도 계속 호소해 나가려고 합니다.

자, 가령 야스쿠니 신사로부터 A급 전범이 분사되었다고 합시다. 또한 한국, 타이완,

그리고 일본인 유족 중 일부로부터도 제소되고 있는 합사 취소 요구에 야스쿠니 신사가 응했다고 합시다. 그래도 아직 일본 민주주의에서 매우 중요한 '야스쿠니 문제'가 남습니다. 일본 수상이나 천황의 야스쿠니 참배가 헌법상의 정교분리 원칙에 위배되는 것이 아닌가 하는 문제 말입니다.

일본국 헌법의 정교분리 규정은 '국가 및 그 기관'의 '어떠한 종교적 활동도' 금지하고(제20조 제3항) 또한 '공금'을 '종교상의 조직 혹은 단체'를 위해 지출하는 일을 금지하고 있습니다(제89조). 이미 지적한 대로 메이지 헌법하에서는 제한적으로 신교의 자유가 인정되었고, 법제도상의 '국교'는 없었으나 사실상 신도가 국교화되어 '국가 신도'로서 맹위를 떨쳤습니다. 그 정점에는 이세伊勢 신궁이 있었고, 야스쿠니 신사는 전쟁에 직결된 신사로서 특별한 지위에 있었습니다. 일본이 식민지에도 많은 신사를 만들고, 한국에서도 조선 신궁 등에 대한 신사 참배를 강요해 한국인들의 신교의 자유, 정신의 자유를 뺏는 우를 범한 것은 이 국가 신도 체제하에서였습니다. 한국의 기독교인들이 과감하게 저항하여 많은 순교자가 생긴 것도 잊을 수 없는 사실입니다. 일본국 헌법의 정교분리 규정은 국가와 신도가 결합하여 범한 그러한 과오를 반복하지 않기 위해 도입된 것입니다.

야스쿠니 신사는 구 제국시대에는 국가기관이었지만, 패전 후에는 민간 신도계 종교 단체며 종교 법인법상 '종교법인'에 지나지 않습니다. 그러한 신사에 수상이 참배하는 일은 국가의 종교 활동이 되며, 국가가 특정한 종교와 특별한 관계에 있다는 것을 나타내는 행위이므로, 헌법 위반이 아니냐고 일본 시민들은 지금까지 몇 번이나 재판을 일으켜왔습니다.

이 문제로 일본의 사법부가 명확한 위헌 판단을 내린 것은 1991년 1월 이와테 야스쿠니 소송·센다이 고등재판소 판결이었습니다. 이것은 이와테현 의회가 천황과 수상의 공식 참배를 요구하는 결의를 낸 데 대해 이와테현 주민들이 일으킨 소송으로, 센다이 고등재판소는 수상과 천황의 참배가 '종교적 활동'에 해당한다고 인정하고 '위헌 행위'로 단정했습니다. 이에 대해 피고인 국가는 최고재판소(대법원에 해당)에 상고했지만 각하되어 센다이 고등재판소 판결은 최종 판결로 확정되었습니다.

1985년 나카소네 야스히로 수상의 공식 참배는 중국정부가 정식으로 비판한 처음 사례로 중요하지만, 이 참배에 대해서는 즉각 3건의 위헌 소송이 일어나 1990년대 초에 확정 판결이 나왔습니다. 그중 하나는 위헌 판단까지 가지 않고 원고의 손해배상 청구를 각하했고, 또 하나는 '공식 참배를 계속하면 위헌'이라는 판결을 내렸고, 나머지 하나는 공식 참배를 '위헌의 소지가 있다'고 판단했습니다. 세 개 확정 판결 중 두 개가 위헌 판결로 기운 셈인데, 세 가지 판단 중 합헌 판단을 한 것은 하나도 없었다고 할 수 있습니다.

고이즈미 수상의 참배에 대해서는 현재 6개의 재판소에서 7건의 소송이 진행 중인데, 그중 6건에 대해 1심 판결이 나와 있습니다. 피고인 국가와 고이즈미 수상은 수상의 참배는 개인으로서의 '사적 참배'이므로 정교분리 위반이 아니라고 주장하고 있지만, 이미 나온 6건의 1심 판결 중 공적이라고도 사적이라고도 판단하지 않고 원고의 손해배상 청구를 기각한 것이 2건, '공식 참배'로 인정했지만 위헌 판단은 내리지 않은 것이 3건입니다. 작년 6월에 내려진 후쿠오카 지방재판소의 판결에서는 '공식 참배'로 인정하고 '헌법 위반'이라고 판단했습니다. 그리고 이들 6건의 판결 중 후쿠오카 지방재판소만은 피고인 국가가 공소할 수 없었기 때문에 확정 판결이 되었습니다. 후쿠오카 지방재판소의 가메가와 재판장은 위헌 판단을 내렸을 때의 우익의 공격을 예상하고, 유서를 쓰고 판결에 임했다고 합니다. 고이즈미 수상은 이 위헌 판결이 내려진 날 하루에 10번이나 "뭐가 뭔지 모르겠다"고 말했다는데, 이는 수상의 인식이 얼마나 천박한지를 말해줍니다.

고이즈미 참배 소송에서 주목할 만한 사실 하나는 도쿄 지방재판소에서 진행된 소송의 원고단 639명에 다수의 한국인 유족이 포함되어 있었다는 점, 오사카 지방재판소에서 진행된 2건의 소송 중 하나의 원고단 236명에 다수의 타이완인 유족이 포함되어 있었다는 점입니다. 1980년대의 나카소네 수상 때와는 달리 21세기 고이즈미 수상의 참배에 대한 법정 투쟁은 일본인뿐 아니라 동아시아 시민 공동의 투쟁이 되고 있는 셈입니다.

그런데 아까 말씀드렸듯이 수상의 야스쿠니 신사 참배가 문제가 된 재판에서 확정판결은 지금까지 전부 5건 있는데, 수상 참배가 '합헌'이라고 판단된 건은 하나도 없고, '위헌' 혹은 '위헌의 소지 있음' 혹은 '반복하면 위헌'이라는 판단이 4건 있습니다. 이는 수상이나 천황의 야스쿠니 참배를 정착시키고 싶은 정치세력에게는 상당히 심각한 사태입니다.

이러한 사태를 타개하기 위해 자유민주당은 헌법 제20조의 개정이라는 대담한 전략을 실행에 옮기려 하고 있습니다. 일본국 헌법의 정교분리 원칙은, 위헌이라는 몇몇 판례에도 불구하고, 수상의 반복되는 야스쿠니 참배로 공동화되고 있을 뿐 아니라, 현재 헌법 개정을 통해 그 원칙 자체를 수정하면서 수상의 참배를 동시에 '합헌'화하려는 움직임 때문에 심각한 위기에 처해 있다고 할 수 있습니다.

이 자민당의 개헌 전략이란 국가가 종교적 활동에 관여할 경우, '사회적 의례' 혹은 '관습적 행사'로 간주될 수 있다면 정교분리 원칙에 위배되지 않는다는 것입니다. 이

전략에 의하면 수상이나 천황의 야스쿠니 신사 참배는 종교적 목적이 아니라, '전몰자 추도'라는 '사회적 의례' 혹은 '관습적 행사'이기 때문에 정교분리에 위배되지 않게 됩니다. 제가 볼 때 이 논리는 구 제국시대에 '국가 신도'를 전국민에게 강요한 '신사 비종교'론과 본질적으로 다르지 않습니다. 즉 신도를 법제도상 불교나 기독교 등의 '종교'와 구별하여 '국가의 제사'로 규정하고, '특정 종교'가 아니므로 불교신자든 기독교신자든 온 국민이 받아들여야 한다고 강변한 논리와 기본적으로 똑같은 것입니다. 일본에서는 아직도 이 '신사 비종교'론의 영향이 남아 있어서, 서민 사이에 신사는 일본의 '관습' 중 하나로서 기독교와 같은 '종교'가 아니라는 의식이 존재합니다. 이러한 가운데 헌법 개정의 위험한 의도를 간파하고, 신교의 자유와 정교분리 원칙을 지켜나갈 수 있는지 여부는 일본의 민주주의와 '정신의 자유'라는 문제의 커다란 분기점이 되리라 생각합니다.

일본국 헌법 제19조가 규정하는 '사상·양심의 자유'의 위기로서 국기·국가의 강요를, 제20조가 규정하는 '신교의 자유와 정교분리'의 위기로서 수상의 야스쿠니 참배와 제20조 개헌론의 등장을 살펴봤습니다. 세 번째로 헌법 제21조에 규정된 '표현의 자유와 검열의 금지'의 위기를 살펴보겠습니다.

이 점에 대해서는 한국 미디어에서도 거론된 NHK 프로그램에 대한 압력 문제가 중요하다 할 수 있습니다. 2001년 1월 30일에 방영된 NHK의 '전쟁을 어떻게 심판할 것인가—문제시되는 전시 성폭력'이 자민당 유력 정치가의 압력으로 내용이 껍데기만 남고, 통상 44분인 프로그램이 40분으로 단축되는 등 이상한 형태로 방영된 사건입니다. 이 프로그램은 〈전쟁을 어떻게 심판할 것인가〉라는 4회 연속 시리즈 중 제2회분으로, 2000년 12월 도쿄에서 열린 '일본군 성노예제를 심판하는 여성 국제 전범 법정'을 다루었고, 일본군 '위안부' 제도의 책임을 묻고자 하는 것이었습니다. 참고로 4회 시리즈의 첫 번째는 독일과 프랑스에서의 과거 유대인 학살 책임 문제, 세 번째는 현대에도 빈발하고 있는 전시 성폭력 문제, 네 번째는 남아프리카의 아파르트헤이트 시기의 인권 침해 사건을 처리한 '진실 화해 위원회' 문제와, 20세기에 자행된 '인도人道적 범죄'의 책임을 어떻게 추궁할 수 있는가에 대해 세계적 흐름 안에서 생각해보자는 것이었습니다. 저는 이 4회 시리즈 전체에 논평자로 출연했기 때문에 제2회 프로그램 압력 사건에 당사자로서 관계하게 되었습니다.

이 프로그램은 너무나 부자연스러운 모습으로 방영되었기 때문에 프로그램 방영 직후부터 문제가 되었고, 정치적인 압력이 있었던 것이 아니냐는 의문이 제기되었습니다. 저 자신도 방영 이틀 전 추가 촬영에 임했을 때 대본과 방영 내용이 너무나 달라

〈사전에 무엇이 지워졌는가〉라는 논고를 발표했고, 삭제된 출연자의 코멘트나 VTR 항목을 명확히 하여 진상규명을 요구해왔습니다. 하지만 그 후 4년간 정치가의 압력에 대해서는 증언이나 증거가 나오지 않았기 때문에 미궁으로 빠지는 것 아니냐는 우려가 있었습니다. 그런데 올해 NHK의 프로듀서로 프로그램 제작 때 실무 담당이었던 분이 "정치적 압력으로 개편되었다"는 내부 고발을 했고, 아사히 신문이 아베 신조 자민당 간사장 대리와 나카가와 아키이치 경제산업 대신이 관여했다는 보도를 내보냄으로써 일거에 정치 문제화되었습니다.

아베 씨와 나카가와 씨는 압력을 가했다는 사실을 부정했고, NHK도 아사히 신문의 보도를 '허위 보도'로 규정했지만, 양측의 변명 모두 의심스러운 점이 많을뿐더러, 정치적 압력으로 프로그램이 변경된 데에는 의심의 여지가 없습니다. 이 기이한 프로그램 개편은 아베 씨나 나카가와 씨가 중심이 된 자민당 내 의원 모임 '일본의 전도前途와 역사교육을 생각하는 의원들 모임'이 방영 전에 프로그램을 문제 삼아, NHK 간부와 만난 자리에서 이를 지적함으로써 시작되었다고밖에 달리 생각할 길이 없습니다. '일본의 전도와 역사교육을 생각하는 의원들 모임'이란 어떤 단체일까요? 이것은 일본군 위안부 문제가 일본 역사 교과서에서 거론되는 데 위기감을 느껴 그 부분을 교과서에서 삭제하려 해온 의원들의 모임으로, 말하자면 '새로운 역사 교과서를 만드는 모임'과 동일한 사상과 요구를 관철시키려는 단체입니다. 작년 대학입시센터시험(전국 공통 학력시험)의 '세계사' 시험에, '일본 통치하의 조선'에서 있었던 일로 '강제 연행'이 정답인 문제가 출제되었을 때, 문제 작성자의 이름을 공표하라고 집요하게 물고 늘어지면서 '만드는 모임'과 함께 항의한 것도 이 단체였습니다. 발족 시에는 나카가와 아키이치 의원이 회장, 아베 신조 의원이 사무국장이었습니다. 작년 11월에 "역사 교과서로부터 종군위안부나 강제 연행이라는 말이 줄어서 잘됐다'고 발언한 나카야마 나리아키 문부과학성 대신도, 이 달 6일에 이 발언을 지지한다고 발언한 시모무라 문부과학성 정무 차관도 이 '의원들 모임'의 유력 멤버입니다. NHK 프로그램 압력 사건 때 아베 신조 의원은 내각 관방부장관이었고, 현재는 '차기 수상'으로도 거론되고 있습니다. 즉 이 모임의 유력 멤버는 현재 일본의 정치 권력이나 문부과학성 행정부의 상층부를 지배하고 있고, 올해 '만드는 모임' 교과서의 검정 합격과 채택을 위한 움직임을 강화하고 있는 셈입니다.

여성 국제 전범 법정은 일본군 '위안부' 제도의 국제법상의 책임을 확인하고, 일본 정부에 피해자에 대한 국가 보상을 요구하기 위해 열렸습니다. 한국을 비롯해 '위안부' 제도의 피해자를 낸 거의 모든 나라에서 법률가나 학자가 검사로 참가했고, 피해자나 가해 병사나 학자들의 증언이나 증거에 기초하여 국제법의 최전선에서 활동하고 있는 전문가들에게 판결을 구하는 기획이었습니다. 판결은 일본군 '위안부' 제도를 '인도적 범죄'로 규정하고, 일본정부의 책임과 쇼와 천황의 군 최고 지휘관으로서의 책임을 명확히 한 것이었습니다. 따라서 이 법정을 20세기의 '과거 극복' 노력의 한 예로서 평가하고 그 의미를 논하고자 한 이 프로그램에 대해, '일본의 전도와 역사교육을 생각하는 모임'의 의원들이 민감하게 반응하고 그 내용에 압력을 가하고자 했더라도 결코 놀라운 일은 아닙니다. 즉 이 사건은 일본군 '위안부' 제도에 대한 국가와 천황의 책임을 거론하고자 한 프로그램이 우파 계열 국회의원 단체의 공격을 받은 사건이었던 것입니다. 공공방송인 NHK 프로그램이 방영 전에 정치가의 압력으로 내용을 변경한 것이니, 이는 사실상 '검열'이자 '표현의 자유'의 하나인 '보도의 자유'가 침해된 사건입니다. 출연한 모든 논평가들의 언급은 물론, 게스트 논평가였던 요네야마 리사 캘리포니아 대학교 조교수의 언급도 왜곡되었으니 이는 '학문의 자유'(일본국 헌법 제23조)에 대한 침해라고도 할 수 있을 것입니다.

이상이 현대 일본에서 '사상·양심의 자유', '신교의 자유와 정교분리', '표현의 자유와 검열의 금지' 등 헌법에서 보장하는 '정신의 자유'가 심각하게 위협받고 있는 사태입니다. 또한 그 가장 전형적인 예로서 국기·국가의 강요 문제, 수상의 야스쿠니 참배 문제, NHK 프로그램 개편 문제를 다루었습니다.

여기서 이하의 두 가지를 지적해두고 싶습니다.

우선 헌법에 보장된 '정신의 자유'의 위기, 즉 민주적 가치 중에서도 가장 중요한 가치 중 하나인 '정신의 자유'의 위기는 일본의 경우 구 제국시대부터 지금까지 청산되지 않은 '부負의 역사적 유산'과 관련되어 있습니다. 일장기·기미가요, 야스쿠니 문제, 일본군 '위안부' 문제에서 알 수 있듯이 말입니다.

두 번째로 이들은 모두 천황제의 존속과 관련되어 있습니다. 일장기·기미가요는 천황제의 상징, 특히 기미가요는 천황을 찬양하는 노래이며, 야스쿠니 신사는 '천황의 신사'이고, 여성 국제 전범 법정은 천황의 전쟁 책임을 다룬 것이었습니다. 즉 현대 일본에서 '정신의 자유'의 위기는 천황제를 핵심으로 하는 구 제국시대 제도에 관련된 문제로서, 결국에는 전쟁 책임과 역사 인식 문제에 관련되어 있습니다.

마지막으로 다시 한 번 앞에서 인용한 우치무라 간조의 말을 상기해보고 싶습니다. "나는 내 처지가 인간의 자식 중 최악이라고는 믿지 않는다. 하지만 친구여, 그대는 망가진 가정, 나빠진 건강, 부풀려진 오해, 그렇게까지 사랑한 국민에 의한 박해, 이것들이 한꺼번에 한 사람을 급습한 상태로부터 교훈을 얻을 수 있으리라. 나는 이해하지 않을 수 없었다. 정치적 자유와 신교의 자유란 거기에 헌신한 자들이 그에 걸맞은 시련을 겪지 않고는 어떤 나라에서도 얻을 수 없다는 사실을." 저는 오늘 말씀드린 일련의 일들을 포함한 현대 일본의 민주적 가치의 위기, '정신의 자유'의 위기를 생각하는 데에도, 우치무라의 이 관점이 중요하다고 생각됩니다.

우치무라의 시대, 메이지 헌법은 국가 권력이 천황의 이름으로 사람들에게 '하사'한 것으로, 사람들이 스스로의 힘으로 획득한 것이 아니었습니다. 우치무라는 자신이 받은 박해와 그에 대한 힘든 투쟁 속에서 주어진 '자유'의 취약함을 직감했습니다. 그렇다면 현행 일본국 헌법은 사람들이 스스로의 힘으로 획득한 것일까요? 그렇지 않습니다. 일본국 헌법에 있는 정치적 자유와 사상·양심·신교의 자유 등의 보장은 일본 사람들 다수가 구 제국체제에 반대하고 체제를 해체해 획득한 것이 아니라, 패전으로 인해 굴러들어온 것이었기 때문입니다. 일본인에게 이 헌법이 기본적으로 민주적이고 급진적인 평화주의를 표방한 것은 행운이었습니다. 패전 직후의 일본인은 식민지 지배나 침략 전쟁으로 신음한 이민족의 사람들을 깡그리 잊었거나 잊은 척함으로써, "이로써 더 이상 전쟁은 일어나지 않는다"며 신헌법을 환영했던 것입니다.

패전 후 일본의 민주세력, 즉 넓은 의미에서의 혁신세력은 일본국 헌법의 민주주의와 평화주의를 지키는 일, 보수세력의 '개헌'을 저지하는 일을 자신들의 정체성으로 삼고, 스스로를 '호헌파'로 불러왔습니다. 저도 이 '호헌파'의 흐름에 이어지는 사람이지만, 기존의 '호헌파'에게는 커다란 문제가 있었다고 생각합니다.

그중 하나는 헌법에 명시된 자유, 평등, 평화 등의 민주적 가치가 패전에 의해 굴러들어온 것이고, 자신들의 힘으로 획득한 게 아니라는 약점을 덮어두려는 경향입니다. '호헌파'는 이렇게 주장해왔습니다. 이 헌법의 민주주의와 평화주의는 일본인 300만, 아시아인들 2000만이라는 '그 전쟁'에서 사망한 이들의 희생으로 얻을 수 있었던 것이기 때문에, 절대로 방기할 수 없다고. 그러나 여기에는 교묘한 바꿔치기가 존재합니다. '그 전쟁'의 방대한 희생자는 일본인들이 당시 일본 제국의 체제를 비판하고 무너뜨리기 위한 과정에서 어쩔 수 없이 나온 희생이 아닙니다. 역으로 일본인들이 당시 일본의 체제를 비판할 수도 없고 무너뜨릴 수도 없었던 것은 물론이고, 체제를 용인하고 '일억옥쇄一億玉碎'해서라도 천황제 국가를 지키려 한 결과 발생한 희생인 것입니다. 본래 그 체제는 패전을 기다리지 말고 일본인들 스스로의 손으로 무너뜨려야 했던 것입니다. 그 점을 잊은 것인지, 아니면 잊은 척하는 것인지, 마치 일본국 헌법의 민주적 제가치를 스스로의 희생을 통해 얻은 것처럼 말해온 데에, 종래 '호헌파'의 속임수가 있다고 생각합니다.

또 하나의 문제점은 일본국 헌법 자체에 내재하는 모순, 문제점을 자각할 수 없었던 것인지, 아니면 자각했다 하더라도 유야무야 처리해온 점입니다. 그것은 일본국 헌법의 민주적 제가치(자유, 평등, 평화 등)와 상징 천황제 사이의 모순입니다. 일본국 헌법은 제1장에서 천황에 대해 규정하면서 제1조에서 "천황은 일본국의 상징이자 일본 국민 통합의 상징이다"라고 정하고 있습니다. 이는 확실히 구 헌법시대의 천황제와는 다르지만, 패전 당시의 쇼와 천황의 전쟁 책임을 면제해주고 그를 천황의 지위에 머물게 하기 위해서, 일본정부와 미국(맥아더 사령부)이 합작해서 만들어낸 시스템이었습니다. 일본정부는 '국체'를 바꾸고 싶지 않았고, 미국(맥아더 사령부)은 일본 점령과 이후 냉전하에서의 반공정책에 천황과 일본의 보수세력을 이용하고자 했습니다. 결국 양자의 이해가 합치한 결과였던 것입니다. 그러나 미국(맥아더 사령부)은 천황의 전쟁책임 추궁을 바라는 소련, 중국, 오스트레일리아 등의 요구를 억누르기 위해 일본군의 무장해제와 일본의 재군비화 금지를 보증해야 했습니다. 그 결과가 전쟁 방기뿐 아니라 전력 보유 불가, 국가의 교전권 부인이라는 철저한 평화주의를 취한 제9조였습니다. 다시 말하면, 제9조는 제1조를 집어넣기 위해 넣은 조항이며, 급진적인 평화주의는 천황제를 유지하기 위한 균형 장치balancer였다고 할 수 있습니다.

일본의 '호헌파'는 이러한 문제점을 충분히 고려하지 않았습니다. 제9조 '개헌'의 여지를 주게 될지도 모를, 실현 가능성도 없는 제1조의 '개헌'을 들고 나와서는 안 된다는 이유에서, 현재의 천황제에 대한 문제 제기를 삼가는 경향이 있었던 것입니다. 그러나 '호헌파'가 제9조를 지키는 것에만 전념한 결과, 제1조에서 천황제가 존속한 것에 대해서는 본격적으로 문제 삼을 새가 없었습니다. 오늘 말씀드린 '정신의 자유' 문제가 히노마루·기미가요 문제이든, 야스쿠니 신사 문제이든, NHK 프로그램 개편 문제이든, 모두 천황제에 관계된 문제임은 결코 우연이 아닙니다.

한국의 민주주의와 일본의 민주주의를 비교하는 것은 그만큼 간단한 작업이 아니라고 생각합니다. 그러나 비교 정치학자로서가 아니라 지금까지 말씀드린 것과 같은 관심을 지닌 일본의 지식인·시민의 일원으로서 말하자면, 저에게 한국의 민주주의가 눈부시게 보이는 것은 지금 지적한 두 가지 점과 관계가 있습니다.

한국의 현재 민주주의는 한국인들의 힘으로 오랜 기간 괴로운 '시련'을 거쳐 싸워서 얻은 것입니다. 1948년의 대한민국 헌법 제정으로 당연히 보증되었어야 했음에도 불구하고 군사 독재라 불리는 역대 정권에 의해 저지되어온 민주주의를 많은 희생을 치루면서 시민의 민주화 운동으로 획득했습니다. 그러한 일종의 '시민혁명' 경험을 일본은 아직 가져본 적이 없습니다.

또한 대한민국 헌법은 제1조에 "대한민국은 민주공화국이다"라고 주창하고 있습니다. 사실 한국은 공화제 국가이며, 이 점이 주권재민이라 하면서도 헌법 제1조에서 상징 천황제를 정한 일본과의 커다란 차이 중 하나입니다. 일본의 헌법학자는 일본은 "한없이 공화제에 가깝다"고 말해왔지만, "공화제에 가깝다" 대신 "공화제다"라고 말할 수 없는 것은 천황제가 존속하기 때문이며, 그것이 일본의 민주주의를 위협하고 있기 때문임은 앞에서 지적한 대로입니다. 저 자신은 언젠가 "공화제다"라고 단언하게 되지 못한다면 일본의 민주주의는 언제까지고 위태로운 상태에 머물러 있을 수밖에 없다고 생각합니다.

현재 일본의 민주주의, 그리고 '정신의 자유'는 커다란 위기에 직면해 있습니다. 그러나 이미 말씀드린 대로, 이 위기와 대결해 '시련' 속에서 '정신의 자유'와 민주적 가치를 실현하기 위해 싸우고 있는 사람들이 현대 일본에도 존재합니다. 천황을 찬양하는 기미가요 노래의 강제에 항의하다 처분당해 사상·양심의 자유를 찾아 법정 투쟁을 계속하고 있는 교원들, 고이즈미 수상의 야스쿠니 신사 참배에 항의해 철저한 정교분리를 요구하며 법정 투쟁을 벌이고 있는 사람들, 또한 정치 압력에 의한 프로그램 개편에 항의해서 내부고발을 한 NHK 직원들, 그들과 연대해 보도의 자율성과 표현의 자유 확립을 요구하며 싸우고 있는 사람들, 그 외 일본 각지에서 민주적 제가치 실현을 위해 움직이고 있는 시민들은 정치적으로는 현재 열세이지만 분명히 존재하고 있습니다.

이 사람들은 그리고 이 사람들과 연대해 움직이고 있는 저와 같은 연구자들은 괴로운 상황 속에서 한국에서 민주적 제가치를 위해 분투하고 있는 지식인이나 시민 여러분과의 연대를 절실하게 바라고 있습니다. 다시 말씀드리자면, 근현대사의 고통으로 가득 찬 과거에 관한 역사 인식의 '공유'는 자유, 평등, 평화 등의 민주적 제가치의 '공유' 없이는 성립될 수 없습니다. 일본의 식민지 지배가 왜 잘못이었으며 부당한 것이었는가. 그것은 식민지 지배가 한국인들의 자유를 빼앗고 평등을 부정하고 평화를 파괴했기 때문입니다. 저는 현재 일본의 민주주의의 위기와 대결하고, '정신의 자유'를 포함한 민주적 제가치를 일본의 시민사회가 스스로의 것으로 만들려는 노력을 계속하는 와중에 과거의 잘못을 잘못으로 인정하고 전쟁과 식민지 지배에 대해 책임을 질 수 있는 역사 인식을 일본의 국가와 사회가 확립할 수 있도록 노력하고자 합니다. 일본의 국가와 사회가 역사 인식을 확립하고 과거의 잘못에 대해 한국인들에게 용서를 구하고, 일본이 언젠가 용서받아 한국과 일본이 공동으로 세계에 대해 식민지주의 극복과 민주적 제가치 실현이라는 메시지를 전하는 것, 이것이 바로 지금 제가 꿈꾸는 것입니다.

_도쿄대학 교수 다카하시 데쓰야의 서울대학교 강연문, 2005. 3. 31.

| 제2장 |
영토분쟁과 역사

제2장
영토분쟁과 역사

1. 동아시아의 영토분쟁

 영토와 역사는 불가분의 관계에 있다. 영토적 연고권의 근거를 역사에서 찾기 때문이다. 그러기에 영토분쟁이 역사논쟁과 연결되어 있는 경우가 허다하다. 동아시아만 보더라도 한·중·일 사이에 역사분쟁과 함께 영토분쟁도 계속되고 있는 실정이다. 그림2-1 따라서 영토와 역사의 관계를 살펴보는 것도 중요한 일이다.
 이제 우리와 주변국 사이에서 벌어지는 영토분쟁을 살펴보기 전에 우선 주변 국가 사이의 영토분쟁에 대해서 간단히 살펴보겠다.
 중국사회과학원 중국변강사지연구중심中國邊疆史地硏究中心 홈페이지에서 열점취초熱点聚焦 항목을 보면 고구려 문제, 탕누우량하이唐努烏梁海 문제, 둥투東突 문제, 난사군도南沙群島 문제, 댜오위도釣魚島 문제가 뜨거운 논쟁거리인 것으로 거명되어 있다. 그림 2-2 고구려 문제는 역사분쟁이고 나머지 문제는 영토분쟁이다. 이 점에서도 중국이 고구려를 영토분쟁, 변경 문제 차원에서 다루고 있는 것을 짐작할 수 있다.
 탕누우량하이는 러시아의 일부인 투바Тыва 공화국을 가리킨다. 중국은 탕누우량하이가 원래 자신의 땅이었는데 1921년 소련의 책동으로 독립을 선포하여 지금은 러시아연방에 속하게 되었다고 주장한다. 그런데 이 공화국은 현재 중국 국경에 붙어 있는 것도 아니고 몽골과의 국경에 접해 있다. 따라서 이 주장은 몽골공화국에 대한 중국의 영유권 의식을 잠재적으로 드러낸 것으로도 볼 수 있다.

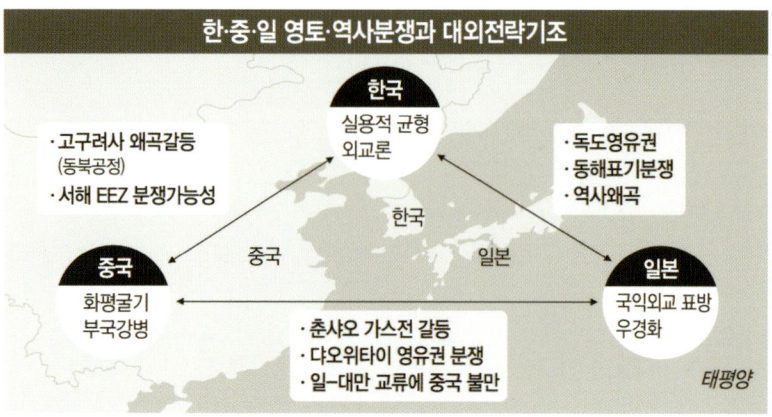

그림 2-1 한·중·일 영토분쟁과 대외 전략(《문화일보》 2004. 8. 17)

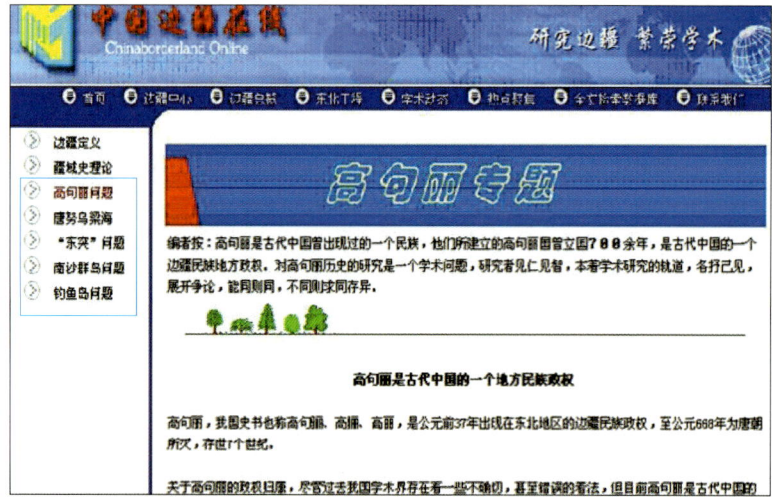

그림 2-2 중국변강사지연구소 홈페이지

둥투는 동투르키스탄으로서 중국 신장성 타림 분지 일대를 가리킨다. 현재 파미르 고원을 사이에 두고 동서로 나뉘어 중국과 중앙아시아 국가에 투르크계 민족이 흩어져 살고 있다. 1759년 청나라가 동투르키스탄 지역을 점령하여 새로운 영토란 의미로 신장新疆이라 부르기 시작했다. 1940년대에 위구르인을 중심으로 '동투르키스탄공화국'(1944~49)을 수립했다가 중국에 합병되었고, 여기에 반대한 사람들은 외국으로 망명했다. 중국정부는 1955년 이곳에 신장위구르자치구를 세웠다. 이를 근거로 중국에서는 동투르키스탄이란 명칭을 부정하면서 자신의 영토임을 강조하고 있다.

베트남 동부의 남중국 해상에는 난사군도를 비롯한 몇 개 군도가 있는데, 이들은 중국과 베트남뿐 아니라 필리핀, 말레이시아, 인도네시아, 브루나이, 타이완 등 7개국과 연관된 지역이다. 1970년대에 석유와 천연가스가 발견되면서 분쟁 가능성이 커졌는데, 1974년에 베트남 관할이던 시사군도西沙群島를 중국이 무력으로 점령하면서 본격적으로 영토분쟁이 일어나기 시작했다. 1988년과 1992년에는 중국과 베트남 사이에 해상 무력 충돌이 일어났고, 2004년 3월에는 베트남에서 이곳에 관광객을 보내기로 결정해 중국의 반발을 사기도 했다. 난사군도 문제에 대해서 중국은 역사적으로 이곳이 광둥廣東, 광시廣西 및 하이난도海南島 연안 어민의 생활터전이었다는 사실을 들어 자신의 영토라고 주장하고 있다.

댜오위도는 자고로 중국 영토였는데 1895년 갑오전쟁(청일전쟁)을 통해 일본이 탈취해 오키나와 관할로 편입했다고 하여 일본과 논쟁을 벌이고 있는 곳이다.

앞서 언급한 홈페이지에는 명시되지 않았지만, 러시아와 헤이샤즈도黑瞎子島 문제도 걸려 있고, 티베트 독립 문제도 큰 현안 가운데 하나다. 중국의 동북공정을 주도했던 마다정 馬大正은 다음과 같이 지적했다.

> 금후 3~10년 내 헤이샤즈도黑瞎子島 문제, 탕누우량하이唐努烏梁海 문제, 난사군도 南沙群島 문제, 댜오위열도釣魚列島 문제, 중·조 변계中朝邊界 문제, 중·인 변계中印 邊界 문제 및 고구려 역사, 발해 역사 등의 연구를 계속 전개해야 한다.
>
> _마다정, 46쪽.

여기서 중·인 변계 문제는 카슈미르 영유권 때문에 벌어지는 인도와의 갈등을 의미한다. 그는 영토 문제와 역사 문제를 동일시하고 있으며, 중·조 변계 및 고구려, 발해 역사를 지적한 것이 우리와 관련하여 주목할 부분이다.

일본도 주변국과 영토분쟁을 벌이고 있다. 독도 문제는 잘 아는 일이고, 중국과는 센카쿠열도尖閣諸島(중국의 댜오위도)의 소유권 때문에 다투고 있다. 이 열도는 1895년 청일전쟁 때 일본 영토로 귀속되었고, 1951년 미일 강화조약으로 미국에 이양되었다가 1972년 미·일 간 오키나와 반환 협정 때 일본에 반환되었다. 근래에도 이 열도를 둘러싸고 충돌을 빚고 있으니, 1995년에는 중국 공군기가 이 해역에 접근해 일본 자위대가 출격했고, 2000년 5월에는 일본 우익세력이 섬에 상륙해 영유권을 주장했으며, 그 후에는 이에 맞서 중국인들이 상륙해 마찰을 빚기도 했다. 최근에는 이 부근의 춘샤오春曉 가스전 개발과 관련해서도 갈등을 빚고 있다. 그림2-3 러시아와는 북방 4개 도서島嶼(러시아의 쿠릴열도 남단)의 반환 문제를 둘러싸고 협상을 벌이고 있는데, 1945년 8월에 소련군이 점령한 에토로후擇捉, 구

그림 2-3 중·일 간 해저 자원 분쟁(중앙일보 2005. 9. 21)

나시리國後, 하보마이齒舞, 시코탄色丹 섬이 그것이다.

한편, 바다의 경계도 우리의 현안이 되어 있다. 1994년 유엔 신해양법협약의 발효로 200해리 배타적 경제수역EEZ 제도를 도입하게 되었다. 이에 근거해서 일본 및 중국과 새롭게 배타적 경제수역 및 어업협정을 맺을 때도 영토 문제가 불거졌다.

배타적 경제수역이란 해안선에서 200해리에 이르는 구간으로, 여기서는 해양의 경제적 이용에 관해서 배타적인 권리를 갖는다. 신해양법 발효 2년 뒤인 1996년부터 한·일 간에 이 경계를 획정하기 위한 협상이 시작되었으나 여러 차례의 회담에도 불구하고 2000년에 중단되었다. 중요한 논점은 독도 문제였다. 한일 협상에서 한국은 독도 대신 울릉도를 기점으로 해서 일본 오키도隱岐島의 중간을 배타적 경제수역 경계선으로 할 것을 주장했고, 일본 측은 울릉도-독도 중간선을 그 경계로 하자고 맞섰다. 한국 측의 생각은 독도를 국제분쟁으로 삼으려는 일본의 계산을 피하면서도 울릉도에 가까운 독도는 당연히 한국 쪽의 배타적 경제수역에 포함될 것으로 계산했기 때문이었다.

배타적 경제수역 문제와 별개로 1999년 1월에 새롭게 한·일 어업협정을 맺었지만, 이 과정에서도 독도 문제 때문에 많은 시일을 끌었다. 서로 자신의 영토로 생각하고 있으니 경계선에 대한 합의를 이끌어낼 수가 없었다. 결국 독도 지역을 중간수역으로 설정하면서 협정이 타결될 수 있었고, 그림2-4 협정에 "이 협정이 양국의 배타적 경제수역에 적용된다"는 내용을 넣어서 양국의 영토나 영해 등에는 영향을 주지 않도록 했다. 헌법 소원 판결에서도 "이 협정으로 인하여 독도의 영해와 배타적 경제수역에 대한 영토권이 침해되었다는 청구인들의 주장은 이유 없다"고 결정했다. 그럼에도 독도 문제가 불거질 때마다 이 협정의 문제점이 지적되고 있다. 독도를 기점으로 재조정하여 독도가 우리 영토임을 확인시켜주어야 한다는 주장이 힘을 얻곤 한다.

이와 함께 독도 주변의 해저 지명 문제도 불거졌다. 일본이 1984년에 해저 지명을 일본식 이름으로 국제수로기구IHO에 먼저 등록해버리는 바람에 한국식 이름으로 개명을 추진하는 일이 일본과 마찰을 빚게 되었다. 쓰시마분지와 울릉분지, 슌요퇴俊鷹堆와 이사부해산 등이 겹치게 되었기 때문이다.

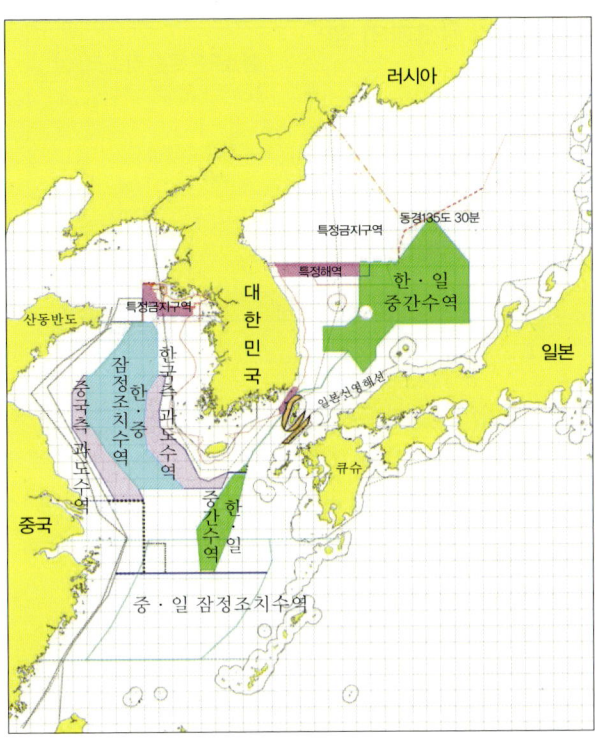

그림 2-4 한·중·일 어업협정 수역도와 중간수역(해양수산부 자료)

한·중 어업협정을 진행하는 과정에서도 문제가 발생했다. 1998년 11월에 이미 어업협상을 종결했는데, 협정문에 서로의 국내법에 묶이도록 하는 조항이 있었고, 여기에 양쯔 강 하구 수역에서 고기를 잡지 못하도록 하는 독소 조항이 숨어 있는 것을 우리 정부가 나중에야 깨달았기 때문이었다. 중국의 국내법이 어떠한지 따져보지도 않은 채 협상을 했던 셈이다(《중앙일보》 2000. 3. 20). 이에 따라 재협상 끝에 2001년 6월에야 협정이 발효될 수 있었다.

지금까지 일어난 영토분쟁을 살펴보면, 상호 배치되는 두 가지 논리에 기반을 두고 있는 것을 발견할 수 있다. 과거부터 이미 자신의 소유였다는 주장과 근대에 와서 새로 점유함으로써 소유권을 확보했다는 주장이다. 중국이 투바공화국이나 난사군도를 자신의 영토라 하는 것은 전자의 논리를 따른 것이고, 동투르키스탄을 자신의 영토라 하는 것은 후자의 논리에 기반을 둔 것이다. 일본이 북방 4개 도서를 자신의 영토라 주장하는 것은 전자에 속하고, 센카쿠열도의 연고권을 주장하는 것은 후자에 속한다. 결국 어느 나라건 간에 영토 연고권에 대해서 자신에게 유리한 쪽을 선택하여 주장하는 것을 볼 수 있다. 따라서 현재 소유가 우선이고, 논리는 그에 종속되는 양상을 보인다.

그림 2-5 중·러 영토분쟁의 해결(《동아일보》 2005. 5. 31)

이런 이유로 영토분쟁은 해결하기가 결코 쉽지 않다. 그렇지만 최근에 중·러 사이에 이 문제를 해결한 사례가 있다. 1960년대만해도 양국 국경 사이에 긴장이 고조되어 있었으니, 1969년 3월에 우수리강의 전바오도珍寶島에서 국경 수비대 간에 대규모 무력 충돌이 일어난 것이 대표적인 사례다. 이해 10월부터 양국 사이에 국경회담이 개최되기 시작했다. 1998년 11월에는 두만강 일대 중·러·북 국경을 확정했고, 2004년 10월에는 러시아가 타라바로프 섬 전체와 볼쇼이 우수리스크 섬(헤이샤즈도)의 일부를 중국에 양도한다는 협정을 체결했다. 이로써 40년 넘게 끌어온 국경분쟁이 타결되었다고 한다(《동아일보》 2005. 6. 1). 그림2-5

제2차 세계대전이 끝난 뒤에 승전국들은 독일과 폴란드의 국경선을 오데르강과 나이세강을 잇는 선으로 일방적으로 획정해버렸다. 이에 따라 700만 명의 독일 국민이 폴란드로 편입되는 수모를 겪었다. 이에 따라 1960년대까지 독일은 국경선 수정을 요구해왔으나, 폴란드와 국교를 정상화한 뒤로는 정식 국경으로 받아들였다고 한다(《조선일보》 2005. 3. 19). 이것은 국경분쟁에 대한 또 하나의 해결 사례이며, 똑같이 제2차 세계대전의 책임을 지고 있는 일본이 배워야 할 부분이라 할 수 있다.

그림 2-6 중·일과의 최근 갈등 상황을 잘 보여주는 신문 만평(《조선일보》 2006. 9. 8)

영토분쟁은 이처럼 당사자가 외교적으로 해결하는 방안이 가장 이상적이다. 이 밖에도 유엔이나 지역협력기구와 같은 국제기구의 주선 및 중재를 통하거나 국제사법재판소에서 재판을 통해 해결하는 방법이 있다. 아니면 무력으로 해결하는 방법도 있으니, 1982년 영국과 아르헨티나 사이에 벌어졌던 포클랜드Falkland 전쟁이 대표적인 사례다.

우리나라는 백두산 정계비 및 간도, 백두산 천지를 둘러싸고 중국과 국경분쟁이 일어날 소지를 안고 있고, 일본과는 독도 및 동해 표기 문제로 갈등을 빚고 있다. 그림2-6 또한 러시아와도 녹둔도 문제로 마찰의 여지를 지니고 있기도 하다. 이제 이러한 분쟁과 갈등 상황을 역사적 배경을 중심으로 살펴보겠다.

2. 백두산 정계비, 간도 문제

2.1. 정계비 문제

청나라와 조선 사이에는 원래 국경 개념이 명확하지 않았다. 러시아인의 동방 진출에 따라 헤이룽강黑龍江 일대에서 분쟁이 일어났고, 마침내 1689년에 청나라가 러시아와 네르친스크Nerchinsk조약을 체결하게 되었다. 이것은 청나라가 유럽 국가와 맺은 최초의 평화조약이었다. 이를 계기로 청나라는 국경선 획정에 대한 관심을 본격적으로 가지게 되었다.

이런 분위기에서 1710년 월경 사건이 발생했다. 평안도 위원 주민이 압록강을 넘어가 청나라 사람을 죽이고 인삼과 물품을 약탈했던 것이다. 이를 빌미로 청나라는 국경을 조사해 경계를 정하길 요구했고, 마침내 1712년(숙종 38) 5월 15일에 정계비가 건립되었다. 비문 내용은 다음과 같다. 그림2-7

우라총관 목극등이 황제의 뜻을 받들어 변경을 답사해 이곳에 와서 살펴보니 서쪽은

그림 2-7 백두산 정계비 (서울대 도서관 자료)

영토분쟁과 역사 | 73

압록강이 되고 동쪽은 토문강이 되므로 그 분수령 위에 돌을 새겨 기록한다.

烏喇總管穆克登奉旨查邊, 至此審視, 西爲鴨綠, 東爲土門, 故於分水嶺上, 勒石爲記.

강희 51년 5월 15일. 康熙五十一年五月十五日.

필첩식 소이창, 통관 이가. 筆帖式 蘇爾昌, 通官 二哥.

조선군관 이의복 · 조태상 朝鮮軍官 李義復 · 趙台相

차사관 허량 · 박도상 差使官 許梁 · 朴道常

통관 김응헌 · 김경문 通官 金應瀗 · 金慶門

즉 서쪽으로는 압록강, 동쪽으로는 토문강을 경계로 국경을 획정하는 것을 골자로 하고 있다. 그런데 건립 당시에 조선 대표였던 박권이 함경도 감사와 함께 백두산에 오르려 했지만 이들이 노령이란 이유로 청나라 대표였던 목극등이 만류했다.

> 접반사 박권이 보고하기를, "총관摠管이 백두산 산마루에 올라 살펴보았는데, 과연 압록강의 근원이 산허리 남쪽에서 나와서 이미 경계로 삼았습니다. 토문강의 근원으로는 백두산 동쪽의 가장 낮은 곳에 한 갈래 물줄기가 동쪽으로 흐르고 있었습니다. 총관이 이것을 가리켜 두만강의 근원이라 하고 '이 물이 하나는 동쪽으로, 하나는 서쪽으로 흘러서 두 강으로 나뉘었으니 분수령으로 일컫는 것이 좋겠다'고 말했습니다. 또 그 분수령에 비석을 세우고자 하면서 '경계를 정하고 비석을 세우는 것이 황제의 뜻이다. 도신道臣과 빈신儐臣도 마땅히 비석 끝에다 이름을 새겨야 한다'고 말하기에, 신 등은 함께 가서 살펴보지 못했으면서 비석 끝에다 이름을 새기는 것은 일처리에 성실하지 못한 것이 된다'는 말로 대답했습니다"고 했다.
>
> _《숙종실록》 권51, 38년(1712), 5월 23일.

목극등은 백두산 천지에서 동남쪽으로 4킬로미터 지점인 2,200미터 고지에 이 비석을 세웠다. 그림 2-8 그는 백두산에서 발원하는 물줄기를 일일이 확인하지 않은 채 모두 동쪽으로 흘러 두만강을 이룰 것으로 생각했다. 이리하여 동류하는 물줄기 가운데 하나를 지목하고 이것과 압록강 수원 사이의 언덕을 분수령으로 삼아 정계비를 세웠던 것이다. 그러나 이 물줄기는 동류하다가 북쪽으로 휘어져 쑹화강의 지류로 연결된다는 사실이 나중에 확인되었다. 이는 다음 기록에서 찾아볼 수 있다.

> 돌아와서 보고하기를, "흐름을 따라 거의 30리를 가니 이 물의 하류는 또 북쪽에서

그림 2-8 정계비와 분수령, 두만강 위치도
(규장각 소장 북관지도)

내려오는 다른 물과 합쳐 점점 동북쪽을 향해 갔고, 두만강에는 속하지 않았습니다. 기필코 끝까지 찾아보려고 한다면 형세로 보아 장차 오랑캐 지역으로 깊이 들어가야 하며, 만약 혹시라도 저쪽 사람들을 만난다면 일이 불편하게 되겠기에 앞질러 돌아오지 않을 수 없었습니다"고 했습니다.

　대개 청차清差(목극등)는 단지 물이 나오는 곳, 그리고 첫 번째 갈래와 두 번째 갈래가 합쳐져 흐르는 곳만 보았을 뿐이고, 일찍이 물을 따라 내려가 끝까지 흘러가는 곳을 찾아보지 않았습니다. 이 때문에 그가 본 물은 다른 곳을 향해 흘러가고 중간에 따로 첫 번째 갈래가 있어 두 번째 갈래로 흘러와 합해지는 것을 알지 못해, 그가 본 것이 두만강으로 흘러 들어가는 것인 줄 잘못 알았던 것이니, 이는 진실로 경솔한 소치에서 나온 것입니다.

_《숙종실록》 권52, 38년(1712), 12월 7일.

　목극등은 정계비를 세우면서 자신이 지목한 물줄기가 어느 정도 흐르다가 땅속으로 복류한 뒤에 다시 솟아나는 것으로 생각하고, 복류하는 지점에 목책을 설치하도록 조선 정부에 요구했다. 이를 위해서 조사를 한 결과, 위의 보고처럼 두만강으로 흘러들지 않았고 복류도 하지 않는다는 사실이 확인된 것이다. 조선 조정에서는 할 수 없이 정계비에서 목극등이 지목한 수원까지 목책과 돌담을 쌓도록 지시했는데, 현지에서는 이와 달리 두만강 발원지로 판단한 동남쪽 수원까지 목책과 흙담을 쌓았다. 그러나 이마저 쑹화강으로 흘러들어가는 것이었다. 이리하여 토문강이 과연 현재의 두만강인지 아니면 쑹화강의 한 지류인지를 놓고 양국 간에 지속적인 논란이 초래되었다.

토문강에 대한 우리 측의 인식도 혼란스럽다. 조선 초기에는 토문강과 두만강을 구분했다. 《용비어천가》에 "토문은 지명으로 두만강의 북쪽에 있다"(권7, 제53장의 주석)고 되어 있다. 그런데 정계비 설립 당시에는 이 일대에 대한 지리 지식이 퇴보해 양국 모두 두 강을 동일한 것으로 인식했다. 또 이 당시에 조선은 백두산, 압록강, 두만강 이남 영토에 대한 권리 인정에 관심을 가졌을 뿐이지 그 북쪽에 대해서는 생각이 미치지 못했다. 그러던 것이 고구려, 발해 등의 북방 영토에 대한 관심이 고조되면서 19세기에 두 강을 다시 분리해 보기 시작했다.

또 고려시대 윤관(?~1111)이 개척한 땅이 두만강 이북 700리라는 주장도 제기되었다. 윤관은 여진족을 정벌하여 9성을 쌓고 그 가운데 하나인 공험진의 선춘령에 비석을 세웠다.

> 예종 2년(1107)에 평장사 윤관을 원수로, 추밀원사 오연총을 부원수로 임명했다. 이들은 군대를 이끌고 여진족을 쳐서 쫓아낸 뒤에 9성을 설치하고 공험진公嶮鎭에 있는 선춘령先春嶺에 비석을 세워 경계로 삼았다.
>
> _《고려사》 권58, 지리지 3, 동계.

이에 따라 조선 후기의 지도에는 두만강 북쪽에 '선춘령'과 '고려경高麗境'이란 표시가 많이 나타난다.

2.2. 간도 영유권 문제

백두산 정계비 문제는 자연스럽게 간도間島 문제와 연결된다. 간도는 원래 두만강 건너에 있는 현재의 옌벤조선족자치주 지역인 옌지延吉, 허룽和龍, 왕칭汪淸 및 훈춘琿春 일대를 가리킨다. 나중에 압록강 이북 지역을 서간도라 부르면서 이곳을 북간도 또는 동간도라 불러 구분하게 되었다. 서간도는 토지가 척박한 데 비해서 북간도는 토질이 양호해 만주 한인의 중심지가 되었다. 일제가 만주를 점령한 직후의 통계자료에 따르면, 만주의 전체 한인韓人 중 북간도에 거주하는 한인의 비율이 62퍼센트에 달했다. 그리고 1929년의 자료

그림 2-9 철거된 간도비(백두문화연구소 제공)

에 따르면, 북간도에는 한인이 38만여 명이 되어 전체 인구의 75.9퍼센트를 차지했다.

간도란 명칭은 경진년(1880)에 회령부사 홍남주가 두만강 북쪽 마라동馬羅洞을 개간할 것을 권유하면서 처음으로 사용한 것이라 한다. 간도는 '墾島' 혹은 '艮島'라고도 쓰는데, 그 명칭의 유래에 대해서는 여러 가지 설이 있다. 간도間島는 두만강에 처음 개간한 '사이섬'을 부르던 명칭이 확장되어 강 건너 전체를 가리키게 되었다는 설이 유력하다. 옌볜에서는 지금도 사이섬이라 부른다. 간도墾島는 새로 개간한 땅이란 의미고, 간도艮島는 동북쪽인 간방艮方의 땅이란 의미를 지닌다. 간도란 명칭은 한인들이 부르던 속칭으로 중국의 공식적인 행정 명칭은 아니다. 더구나 이것은 한인들이 개척한 땅이란 의미를 지니고 있어 현재 벌어지고 있는 간도 영유권 문제와 얽혀 있는 형편이기 때문에, 중국에서는 이 용어의 사용을 금지하고 있다. 근래에 옌볜 투먼시圖們市에 있는 한 마을에 간도 유래비를 세운 적이 있는데, 오래지 않아 당국이 철거해버렸다. 그림2-9

만주에서 일어난 청나라는 홍경興京 이북, 이통주伊通州 이남, 압록강·두만강 이북 천여 리를 자신의 발상지라고 하여 200여 년간 봉금정책封禁政策을 실시하고 이 지역의 개간, 산삼 채취, 벌목 등을 일체 금지했다. 그 경계에는 흙으로 높이 3척, 두께 3척의 변장邊牆을 쌓았다. 이 변장에 5척 거리마다 버드나무 세 그루를 심었다고 하여 유조변柳條邊이라고도 한다.

조선 측에서도 청나라를 의식하여 강을 건너간 월경 죄인은 사형까지 시킬 정도로 엄히 다스렸다. 다음은 그 한 사례다.

> 국경을 넘어 몰래 장사를 한 죄인 이지영을 효시하고 벌등만호伐登萬戶 홍처인을 잡아들여 법에 따라 처리하라 명했으니, 평안병사平安兵使가 글을 올려 요청했기 때문이다.
>
> _《영조실록》권32, 8년(1732), 7월 4일.

영토분쟁과 역사 | 77

그럼에도 담비 가죽과 인삼을 얻기 위해서 강을 건너는 일이 빈번하게 나타났고, 국경에서의 밀무역도 발생했다. 이러한 범월犯越과 잠상潛商에 대한 조선의 금지령은 1840년 아편전쟁 이후 열강의 진출 때문에 유명무실하게 되었다. 이리하여 19세기 후반부터는 함경도 주민들이 강 가운데에 있는 섬이나 강 건너편을 개간하기 시작했고, 때로는 이주까지 하게 되었다. 특히 1869년과 1870년 함경도에 큰 흉년이 들면서 많은 사람들이 국경을 넘어갔다.

1881년부터는 청나라가 봉금을 해제하고 중국인의 간도 이주와 개간을 장려하는 정책을 취하면서 먼저 이주한 한인과 마찰이 생기게 되었다. 이에 따라 간도의 영유권 문제가 불거졌다. 청나라는 1883년에 한인을 모두 데려가도록 요구했고, 조선 측에서는 토문강이 쑹화강 상류로서 간도 지방은 우리 영토임을 주장했으며, 백두산 정계비와 토문강 발원지에 대한 공동 조사로 국경을 확정할 것을 제기했다. 그 뒤에 두 차례 국경회담이 열렸으니 1885년 을유감계회담乙酉勘界會談과 1887년 정해감계회담丁亥勘界會談이 그것이다. 1888년에도 감계회담을 열려고 했으나 불발로 끝나고 말았다. 이 회담에서 청나라는 토문강이 두만강이라 했고, 조선에서는 두 강이 서로 다르다고 해 결국 결론을 맺지 못한 채 결렬되었다. 이 무렵 서양 지도에도 압록강과 두만강 이북에 국경선을 획정해놓은 것이 적지 않다. 그림 2-10

대한제국 시기에도 현지를 답사하고 주민을 보호하는 조치가 있었다. 특히 1902년에 이범윤李範允을 북변간도관리사北邊墾島管理使로 파견하여 간도 한인을 돌봄으로써 청나라와 충돌을 빚었다. 을사조약을 체결한 뒤인 1907년에는 일본이 간도에 통감부간도임시파출소統監府間島臨時派出所를 룽징龍井에 두어 간도가 조선의 영토라고 주장했다. 그러나 일본은 청나라와 간도에 관한 회담을 벌여서 1909년 9월에 간도협약을 체결했고, 이후로 태도를 돌연히 바꿔버렸다. 일본은 안봉선安奉線(현재의 단둥-선양) 철도 개설이나 푸순撫順 탄광의 이권 등을 얻으면서 간도 영유권을 포기하고 말았던 것이다. 이것은 일본이 일방적으로 맺은 협약이므로 간도 할양은 원천무효라는 주장의 근거가 되고 있다. 1931년 7월경에는 정계비마저 갑자기 사라져버리는 사건이 발생하여 지금까지 오리무중에 있다.

최근에 중국의 동북공정에 대응하기 위해 간도협약 무효를 내세우면서 이 문제가 다시 불거졌다. 이미 1995년에 김원웅 의원이 국회에서 '간도는 우리 땅'이란 발언을 했고, 동북공정 문제로 한참 뜨거웠을 때인 2004년 9월에는 같은 의원을 중심으로 국회의원 59명이 서명 발의하여 국회에 간도협약 원천무효 결의안을 제출했으며, 그해 10월 반기문 외교통상부장관이 '간도협약은 법리적으로 무효'라고 발언했다.

그러나 이 문제는 민족 감정만으로는 해결되지 않는다. 더구나 고구려사는 역사 문제이

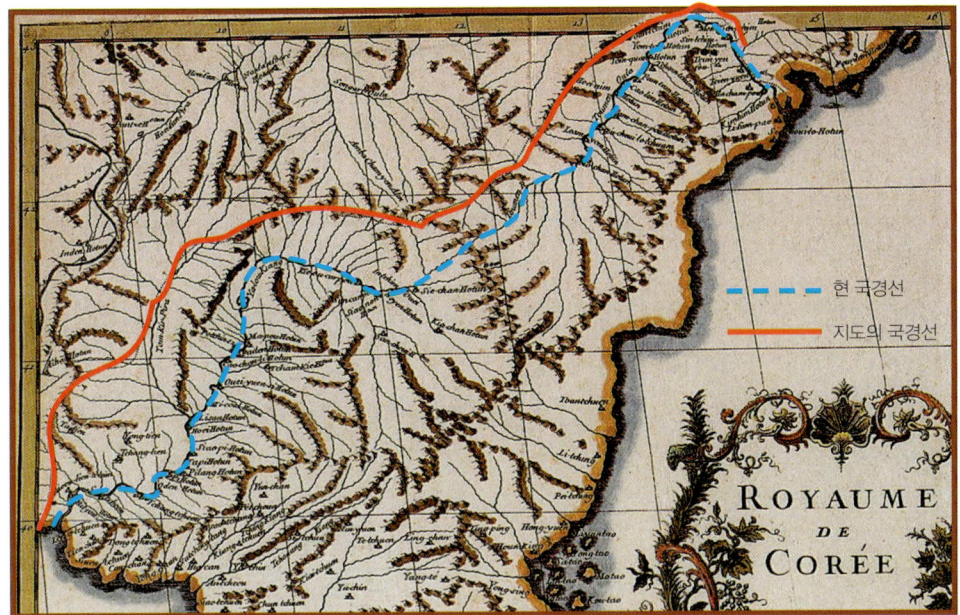

그림 2-10 간도까지 한국 영토로 표시된 당빌 지도(1737) (서울역사박물관, 《꼬레아》 2004, 99쪽)

지만 간도는 현실적인 영토 문제라서 그 파장은 더욱 클 수밖에 없다. 또한 헌법 제3조에 "대한민국의 영토는 한반도와 그 부속도서로 한다"고 되어 있는 것과 연계시켜 생각해볼 필요도 있다.

간도 문제에 대해서 다음 글을 한번 음미해보자.

> 하지만 2,000년 전의 고구려사와 달리 간도 문제는 현실적 영토 문제다. 양국의 직접적인 이해관계가 걸린 민감한 문제인 만큼 누가 보더라도 '간도는 우리 땅'임을 확증할 수 있는 명명백백한 근거 위에서 제기되어야 한다. 그러나 백두산 정계비의 '투먼'이 쑹화강이라는 주장에만 의존하고 있는 간도 영유권 주장은 많은 문제점을 가지고 있다.
>
> 첫째, 간도 영유권을 주장하면서 누구도 간도가 어느 지역을 가리키는지 정확히 모른다는 것이다. 투먼강이 쑹화강 지류이고 쑹화강이 헤이룽강으로 들어간다면 쑹화강 이동, 헤이룽강 이남의 지역이 모두 간도라는 것인지 아니면 19세기 말에서 20세기 초에 걸쳐 조선인이 많이 살고 있었던 두만강 북안의 왕칭, 허룽, 옌지 등지가 간도라는 것인지 구체적으로 논의된 바도, 합의된 바도 없다. 당장 영유권을 주장해야 할 지역의 지리적 범위가 확정되지 않았다는 것은 간도 영유권 주장이 얼마나 허술한 것인가를

방증하는 것이다.

둘째, 조선과 청 사이에 실제로 문제가 되었던 것은 두만강 상류의 지류 중 어느 것을 국경으로 할 것인가라는 점이다. 정계비를 설치할 당시 청은 압록강·두만강을 넘은 것을 국경 침범으로 간주했고 조선은 청의 국경 조사에 대응하여 압록강·두만강 이남을 강역으로 확보한다는 방침을 세웠던 점으로 미루어볼 때, 정계비의 설치 목적은 백두산 천지에서 발원되는 두만강 지류 중 하나를 국경으로 정하는 것이었다. 1885년과 1887년 두 번에 걸친 조·청 국경회담에서도 조선 측은 하이란강海蘭江 또는 홍투수紅土水(두만강의 상류 지류)를 국경으로 주장했으며, 중국 측은 홍투수보다 남쪽에 있는 스이수石乙水를 국경으로 주장했다. 정계비 설립 이후 투먼강이 두만강과 다르다는 사실이 알려졌고 19세기 후반 투먼강이 쑹화강으로 흘러들어간다는 사실이 밝혀졌지만 쑹화강이 공식적인 국경으로 제기된 것은 아니었다.

셋째, 북한과 중국 간에 체결된 '조·중 국경조약'을 무시하고 간도 영유권을 주장할 경우 백두산 천지를 잃어버릴 수도 있다. 국경회담에서 스이수 국경을 주장한 청은 1909년 간도협약으로 정계비와 스이수를 국경으로 확정했고, 이로써 백두산 천지는 청의 영토가 되었다. 1949년 '중화인민공화국' 성립 이후 북한과 중국 간에 국경회담이 다시 열렸고, 그 결과 1962년 '조·중 국경조약'으로 백두산 천지의 중앙과 홍투수를 국경으로 확정했다. 이때문에 옌볜조선족자치주 주장인 주더하이朱德海는 백두산 천지를 북한 측에 팔아넘긴 매국노로 몰려 수난을 당했다. 만약 이러한 북한의 '성과'를 무시하고 간도협약을 무효로 할 경우 현재 북한이 영유하고 있는 백두산 천지의 절반 및 홍투수에서 스이수에 이르는 영역이 분쟁지가 될 위험도 있다.

이러한 사실을 고려한다면 간도협약이 무효가 되면 자동적으로 간도는 우리 땅이 될 것이라는 일부의 '환상'이 얼마나 위험한 것인가를 알 수 있다. 실제로 한·중 간에 '영토분쟁'이 발생할 경우 피해를 입는 쪽은 중국이 아니라 오히려 우리일 수 있다. 간도협약 무효를 제기하는 것은 현재 도사리고 있는 위험에 맹목적이게 만들 뿐 아니라 영토 문제에 민감한 중국을 자극함으로써 동북공정 문제를 풀어나가는 것조차 어렵게 할 뿐이다. 지금 시급한 문제는 간도 문제에 대한 정부의 공식적인 입장 표명을 촉구하는 일이 아니라 냉전 해체 이후 새롭게 짜여지고 있는 동북아 정세 속에서 동북공정의 의미와 위상을 파악하는 일이다.

_배성준 칼럼, 〈경향신문〉 2004. 9. 24.

여기서 하나 더 주의를 기울여야 할 것이 있다. 간도 영유권의 주장에 대해서 중국은 다른 방향에서 역공을 취하고 있는 점이 보인다는 사실이다. 우리는 압록강과 두만강 이남은 원래부터 한국 땅이라는 전제 아래 그 이북의 간도 문제를 인식한다. 그런데 중국의 연구자는 고려시대에 동북쪽 국경은 함흥 일대까지였는데 조선이 들어서면서 그 이북의 중국 영토를 빼앗았다는 관점을 제기하고 있다. 윤관이 정복한 공험진은 함흥 일대이고, 명나라 태조가 설치하려 한 철령위鐵嶺衛도 함경도와 강원도의 경계에 있었다고 주장한다. 사실 공험진과 철령위의 위치에 대해서 학계에서는 의견의 일치를 보지 못하고 있다. 공험진을 함흥 일대로 보는 설과 두만강 이북으로 보는 설, 철령위를 한반도 북부로 보는 설과 요동으로 보는 설이 맞서왔다. 중국 연구자들은 이들을 함흥 일대로 국한시켜봄으로써 그 이북은 원래 원나라 땅이었다고 주장하고, 간도 문제의 출발점을 여기서부터 잡고 있는 것이다.

2.3. 중·조 변계조약과 백두산 천지

1964년에 중국과 북한이 중·조 변계조약中朝邊界條約을 체결해 분쟁 상태에 있던 백두산 천지와 두만강, 압록강 상류 지역에 대한 국경선을 확정했다. 이에 따라 두만강 상류에서는 홍투수紅土水를 이 강의 발원지로 삼고 홍투수와 루어류수弱流水가 만나는 곳에 설치된 21호 경계비를 시작으로, 홍투수 상류와 무슈린하母樹林河가 만나는 20호 경계비를 거쳐 16킬로미터 거리에 있는 천지의 동쪽 6호 경계비까지를 경계선으로 확정했고, 압록강 상류에서는 세 개의 지류 가운데 제일 서쪽 지류를 경계로 삼았으며, 압록강과 두만강의 총 451개 섬과 사주砂洲 가운데 북한이 264개, 중국이 187개를 분할하여 소유하게 되었다. 이 조약으로 백두산 천지를 북한이 60퍼센트, 중국이 40퍼센트 소유하고 있는데, 우리의 소유였던 백두산 천지가 중국에 할양되었다고 하여 논란이 되고 있다.

그러나 아직도 중국과 북한은 인접국인데도 정식으로 국경조약을 맺지 않고 있다. 1962년 평양에서 5개항에 서명하고 1964년에 북경에서 의정서에 서명한 변계조약은 비밀협정으로서 어느 한쪽이 이의를 제기하면 효력에 문제가 발생한다고 한다(《연합뉴스》 2006. 10. 17). 동북공정은 이런 돌발 상황까지도 염두에 두고, 중국의 영토 범위를 확정하려 하는 것으로 보인다.

3. 독도 영유권과 동해 표기

3.1. 독도 영유권 문제

독도는 '외로운 섬'이 아니라 '돌섬'이다. 돌섬이 독섬(경상도 방언)이 되고 다시 한자로 독도가 되었다. 독도로 이름이 고정되기 전에는 '우산도于山島', '삼봉도三峰島', '가지도可支島', '자산도子山島'(울릉도의 子島)라고 불렀다. 일본은 '마쓰시마松島'라 부르다가 지금은 '다케시마竹島'라 한다. 서양의 명칭으로는 프랑스 포경선 리앙쿠르호가 붙인 '리앙쿠르 섬Rochers de Liancourt'(1849), 러시아 군함 팔라다호가 붙인 '마날라이 및 올리부차 섬Manalai and Olivutsa Rocks'(독도의 동도와 서도, 1854), 영국 군함 호네트호가 붙인 '호네트 섬Hornet Rocks'(1855)이 있다. 참고로 울릉도를 서양에서는 '다즐레Dagelet'로 부르는데, 1787년 프랑스 해군 대령 페루즈가 발견했다고 해서 붙인 이름이다.

이처럼 독도가 다양한 명칭을 가진 것은 그만큼 분란이 많다는 것을 상징적으로 보여준다. 그림2-11, 그림2-12 조선시대 지도에는 울릉도와 독도의 위치가 뒤바뀌어 나타나는 것이 많은데, 독도를 울릉도의 부속 도서로 생각하여 울릉도 안쪽으로 그리다보니 오른쪽이 아닌 왼쪽에 그려지게 되었다. 안용복 사건이 일어난 뒤로 독도는 제자리에 표시되기 시작했는데, 영조 때의 학자인 정상기鄭尙驥가 효시라고 한다. 1983년에는 정광태가 '독도는 우리 땅'이란 노래를 불렀으나 당시 교과서 왜곡 문제로 시끄러웠던 한・일 관계를 의식하여 금지곡이 되고, 일본 입국도 금지되었던 아픈 사연이 있다.

한・일 간 독도 문제의 발단이 된 것은 1952년 1월 18일에 '인접해양의 주권에 관한 대통령 선언'을 발표하면서였다. 이때 평화선 안에 독도를 포함시키자 1월 28일에 일본이

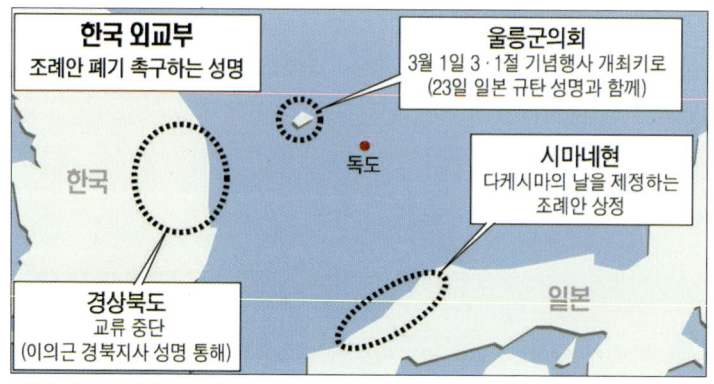

그림 2-11 독도 분쟁도(《조선일보》 2005. 2. 24)

"이 선언에서 대한민국은 다케시마(竹島 또는 Liancourt)로 알려진 일본 해상의 도서에 대하여 영토권을 상정했다. 일본정부는 일본의 영토임에 의문이 없는 이들 도서에 대한 대한민국의 어떠한 가정이나 청구도 인정하지 않는다"고 항의하는 외교 문서를 보내왔다. 그 후 일본은 국제사법재판소에 제소하여 국제분쟁화를 시도했고, 최근의 신한일어업협정 체결 때도 문제가 되었다. 또 2005년 3월 16일에는 일본 시마네현島根縣에서 '다케시마의 날' 조례를 제정했고, 2006년 3월에는 교과서에 독도가 일본 고유의 영토임을 명시하라는 문부성의 검정 의견이 발표되었다.

일본에서 주장하는 영유권의 근거는 세 가지로 압축된다.

첫째, 17세기에 처음으로 독도를 발견하고 그 후로 주변 수역을 실제로 점유해왔다는 것이다. 1618년 요나코촌米子村의 상인 오오야大谷와 무라카와村川 양가가 막부의 도해 면허를 받아 울릉도에 도항했다는 기록이 중요한 근거로 이용되고 있다. 이 밖에 일본 측의 독도 기록들인《은주시청합기隱州視聽合記》(1667)《기죽도각서磯竹島覺書》(1696)《죽도도설竹島圖說》(1751~63년경)《장생죽도기長生竹島記》(1801)《은기고기집隱岐古記集》(1823)《죽도고竹島考》(1828) 등이 제시되고 있다.

둘째, 1905년에 독도에 대한 영유 의사를 표명했다는 것이다. 1905년 2월 22일 시마네현 고시 제40호에서 다음과 같이 밝혔다.

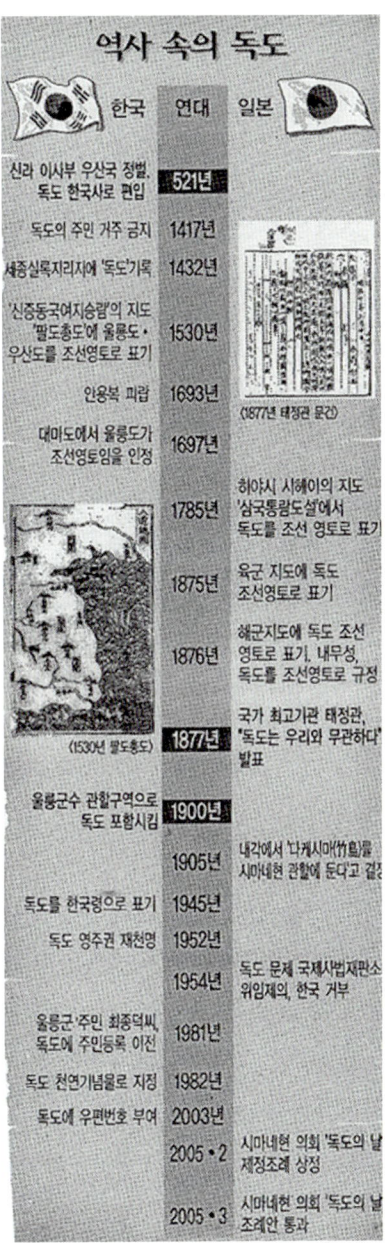

그림 2-12 독도 연표(《경향신문》 2005. 3. 17)

내무대신이 청한 무인도의 소속에 관한 건을 심사한 바, [중략] 오키도에서 서북 85해리(157킬로미터)에 떨어진 곳에 있는 무인도는, 타국이

영토분쟁과 역사 | 83

이 섬을 점령했다고 인정되는 흔적이 없고 재작년인 메이지 36년(1903)에 본방인 나카이 요사부로中井養三郎라는 자가 오두막을 짓고 인부를 이동시켜 [중략] 이번에 영토 편입 및 임대를 출원했다. 이 기회에 소속 및 섬 이름을 확정할 필요가 있으므로 해당 섬을 다케시마竹島라고 명명하여 현재의 시마네현 소속 오키도 도사島司의 소관으로 했으면 한다고 말했다. 따라서 심사를 한 바에 의하면, 메이지 36년 이래 나카이 요사부로라는 자가 해당 섬에 이주하여 어업에 종사한 사실이 관계 서류로 명백한 사실이므로 국제법상 점령의 사실이 인정되어 이 섬을 본방 소관으로 하고 시마네현 소속 오키도 도사의 소관으로 하는 데 지장이 없다고 사료된다. 따라서 청한 대로 각의 결정이 이루어졌음을 인정한다.

_호사카 유지, 96~97쪽.

당시는 러일전쟁 시기로서 이것은 서양의 제국주의 식민지 정책에 영향을 받은 조치였다. 1906년 4월 8일에는 일본 지방 관리들이 울릉도 군수 심흥택을 방문하여 독도가 "이제부터 일본의 영토로 편입되었다"고 통고했다.

셋째, 1945년에 한국 영토로 반환한 지역은 1910년 한일합방 당시의 것이지 그 이전에 편입된 지역은 해당되지 않는다는 것이다. 1951년 연합국의 대일對日 강화조약에는 일본의 한국에 대한 모든 권리를 포기하는 항목에 제주도, 울릉도, 거문도만 기록되어 있을 뿐이지 독도는 포함되어 있지 않았다고 주장한다.

이에 대한 한국 측 반론은 다음과 같다.

첫째, 17세기 당시에 독도는 이미 한국의 영토였다. 지증왕 때 이사부가 우산국을 정벌했고, 그 뒤에 울릉도로 명칭이 고착되면서 우산도는 점차 독도를 가리키게 된 것으로 생각하고 있다. 이에 따라 《고려사》 지리지에는 "혹은 말하기를, '우산도와 무릉도武陵島는 본래 두 섬으로 서로 거리가 멀지 않아 바람이 불지 않고 날씨가 맑으면 바라볼 수 있다'고 한다"는 기록이 나타난다. 조선시대의 지도에는 울릉도와 독도 두 섬이 분명히 등장한다. 다만, 조선은 왜구 침입 방지와 피역민避役民 소환을 목적으로 공도정책空島政策을 취했고, 15세기 초부터 1883년 3월에 이 정책이 폐지되기까지 무인도로 남게 되었다. 이에 따라 독도에 관한 관심과 기록이 일본보다 훨씬 적을 수밖에 없는 상황이 되었다.

다행히 17세기 말에 일어난 안용복安龍福 사건은 독도의 영유권 확인에 중요한 단서를 제공해준다. 동래 출신 어부였던 그는 1693년 봄에 울릉도에 고기잡이를 나갔다가 일본 어민에 피랍되었다. 이를 기회로 그는 일본에서 일본인의 불법 어로에 항의했고, 호키슈(현재의 도토리현鳥取縣)에서 "울릉은 일본 지역이 아니다"라는 각서를 받았으나 나가사키에서 빼앗겼다. 그는 12월에 쓰시마를 거쳐 조선으로 송환되었다. 이때 쓰시마 도주는 다케시마에서 조선 어민이 어업하는 것을 금지해달라고 편지를 보냈는데, 조선 측에서는 울릉도(죽도)가 조선 땅이므로 일본 어민의 내왕을 금한다고 대답했다. 1696년 1월에는 일본 막부에서 죽도(울릉도)가 조선 영토임을 인정하고, 어민들의 도해금지령을 내린 바 있다. 이해 봄에 안용복이 어부 11명을 모아 다시 울릉도로 가서, 그곳에서 조업하던 일본인들을 꾸짖어 내쫓고 그 길로 일본 호키슈에 가서 다시 항의했다가 이해 8월에 조선으로 송환되었다. 그는 국법을 어긴 죄를 졌지만 사형은 면하고 유배형을 받았다.

이 사건이 일어난데다가 쓰시마 도주가 집요하게 죽도 영유권을 주장하여 조선에서는 일정 기간마다 사람을 파견하여 섬을 순찰하는 제도인 수토제搜討制를 시행했다. 일본에서는 공도 정책을 영유권 방기로 보지만, 수토제 실시로 보건대 이 주장은 타당성이 없다.

아울러 일본 지도에 독도를 한국령으로 표현한 것이 많은 사실도 주목된다. 나가쿠보 세키스이長久保赤水의《일본여지노정전도日本輿地路程全圖》(1773), 하야시 시헤이林子平의《삼국통람도설三國通覽圖說》(1785), 곤도 모리시게近藤守重의《변요분계도邊遼分界圖》(1804), 다카하시 가케야스高橋景保의《일본변계약도日本邊界略圖》(1809) 등이 그것이다.

둘째, 독도를 17세기 이래 원래부터 자신의 소유라고 하면서 1905년에 다시 영토 편입 조치를 취한 것은 모순이 아닌가 하는 점이다. 이에 대해서 일본은 국제법에 따라 재차 확인한 것이라 해명하고 있으나, 독도 이외에는 이러한 조치가 없었던 점에 우리는 주목하고 있다. 대한제국에서 1900년에 공포한 칙령 제41호인 '울릉도를 울도로 개칭하고 도감을 군수로 개정하는 건'의 제2조에서 "구역은 울릉 전도와 죽도·석도石島를 관할할 것"이라 했는데, 여기서 죽도는 울릉도 옆의 죽서도竹嶼島를 가리키고 석도가 독도를 가리킨다. 이 조치는 일본보다 5년 앞서 나타난 것이다.

셋째, 일제의 한국 영토 반환 시 한국의 섬이 3,000여 개나 되는데 이를 일일이 적을 수 없었고 그때문에 독도도 기록되지 않았다고 반론을 제기하고 있다. 더구나 1945년 9월 2일에 연합군최고사령부가 지령SCAPIN 제677호를 발표했는데, 여기에서 독도를 한국령으로 명백히 언급했고, 지도에도 한국령으로 표시했다. 그러나 1951년 9월 샌프란시스코 평화회담에서 미국은 일본의 영향을 받아 독도에 대해서 어떠한 언급도 하지 않았다. 다행히 이 회담을 준비하면서 마련한 영국 측 자료에 첨부되어 있던 지도가 2005년 2월에 처음 공개되었는데, 여기에서는 국경선이 독도Take Shima와 오키 열도Oki-Retto 사이로 지나가고 있어서 독도를 한국령으로 인정했던 사실을 확인할 수 있다. 그림2-13

여기에 추가로 언급할 것은 일본에서 독도 영유권을 부정한 역사적 사례들이 있으나, 한국에서는 그러한 전례가 없다는 점이다. 1877년 일본 나이무쇼內務省와 다이조칸太政官

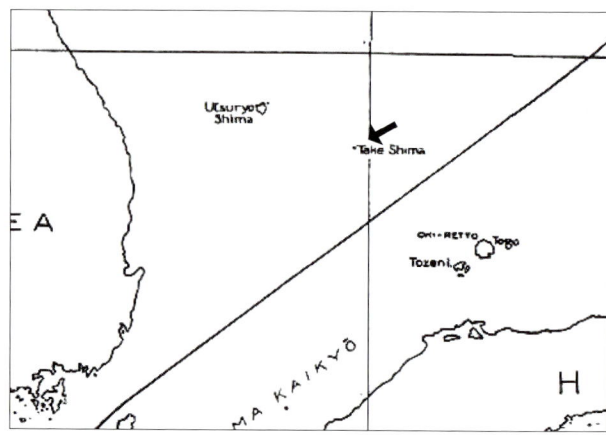

그림 2-13 영국 외무성 지도에 표시된 독도와 국경선, 화살표가 독도(정병준 교수 제공)

의 결정이 대표적인 것이다.

1876년에 일본 나이무쇼는 전국에 지적地籍 조사와 지도 작성을 지시했는데, 시마네현이 울릉도와 독도를 포함시킬지 여부를 문의했다. 이에 과거 기록을 조사해본 결과, 안용복의 사건 때 이미 조선의 영토로 결정된 것을 확인하고 제외하기로 결정했다. 그러나 중대한 문제라서 1877년 3월 27일에 최고기관인 다이조칸에 질의했고, 이틀 뒤 다이조칸은 판도 밖에 속한다는 결정을 내려보냈다. 처음 이 사실이 한국에 알려진 것은 나이무쇼가 이 결정을 자신의 양식에 맞게 옮겨 쓴 문서를 통해서였는데 그 내용은 다음과 같다. 그림2-14

> 별지로 나이무쇼가 물어온 일본해(동해) 내 다케시마(竹島, 울릉도) 외 한 섬의 지적 편찬의 건. 이것은 겐로쿠元祿 5년(1692) 조선인 입도 이래 구 정부(에도 막부)가 해당국(조선)과 (문서를) 왕복한 끝에 마침내 본방(일본)과 관계없는 것이 되었다. [중략] 서면의 다케시마 외 한 섬은 본국과 관계없다는 것을 명심할 것.
>
> _호사카 유지, 87쪽.

여기서 다케시마와 그 외 한 섬은 각각 울릉도와 독도를 가리킨다. 또 1692년 조선인 입도는 안용복 사건을 가리키는 것으로, 이 사건을 계기로 울릉도와 독도가 조선 영토가 되었다는 사실을 확인시켜주고 있다.

그런데 2006년 6월에 이 문서의 원본인 다이조칸 결정문이 공개되었다. 그림2-15 이를 근거로 연합뉴스에서 일본정부에 독도 영유권에 대해서 질의했으나 "현재로서는 답변할 수 없다"는 회신을 받았다. 이들 문서는 일본의 주장과 정면으로 배치되는 증거물이기 때문

明治十年三月廿日

大臣

参議

卿輔

別紙内務省伺日本海内竹嶋外一嶋地籍編纂之件右ハ元禄五年朝鮮人入嶋以来旧政府該国ト往復之末遂ニ本邦関係無之相聞候段申立候上ハ伺之趣御聞置左之通御指令相成可然哉此段相伺候也

御指令按

伺之趣竹島外一嶋之義本邦関係無之義ト可相心得事

明治十年三月廿九日

그림 2-14 나이무쇼 문서(신용하, 122쪽)

三月十九日

日本海内竹島外一島ヲ版図外ト定ム

内務省伺

竹島所轄ノ儀ニ付島根県ヨリ別紙伺出取調候処該島ノ儀ハ元禄五年朝鮮人入島以来別紙書類ニ摘採スル如ク元禄九年正月第一号旧政府評議ノ旨意ニ依リ二号訳官ヘ達書三号該国来柬四号本邦回答及ヒ口上書等ノ如ク則元禄十二年ニ至リ夫々往復相済本邦関係無之相聞候ヘトモ版図ノ取捨ハ重大ノ事件ニ付別紙書類相添為念此段相伺候也 三月十七日

伺ノ趣竹島外一島ノ儀本邦関係無之儀ト可相心得事

三月二十九日

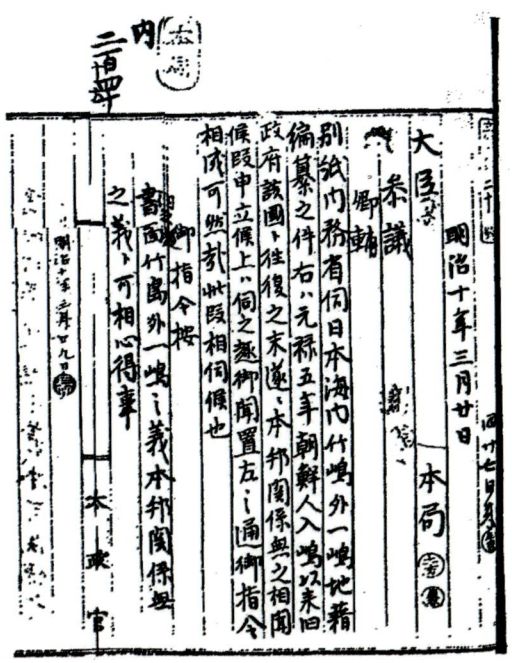

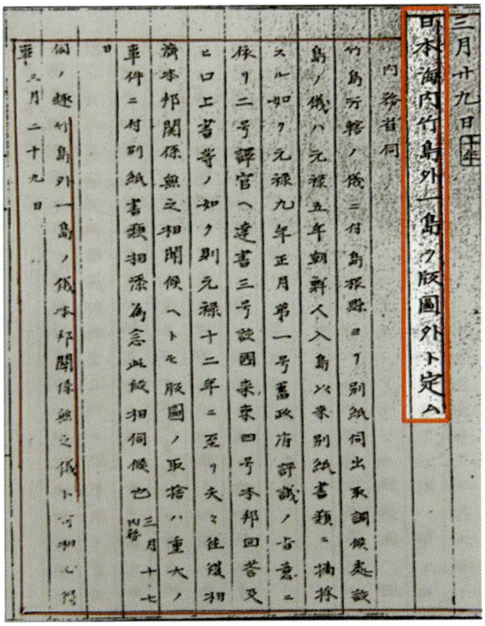

그림 2-15 다이조칸 문서(호사카 유지 교수 제공)

이다.

또한 일본 시마네대학 명예교수인 나이토 세이추內藤正中는 무주지無住地 선점이란 논리와 역사적으로 고유 영토란 논리가 상호 모순되므로 일본 영토론은 문제가 있다고 지적했다(《중앙일보》 2005. 2. 25).

3.2. 동해 표기 문제

한국이 독도 문제에서 주도권을 쥐고 있다면, 반대로 동해 문제는 일본이 주도권을 쥐고 있다. 제삼국에서 일본해라는 표현을 훨씬 많이 사용하고 있기 때문이다. 이에 따라 독도 문제를 국제기구에서 논의하자는 일본 측의 제안을 한국에서 거부하고 있는 반면에, 동해 문제는 그 반대로 진행되고 있다.

정부는 1992년 8월 28일에 개최된 제6차 유엔지명표준화회의UNCSGN에서야 비로소 '일본해Sea of Japan' 명칭 사용에 대해 공식적인 이의를 제기했다. 2002년에 국제수로기구IHO는 《해양과 바다의 경계》 3차 개정판을 준비하면서 한국과 일본의 합의를 종용했다. "합의되지 않으면 바다 이름을 아예 빼거나 해당 페이지를 누락시킨 채 발간하겠다"며 회원국 투표에 부치기도 했으나 일본의 로비로 투표가 중단되었다. 2004년 4월 29일, 제22차 유엔지명전문가회의에서도 '표기 문제에 대해 양자─다자적 해결책 마련'을 권고했다(《동아일보》 2004. 5. 4).

동해라고 표기해야 한다는 한국 측의 입장은 다음과 같다. 첫째는, 동해 표기의 역사적 근거다. 《삼국사기》나 광개토왕릉비에 이미 동해란 지명이 등장하고 있어 아주 이른 시기부터 사용했다는 것이다. 반면에 일본해의 명칭은 1602년에 만든 마테오리치의 지도에 처음으로 등장했으며, 그 뒤에도 200여 년 동안 이 이름이 채용되지 않았다. 둘째는, 동해가 일본해로 불리는 경향이 굳어진 것은 일제 강점기 이후일 뿐이다. 셋째는, 국제수로기구의 결의를 따르자는 것이다. 국가 간 명칭 분쟁이 발생했을 때 합의가 이루어지기 전에는 명칭을 병기하자는 1974년 결의를 존중해 일단 동해와 일본해를 함께 사용하자고 주장한다. 그러한 예로서 'English Channel/La Manche'가 있으므로 이 사례에 따라 'East Sea/Japan Sea'로 병기하자는 것이다.

그 밖에 일본해는 원래 태평양 쪽에 붙였던 이름인데 나중에 동해 쪽으로 옮겨왔다는 사실이 지적된다. 또 국제적으로 바다 서쪽에 있는 지명을 따서 명칭을 붙이는 경우가 많다는 사실도 제기되었다. 러시아 오호츠크Okhotsk 시의 동쪽에 있는 바다는 오호츠크해 Sea of Okhotsk라 불리고, 오키나와Okinawa의 서쪽, 중국의 동쪽에 위치한 바다는 동중국해

표 1. 일본 측 서양 고지도 조사 통계(주한일본대사관 자료)

	16세기		17세기		18세기		19세기		20세기		합계
	1501~1550년	1551~1600년	1601~1650년	1651~1700년	1701~1750년	1751~1800년	1801~1850년	1851~1900년	1901~1950년	1951~	
중국해	1	3	1	4	2						11
동양해			3	4							7
조선해				1		3	5	1			10
일본해			2	3	1	2	11	7	16	26	68
북일본해, 일본북해			1	1	5						7
서일본해						2					2
조선해와 일본해 병기				1		3	1				5
오리엔탈해와 일본해 병기				1							1
조선해와 동양해 병기				1	2						3
중국해와 동양해 병기				5							5
기타						1					1
동해										4	4
기재 없음	3	18	17	16	18	4	1				77
합계	4	21	26	35	33	15	14	7	16	30	201

표 2. 한국 측 서양 고지도 조사 통계(이상태, 198쪽)

구분		USC대학	프랑스국립도서관	서울역사박물관	개인소장	계
동해	16세기			1		1
	17세기	1	8	3		12
	18세기	101	58	23	8	190
	19세기	32	1	5	2	40
	20세기		21			21
	무연대		21	8	5	34
	소계	134	109	40	15	298
일본해	16세기					
	17세기		6			6
	18세기		2	5	1	8
	19세기	12		22	17	51
	20세기		5	11		16
	무연대		5	4	19	28
	소계	12	18	42	37	109
합계		146	127	82	52	407

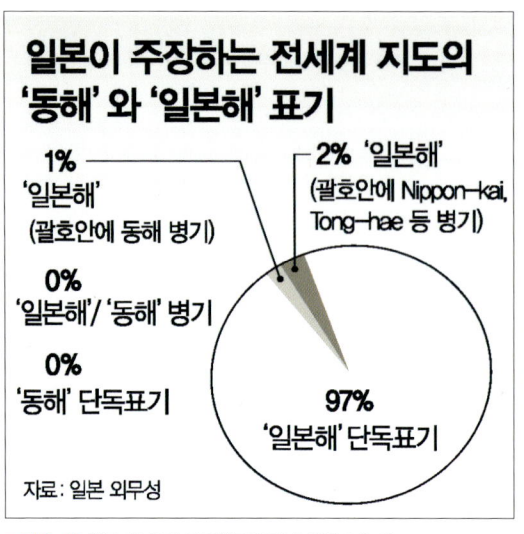

그림 2-16 일본 측 조사 자료(《동아일보》 2004. 9. 3)

the East China Sea라 불리며, 티모르Timor의 동쪽에 있는 바다는 티모르해Sea of Timor로 불리는 사례들을 들 수 있다고 한다.

일본은 첫째 근거에 대해서 일본열도가 태평양을 나누면서 만들어진 해역이므로 지리적 특성에 따라 일본해로 명명해야 한다고 주장한다. 둘째 주장에 대해서 일본해란 명칭은 18세기 말부터 19세기 초 사이에 유럽에서 확립된 것으로서 식민지 지배와는 무관하다고 해명한다. 이 시기는 일본이 쇄국정책을 취하고 있었으므로 일본과 무관하게 일본해란 명칭이 서양에서 정착되었다는 것이다. 오히려 일본해란 명칭은 자신들이 유럽보다 늦게 사용했다고 한다. 셋째 입장에 대해서는 일본해가 국제적으로 확립된 표기로서 전세계 지도의 97퍼센트가 사용하고 있으므로 정치적 이유 때문에 혼란을 야기할 필요가 없다고 반박하고 있다. 그림2-16

이처럼 두 나라의 주장이 맞서고 있다. 이 과정에서 중요한 근거로 들고 있는 것이 서양 고지도 통계다. 표1, 표2 전세계적으로 약 3만 점 정도가 소장되어 있는 것으로 추산되는데, 이 가운데 1,000점 정도가 열람이 가능하다고 한다. 이에 대해서 한국에서는 정부가 조사를 진행했고, 일본에서는 정부가 지원하는 학자들이 조사를 진행했다. 그런데 그 결과는 서로 유리한 쪽으로 나왔다. 그것은 한국 측이 18세기 지도에 중점을 둔 반면에 일본은 19세기 지도에 중점을 두었기 때문이라고 한다.

이보다는 여러 국가가 공유하는 바다에 한 국가의 명칭을 붙이는 것은 불합리하다는 논리가 국제적으로 더 설득력을 얻을 수 있을 것으로 판단된다. 그래야만 일본해 표기를 수용하고 있는 러시아나 중국의 동의를 쉽게 끌어낼 수 있을 것이다. 또 국제수로기구에서 '일본해'를 공식적으로 표기하기 시작한 것은 일제시대인 1929년으로서, 이때는 한반도까지 포함하는 일본 영토가 감싸고 있는 바다란 의미로 해석할 수도 있었을 것이지만, 지금에 와서는 상황이 바뀌었다는 사실을 인지시킬 필요도 있다.

분쟁을 해결하기 위해 제3의 명칭을 제안하기도 한다. 사실 우리가 제시하는 '동해East Sea'도 한반도에서 바라본 명칭이어서 일본이 받아들이기 어려운 점이 있다. 제3의 명칭으로는 역사 문헌에 보이는 '청해靑海', '녹해綠海', '창해蒼海' 등이나 '삼국해'를 고려해 볼 수 있다. 2006년에 대통령이 '평화의 바다'를 제기하기도 했다. 문제는 이 논리대로 한 다면 제2차 한일회담 때 독도를 '평화도平和島'로 하자는 일본의 논리와 얽힐 위험성이 있 다는 점이다.

4. 연해주와 한국사

4.1. 녹둔도 귀속 문제

녹둔도鹿屯島는 원래 두만강 하구에 있었던 섬인데 동쪽으로 모래가 퇴적되면서 지금은 연해주 하산 지방과 연결되어버렸다. 그림2-17, 그림2-18

1587년 여진족이 침략해 이 섬을 함락하자 이순신이 백의종군하여 이듬해에 승리한 곳 이기도 하다. 이처럼 녹둔도는 조선이 관할하던 섬이었다.

> 이해에 경흥 녹둔도 〈두만강이 바다로 들어가는 곳〉에 둔전을 실시했는데, 이는 순 찰사 정언신의 건의를 따른 것으로 부사 원호가 주관했다. 녹둔도는 강 북쪽 언덕과 가 까워 사람과 말이 통행했으며 오랑캐 마을과 지극히 근접해 있었으므로 방책을 설치하

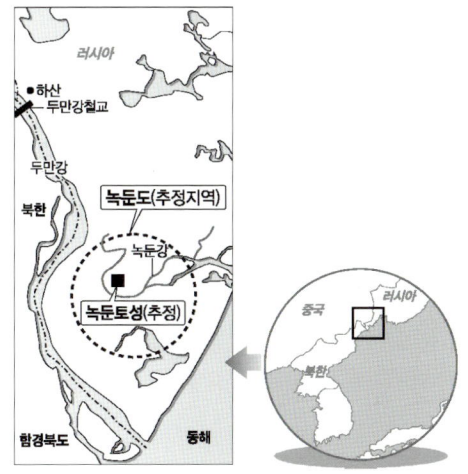

그림 2-17 녹둔도 위치(《동아일보》 2004. 6. 11)

그림 2-18 녹둔도(규장각 소장 해동지도 경흥부)

고 이졸吏卒 약간 명을 두어 방비하게 했으나 수비가 매우 약하여 지방 사람들이 걱정했다.

_《선조수정실록》 권17, 16년(1583), 12월 1일.

그런데 1860년 청나라와 러시아가 베이징조약을 맺고 이듬해에 그 후속 조치로 싱카이호興凱湖조약이 맺어지면서 이 섬이 러시아 영토가 되어버렸다. 아무 권한이 없는 청나라가 맺었다는 점에서 베이징조약은 국제법적으로 한국에 대한 구속력이 없다고 할 수 있다.

베이징조약 체결 당시에 조선 사신이 북경에 머물러 있었는데도 이를 몰랐다가 두만강가에 토자비土字碑(T자비)가 세워지는 것을 목격하여 보고하면서 이 사실이 알려지게 되었다. 1882년에 고종은 어윤중을 서북경략사로 삼아 녹둔도를 우리 땅으로 편입할 방법을 모색하도록 했고, 러시아와 국교를 맺자 이 섬의 반환을 요구했다.

1990년 북한과 러시아가 '국경 설정에 관한 의정서'와 '국경질서에 관한 조약'을 체결하면서 탈베그Thalweg의 원칙을 적용해 최심선을 국경선으로 하되, 16개의 섬은 반씩 나누는 방식을 채택했다. 이것은 국제법적으로 점유의 원칙을 위배한 것이다. 이런 결과로 녹둔도는 러시아 땅으로 넘어가게 되었다.

4.2. 연해주의 한국사

소련이 해체되고 러시아가 들어선 뒤에는 공산주의 혁명 이후에 붙여진 명칭을 다시 제정러시아시대로 되돌리는 작업이 진행되었다. 블라디보스토크에 있는 레닌 거리는 스베틀란스카야 거리, 10월25일 혁명 거리는 알레웃스카야 거리로 바뀌었다. 그런데 이에 앞서서 소련은 연해주의 중국식 지명을 모두 러시아식 지명으로 바꿔버렸다. 예를 들어서 수이푼綏芬은 라즈돌나야, 차피고우夾皮溝는 크로우노프카, 수찬蘇城, 水淸은 파르티잔스크, 마이헤麥河는 아르쵸모브카강, 레푸勒富강은 일리스타야강, 다우비헤刀畢河는 아르세니예프카강, 얀치헤鹽州河는 추카노프카강 등으로 바꾸었다. 어찌 보면 당연한 듯하지만, 사실은 자신의 영토를 확고히 하려는 의도가 담겨 있다. 중국에서는 연해주를 빼앗긴 것으로 생각하고 있고, 지금도 러시아식 지명 대신에 과거 지명으로 표기하는 것을 볼 수 있다. 이런 과정에서 연해주와 관련된 한국 역사도 러시아 역사로 뒤바뀌고 있다.

해방 이후 이념대립으로 소련과 적대적인 관계에 있었지만, 우리 일상에는 빨치산партизан, 지라시тираж, 프락치фракция, 페치카печка, 토치카точка 등처럼 많은 러시아 단어들이 살아 있다. 그만큼 우리 역사와 밀접했던 시기가 있었다.

러시아도 중국처럼 다민족국가로 정의되고 있다. 문제는 연해주의 역사다. 연해주는 1858년 아이훈조약으로 청나라와 러시아가 공동 관리하더니 1860년 베이징조약을 계기로 러시아 영토로 편입되었다. 그런 다음 연해주에 살고 있는 원주민의 과거 역사는 모두 러시아 역사로 다루고 있다. 이는 중국 내의 소수민족의 역사는 모두 중국사라는 논리와 동일하다. 이에 따라 1860년 이전의 과거 역사도 러시아 역사가 되어버렸다.

러시아 연해주는 발해 유적과 독립운동사의 발자취가 남아 있는 곳이다. 지금 연해주의 블라디보스토크에는 '서울 거리'가 남아 있어 일제시대에 독립운동을 하던 신한촌의 흔적을 희미하게나마 찾아볼 수 있다. 그리고 파르티잔스크나 크라스키노 등에도 한인 활동의 역사가 깃들어 있다. 그런 역사들이 앞의 논리에 따라 한국사가 아니라 러시아사로 다루어지고 있다.

■ 참고 사이트와 문헌

경상북도 사이버 독도 : www.dokdo.go.kr

사이버 독도 : www.cybertokdo.com

동해 포럼 : www.eastsea.org

일본 시마네현 다케시마 : www.pref.shimane.lg.jp/soumu/takesima

중국사회과학원 중국변강사지연구중심 : chinaborderland.cass.cn

USC Library : www.usc.edu/isd/libraries/collections/sea_of_korea

강석화, 〈백두산 정계비와 간도〉《한국사연구》96, 1997.

김교만, 〈북한은 백두산을 중국에 팔아 넘겼나〉《역사비평》18, 1992.

나이토 세이추, 〈다케시마는 일본의 고유 영토인가〉《독도논문번역선》I, 동북아의 평화를 위한 바른역사정립기획단, 2005.

나이토 세이추, 〈다케시마 고유영토론의 문제점〉위와 같음.

류쯔민劉子敏, 〈'공험진'의 위치에 관한 재고증〉《중국의 동북 변강 연구》고구려연구재단, 2004.

마다정馬大正,《中國邊疆研究論考》黑龍江教育出版社, 2002.

박원호, 〈철령위 설치에 대한 새로운 관점〉《한국사연구》136, 2007.

박정현, 〈근대 중국의 해양인식과 영유권 분쟁〉《중국의 변강 인식과 갈등》한신대학교출판부, 2007.

신용하,《한국의 독도영유권 연구》경인문화사, 2006.

양태진, 〈한·일 독도영유권 분쟁의 역사〉《역사비평》33, 1996.

양태진, 〈북경조약과 녹둔도영속문제에 관한 고찰〉《한국사연구》96, 1997.

유봉영, 〈백두산정계비와 간도문제〉《백산학보》13, 1972.

이상태, 〈서양 고지도에 나타난 동해 표기에 관한 연구〉《Corea, 꼬레아》서울역사박물관, 2004.

이훈, 〈조선후기 독도를 지킨 어부 안용복〉《역사비평》33, 1996.

임채정 외,《간도에서 대마도까지 — 한·중·러·일 영토 문제 현장》동아일보사, 2005.

장제張杰·왕훙王虹, 〈명초 주원장의 철령 이북 원조元朝 구강舊疆 경영의 시말〉《중국의 동북 변강 연구》고구려연구재단, 2004.

장즈룽張植榮,《中國邊疆與民族問題—當代中國的挑戰及其歷史由來》北京大學出版社, 2005.

정병준, 〈영국 외무성의 대일 평화 조약 초안・부속 지도의 성립(1951. 3)과 한국 독도 영유권의 재확인〉《한국독립운동사연구》24, 한국독립운동사연구소, 2005.

호사카 유지保坂祐二, 〈일본의 지도와 기록을 통해 본 일본정부의 독도 영유권 주장 비판〉《북방사논총》7, 고구려연구재단, 2005.

《East Sea in Old Western Maps, with Emphasis on the 17~18th Centuries》 The society for East Sea, The Korean Overseas Information Service, 2004.

■읽기자료
다케시마와 독도
〈일본정부자료〉

1. 일본의 일관된 입장
(1) 다케시마竹島는 역사적 사실에 입각해 보아도, 국제법상으로도 명백한 일본 고유의 영토다.

(2) 한국에 의한 다케시마 점거는 국제법상 아무런 근거 없이 이루어지고 있는 불법 점거이며, 한국의 이러한 불법 점거에 의거하여 다케시마에서 행하는 어떠한 조치도 법적인 정당성이 있는 것은 아니다(주:한국 측으로부터, 일본이 다케시마를 실효적으로 지배하고 영유권을 확보하기 이전에, 한국이 동섬同島을 실효적으로 지배하고 있었다는 사실을 보여주는 명확한 근거가 제시되지 않고 있다).

2. 다케시마 영유권에 관한 일본의 주장
(1) 다케시마 영유에 관한 역사적 사실
아래와 같은 역사적 사실에 입각하여 일본은 늦어도 17세기 중반에는 실효적 지배에 의해 다케시마의 영유권을 확립하고 있었다고 생각되며, 1905년(明治 38) 이후도 각의 결정에 따라 근대국가로서 다케시마를 점유한다는 의지를 재확인한 뒤에 동섬同島을 실효적으로 지배해왔다.

① 일본은 예전부터 다케시마(당시의 마쓰시마松島)를 인지해왔다. 이 사실은 다수의 문헌과 지도 등에서 명백하다(주: 경위선 투영의 간행 일본지도로서 가장 대표적인 나가구보 세키스이長久保赤水의 《개정일본여지노정전도改正日本輿地路程全圖》(1779)에는 현재의

다케시마의 위치 관계를 바르게 기재하고 있다. 이 외에도 메이지明治에 이르는 다수의 자료가 있다).

② 에도江戶시대 초기(1618), 호키번伯耆藩의 오오야大谷, 무라카와村川 양가는 막부로부터 울릉도를 하사받고 도항 면허를 받아 매년 동섬同島에서 어업을 하며 전복을 막부에 헌상했는데, 다케시마는 울릉도로 도항하기 위한 기항지 및 어로지로서 이용되었다. 또한 늦어도 1661년 양가는 막부로부터 다케시마를 하사받았다.

③ 1696년 울릉도 주변 어업을 둘러싼 일한 간의 교섭 결과, 막부는 울릉도로의 도항을 금지했지만〔竹島一件〕, 다케시마로의 도항을 금지하지는 않았다.

④ 일본은 1905년 1월 각의 결정에 이어, 2월 시마네현 고지에 의해 다케시마를 시마네현島根縣으로 편입시켰고, 다케시마를 영유한다는 의사를 재확인하고 있다. 그 후 다케시마는 관유지 대장에 기재되었으며 다케시마에서의 강치 조업은 허가제가 되었고, 제2차 세계대전으로 1941년(昭和 16) 중지되기까지 계속되었다.

(2) 1905년 일본정부에 의한 다케시마 편입의 유효성

1905년(昭和 38) 각의 결정 및 시마네현 고지에 의한 다케시마의 시마네현 편입 조치는 일본정부가 근대 국가로서 다케시마를 영유할 의지가 있음을 재확인한 것이며, 그 이전 일본이 다케시마를 영유하지 않았다는 사실, 하물며 타국이 다케시마를 영유하고 있었다는 사실을 나타내는 것이 아니며, 또한 당시의 신문에도 게재되었듯이 비밀리에 이루어진 것도 아니라는 점 등, 유효하게 실시된 것이다(주: 영토 편입 조치를 외국 정부에 통고하는 것은 국제법상의 의무는 아니다).

(3) 일본 점령 및 전후 처리를 위한 제문서 중 다케시마 부문 대일 평화조약 전의 일련의 조치(1946년 1월 29일자 연합군 총사령부 각서 제677호가 일본이 다케시마에 대한 정치상 혹은 행정상의 권력 행사 및 행사하려고 하는 것을 잠정적으로 정지했던 점 및 1946년 6월 22일자 연합군 총사령부 각서 제1033호가 일본 어선의 조업 구역을 규정한 맥아더 라인의 설치에서 다케시마를 그 선 밖에 둔 것)에 관한 문서는 모두가 그 문서 가운데 일본 영토 귀속의 최종적 결정에 관한 것이 아니라는 점을 명기하고 있으며, 다케시마를 일본의 영토에서 제외한 것이 아니라는 점은 명백하다. 또한 원래부터 일본 고유의 영토인 다케시마는 1943년 카이로 선언에 있는 "일본은 폭력 및 탐욕에 의해 약취한 다른 일체의 지역에서 구축驅逐해야 한다"의 "폭력 및 탐욕에 의해 약취한" 지역에 해당하지 않는다(주 1: 1951년 샌프란시스코 평화조약에서 일본이 그 독립을 승인하고 모든 권리, 권원 및 청구권을

포기한 조선에 다케시마가 포함되지 않았다는 사실은 미국 기록 공개 문서 등에서도 명백하다)
(주2: 1954년(昭和 29) 9월 일본은 본건 문제에 대해 국제사법재판소에 제소할 것을 제안했지만, 한국 측은 이 제안을 거부했다. 또한 일한 양국 간에는 국교정상화 시 분쟁 해결에 관한 교환공문을 체결했다).

[참고] 다케시마의 현황

(1) 지형
① 시마네島根 오키도 북서 85해리(북위 37도 9분, 동경131도 55분)에 위치한다.
② 동도東島(女島), 서도西島(男島)라 불리는 두 개의 작은 섬과 그 주변의 수십 개 암초로 이루어져 있으며, 총 면적은 약 0.23 평방킬로미터(일본 도쿄의 히비야 공원과 거의 같은 면적)다.

(2) 한국의 불법 점거 상황
① 한국은 1954년(昭和 29) 7월부터 현재에 이르기까지 다케시마에 경비 대원(경찰)을 상주시키는(1954) 동시에 숙사, 등대, 감시소, 안테나 등을 설치하고 있으며 매년 강화시키고 있는 상황이다.
② 1997년(平成 9) 11월, 일본의 누차에 이르는 항의에도 불구하고, 500톤급 선박이 이용할 수 있는 접안 시설을 완공시켰다. 또한 1998년(平成 10) 12월에는 유인 등대를 완공시켰다.

_주한일본대사관 홈페이지 자료.

〈한국정부자료〉

1. 독도의 명칭과 지리적 위치

독도는 북위 37도 14분 18초, 동경 131도 59분 22초에 위치하는 한국령의 섬이다. 동해상에 동측과 서측으로 나란히 있는 두 개의 주요한 섬과 32개의 보다 작은 바위로 구성되어 있다. 독도는 한국의 울릉도로부터 49해리, 일본의 오키도로부터 86해리 지점에 위치한다. 행정상 독도는 경상북도 울릉군 울릉읍 도동리에 속하며, 한국은 독도를 실효적으로 지배하고 있다.

'독도'라는 지리적 호칭은 한국 독자 명칭으로, 1886년 이래 사용되고 있다. 역사적으로는 6세기에 우산도于山島라는 명칭으로 불린 일도 있었다. 그러나 일본 점령시대

(1910~45)에는 일본인에 의해 다케시마라 불렸다. 1945년 8월 15일 한국이 일본의 점령으로부터 벗어난 이래, '독도'는 한국 안팎으로 표준적 명칭으로 사용되고 있다. 19세기 중엽에 독도를 탐사한 선박 이름으로 인해, Liancourt Rocks 또는 Hornet Rocks로 기록한 해도도 있다. 1849년 프랑스 포경선 Liancourt호가, 1855년 영국의 Hornet호가 독도를 탐사했다. 이들 명칭은 독도라는 명칭이 국제적 표준이 되기 이전에 외국인에 의해 부여된 이칭이었고, 현재는 사용되고 있지 않다.

섬의 지리적 명칭은 국제적으로는 독도로 표준화되어 있고, 독도 이외의 명칭은 잘못이다. '독도' 명칭은 국제연합지명표준화회의의 결의 4분의 1에 준하고 있고, 지역적으로 표준화된 명칭의 국제적 사용 원칙에 따른 것이다.

2. 독도의 역사

고대 독도는 울릉도와 함께 우산국于山國이라는 해양국의 일부였다. 독도는 기원후 512년(지증왕 13)에 울릉도와 함께 신라에 귀속했다. 그 후에도 《삼국사기》에는 독도를 신라령으로 기록하고 있다. 또 《세종실록지리지》《고려사 지리지》《숙종실록》 등 각종 옛 공문서에는 우산도于山島, 즉 독도를 신라 왕국의 영토였다고 기록하고 있다. 결국 독도는 512년 이래 항상 정당한 한국령이었다고 말할 수 있다.

일본정부에 의하면, 1667년에 일본인이 편찬한 《은주시청합기隱州視聽合記》가 독도에 대한 기술이 보이는 최초의 일본문헌이라고 말하고 있다. 이 기록은 독도와 울릉도가 고려(한국) 영토였고, 오키도는 일본의 최북서단에 위치한다고 기술하고 있다.

'삼국접양지도三國接壤地圖'는 도쿠가와 시대德川時代의 한국, 일본, 중국 3개국의 국경을 표시한 전형적인 일본의 지도다. 이 중에 한국은 황색, 일본은 녹색으로 표시되어 있다. 1785년에 하야시 시헤이林子平가 작성한 이 지도에는 독도와 울릉도의 정확한 위치가 표시되었는데, 황색으로 보이고 있어 한국령이었다는 것이 명확히 표시되어 있다. 게다가 두 개의 섬 옆에 기입되어 있는 한자에 의해, 두 섬이 '조선'(한국)에 귀속한 점이 나타나고 있다. 명치시대에 일본의 육군성과 해군성이 작성한 지도 등의 자료를 통해서도 독도와 울릉도가 한국 영토인 것이 명확하다.

3. 일본의 조선 점령 시대의 독도

일본의 식민지 정책(1910~45)에 의해 한국은 강제적으로 일본에 병합되어, 독도는 이론상 일본령이 되었다. 이 상황은 1945년 8월 15일 일본이 동맹군에게 무조건 항복해 한국이 독립국이 됨으로써 변화했다. 일본의 항복을 받아 발령된 1946년 1월 26일

연합국 최고사령부GHQ 지령 제677호는 독도를 울릉도, 제주도와 함께 일본의 영토로부터 제외하고, 이들 영토의 관할권을 한국에 반환한다고 정했다. 1946년 6월 22일에 발령된 연합국 최고사령부 지령 제1033호에서는 독도 12해리 내의 '영해'로 일본 선박과 선원의 침입을 금지했다. 독도는 완전히 한국령으로 부활했다.

1952년 1월 28일 일본정부는 한국에 일본이 설정한 '평화선'에 항의하는 외교 문서를 보냈다. 그중에 일본은 독도 지배권을 주장하고, 한·일 간 독도를 둘러싼 논쟁이 시작되었다.

그러나 512년부터 금일까지의 문헌 중에 나타나는 정확한 증거는 독도가 항상 한국령이었던 사실을 명확히 증명한다. 따라서 일본의 의론議論에는 근거가 없다. 일본의 의론은 근거를 결하고 있어 독도 문제에 관한 어떠한 '의론'도 존재하지 않으며 존재할 수 없다. 일본은 자주적으로 시작한 의논에 몰두하고 있을 뿐, 이 의논이 대한민국에 미치는 근거는 없다. 역사적으로 보아도, 또 현대의 국제법에 있어서도 독도는 512년 이래 정당한 한국령이었던 것이 명백하다.

〈독도에 대한 한국정부의 입장〉
독도에 대한 여러분의 관심과 애정에 감사드립니다.
여러분의 독도에 대한 정열이 한국의 영토, 독도를 수호하는 데 큰 힘이 되리라 믿습니다.
여러분이 독도에 관하여 궁금한 사항에 대한 답변을 아래에 게재합니다.
독도에 대한 여러분의 이해가 깊어지기를 기대합니다.

(1) 독도에 대한 정부의 입장
 · 독도가 한국의 토지라는 정부의 입장은 매우 확고합니다.
독도는 역사적·지리적으로도 국제법상에 있어서도 한국 고유의 영토이고, 그리하여 한·일 간의 외교교섭의 대상에 해당되지 않는다는 것이 한국 정부의 확고한 입장입니다.
 · 한국정부는 독도에 대한 일본의 부당한 주장에 대해 엄중히 대처하고 있습니다.
한국정부는 지금까지 독도에 대한 한국의 영유권을 손상시키려 하는 일본 측의 어떠한 시도에 대하여 외교 루트를 통해 단호한 조치를 취하고 있으며, 금후에라도 일본의 이와 같은 움직임에 대해서는 계속적으로 엄중히 대처할 방침입니다.
 · 단 독도가 한국이 '실효적으로 지배'하고 있을 뿐 국제적으로 '분쟁 지역'이라는 인상을 확산시키는 것은 바람직하지 않다는 관점에서 냉정히 대처할 필요가 있습니다.

일본의 부당한 주장unfounded claim에 대한 감정적인 대응은 독도의 '분쟁 지역화'를 초래해, 결과적으로 한국의 영유권을 강고히 하는 것에 도움이 되지 않기 때문입니다.

※ '실효적 지배'는 국가 권력이 계속적으로 평화적인 행사continuous and peaceful display of sovereignty를 하는 것이 열쇠

독도 문제를 신중히 취급해야만 하는 이유는, 독도에 관해 국제분쟁의 대상이 되는 것을 차단하면서 한국의 실효적 지배를 계속하는 것이야말로 독도 영유권 강화를 위한 최선의 방책이기 때문입니다.

(2) 한국의 독도 영유권에 관한 근거

· 독도가 한국의 고유 영토라는 사실은 한국과 일본의 많은 문헌 및 지도에 의해 입증되고 있습니다. 한국은 오랜 역사를 통해 독도를 한국의 영토로 계속 점유하고 있고, 독도에 대한 역사적 권원權原, historic title을 가지고 있습니다.

· 독도가 한국에 귀속한 점은 카이로 선언에서, 샌프란시스코 대일 강화조약에 이르는 제2차 세계대전의 전후 처리 과정에서 연합국 최고사령부의 조치 및 샌프란시스코 대일 강화조약에 의해 확인된 사항입니다.

1946년 연합국 최고사령부 지령 제677호는 일본 통치구역을 일본 본주本州와 인접한 도서 정도로 한정하고 독도 · 울릉도 · 제주도는 명확히 제외하고 있고, 제1033호는 일본 선박과 선원의 독도 접근을 금지했습니다.

· 독도는 지리적으로도 일본보다 한국 영토에 가까이 위치하고 있으며, 한국 영토와 불가분의 일체를 이루고 있습니다.

울릉도부터 독도까지는 대략 47해리지만, 독도부터 일본의 시마네현 오키도까지는 85해리입니다. 그때문에 독도에서 거리가 가까운 한국이 예로부터 자연히 독도를 발견하고 이용하여 실효적으로 통치해왔다는 사실은 의심할 여지가 없습니다. 이것은 역사상 독도가 울릉도의 속도屬島로서 울릉도의 통치를 담당한 한국의 관헌에 의해 관리되었던 사실로부터 분명해집니다.

(3) 독도와 '한 · 일 어업협정'과의 관계

· 1999년 한 · 일 간에 체결된 어업협정과 독도와의 관계에 대해 일부 우려할 만한 점이 있습니다.

· 그러나 어업협정은 '어업'에 관한 문제만을 언급하고 있고, 독도 영유권과는 어떤 관계도 없습니다.

한·일 어업협정이 독도의 영유권을 손상한다는 주장이 있지만, 어업협정은 단지 어업에 관한 문제만을 언급하는 것으로 독도 영유권 문제와는 어떠한 관계도 없습니다.

한·일 어업협정 제15조도 이 협정의 규정이 어업에 관한 사항 이외의 국제법상의 문제에 관한 각 체약국締約國의 입장을 해치지 않는다고 규정하고 있습니다.

· 독도와 그 영해 12해리는 동해의 중간 수역에 포함되고 있지 않습니다.

'한·일 어업협정'은 '배타적 경제수역EEZ'을 대상으로 하고 있습니다. 따라서 독도와 그 영해 12해리는 어업협정의 대상 수역이 아닙니다.

※ 국제연합해양법협약에서 배타적 경제수역은 그 정의상 영해 외로 설정된 수역입니다.

따라서 독도와 그 영해 12해리에 대해서는 한국이 독자적 관할권을 행사하고 있고, 일본을 위시하여 어떠한 국가도 한국의 허가 없이는 침입하는 것이 불가능한 구역입니다.

· 어업협정과 독도 영유권 문제가 관계가 없다는 것은 국내외의 판례에 의해 뒷받침되고 있습니다.

특히 국제사법재판소ICJ는 1953년 영국과 프랑스 사이의 망끼에·에크레오 제도The Minquiers and Ecrehos 영유권 분쟁 사건에서, 분쟁 도서 수역에 어업협정을 체결하고, 공동 어로 수역을 설정한 것이 영유권 문제에 영향을 미치지 않는다는 판단을 했습니다.

또 한국의 헌법재판소도 2001년 3월 21일 한·일 어업협정 헌법 소송 사건을 기각하고, 동 협정은 독도 영유권 문제와 관계가 없다는 판단을 보여주었습니다.

· 한·일 어업협정은 양국 간 배타적 경제수역 경계 획정 문제를 취급하지 않습니다.

한·일 어업협정은 한·일 양국 간 배타적 경제수역 경계 획정이 형성될 때까지의 양국 간 어업질서를 구축하기 위한 잠정 협정이고, 한·일 양국 간 배타적 경제수역 경계 획정을 취급하고 있지 않습니다.

· 해양 경계 획정은 일방 국가의 일방적인 주장에 의해 결정되는 것이 아니고, 양국 간의 합의에 의해 결정되고 있습니다.

해양 경계 획정은 관계국 간의 합의에 의해 결정되는 것이고, 그로 인해 어떤 도서가 배타적 경제수역 기점으로 사용되는가 여부, 또 사용된 경우는 어느 정도의 효과를 지니는가는 양국의 합의에 의해 결정되는 것입니다.

· 현재까지 동해 배타적 경제수역 경계선 획정의 기점과 관련한 독도의 효과 등에 대하여는 결정되지 않았습니다.

한국정부는 금후에도 국제 관행의 발전과 한·일 간 배타적 경제수역 경계 획정 회담의 진전 상황을 봐가면서 동해 배타적 경제수역의 경계를 한국에 최대한 유리하게 획정하기 위해 가능한 한 외교적 노력을 다하겠습니다(2005. 3).

_주일한국대사관 홈페이지 번역.

| 제3장 |
한국사의 관점 논쟁

제3장
한국사의 관점 논쟁

　한국 역사의 실체는 하나지만 이를 바라보는 시각은 다양하기 마련이다. 앞에서 바라볼 수 있는가 하면, 뒤나 옆에서 바라볼 수도 있다. 또 멀리서 숲을 조망할 수 있는가 하면, 가까이 들어가서 나무 하나하나를 찾아다닐 수도 있다.《어린 왕자》에 나오듯이, 어른은 모자로 보지만 어린 아이는 코끼리를 삼킨 보아뱀으로 볼 수도 있다. 이러한 차이는 극히 정상적인 일이다.

　그런데 우리가 근대에 들어 식민지 지배를 받은 데다가 해방 후로는 이념대립과 남북 분단을 겪으면서 한국 역사학의 형성과 성장이 비정상적 경로를 밟아왔다. 학계에서는 한쪽으로 과도하게 치우쳤다가 그에 대한 반작용으로 반대편으로 다시 쏠리는 행태가 반복되었다. 이런 상황에서 때로는 극단적으로 대비되는 역사관이 형성되기도 했다.

　일제 식민주의사관과 그에 대한 비판적 대안으로서 반식민주의사관, 국사학계의 식민지수탈론과 그에 대한 반론으로서 국내 경제사학자 및 일본·미국 학자로부터 제기된 식민지근대화론을 그러한 사례로 들 수 있다. 이 밖에 서구 학자와 한국 학자 사이에서는 한국사의 특수성에 주목할 것인가 아니면 보편성에 주목할 것인가가 쟁점이 되고 있다. 또 일본 학자와 한국 학자들은 임나일본부 문제를 중심으로 한 고대 한·일 관계에 관해 대립적인 시각을 지니고 있고, 중국 학자와 한국 학자 사이에서는 고대사의 귀속 문제를 둘러싸고 새로운 논쟁이 시작되었다.

　이러한 국내외의 논쟁은 순수 학문의 발전을 촉진시키는 면이 있어 바람직하다. 그러나 외부에서 바라보는 한국사에 대한 시각에는 다소 부정적인 인식이 전제되어 있는 면도 느낄 수 있어서 우려되기도 한다.

1. 식민주의사관과 반식민주의사관 ― 일본과 남북한

1.1. 식민주의사학

일제의 식민 지배를 정당화하기 위해서 만들어진 역사 해석을 흔히 식민사관, 좀더 정확히 말하면 식민주의사관이라 한다. 일본이 식민 지배를 위해서 역사를 어떻게 이용했는지는 다음 자료가 잘 보여준다.

> 조선인은 다른 식민지에서의 야만·반미개 민족과 달라서 독서와 글짓기에서 감히 문명인에 떨어지지 않는다. 예로부터 역사서가 많이 있어 왔고, 또 새로이 저술되는 것도 적지 않다. 그런데 전자는 독립 시대의 저술로서 현대와의 관계가 결여되어 다만 독립국의 옛 꿈을 회상시키는 폐단이 있다. 또 후자는 근대 조선에서의 일청·일러의 세력 경쟁을 서술하여 조선의 향배를 말하거나, 《한국통사韓國痛史》로 불리는 재외 조선인의 저서와 같이 일의 진상을 살피지 아니하고 망녕된 말을 함부로 한다. 이들 역사서가 인심을 미혹에 빠지게 하는 해독은 참으로 말로 다할 수 없다. 그러나 이를 절멸시키는 대책을 강구하는 것은 헛수고일 뿐만 아니라, 혹은 그 전파를 격려할지도 모른다. 차라리 옛 역사서를 금지시키는 대신에 공명 정확한 역사서로 대체하는 것이 첩경이고, 그 효과도 더욱 두드러질 것이다. 이것이 조선반도사의 편찬을 필요로 하는 주된 이유다. 그림3-1
>
> _조선사편수회,《조선사편수회사업개요》1938, 6쪽.

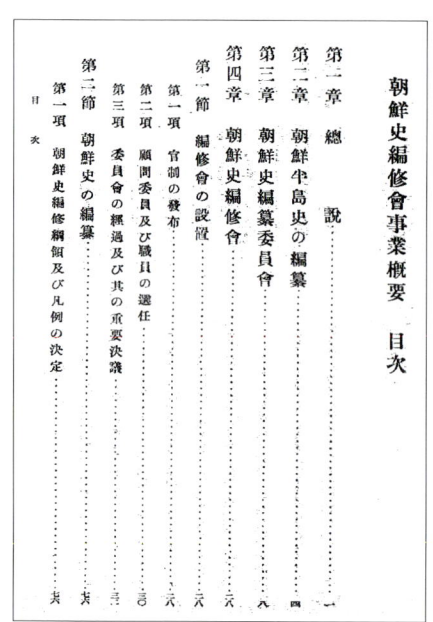

그림 3-1 조선사편수회사업개요 목차

일본은 조선이 다른 식민지와 달리 문명국가임을 잘 인식하고 있었다. 식민 지배의 논리는 이러한 문명 의식을 잠재우면서 그 반대로 열등하다는 의식을 심는 방향으로 개발되었다. 여기서 중요한 역할을 한 것이 역사학이다. 식민주의사관의 핵심 내용은 한민족의 자율성을 부정하는 '타율성론', 역사의 발전을 부정하는 '정체성론'으로 요약할 수 있다. 한국민은 타율적으로 살아왔고 역사발전에서도 뒤처졌다는 논리다.

타율성론으로 일선동조론日鮮同祖論, 만선사관滿鮮史觀, 반도적성격론半島的性格論, 당파성론黨派性論, 민족성론民族性論, 인종론人種論 등이 있다.

일선동조론이란 일본과 조선의 조상은 동일하다는 논리다. 고대에 한반도 사람들이 일본 열도로 많이 들어간 것은 잘 알려져 있다. 일본 아키히토明仁 천황이 2001년 말에 백제계의 피가 흐른다고 말한 것도 이 때문이다. 문제는 이를 근거로 해 일찍 개화한 일본이 동포애로써 한국을 근대화시켜야 한다는 사명감으로 발전했다는 점이다. 일제시대 대표적인 학자였던 미시나 아키히데三品彰英의 글에 그런 내용이 잘 담겨져 있다.

> 최후에 일본이다. [중략] 즉 고대의 우리 조선 경영에서 또 최근세의 경영에서도 함께 보이는 것과 같이 그것은 정복주의도 아니요, 이기주의에서 나온 것도 아니다. 옛날에는 백제나 임나를 보호하고 그로써 그들에게 국가를 수립시켰으니, 이것은 진실로 평화적 애호적 지배라고 말해야만 할 것이니, 몽고와 같이 의지적 정복적인 것도 아니고 중국과 같이 주지적 형식적인 것도 역시 아니었다. 이에 대해서 아주 명목적으로 말한다면 일본은 주정주의적主情主義的이면서 애호주의적이고 피아의 구별을 넘어선 보다 좋은 공동 세계의 건설을 염원한 것이었다. 이 정신은 오늘날에 이르러도 절대로 변치 않는 근본 정신이다. 일본과 조선은 민족적으로 말해도 가장 근친할 뿐만 아니고 [중략] 더욱 오늘날 이와 같이 위대하게 성장하고 우수한 역사 세계를 건설한 일본이 동포로서 저들을 품에 안는 것은 그들을 고향으로 불러들이는 것이다. 여기에 처음으로 본연의 조선으로서의 재출발이 있다. [중략] 지금 역사를 볼 때 조선은 중국의 지혜를 배우고, 북방의 의로움에 굴복하고, 최후에 일본의 정에 안겨, 여기에 처음으로 반도사적인 것을 지양할 때를 얻었던 것이다
>
> _《조선사개설》 6~7쪽.

일본은 왜곡된 《일본서기日本書紀》 등을 근거로 태곳적부터 한반도를 지배해왔던 것으로 인식하고 있다. 특히 에도시대(1603~1867)의 국학자들은 일본의 고전 연구를 통해서 진구황후神功皇后의 신라 정벌설(200)이나 임나일본부설을 주장했다. 그림3-2 또 이를 토대로 1868년의 메이지 유신을 전후해서는 한반도를 정벌하자는 정한론征韓論을 제기

했다. 일본 역사학계의 중진들이 참여해 만든 역사서인 《국사안國史眼》(1877)은 일선동조론 내지 일한일역론日韓一域論을 광범위하게 전파해 일제 침략의 관념적 지주가 되도록 했다. 이에 따라 위의 글에서 보듯이 자신들의 한반도 지배는 침략이 아니라고 강변하는 데까지 이르게 된다.

일선동조론이 일본 내 일본사학자들이 중심이 되어 제기한 것이라고 한다면, 만선사관은 동양사학자들이 고안해낸 것이다. 일제시대의 역사학은 대륙 침략 과정과 밀접하게 연계되어 있다. 이와 관련해서 "청일전쟁 전에 조선학이 있더니 조선이 망하고, 러일전쟁 전에 만선학滿鮮學이 있더니 요동이 떨어지고, 9·18(만주사변) 전에 만몽학滿蒙學이 있더니 만주 전체가 그 손에 들어가고 말았다"고 한 중국 역사학자 펑지아성馮家昇의 지적은 흥미롭다. 이런 과정에서 한국사는 만주의 한 부분으로 인식되고, 한국사의 독자적 발전을 부정하는 경향이 나타나게 되었다. 경성제국대학의 교수였던 도리야마 기이치鳥山喜一의 글에서도 이러한 면모가 나타난다.

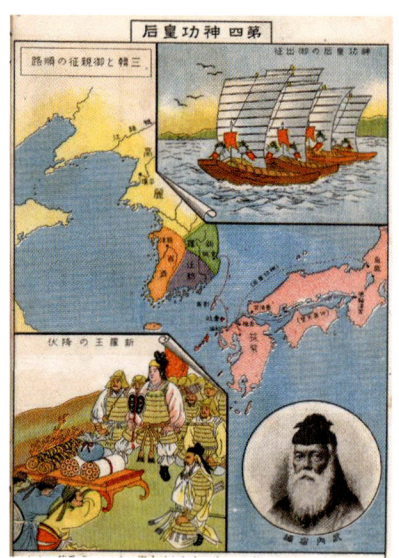

그림 3-2 일본 교과서(1926)의 진구황후 신라 정벌도(서울역사박물관 전시 자료)

> 이 반도를 동아시아의 역사적 대세에서 볼 때, 거기에는 하나의 경향을 인정할 수 있을 것 같습니다. 그 경향이란 어떤 것인가 하면, 이 반도는 밖에서 일어난 세 세력의 부침에 따라 영향을 받아왔다는 사실입니다. 〔중략〕 세 세력이란 중국 본토 방면으로부터의 힘과 만주 방면으로부터의 세력, 이러한 대륙 방면으로부터의 두 세력과, 또 하나는 바다로부터의 우리나라(일본)의 그것입니다.
>
> _《만선문화사관》 246쪽.

반도적성격론(반도사관)은 지리적 결정론에 바탕을 둔 것으로서 나치스의 침략 논리인 지정학을 빌려온 것이다. 반도는 운명적으로 해양세력과 대륙세력 사이에서 교량 역할만 할 뿐이지 독자성을 지닐 수 없다고 했다. 또한 이러한 지리적 여건 때문에 반도는 수동적이고 소극적일 수밖에 없다고도 했다. 사대주의도 그러한 데서 발생한 것으로 보았다. 당파성론은 조선의 멸망이 당파 싸움 때문이고, 그것은 근본적으로 민족성에 기인한다는 논리다. 이 논리에 빠져서 이광수 등은 〈민족개조론〉(1922)을 제기하기도 했다.

민족성론이나 인종론도 나치스의 영향을 받은 것으로서 일본인은 우수한 민족인 데 비해서 한국인은 열등하거나 여러 종족이 섞인 잡종으로 파악했다. 이것은 19세기 말에 한반도를 여행했던 서양인들이 한국인이 잘생긴 종족이라고 공통적으로 지적한 것과는 배치되는 것이다.

한국인들의 일상적 표현은 당혹스러움을 느끼게 할 정도로 활기차다. 얼굴 생김새는 가장 잘생긴 사람들을 기준으로 보아 힘이나 의지의 강인함보다는 날카로운 지성을 나타낸다. 한국인들은 확실히 잘생긴 종족이다. 체격도 좋은 편이다. 성인 남자의 신장은 163.4센티미터다.

_《한국과 그 이웃 나라들》 19쪽.

평균 이상의 신장과 힘든 일에 견딜 수 있는 튼튼한 체력을 지닌 한국인은 우수한 종족임에 틀림없다. 그러나 정신 면으로 시선을 돌리면 우리는 다른 면을 보게 된다. 우수한 체력에 비해 정신력은 그에 못 미치는데, 그들은 분명 최상의 자질을 갖추고 있으면서도 마치 너울처럼 심한 무기력증에 빠져 있다. 〔중략〕 육체적으로는 아닐지 모르나 지금 한국인들은 정신적으로 쇠잔한 상태다.

_《꼬레아 꼬레아니》 10쪽.

다음으로, 경제사학에서 주로 논의된 정체성론을 살펴보겠다. 이것은 한국 경제의 발전이 세계사적 발전 과정을 그대로 따른 것이 아니고 파행적이라는 인식을 바탕에 깔고 있다. 이에 따라 봉건제가 결여되었다는 주장이나 노예제가 결여되었다는 주장이 제기되었다.

봉건제 결여론이란 후쿠다 도쿠조福田德三(1874~1930)가 효시를 이룬다. 그는 러일전쟁 직전에 한국을 여행한 견문을 바탕으로 이 당시가 일본의 고대 말기인 후지와라시대藤原時代(969~1068) 단계에 머물러 있다고 주장하면서, 일본이 한국의 촌락 경제 단계를 국민경제 단계로 끌어올려야 한다는 논문을 1904년에 발표했다. 이 주장은 그 뒤에 시카다 히로시四方博를 비롯한 많은 연구자들에게 영향을 주었다. 노예제 결여론이란 모리야 가쓰미森谷克己가 효시를 이루는데, 봉건제의 존재를 인정하지만 노예제는 결여되었다고 주장했다. 다시 말해 한국사회는 고대사회를 뛰어넘어 원시사회에서 중세사회로 바로 이행한 것으로 설명했다.

이것은 대동아공영권의 이데올로기로 변모했으니, 동양적 정체성이 여러 나라를 식민지 혹은 반식민지로 전락시킨 원인이라고 지적하면서 동양사회에서 오직 예외적이었던 일본이 사명감을 가지고 구미제국주의의 침략으로부터 이들을 해방시켜야 한다고 주장했다.

한·일 간의 한국사 인식은 지금도 간극을 드러내고 있다. 역사 해석에서 일본 학자들은 외인론外因論에 주로 의존하고 있는 반면에 국내 학자들은 내인론內因論에 중점을 두고 있다. 예를 들어서 고대국가 형성 문제를 다룰 때에 일본에서는 선진 지역인 중국 또는 북방으로부터 영향을 받은 측면에 중점을 두어 연구를 한다. 한반도 고대국가 형성의 계기를 한군현의 설치 및 그와의 교류 관계에서 찾고, 중국으로부터의 인구 유입을 중시한다. 반면에 국내 학계에서는 한군현과의 교류보다는 이들과의 대결에 주목하면서, 토착세력 내부의 성장 과정에 초점을 맞추어왔다. 아직도 식민주의사관과 반식민주의사학의 대결 구도를 벗어나지 못하고 있는 것이다. 아마 역사적 진실은 양자의 중간선에 있을지도 모른다.

1.2. 반식민주의사학―내재적 발전론과 주체사학

해방 이전에 이미 식민주의사학에 대한 반론이 제기되었다. 특히 민족주의 사학자들은 한국사의 고유성을 내세워 한국사는 세계사의 발전 법칙에 비교할 수 없는 특수성을 지니고 있다고 주장했다. 반면에 마르크스주의자들은 노예제나 봉건제가 결여된 것이 아니라, 한국사도 세계사의 발전 법칙에 따라 모든 과정을 제대로 밟아왔다고 주장해 역사적 보편성을 지닌 시각에서 반박했다.

식민주의사학의 본격적인 극복은 해방 이후에 시작되었는데, 북한이 먼저 착수하고 남한이 그 영향을 받으면서 뒤를 따랐다. 식민주의사관이 타율성론과 정체성론을 근거로 일제의 식민 지배를 받으면서 한국이 비로소 근대화되었다는 논리라면, 이에 대한 극복 논리는 그 이전에 이미 우리 사회 내부에서 자주적으로 근대화의 싹을 키워내고 있었음을 실증적으로 밝혀내는 것이었다. 이를 흔히 '내재적 발전론'이라 부른다.

식민주의사학 극복은 남한의 경우, 1960년대에 본격화되었다. 내부적으로 4·19혁명을 거쳐 한일회담으로 이어지면서 민족주의 의식이 크게 고무되었고, 국제적으로도 제3세계의 민족주의가 고조되고 있었다. 이러한 국내외 환경에 힘입어 일제시대의 민족주의사학 및 해방 직후의 신민족주의사학이 재조명되었다. 그러나 단순한 주장만 되풀이한 것이 아니라 1950년대 이후 실증적인 연구를 바탕으로 식민주의사학의 대안으로서 내재적 발전론이 제기되었다.

우선 선사시대에서 구석기시대와 청동기시대가 존재한 사실이 비로소 확인되었다. 이와 관련된 유적들이 본격적으로 확인된 것이 1960년대이다. 구석기시대 유적으로는 남한에서 석장리 유적, 북한에서 굴포리 유적이 발굴된 것이 시작이었고, 청동기시대 유적들도 그 뒤를 이어 속속 확인되었다. 이로써 한반도에서도 다른 나라와 동일하게 구석기시대와 신석기시대를 거쳐 청동기시대로 이행되었던 사실이 증명되었다. 이에 따라 단지 '원시사회'로만 나타나던 역사서에 세 개의 시대가 설정되기 시작했다. 교과서에 이 세 시대가 모두 반영된 것은 1970년대에 들어와서였다. 그림3-3 이에 비해 북한에서는 1960년대에 이미 구석기시대와 청동기시대가 역사서에 등장한다.

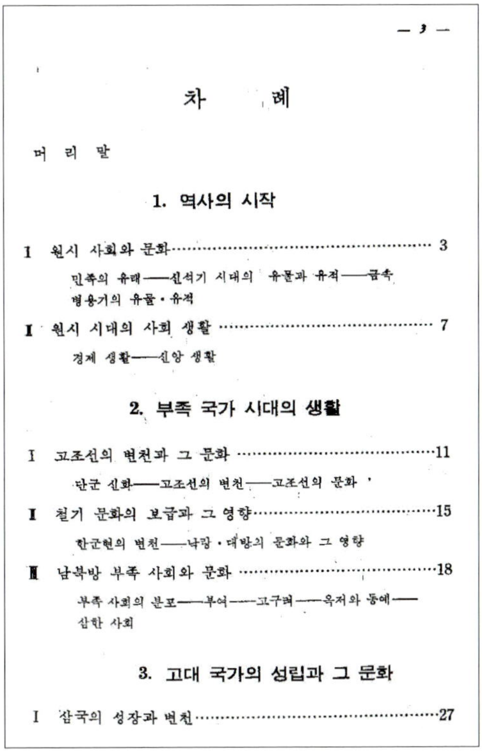

그림 3-3 1968년 국사 교과서 목차

다음으로 토지국유제론의 비판이 있었다. 식민주의사학자들은 사유재산제가 발전하지 못한 원인을 토지국유제에서 찾았다. 그러나 "넓은 하늘 아래 왕의 땅이 아닌 것이 없다普天之下, 莫非王土"는 말은 관념적인 것일 따름이지 실제로 국가가 토지를 모두 소유한 것은 아니었다. 《삼국사기》 온달전에 따르면, 온달이 자기 부인의 금팔찌를 팔아서 토지, 집, 노비 등을 샀다고 했고, 신라 숭복사 비문에는 왕릉 주변에 있는 200여 결의 땅을 후한 가격을 주고 샀다고 했다. 따라서 고대부터 토지사유제가 형성되어 있었던 것이 확인된다.

> 이에 금팔찌를 팔아서 밭과 집, 노비, 소와 말, 기물 등을 사서 살림살이를 갖추었다. 처음 말을 살 때 공주가 온달에게 말하기를 "시장 사람들의 말은 사지 말고 꼭 병들고 파리해서 내다 파는 국가의 말을 골라서 사도록 하세요"라고 하니, 온달이 그대로 했다. 공주가 부지런히 기르니 말이 날마다 살찌고 건장해졌다.
>
> _《삼국사기》 권45, 〈온달전〉._

한국사의 관점 논쟁 | 111

왕릉을 만드는데, 비록 왕의 땅이라고는 하나 실은 공전公田이 아니었다. 이에 부근의 땅을 묶어 좋은 값으로 구하고 언덕 땅 100여 결을 사서 보탰는데, 값으로 치른 벼가 모두 이천 점苫(15말)이었다. 곧 해당 관청과 경주 주변의 고을에 명하여 함께 길의 가시를 베어 없애고 나누어 묘역 둘레에 소나무를 옮겨 심었다.

_숭복사비, 896년, 최치원.

특히 심혈을 기울여 연구했던 대상은 조선 후기였다. 일본의 식민지 지배 이전에 이미 근대적인 모습이 확인된다면 식민주의사관의 논리를 근본적으로 부정할 수 있기 때문이었다. 연구 결과, 경제사 측면에서는 자본주의의 맹아가 이 시기에 이미 싹텄던 것으로 파악됐다. 농업 기술의 발전에 따라 경영을 통해서 부자가 되는 경영형 부농(김용섭) 또는 광작농廣作農(송찬식)이 등장했고, 상업에서는 사상私商과 도고都賈 등이 새롭게 상업 자본을 형성하고 그 자본이 생산 부문에도 투입되었으며, 수공업에서는 국가에서 관리하는 관장제가 붕괴되고 개인 경영의 사장제私匠制가 나타났다고 했다. 이를 흔히 자본주의 맹아론 資本主義萌芽論이라 하는데, 이러한 작업은 중국에서 1954년에 진행된 유명한 홍루몽 논쟁紅樓夢論爭이나 북한에서 1960년대 초에 전개된 자본주의 맹아론의 연장선에 있는 것이었다.

사회사에서는 신분제가 붕괴되면서 평민층이 양반층으로 상승하고 천민층이 양인화되는 현상에 주목했다. 아울러 부세제도가 문란해지고 농민 반란이 계속되는 것은 봉건제가 해체되는 양상을 반영하는 것으로 이해했다. 사상사에서는 실학 연구에 집중하여 실학의 근대 지향적 성격을 밝히고, 이것이 근대 개화사상으로 연결되는 것으로 보았다. 그리고 정치사에서는 당쟁론에 대응해 붕당정치론朋黨政治論을 제기했으니, 당파를 개인이나 집단의 이익을 위한 파당이기보다는 공도公道에 입각한 이념 집단으로 설명했다. 아울러 조선은 당파 싸움 때문에 멸망했다고 하는 당쟁 망국론에 대해서, 당쟁은 붕당정치의 폐단이 나타나는 말기의 현상일 뿐이지 조선시대 전체를 아우르는 현상은 아니라고 비판했다.

선사시대와 조선 후기에 대한 연구 성과에 힘입어 한국사도 스스로 세계사적인 발전 경로를 거쳐왔던 것으로 파악할 수 있게 되었다. 이를 토대로 그 다음에는 자연스럽게 한국사의 시대 구분론으로 논의가 옮겨갔다. 1960년대 후반부터 촉발된 이 논의는 연구자마다 시대 구분 기준을 제각기 달리 제시함으로 인해, 논쟁점만 부각된 채 뚜렷한 결론을 얻지는 못하고 말았다. 그렇지만 이때부터 고려 이전을 고대, 고려를 중세, 조선을 근세로 설정하는 안이 보편적으로 받아들여지게 되었다.

이 당시에는 식민주의사관의 극복이 지상과제였으므로 지금에 와서 보면 민족주의에 경도된 무리한 주장들도 들어 있다. 그리하여 이에 대한 내부적인 반성도 일어났다. 실학을 근대 지향적이고 민족주의적인 성격으로 규정했으나, 냉정히 돌아보면 실학은 지배층 내부의 개량주의적 성격을 띠고 있었으니, 근대적이라기보다는 봉건적이었다. 이에 대해서는 다음과 같은 지적을 참고할 만하다.

> 실학은 '전근대 의식에 대립하는 근대 정신을, 몰민족 의식에 대립하는 민족 정신'을 뜻하는 것으로, 전통적인 학문의 영역(의리학, 고증학, 사장학, 경세학)에서 볼 때 실학이 고증학, 경세학과 더 깊은 관련을 가졌다. 그러나 '근대 지향적', '민족적' 성격을 가지기는 하지만, 역시 실학은 유학 사상의 테두리를 벗어나지 않는 '개신 유학'이다.
>
> _천관우, 발표문.

북한에서도 1960년대까지 실학을 시대변혁사상으로 인식했으나, 1969년 김일성의 교시 이후에는 봉건사상으로 규정했다.

> 실학파 학자들은 봉건 말기 조선의 사회발전을 저애하던 정치, 경제, 문화, 군사의 여러 분야들에서의 폐단들을 어느 정도 인식하고 반동적 관료 량반들의 극단한 억압 착취행위와 부화타락상을 일정하게 폭로, 비판했으며 진보적인 개혁사상들을 내놓았다. 여기에 실학자들이 우리나라 중세 력사에서 차지하는 진보적 지위가 있다.
> 그러나 그들의 진보적 사상은 봉건 유교사상에 기초한 것으로서 결국 복고주의를 면할 수 없었고 인민들의 리익은 더욱 대변할 수 없었다. 그들의 사상은 어디까지나 대토지 소유자이며 집권파인 반동적 대봉건 관료배들을 반대한 당시의 진보적 량반 계층의 리익을 대변한 사상이었다.
> 실학파 인물들의 진보적 역할은 그들이 활동하고 있던 그 시대의 범위에 국한되는 것이었다. 그러므로 그들의 견해와 사상들은 그 시기에 한하여 의의가 있는 것이지 결코 오늘 우리 사회주의 제도하에서도 그 어떤 큰 의의를 가지는 것은 아니다.
>
> _《위대한 수령 …》 74~75쪽.

근래에 와서는 경제사학자들로부터 강한 비판을 받았다. 이영훈은 근대 자본주의는 밖으로부터 이식될 수밖에 없다는 반론을 제기했다. 18세기까지 안정적이던 조선의 경제는 19세기에 들어와서 농업 생산성이 하락하면서 위기를 맞이했고, 이를 극복하지 못한 채

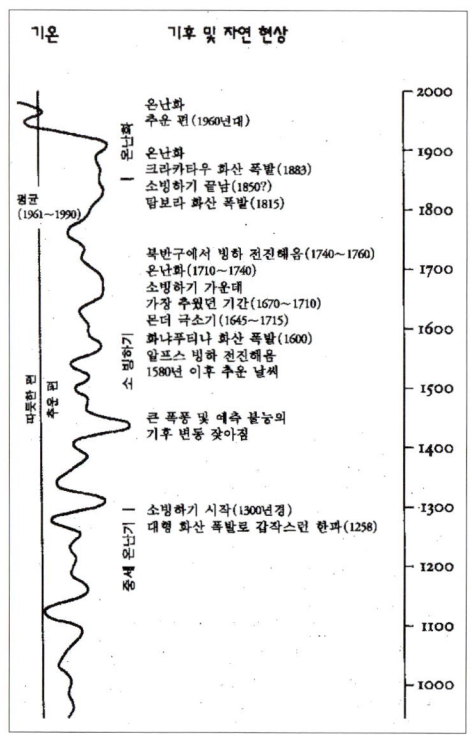

그림 3-4 기온 변화 그래프(브라이언 페이건 책 삽도)

식민지화되었다는 것이다. 또 하버드대학 교수인 카터 에커트Carter J. Eckert는 조선 후기에서 자본주의의 맹아를 찾는 일은 '오렌지 밭에서 사과를 찾는 부질없는 노력'이라고 비판했다.

내재적 발전론은 외부적인 요인보다는 '인간 의지'나 '인간과 제도'를 역사 전개의 중요한 동인으로 이해한다. 1960년대까지만 해도 역사 교과서 첫머리에 한반도의 자연 환경과 그에 따른 문화적 특성이 언급되어 있었다. 그러나 이것은 일제시대 지리 결정론과 같은 식민주의사학으로 이해되면서 그 뒤로는 삭제되어버렸다. 역사는 인간 의지로만 이루어지는 것이 아니고, 지리와 기후 같은 외부 환경적인 요인에서도 커다란 영향을 받는다. 한반도의 지리적 환경은 독특한 한국 문화를 만들어냈다. 산성이 강한 토양에서 발효 식품이 발달할 수 있었고, 겨울이 춥기 때문에 온돌 문화가 유지될 수 있었다. 또 중국과 같은 외부 선진 문화로부터 받은 영향도 무시할 수 없다. 이러한 요인들을 도외시하고 내부적 운동으로만 역사를 설명하려 한 것은 식민주의사관의 반작용이었다.

또한 기후 요인도 무시할 수 없다. 그림3-4 우리가 즐겨 먹는 쌀인 자포니카도 위도 30도 이북의 서늘한 기온에 적응되어 나타난 변종이다. 이것은 원산지인 남방의 인디카와는 다른 종류의 쌀이다. 서양사에서 넓게는 1300년경에서 1850년까지, 좁게는 17세기 후반에서 19세기 중엽까지를 소빙기小冰期, Little Ice Age라 부른다. 이때 날씨가 추워지고 불안정해지니 농산물 수확에 타격을 입으면서 자연히 기근과 전염병이 만연하게 되었다. 이에 따라 사회적, 정치적 불안정까지 야기되었다. 그런데 조선왕조실록을 분석해보면 유럽에서 볼 수 있는 이상 현상이 1500년에서 18세기 전반기까지 집중되는 것을 확인할 수 있다. 조선 후기 사회를 이해하는 데 기후라는 새로운 요인을 발견하게 된 것이다. 반면에 발해가 당나라와 통일신라란 강대국이 버티고 있어서 다른 왕조와 달리 남하하지 못하고 만주 북방에서 200여 년을 보냈다. 그것이 가능했던 요인의 하나도 역시 기후였다. 북방의 바이킹이 활발히 활동해 전성기를 구가했던 시기는 800년에서 1200년경까지인데, 이때는 8000년 만에 처음으로 맞이하는 따뜻한 기간이었다고 한다. 발해도 이 덕택을 보았던 것이다.

그동안 내재적 발전론은 민족의 자긍심을 높이고 한국사회의 자본주의적 발전을 이룩하는 데 일조했다. 그러나 지금에 이르러 세계에서 유래를 찾을 수 없을 정도로 짧은 시간에 고도성장을 이룩한 배경이나 서구와 다른 자본주의적 발전 과정을 겪고 있는 현상을 일원적 발전론에 입각한 내재적 발전론으로서는 설명하기 어려운 것도 사실이다. 그런 점에서 이제는 내재적 발전론도 극복되어야 할 것이다. 이제 역사학계도 새로운 근대사 연구방법론을 모색할 때가 온 것이다.

북한에서는 일제시대의 백남운처럼 마르크스주의사관에 입각하여 한국사의 발전을 설명함으로써 한국사도 세계사와 동일한 발전 경로를 밟았음을 밝히려 했다. 이런 이유로 남한보다 먼저 식민주의사관 극복 작업이 전개될 수 있었다. 그러나 주체사관이 마르크스주의사관을 대체하기 시작하면서 한국사의 보편성보다는 특수성이 강조되는 경향을 띠기 시작했다. 최근에 이를수록 북한의 역사 설명은 민족의 고유성, 유구성을 더욱더 부각시키고 있다. 사회주의 국가의 몰락과 해체를 목격하면서 자신은 이와 다른 길을 가겠다는 의식의 발로라고 할 수 있다.

마르크스주의사관이 역사의 원동력을 사회적 생산관계에서 찾았다고 한다면, 주체사관은 이를 주체적인 인간에서 찾았다. 이리하여 인간 의지가 중요하게 부각되었고, 이를 위해서 계급의식과 애국심을 고취하는 방향으로 역사 서술이 이루어지고 있다. 따라서 이 사관은 이미 유물사관에서 벗어나버렸고 오히려 정신사관에 가깝다고 할 수 있다.

남한의 역사학이 계급 조화론 내지 계급 화해론 입장에서 역사를 서술하는 반면에, 북한에서는 계급의식을 고양하기 위해서 계급 갈등론 내지 계급 투쟁론을 조장하고 있다. 이에 따라 남한에서는 상층과 하층 계급 사이에 육두품, 호족, 신진사대부, 중인 등과 같은 중간 계층의 존재를 상정하고 있는 데 비해서, 북한의 역사 서술에서는 오로지 착취자와 피착취자의 구도만 나타난다.

예를 들어서, 신라 말의 사회를 설명할 때 남한에서는 귀족과 농민, 그리고 호족과 육두품 세력을 설정하는 데 비해서, 북한에서는 봉건세력과 농민세력만 부각되어 있다. 남한에서는 원효의 화쟁론이 불교 계파 간의 싸움을 종식시켜 한국에서 통불교의 전통을 수립한 것으로 평가하지만, 북한에서는 계급 간의 싸움을 말리는 것이라 하여 반동적이고 기만적인 것으로 규정하고 있다. 남한에서는 선종이 새로운 시대조류로서 호족의 사상적 기반이 되었다고 평가하는 데 비해서, 북한에서는 "9세기 지배계급 안의 모순과 투쟁이 불교 사원에도 반영되어 상층 귀족 중들을 반대하는 하층 중들의 투쟁이 강화되었으니, 선종 불교 철학은 바로 이러한 투쟁 과정에서 지방세력과 하층 승려들의 요구를 반영하여 출현한 것이다"(《조선 전사》)라고 설명한다.

계급의식과 더불어 대외 항쟁도 크게 강조된다. 북한의 《력사사전》 항목을 분석한 결과에 따르면 213명의 인물 가운데 외국인이 33명, 김일성 관련 인물이 94명이었고, 1910년 이전에 등장한 78명 가운데 대외 항쟁에서 활약한 인물이 26명을 차지했다(최영호, 16쪽).

주체사관은 역사 해석에서 도식주의, 교조주의를 배격하고 우리의 문제는 우리 실정에 맞게 풀어가야 한다고 하면서 마르크스, 레닌, 스탈린의 교시를 배격하고 김일성의 교시만을 역사 해석의 기준으로 삼고 있다.

아울러 한반도 북부, 특히 평양을 중심으로 한 역사체계를 제시함으로써 현 정권의 정통성을 강조하고 있다. 한국사의 주된 흐름이 고조선, 고구려, 발해, 고려, 조선, 북한으로 이어진다고 설명한다. 평양에 동명왕릉을 꾸미고, 개성에 왕건릉을 복원하고, 최근에 와서는 단군릉까지 만들어 선전을 하고 있는 이유는 이 때문이다. 최근에는 평양을 한민족의 발상지로 설명하면서 대동강문화론까지 제기하고 있다. 주체사관의 입장에서는 외부에서 이주해온 사람들이 한민족의 조상을 이루었다는 논리를 받아들이기 어려웠던 것 같다.

북한의 역사 연구는 순수 학문을 위한 것이 아니라 '조선혁명'을 위한 수단이다. 따라서 '인민들의 투쟁과 창조의 역사를 연구하여 근로 대중에게 널리 선전'하는 것이 목적이므로 역사의 실용성이 강조되었다. 이에 따라 한글로 쉽게 풀어쓰는 역사 서술은 남한보다 훨씬 일찍 시작되어 역사의 대중화에 큰 공헌을 했다.

그러나 주체사관이 너무 강조된 나머지 중국사를 포함한 외국사에 대한 연구가 거의 도외시되어 균형감각을 결여하게 되었고, 한자교육이 무시됨으로써 지금에 와서는 사료를 입맛에 맞게 자의적으로 해석하는 폐단이 나타나고 있다. 또한 통일신라나 백제처럼 남한에 있으면서 그들의 정통론에서 벗어난 역사에 대해서는 제대로 연구를 하지 않는 심한 불균형도 안고 있다.

2. 식민지수탈론과 식민지근대화론—한국사와 경제사

식민지수탈론은 내재적 발전론의 시각에서 일제시대를 파악하는 것으로서, 정치적으로는 '침략과 저항', 경제적으로는 '수탈과 저개발'이란 구도에서 이 시대를 바라본다. 조선 후기부터 성장하고 있던 자본주의의 맹아가 타율적인 개항과 일제 침략으로 저지된 것으로 판단하고, 일제시대는 일제의 수탈과 이에 대한 저항으로 설명할 수 있을 뿐이라는 것이다.

이에 비해서 식민지근대화론은 특히 동아시아에서 성공적으로 나타나고 있는 자본주의 발전의 배경을 설명하기 위해서 근래에 제기된 시각이다. 이 논의는 1980년대 전반에 구미 학계에서 시작되어 중반에 일본학계에, 그리고 후반에 국내학계에 영향을 주었다. 국내에서는 1987년 한·일 경제사학자들이 주축이 되어 '한국근대경제사연구회'가 결성되고 식민지근대화론에 입각한 공동연구의 성과가 나타나면서 논의가 시작되었다. 서울대학교 경제학과 출신의 경제사 연구 단체인 낙성대경제연구소가 이 논의의 주축을 이루고 있어서, 식민지수탈론이 한국사학계의 주류를 이루고 있는 것과 대비가 된다. 이들은 방대한 수치와 통계자료를 무기로 해서 일제시대를 '수탈과 개발'이라는 측면에서 파악해 나가고 있다.

> 식민지적인 억압과 착취하에서 이러한 일이 어떻게 가능했는가. 식민지체제는 억압과 착취를 함과 동시에 식민지 개발을 위한 근대적 개혁도 단행했다. 식민지적 착취와 개발은 동전의 양면으로, 개발 없는 착취는 공공연한 고대 중세적 약탈일 뿐이다.
> _안병직, 1997, 51쪽.

처음에는 식민지 공업화가 훗날 자본주의 성공의 기반이 되었는지 여부에서 출발했지만, 지금은 일제시대 거의 전 분야에 걸쳐 논의가 진행되고 있다. 일제시대에만 시각이 고정된 것이 아니라 조선 후기로부터 일제시대를 거쳐 현재에 이르는 전 과정의 성격 규정에까지 나아가고 있다. 이 두 시각을 간단히 대비한 글을 보겠다.

> 식민지수탈론에서는 먼저 개항 이전의 조선사회가 정체된 사회가 아니라 자본주의 맹아가 발생하는 등 역동적 사회였음을 주목한다. 그리하여 외래 자본주의의 영향이 없었다 해도 자주적 근대화를 달성할 수 있었던 것으로 간주한다.
> 그러나 자주적 근대화의 가능성은 일제의 지배로 인하여 압살되었다고 한다. 일제의 민족 차별과 수탈로 인하여 생산력 발전은 제약되고, 성장의 과실은 일본으로 유출되었다. 그 결과 일본의 이식 자본주의 경제는 발전한 반면 민족 경제권은 왜곡·축소되었다. 이 같은 조건에서 대다수 한인은 정치적 굴종과 경제적 몰락을 강요당했다. 따라서 식민지 지배체제를 타도하지 않고서는 근대화는커녕 민족의 생존조차 보존할 수 없는 지경에 이른 것으로 여겨졌다. 이런 점에서 민족운동은 역사발전의 동력으로 평가·부

각되었다.

한편 식민지 지배의 유산은 오늘날에 이르기까지 심대한 악영향을 끼친 것으로 평가되었다. 민족 분단은 말할 것도 없고 정치의 파행과 경제의 종속, 그리고 사대주의적 문화의 이면에는 식민지 지배의 부정적 유산이 작동한다는 것이다.

이 같은 근대사상近代史像은 한국사회의 민족 자존 의식과 반일주의적 정서에 기초해 근 30년간 역사학계에서 지배적 위치를 점해왔으며, 제국주의론·종속이론에 의해 이론적으로 정치화精緻化되었다. 그리고 교과서나 일반 역사서에 반영되어 국민에게 교육되고, 그 민족주의적 특성 때문에 정권과 변혁운동 양대 세력에 의해 동원의 논리로 활용되곤 했다.

최근 식민지수탈론의 전제는 국외는 물론 국내에서도 도전받고 있다. 도전의 바람은 1980년대부터 해외에서 불기 시작하여 국내로 확산되었다. 식민지수탈론에 대한 비판적 연구들도 다양한 편차가 있지만, 공통된 주장은 다음과 같다.

먼저 조선사회의 자생적 자본주의화의 가능성을 부정한다. 한국 근대는 서구 근대의 수용·이식을 통하여 비로소 발전 계기를 맞이했다는 것이다. 즉 식민지수탈론이 전제하는 자본주의 맹아론을 근저에서 부정한다.

반면 이들은 식민지 개발자로서의 일제를 주목할 것을 요구한다. 일제는 사회간접시설을 건설하고 근대적 제도를 도입·보급함으로써 식민지를 개발했고, 한인도 일제의 개발에 자극받아 자기성장을 도모했다고 주장한다. 일제의 식민지 개발과 한인의 자기개발로 식민지 한국사회는 세계에서도 유례를 찾기 힘든 고도성장을 경험했다는 것이다. 이는 식민지 상태에서도 주체적 경제발전이 가능하다는 것을 암시하는 것으로 민족해방 없이는 민족경제의 예속과 파괴가 심화될 수밖에 없다는 식민지수탈론의 입장과 배치된다.

한편 식민지기의 개발 경험과 성과는 1960~70년대 경제발전의 역사적 기반이 되었다고 한다. 해방 후 경제성장 모델은 식민지기 일제의 산업화 모델과 유사하며, 이때 경험을 축적한 한국인이 해방 후 경제성장의 인적 자산이 되었다는 것이다. 이런 점에서 식민지 개발과 해방 후 발전 사이에는 단절적 측면보다는 연속적 측면이 강하다고 주장한다. 이 주장은 식민지 지배가 해방 후 경제적 종속과 저개발의 역사적 원인이 되었다는 식민지수탈론의 역사상을 부정하는 것이다.

이 같은 근대사상은 식민지근대화론으로 통칭된다. 식민지근대화론은 역사발전의 지표를 한결같이 자본주의적 경제성장에서 찾는다. 그리고 근대로의 이행 발전의 기본 동력을 한국사회 내부에서가 아니라 외부에서 찾고, 그 외부를 일제의 식민지배와 미국의 경제원조에서 발견한다.

_정연태, 356~358쪽.

　양자는 근대 자본주의의 개념을 정의하는 데서부터 차이를 드러낸다. 식민지수탈론에서는 시장 중심의 상업 발달을 중심으로 다루면서 국민국가의 수립, 시민사회의 성립 등과 같은 비경제적 요소도 고려하고 있다. 반면에 식민지근대화론에서는 생산 중심의 산업화(공업화)를 근본적인 것으로 보면서 이것은 외부로부터의 이식이 불가피했다고 생각한다. 따라서 조선 후기에 자생적인 자본주의가 발생할 수 없었으며, 토지조사사업(1910년대), 산미증식계획(1920년대), 전시 공업화(1930년대 이후)가 근대화의 토대가 되었다고 한다. 역사 해석에서 내인론과 외인론의 대결이라 할 수 있다.

　2004년 후반기에는 〈교수신문〉에서 고종시대에 대한 평가를 둘러싸고 지상紙上 논쟁이 벌어졌다. 일제시대 직전인 이 시대를 어떻게 규정하느냐 하는 것이 관건이 되기 때문이었다. 전자의 입장에 있는 한국사학자들은 고종을 영조와 정조를 계승한 근대 지향적 계몽 군주로 파악한 데 비해서, 후자의 입장에 있는 경제사학자들은 중화론과 성리학에 충실한 전통적 군주로 파악했다. 또 대한제국의 근대성 문제에 대해서도 전자는 대한제국이 식산흥업정책으로 근대화에 큰 성과를 거두었으나 일본정부의 방해로 좌절되었다고 본 반면에, 후자는 지대地代 수입에 기반을 두고 왕실과 정부 재정을 구분하지 않은 전근대체제였던 것으로 보았다.

　일제시대에 대한 중요한 논쟁의 하나는 토지조사사업(1910~18)의 성격이다. 전자는 이 사업을 통해 토지의 불법적인 약탈이 진행되고 농민의 지세부담이 가중되었다고 파악하는 반면에, 후자는 이를 계기로 근대적 소유권과 근대적 지세제도가 확립되었던 것으로 본다. 다음 글은 두 주장을 대비한 것이다.

　　조사사업을 보는 기존의 두 입장에는 해결되지 않은 의문이 남아 있다. 우선, 수탈론에서는 조사사업을 통해 전국토의 약 40~50퍼센트가 수탈되었고 지세개정이나 다른 조세정책을 통해 식민지 기간 조선재정에서 일본(인)으로 조세의 81퍼센트나 유출되었다고 한다. 이런 엄청난 규모의 수탈이 현실적으로 어떻게 가능했는지도 의문이지만, 만약 이것이 사실이라면 이는 조선 민중은 대부분 피해자였고 식민지시대에 경제적 이익을 본 사람은 거의 없다는 함의를 갖게 된다. 그렇다면 1920년대 이후 이런 직접적이고 노골적인 수탈 속에서 어떻게 식민통치가 커다란 저항 없이 진행될 수 있었는가에 대해 수탈론은 답을 제시해야 한다. 반면에 근대화론은 일제가 '영구합병'이라는 목적을 위해 경제적 이익을 양보했기 때문에 조사사업이 비수탈적이고 근대적일 수 있음을 주장하는데, 왜 일제가 경제적 이익의 양보를 감수하면서까지 영구병합이라는 목적하에 조선의 식민지화를 추진했는지 답을 줄 수 있어야 한다.

_김동노, 116~117쪽.

이 논의는 대한제국 시기 광무양전사업光武量田事業(1898~1904)의 성격 규정과도 연계되어 있다. 전자는 양안에 기록된 기주起主(지주)를 실제 토지소유자로 파악하고 이를 전제로 하여 광무양전사업은 일제의 토지조사사업과 성격이 동일한 것으로 이해한다. 반면에 후자는 이 기록만으로는 실제 토지소유자를 파악할 수 없다고 생각한다. 실제로 노비, 나이 어린 자식, 죽은 선조 등의 이름이 올라 있는 경우가 있다. 필지별 토지 파악에는 상당한 정확성을 보이면서도 이렇게 소유권자에 대한 파악이 철저하지 못했던 것은 전근대적이기 때문이라는 것이다. 따라서 전자는 근대적 토지소유권은 토지조사사업으로 재확인된 것에 불과하다고 보지만, 후자는 토지조사사업에 의해서 처음으로 확립된 것으로 파악한다.

이처럼 사적 토지소유권의 확립 시기가 중요한 논쟁점이 되는데, 이에 대해서 근본적으로 회의를 제기한 견해도 있다.

우선 필자로서는 근대적 개혁의 본질이 지주-부르주아가 사적 소유권의 '법제화'를 통해 절대적 사유를 확립한 데 있다는 주장이 타당할지 다소 회의적이고 또 실질적인 사적 소유(조선 후기에도 있었던)와 근대법적 인정 간의 차이가 그렇게까지 본질적인 것인가도 근대사의 상을 어떻게 그리느냐에 따라 다르게 볼 수 있다고 생각한다.

_유재건, 64쪽.

다음으로, 일제시대의 경제발전 여부도 핵심적인 논쟁 대상이다. 2006년에 간행된 낙성대경제연구소 측의 연구 성과에서 다음과 같이 서술했다.

본서의 추계 결과 중 몇 가지를 예시하면, 1911~40년간 연평균 경제성장률은 3.7퍼센트, 인구 증가율은 1.3퍼센트로 나왔다. 광공업과 전기 건설업의 성장(연평균 성장률 9퍼센트)이 이를 주도했고, 서비스업(5퍼센트)이 그 뒤를 이었다. 그 결과 구조변화도 빨랐다. 농업은 이 시기 68퍼센트에서 41퍼센트로 비중이 낮아진 반면, 광공업은 5퍼센트에서 19퍼센트로 높아졌다. 지출 면에서는 무역과 함께 투자의 증가가 성장을 주도한 것으로 나타났다. 무역 의존도는 초기의 20퍼센트에서 1930년대 말에 60퍼센트에 달했고, 투자율도 같은 시기에 5퍼센트에서 14퍼센트로 높아졌다. 민간 소비지출은 연평균 3.3퍼센트로 증가했는데, 인구증가를 감안한 1인당 증가율은 1.9퍼센트로 추계되었다. 곡물 소비는 약간 감소했지만, 여타 음식물과 공업제품 등의 소비가 늘어난 것으로 나타났다.

이러한 성장과 구조변화는 한국의 고도 성장기에 비하면 그 속도가 느렸지만, 당시 다른 지역에 비하면 상당히 빠른 편이었다. 조선 후기에 관해서는 이와 같은 수준의 추계를 기대할 수는 없지만, 지금까지 드러난 지표로 보는 한 19세기의 조선경제는 정체되어 있었던 것으로 보인다. 1인당 소득이 지속적으로 늘어나는 현상을 근대적 경제성장이라 이해한다면, 식민지기 또는 그 직전의 어느 시기부터 근대적 경제성장이 시작한 것으로 생각된다. 〔중략〕 그런데 식민지기의 추계치 속에는 조선 거주 일본인의 경제활동이 포함되어 있음에 유의할 필요가 있다. 〔중략〕 이 시기에 민족 간·계층 간 소득 격차가 벌어져 불평등이 심해졌지만, 조선인의 1인당 평균 소득은 늘어난 것으로 추론된다. 즉 조선인에 한정할 경우 성장과 구조변화의 속도가 위에서 제시한 수치보다는 느려지겠지만, 조선인 또한 이러한 변화 과정에서 예외로 남겨진 것은 아니었다.

_김낙년, 머리말 vi~vii쪽.

이러한 성장은 조선 후기의 상황에서는 불가능한 것이었고, 식민지 개발을 위한 새로운 제도의 도입으로서만 가능했던 것으로 보고 있다. 그림3-5 이 주장에 대해서 민족별 경제적 불평등을 규명해내야 한다는 반론이 제기되었다.

일제시대 조선에는 개발이라는

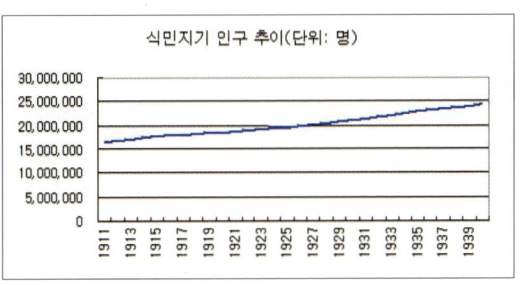

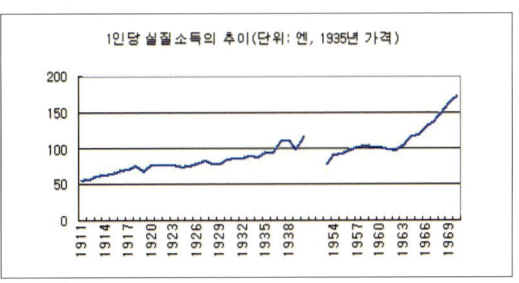

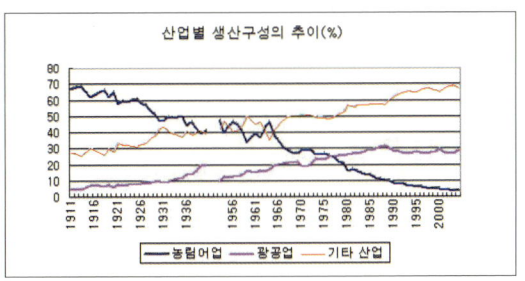

그림 3-5 주요 통계 자료 (김낙년 교수 제공)

현상이 존재했던 것이 분명하지만 조선인에게는 개발다운 개발은 없었고, 해방과 더불어 그간 이룩했던 개발의 유산마저 현저히 축소되어버림으로써, 메디슨의 추계에서 보았던 것처럼 조선의 1인당 국내총생산이 일제 초기에 비해 오히려 더 낮아져버리는 그런 상태가 바로 '개발 없는 개발'이 아니고 무엇이겠는가?

_허수열, 339~340쪽.

이와 달리 앞의 책에서는 일제시대에 민족 간·계층 간 소득분배가 불평등해졌지만, 이 현상은 일제의 착취 때문이 아니라 근대적 경제성장의 초기단계에서 일반적으로 나타나는 것이라고 설명했다(김낙년, 324~325쪽).

이 밖에 1인당 쌀 소비량이 1910년에 약 0.71석에서 1944년에 0.56석으로 감소했다는 지적(권태억)도 있다. "조선의 1인당 미곡 소비량은 일제 초에서 1936년까지는 감소 또는 정체 경향이 있고, 1937년에서 1941년까지는 0.7석 이상으로 올라가지만 1942년 이후에는 다시 큰 폭으로 떨어져 감소하고 있다"(허수열, 270쪽)고 한다. 이것은 생활수준의 전반적인 저하를 반영하는 것이다.

또 민족해방운동은 어떻게 평가해야 하는가? 친일 매판자본을 긍정적으로 평가해야 하는가 하는 반문(주종환)도 있다. 그러나 식민지근대화론에 대해서 체계적인 통계자료를 가지고 반박할 만한 준비가 되어 있지는 못하다. 다만 식민지근대화론은 경제적 측면만 바라보는 데 비해서 식민지수탈론은 경제와 정치는 분리할 수 없다는 생각을 견지하는 차이가 있을 뿐이다.

1960년대부터의 고도성장에 대한 배경 설명에서도 양자가 대립한다. 식민지근대화론에서는 일제시대의 경제성장이 고도성장의 주된 기반이 되었다고 보았다. 비록 한국전쟁으로 많은 시설이 파괴되었지만 항만이나 철도 등은 성장의 중요한 토대가 되었다는 것이다. 고도성장은 자생적인 것이 아니고 게다가 민족해방운동(독립운동)을 담당했던 민족세력이 주체가 되지도 않았으며, 오히려 박정희와 같은 친일세력을 중심으로 이루어졌다고 지적한다. 이에 따라 카터 에커트는 박정희를 '식민지시대의 살아 있는 유산'이라 평가했다. 반면에 식민지수탈론에서는 고도성장과 일제시대의 연관성을 부정한다. 일제시대와 1960년대 사이에는 15년간의 공백이 있을 뿐 아니라 해방과 전쟁이라는 단절적 요인이 큰데 일제시대의 물적·인적 기반을 그대로 연결시킬 수 있느냐 하는 의문을 제기하고, 자본가 그룹은 1960년대 이후 새로 탄생한 것으로서 일제시대와 무관하다고 본다. "더욱 놀라운 것은, 해방 후가 되면 일제시대의 그 급속했던 개발의 결과물들이 마치 신기루처럼 사라져버리고 한국은 다시 세계에서 가장 가난한 농업국의 하나로 남겨지게 되었다는 점이다"(허수열, 333쪽)라고도 지적한다.

이상의 대립되는 근현대 역사상을 어떻게 이해해야 할 것인가? 먼저 식민지수탈론은 그동안 선험적인 경험을 바탕으로 논지를 전개해왔을 뿐이지 이를 증빙할 만한 통계자료 제시가 미흡했다는 비판을 면하기 어렵다. 식민지근대화론이 실제 논거 중심인 데 비해서 식민지수탈론은 명분론 중심이어서, 수탈의 실상을 생생히 밝혀줄 실증적인 연구가 미흡한 것이다.

조선 후기에 성장했다는 자본주의의 싹이 어느 정도이기에 개항 이후 외세침탈에 제대로 대응하지 못했는가 하는 점도 밝혀져야 한다. 또 일제시대를 수탈과 저항이란 관점에서만 바라봄으로써 무자비한 폭력과 수탈을 일삼는 일제와 그것에 시달리는 수동적인 한국인만 부각돼 그 이전까지 서술되어 오던 능동적인 한국인의 모습이 사라지고 말았다는 비판도 제기될 수 있다(이홍락). 일부 연구자는 민족 해방론 만능주의에 빠져 있는 역사 인식틀에서 벗어나지 못하고 있다.

다음으로 식민지근대화론에 대해서는, 인간이나 민족이 빠진 경제만의 논리가 과연 역사학에서 가능한 것인가 하는 의문을 제기할 수 있다. 박정희와 전두환시대는 민주주의란 측면에서는 암울했지만 경제적으로는 발전과 호황을 누렸다. 이 시기를 어떻게 평가할 것인가 하는 점이다. 해방 이후 근대화의 과제가 경제적으로는 자본주의화고 정치적으로는 민주화였다고 한다면, 식민지근대화론은 경제발전 만능주의로 빠질 위험성을 내포하고 있고, 자본주의에 대한 비판적 시각을 가지기도 어려울 것이다. 일제시대에 정치적 민주주의가 보장되지 않은 것은 식민지 민중에 대한 자본주의적 잉여 수취가 노골적으로 보장되었음을 의미하며, 경제발전도 식민지 모국의 이해관계를 반영할 수밖에 없다는 지적(조석곤)도 곱씹어볼 만하다.

일제시대의 경제발전이 과연 누구를 위한 것이냐도 아직은 의문이다. 일본인의 몫을 제외한다 해도 경제적으로 발전한 것이 분명하다고 주장하고 있지만, 자료 분리가 어려워 아직은 민족별 불평등에 대한 실증적인 연구가 진행되지 않고 있다. 민족별 생산수단의 소유와 소득분배가 극단적으로 불평등했다는 주장도 제기되었다. 그림3-6 남북 분단으로 일제시대의 공간적 범위와 남한의 공간적 범위가 다른데 이를 등치시킬 수 있는가 하는 점도 문제로 지적된다. 더구나 동일하게 일제시대의 유산을 물려받은 남북한이 전혀 다른 경제 상황에 처해 있는 것을 합리적으로 설명해야 하는 부담도 안고 있다.

식민지시대의 개발과 1960년대 이후 한국의 경제성장을 직접 연관시키는 방식에는 논리적으로 빠진 고리가 있는 듯하다. 이 연관이 왜 '필연적'인지 이해하기 어렵다는

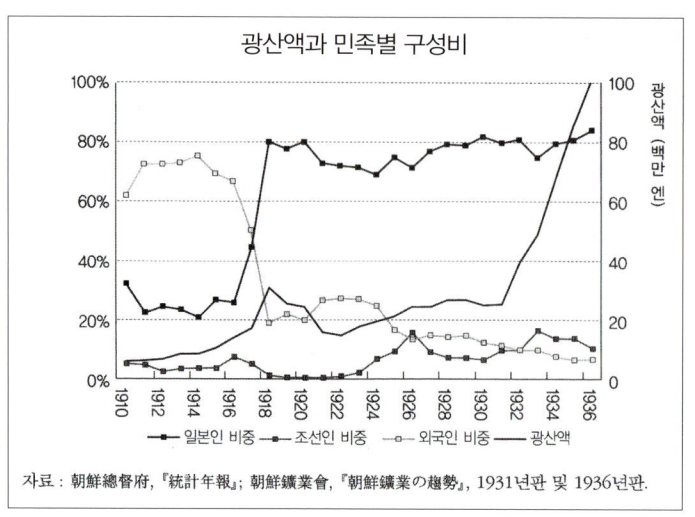

그림 3-6 광산의 민족별 구성비
(허수열, 293쪽)

것이다. 논리상으로는 식민지시대에 지독하게 저개발 상태였다가 새로운 계기가 주어져 경제성장을 했다 해도 역사에서 내적 연속성을 부정하는 것은 아닐 것이다. 1970년대 이후 북한경제의 침체와 최근의 식량난의 '내적 조건'을 설명하려 할 경우 필연적으로 식민지시대의 경험과 마주해 설명할 필요가 있을지 의심스럽습니다.

_유재건, 61쪽.

아울러 식민지근대화론은 일본의 식민지 지배와 침략적 민족주의를 긍정하지 않는 것을 분명히 밝히고 있지만, 그럼에도 불구하고 일본의 식민지 미화론자의 논리에 이용될 위험성을 내포하고 있는 것도 사실이다.

두 가지 견해가 상호 비판과 토론을 거치면서 양자의 문제점도 함께 드러나게 되었다. 일제시대를 민족 해방의 관점에서만 파악할 수도 없고, 그렇다고 자본주의 발전에 대한 긍정적 평가를 토대로 과거를 재단할 수도 없다. 이에 따라 양자를 넘어서는 새로운 근대사 연구가 모색되고 있기도 하다.

3. 한국사의 특수성과 보편성—미국과 한국

일본의 한국사 인식이 정체성이나 타율성과 같은 특수성 또는 외인론의 측면에 경도되어 있던 것을 극복하기 위해서 국내 학계는 한국사의 보편성 또는 내인론의 시각에서 역사 해석을 시도해왔다. 북한의 주체사관도 물론 초기에는 마르크스주의에 입각하여 보편성과 내인론을 통해 역사를 해석했다. 이에 대하여 미국의 한국사학계에서 반론이 제기되었다.

제임스 팔레James B. Palais(1938~2006)는 일제 식민주의사관을 극복하기 위해서 한국사의 보편성 및 중국 문화에 대한 한국 문화의 독립성을 강조해왔는데, 실제로 한국사의 특징은 특수성에 있다는 것이다. 미주 연구자들은 중국이나 일본과 무엇이 다른가 하는 점이 주된 관심사였다. 이것은 미주에서 한국을 중국의 아류로 다루는 데 대한 반론적 성격도 띠고 있다. 이에 따라 한국사의 특수성이 부각되었던 것이다.

그가 제시한 한국사의 특수성은 다섯 가지다. 첫째는 고려시대와 조선시대는 노예사회Slave Society로서 이러한 현상은 아시아의 다른 국가에서는 찾아볼 수 없는 가장 독특한 측면이라고 주장한다. 조선의 노비는 전체 인구의 30퍼센트에 달하여 고대 그리스나 로마제국 수준이었다고 한다. 그런데도 한국과 일본 학자들이 고려나 조선을 노예사회로 부르지 않는 것은 역사의 후진성을 인정하게 된다는 당혹스러움 때문이라 비판했다.

둘째는 조선시대 양반이 귀족적인 성격을 띠고 있다는 점이다. 한국 학계에서는 신라 지배층과 고려 지배층을 귀족aristocracy이라 부르지만, 실제로는 조선시대 양반이 귀족에 속한다고 팔레는 주장한다. 조선시대 양반은 관직의 소유 여부가 중요한 것이 아니라고 하면서 세습적인 성격을 띠고 있는 신분 엘리트status elite라는 에드워드 와그너의 주장에서 영향을 받은 것이다. 이것은 조선시대를 양반 관료제 사회로 보는 국내 학계와 사뭇 다르다.

셋째는 세습적인 당파주의Hereditary Factionalism를 꼽았다. 팔레는 1575년에 당파주의가 형성되어 1680년 이후 극성기를 이루면서 300년간 지속되었다고 하면서, 중국에서는 이처럼 수백 년이나 지속되는 세습적인 당파주의는 없었다고 지적한다.

넷째는 왕권의 취약성Weakness of Absolute Monarchs이다. 양반이 강력했던 데 비해서 상대적으로 왕권은 취약했다고 본다. 고려시대에 비해서 조선시대에 왕권이 강화되기는 했지만, 그래도 취약한 편이었다. 중국에서는 명·청대에 황제 권력이 극대화되었고, 일본에서는 천황 권력이 약화되었지만 그 대신에 지방분권화된 군정사회military society가 진행되었던 데 비해서, 한국에서는 중앙집권화가 지속되면서도 왕권은 취약한 특징을 가졌다고 한다.

다섯째는 각 왕조의 장수와 안정Longevity and Stability of Dynasties을 들었다. 중국의 왕조는 200~300년 정도 지속되었지만, 고려와 조선은 각각 500년간 지속되었고 신라도 그 이상 유지되었다. 팔레는 이것이 내부적으로 세습적인 가문의 독점에 기인하는 것이라고 주장한다. 또 외부적으로 중국세력이 강력했을 때에는 중국이 이민족세력에 대해서 한반도의 보호자 역할을 했고, 이민족세력이 강력했을 때에는 이민족이 한반도보다 중원에 관심을 기울여 피해를 입지 않았다는 것이다. 따라서 한반도의 지리적 여건은 치명적인 것이 아니라 오히려 긍정적 역할을 했다고 한다.

팔레는 특히 조선시대가 매우 안정된 사회였던 점을 강조한다. 이것은 조선사회를 변화와 역동의 시대로 보는 국내학계와 상반된다. 그는 조선 후기에 자본주의가 싹트기 시작했다는 주장에도 찬성하지 않는다. 결국 한국 자본주의의 기원은 일제시대에 있었다는 카터 에커트의 말처럼 식민지근대화론의 논리와 동일한 결론을 얻게 될 것이다. 팔레는 한국사에서의 내재적 변화보다 서양의 충격에 의한 근대화론을 지지하기 때문이다.

제임스 팔레의 견해는 홀로 제기된 것이 아니라 에드워드 와그너Edward W. Wagner, 마르티나 도이힐러Martina Deuchler, 카터 에커트 등 하버드대학 출신의 구미학계 연구자들이 공유하고 있는 것이기도 하다. 도이힐러 교수가 1995년에 강연한 내용을 보면 이를 이해할 수 있다.

> 조선사회를 보는 핵심적인 두 개념은 폐쇄적인 세습귀족(즉 양반)과 노비제도였다. 조선사회는 수백 개의 친족 집단이 최상층을 독과점하는 폐쇄적인 구조로서, 여말선초에 수입된 성리학이 가부장적 족적 질서를 강화하는 역할을 했다. 이들 양반 엘리트가 명·청대 강남 지역의 중국 신사 층과 다른 점은 상대적으로 훨씬 폐쇄적이고, 경제력보다는 관직 보유에 전력을 쏟았다는 점이다.
>
> 조선사회를 지탱하는 또 하나의 축인 노비계급은 전 인구의 30퍼센트에 달했다. 혈통에 기초한 신분 이데올로기가 노비제도를 반영구화하는 작용을 했다. 이는 조선 특유의 현상으로서, 헤이안시대의 일본이나 명·청대의 중국이 반계약적인 지주-전호 관계로 변화한 것과 결정적인 차이를 갖는다. 사회관습을 통해 반상의 차별, 양천의 차별이 철저히 관철됨으로써 중국의 당나라와 같은 '카스트적 폐쇄구조'를 형성했다. 조선 후기에 오면 몰락 양반의 등장, 납속제 등의 현상이 나타나기 했지만 폐쇄적인 양반사회의 구조를 깨뜨리진 못했다.

_박찬승, 403쪽.

4. 가야와 임나―한국과 일본

지금까지 역사적 관점을 다루었다고 한다면 이제는 역사적 사실의 문제다. 경상도 남부에 위치해 있던 고대국가들을 우리는 가야로 기억하지만, 일본인은 임나任那(일본의 미마나)로 배워왔다. 가야가 일본 교과서와 역사부도에 임나로 서술되어 있기 때문이다. 그림3-7, 그림3-8 동일한 실체를 두고 명칭만 다른 것이 아니라 그 성격 규정도 달리 한다.

임나 기록을 토대로 제기된 것이 임나일본부설任那日本府說이다. 왜가 4세기 중엽에 가야 지역을 정벌하여 임나일본부라는 통치기관을 설치하고 6세기 중엽까지 200년간 한반도 남부를 경영했다는 것이다. 일제시대에 조선에 총독부를 두었듯이 고대에 임나(가야)에 일본부를 두어 지배했다고 한다. 이것은 200년에 진구황후神功皇后가 남장을 하고 신라를 정벌했다는 전설과 함께 일제시대 식민통치의 중요한 역사적 근거가 되었다.

이 방면의 연구는 17세기 초 에도시대부터 시작되어 일제시대에 스에마쓰 야스카즈末松保和가 학문적 체계를 완성했고, 그 결과는 《임나흥망사任那興亡史》(1949)로 출간되었다. 이 책에서는 임나의 영역을 충청도 지방까지 크게 확대해놓았다.

사실 우리의 《삼국사기》에 비교할 수 있는 《일본서기》에는 임나 관계 기록이 모두 68군데가 나온다. 《일본서기》의 초기 연대는 믿을 수 없다는 것이 정설인데, 기록 그대로 따른다면 기원전 33년부터 기원후 646년까지 임나가 등장한다. 임나가 삼국의 건국 무렵부터 한반도를 지배했다는 얘기가 된다. 562년 대가야의 멸망에 대한 기록을 보자.

> 23년(562) 춘정월, 신라가 임나관가任那官家를 공격하여 궤멸시켰다. 〈어느 책에는 "21년 임나가 멸망했다. 전체로 말할 때는 임나라 하고 각각 말할 때는 가라국, 안라국, 사이기국, 다라국, 졸마국, 고차국, 자타국, 산반하국, 걸손국, 임례국 도합 10국이다"라고 했다.〉
>
> _《일본서기》 권19, 긴메이천황欽明天

23년(562) [중략] 9월에 가야가 반란을 일으켰으므로 왕이 이사부에 명하여 토벌케 했는데, 사다함斯多含이 부장副將이 되었다. 사다함은 5천 명의 기병을 이끌고 앞서 달려가 전단문栴檀門에 들어가 흰 깃발을 세우니 성 안의 사람들이 두려워 어찌할 바를 몰랐다. 이사부가 군사를 이끌고 거기에 다다르자 일시에 모두 항복했다. 전공을 논함에 사다함이 으뜸이었으므로, 왕이 좋은 토지와 포로 200명을 상으로 주었으나 사다함이

그림 3-7 《고등학교 역사부도》 금성출판사, 9쪽

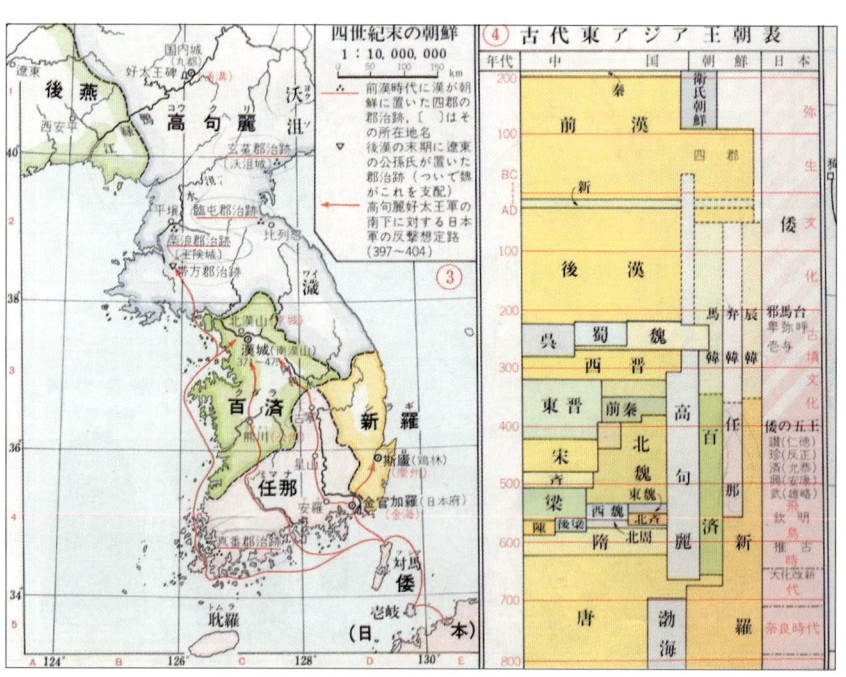

그림 3-8 《표준 일본사 지도》 吉川弘文館, 4쪽

세 번이나 사양했다. 왕이 굳이 주므로 이에 받아 포로는 풀어 양인이 되게 하고 토지는 군사들에게 나누어주니, 나라 사람들이 그것을 아름답게 여겼다.

_《삼국사기》 권4, 진흥왕.

이처럼 양국의 역사서에 임나와 가야로 각각 등장한다. 이것은 일단 일방적인 기록이니 제외한다 하더라도 한반도 기록에도 임나가 일부 등장한다. 먼저, 광개토왕릉 비문이다.

10년(400) 경자년에 왕이 보병과 기병 도합 5만 명을 보내어 신라를 구원하게 했다. 남거성男居城을 거쳐 신라성에 이르니, 그곳에 왜군이 가득했다. 관군이 막 도착하니 왜적이 퇴각했다. 그 뒤를 급히 추격하여 임나가라의 종발성從拔城에 이르니 성이 곧 항복했다.

왜가 신라 수도에 가득했다는 말과 함께 임나가라 지역이 등장한다. 이 임나가라는 김해인지 고령인지 의견이 다르다. 그 밖에 《삼국사기》에 외교 문장으로 유명했던 강수強首가 임나가라인任那加良人이라 했고, 진경대사비眞鏡大師碑에는 대사의 조상이 임나 왕족이었다고 써 있다.

상기 인용문을 보면 4세기 말에서 5세기 초에 한반도에 왜가 크게 활동했던 것처럼 느껴지는데, 이런 것을 전제로 하여 이른바 광개토왕 비문의 신묘년 기사도 임나일본부설의 근거가 되었다.

백잔百殘(백제)과 신라는 옛날부터 고구려 속민으로서 조공을 해왔다. 그런데 왜가 신묘년(391)에 건너와 백잔 (판독불가) 신라 (판독불가) 하여 신민으로 삼았다.

백제와 신라는 고구려에 조공을 바치는 국가였는데 왜가 건너와서 백제, 가야, 신라를 쳐서 신하로 삼았다고 해석하면, 왜가 한반도 남부를 지배한 것으로 이해할 수 있다. 문제는 중요한 구절의 글자를 판독할 수 없다는 점이다.

여기에 1883년 이후 일본참모본부가 광개토왕릉 비문을 위조했다는 설까지 더해져 문제가 더 복잡하게 되었다. 이리하여 되도록이면 위조했다는 시기보다 앞서는 탁본 자료를 찾으려 노력하고 있다.

아무튼 비문만 보면 왜가 한반도 남부에서 크게 활동했던 것처럼 되어 있다. 고구려와 신라의 연합이 백제와 왜의 연합과 대결하는 세력구도를 보여주고 있다. 이 비문을 일본

연구자들이 임나일본부의 중요한 근거로 삼음으로써 과거에는 한국 학자보다 더 많은 연구를 하고 더 중시해왔던 것이 사실이다. 그런데 자세히 음미해보면 왜에 관한 기록들은 광개토왕이 군사를 동원해서 정벌을 단행하는 이유에 해당한다. 광개토왕의 공적을 더 크게 하기 위해서 상대방의 위세를 과장하지 않을 수 없었을 것이다. 이런 과정에서 왜의 실상이 과장되었을 가능성이 크다. 그러나 왜의 성격이 무엇이든지 간에 한반도에서 활동했던 사실만은 부정하기 어렵다.

그런데 우리 교과서에는 그러한 사실이 전혀 언급되어 있지 않다. 백제가 멸망한 직후인 663년에 백제 유민과 왜군 연합이 당나라 군대와 백강白江 입구에서 전투를 벌인 백강구 전투는 왜의 한반도 활동에 종지부를 찍은 사건으로 일본에서 중요하게 다루는 데 비해서 우리 역사서에는 왜병의 존재가 아예 무시되어 있다.

> 유인궤가 백강 입구에 왜병을 만나 네 번 싸워 이겨서 배 400척을 불태우니 연기와 불꽃이 하늘로 치솟았고 바닷물이 온통 붉게 되었으니 적 무리가 크게 무너져버렸다. 부여풍이 겨우 몸을 빼서 도망하여 그의 보검을 획득했다.
>
> _《구당서》 권84, 〈유인궤전〉.

여기서 한·일 간에 자존심 싸움을 엿볼 수 있다. 일본 연구자는 임나일본부 및 왜의 활동을 강조하고 있는 데 반하여, 한국 연구자는 이를 식민주의사관이라 하여 한반도에서의 왜 활동을 도외시하고 그 대신에 삼국이 일본 열도에 문물을 전수해준 점을 크게 강조하고 있다.

우리나라에서는 왕인 박사 축제를 열고 있는데, 오히려 일본에서 해야 할 일이다. 혜택을 받은 사람이 기억해야 할 일이기에, 왕인 박사는 우리나라 기록에 보이지 않고 일본 기록에만 나온다. 고려시대에 과거제도를 열게 해준 중국인 쌍기가 중국 기록에는 전혀 보이지 않고 우리 기록에만 등장하는 것과 마찬가지다. 그럼에도 우리가 왕인 박사를 크게 내세우는 정신적 배경이 무엇인지 생각해볼 일이다.

일본 후쿠오카 남쪽에 있는 다자이후太宰府에 가면 백제 망명 세력의 지도 아래 665년에 백제식으로 쌓은 오노죠大野城 산성이 있고, 평야에는 백제가 멸망한 뒤에 나당 연합군이 침입할 것에 대비하여 평지에 쌓은 토루인 미즈키水城가 있다. 그림3-9 이러한 역사적 전개를 알아야 부흥운동을 위해서 부여풍扶餘豊이 일본으로부터 돌아온 배경을 이해할 수 있다. 신라 왕자인 미사흔이 왜에 볼모로 간 사실을 보여주는 5세기 전반의 박제상 설화는 어떻게 이해해야 할 것인가?

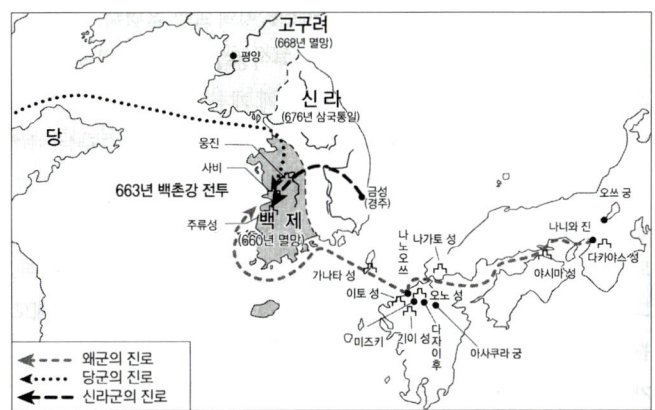

그림 3-9 왜의 활동 (《한일 교류의 역사》 62쪽)

개로왕이 임신한 부인을 동생에게 주어 일본으로 보냈는데 도중에 섬에서 아기를 낳았으니 이 사람이 바로 무령왕이다. 그의 이름인 사마斯麻도 섬을 가리키는 시마[島]란 말과 동일한 것으로 추정된다. 근래에 무령왕릉의 관을 조사했더니 일본에서 가져온, 수령이 300년 이상 된 금송金松으로 만든 것이 확인되었다.

금송은 일본에서만 자라는 나무인데, 특히 긴키近畿 등 일본 남부 지방에서 일부 계층만이 사용할 수 있던 귀한 관 재료였다고 한다. 이에 비해서 일본 국보 1호인 고류지廣隆寺 목조 미륵보살 반가사유상이 한반도에서 나는 적송赤松으로 만든 것이라는 사실은 흥미롭다. 이처럼 고대 한반도의 역사를 보면 일방적으로 왜에 문물을 전수해준 것만은 아니었다.

이러한 한·일 간의 역사 인식 차이는 다른 자료의 해석에도 영향을 주었다. 일본 이소노카미 신궁石上神宮에 전해지고 있는 칠지도七支刀 명문도 완전하게 판독이 되지는 않는데, 백제에서 왜에 전해진 것만은 분명하다.

> 태화 4년 5월 16일 병오일의 한낮에 백 번이나 단련한 철로 된 칠지도를 만들었다. 모든 병해兵害를 물리칠 수 있고 후왕侯王에게 주기에 알맞다. (판독불가)가 만든 것이다.
>
> 선세先世 이래 아직까지 이런 칼이 없었는데 백제 왕세자가 뜻하지 않게 성음聖音이 생긴 까닭에 왜왕을 위하여 정교하게 만들었으니 후세에 전하여 보이도록 할 것이다.

그런데 백제가 왜에 바친 것이냐 아니면 하사한 것이냐를 둘러싸고 한일 역사학자들 사

그림 3-10 전남 함평 신덕고분 (《호남 고고학의 성과》 123쪽)

그림 3-11 일본 사카이 닌토구천황릉

이에 논쟁점이 되어 있다. 이것은 당시 어느 나라의 위상이 높았느냐 하는 것과 관련되기 때문이다.

그런가 하면 제3자의 기록이라 할 수 있는 중국 《송서宋書》〈왜국전〉의 기록도 논란거리다.

> 왜국은 고구려 동남쪽 바다 가운데에 있으면서 대대로 조공을 바쳐왔다. [중략] 태조 원가 2년(425)에 찬讚이 또 사마조달을 보내서 표문을 받들어 방물을 바쳤다. 찬이 죽자 그 아우 진珍이 즉위했는데, 이때 또 사신을 보내서 공물을 바치고 스스로 일컫기를, '사지절使持節·도독왜백제신라임나진한모한육국제군사都督倭百濟新羅任那秦韓慕韓六國諸軍事·안동대장군安東大將軍·왜국왕'이라 하고 표문을 올려 벼슬을 제수해 주기를 요구했다. 이에 조서를 내려 안동장군 왜국왕으로만 삼았다.
>
> _《송서》 권97, 〈왜국전〉.

과연 왜의 요청대로 백제, 신라, 임나, 진한, 모한(마한) 지역의 군사를 통솔하는 권한을 왜왕이 가지고 있었는지 여부 때문에 논쟁이 되는 것이다. 여기에 더해 1980년대 이래 전라남도 일대에서 주로 발견되고 있는 장고분長鼓墳의 해석도 논란이 되고 있다. 장고분이란, 평면이 장구처럼 가운데가 잘록하게 생긴 무덤으로서 일본의 독특한 무덤으로 알려진 전방후원분前方後圓墳과 통하는 것이다. 그림3-10, 그림3-11

일제시대에 임나의 흔적을 찾기 위해서 경상도 지역을 뒤졌으나 오히려 전라남도 지역에서 일본과 유사한 고고학 유적들이 발견되기 시작한 것이다. 이에 따라 일본 전방후원분의 기원이 어디인지에 대해 일본 연구자는 그것이 일본에서 기원하여 한반도에 영향을 주었던 것으로 보았으니 《송서》에 기록된 모한(마한)이 바로 그 근거라는 것이다. 반면에 한국 연구자는 전방후원분이 한반도에서 기원하며 일본에 영향을 준 것이라 하여 정반대의 논리를 펴고 있다.

임나일본부설은 일제시대에 크게 주장되었지만 해방 이후에는 점차 변형, 축소되는 경향을 보인다. 지금에 와서는 임나 지배설을 비롯하여 가짜 왜인설, 외교 내지 교역기관에 불과했다는 설 등 다양한 견해가 한·일 역사학계에서 제시되고 있다.

사실 일본이란 국명은 가야가 멸망한 지 100년 정도가 지난 7세기 중엽부터 쓰였으므로 《일본서기》에 임나일본부, 안라일본부安羅日本府, 일본부 등이 등장하는 것은 사료에 심각한 결함이 있음을 반영한다. 또 일본 열도가 통일되지도 않은 상태에서 한반도를 지배할 수 있었다는 것은 앞뒤가 맞지 않는 것이기도 하다. 그럼에도 사료나 고고학 자료로 보건대 우리가 일본 열도로부터 영향을 받았던 것도 분명하다. 다만 그 실체가 무엇인지 아직까지는 제대로 밝혀져 있지 않았을 따름이다.

■ 참고 사이트와 문헌

낙성대경제연구소 : www.naksung.re.kr

강진철, 〈정체성 이론 비판〉《한국사시민강좌》1, 1987.

교수신문 기획 · 엮음,《고종황제 역사청문회》푸른역사, 2005.

김낙년 편,《한국의 경제 성장 1910~1945》서울대학교출판부, 2006.

김동노, 〈식민지시대의 근대적 수탈과 수탈을 통한 근대화〉《창작과비평》99, 1998년 봄호.

김은숙, 〈일본서기 임나 기사의 기초적 검토〉《한국사시민강좌》11, 1987.

김인걸, 〈1960, 70년대 '내재적 발전론'과 한국사학〉《한국사 인식과 역사이론》김용섭 교수 정년 기념 한국사학 논총 1, 지식산업사, 1997.

김태식, 〈임나일본부 논쟁사〉《한국 전근대사의 주요 쟁점》역사비평사, 2002.

김현구, 〈임나일본부 연구의 현황과 문제점〉《한국사 시민 강좌》11, 1987.

린형구, 〈북미 연구자들의 한국 역사학 인식〉《역사비평》66, 2004.

박찬승, 〈미국의 한국사 연구 동향〉《대동문화연구》32, 1997.

박태균,《원형과 변용: 한국 경제개발계획의 기원》서울대학교출판부, 2007.

브라이언 페이건 지음, 윤성옥 옮김,《기후는 역사를 어떻게 만들었는가 (소빙하기: 1300~1850)》중심, 2002.

서중석, 〈민족주의 사학의 논쟁〉《진단학보》80, 1995.

안병직, 〈한국에 있어서의 경제 발전과 근대사 연구〉《제38회 전국 역사학 대회 발표 요지》1995.

안병직, 〈한국 근현대사 연구의 새로운 패러다임 ― 경제사를 중심으로〉《창작과비평》98, 1997, 겨울호.

《위대한 수령 김일성 동지의 혁명 사상에 의한 민족 문화 유산 연구》사회과학출판사, 1972.

유재건, 〈식민지? 근대와 세계사적 시야의 모색〉《창작과비평》98, 1997, 겨울호.

이기백, 〈반도적 성격론 비판〉《한국사시민강좌》1, 1987.

이영훈 편,《수량 경제사로 다시 본 조선 후기》서울대학교출판부, 2004.

이영훈,《대한민국 이야기 ― '해방 전후사의 재인식' 강의》기파랑, 2007.

이태진, 〈당파성론 비판〉《한국사시민강좌》1, 1987.

이태진, 〈소빙기(1500~1750) 천변재이 연구와《조선왕조실록》―global history의 한 장〉《역사학보》149, 1996.

이홍락, 〈내재적 발전론 비판에 대한 반비판〉《역사비평》39, 1997.

전상인, 〈식민지근대화론에 대한 이해와 오해〉《동아시아 비평》창간호, 한림대학 아시아문화연구소, 1998.

정두희, 〈구미에서의 한국사 연구의 경향〉《구미 한국학 연구의 경향과 평가》서강대학교 인문과학연구소, 1996;《미국에서의 한국사 연구》국학자료원, 1999.

정연태, 〈'식민지근대화론' 논쟁의 비판과 신근대사론의 모색〉《창작과비평》103, 1999.

James B. Palais, A Search for Korean Uniqueness, *Harvard Journal of Asiatic Studies* 55, no.2, 1995

조석곤, 〈식민지근대화론과 내재적 발전론 재검토〉《동향과 전망》38, 1998, 여름호.

조석곤, 〈식민지근대화론 연구 성과의 비판적 수용을 위한 제언〉《역사비평》75, 2006, 여름호.

천관우, 〈조선 후기 실학의 개념 재검토〉연세대 제1회 실학공개강좌, 1967.

최영호Yong-ho Ch'oe, History in North Korea Its Role and Characteristics *Journal of East and West Studies* Vol. V-1, Yonsei University, 1979.

하타다 다카시旗田巍, 〈일본에 있어서의 한국사연구의 전통〉《한국사시민강좌》1, 1987.

한영우 외,《대한제국은 근대국가인가》푸른역사, 2006.

허수열,《개발 없는 개발 일제하—조선경제 개발의 현상과 본질》은행나무, 2005.

홍승기, 〈한국사연구에 보이는 구미학풍의 경향〉《진단학보》86, 1998.

| 제4장 |
중국의 동북공정과 한국사 체계

제4장
중국의 동북공정과 한국사 체계

2004년 8월, 동북공정으로 한참 시끄러울 때 아테네 올림픽에서 한국 여자 양궁팀이 중국을 아슬아슬하게 누르고 우승을 차지했다. 이때 〈서울신문〉에서는 홍미로운 제목을 뽑았으니, '고주몽의 딸들 中 도전 눌렀다'였다. 그림4-1 고구려 시조의 이름인 주몽은 '활을 잘 쏘는 사람'이란 뜻이다. 그래서 한국 낭자들을 '고주몽의 딸들'이라 표현했다. 중국의 도전을 눌렀다는 것은 양궁만 염두에 둔 것이 아니라 고구려를 빼앗으려는 동북공정을 누르고 싶은 심정도 표출한 것이다. 거대한 중국을 제압하고 싶은 마음은 앞으로 시간이 흐를수록 더욱 간절해질 것이다.

중국의 경제가 급속히 발전하고 있지만 빈부의 격차와 지역적 격차가 크게 벌어짐으로써 사회적 불안 요소가 되고 있다. 이에 따라 경제발전의 속도를 조절하는 조치를 취하기도 하고, 특정 지역을 집중 개발하는 정책을 추진하기도 한다. 동서부의 경제적 불균형을 해소하기 위해 1999년부터 시작된 서부 대개발은 후자의 대표적인 사례다. 그 주된 내용은 철도와 도로 공사, 천연가스 파이프라인 건설, 수리시설 개발, 식수 사업, 화학비료 건설사업, 고등교육시설 건설 등 다양하다.

중국은 동북지역(만주)에 대해서도 '동북진흥정책〔振興東北老工業基地〕'을 추진했다. 이곳은 곡창지대로서 식량 생산기지 역할을 하면서도 자연자원이 풍부하여 중공업이 발달했지만, 설비가 노후되고 국영기업이 많은 비중을 차지함에 따라 최근에는 경제발전에서 뒤처지기 시작했다. 이런 배경에서 새로운 정책이 추진된 것이다.

그런데 이런 지역개발정책과 보조를 맞추어 정부에서는 민족주의, 국가주의를 고양시

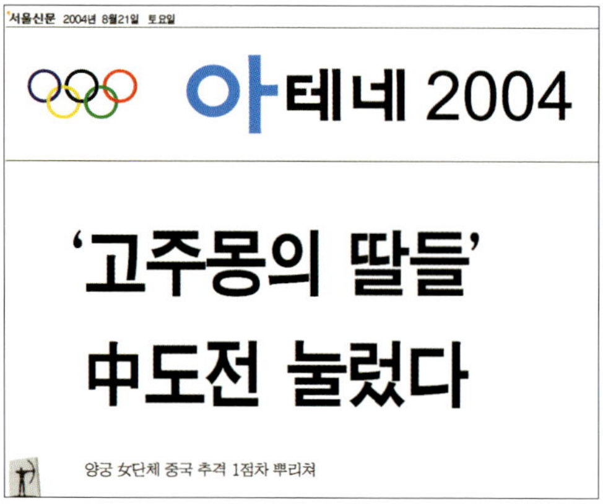
서울신문 2004년 8월21일 토요일

아테네 2004

'고주몽의 딸들' 中도전 눌렀다

양궁 女단체 중국 추격 1점차 뿌리쳐

그림 4-1 올림픽 기사와 고주몽(〈서울신문〉 2004. 8. 21)

키는 국가적 사업도 병행했다. 중국 역사의 시작을 찾아내는 '하상주단대공정夏商周斷代工程'이나 '중화문명탐원공정中華文明探源工程'이 대표적인 것이다. 이와 함께 분리 독립을 내세울 위험성이 있는 지역의 역사를 자신의 방식대로 정리하는 사업도 시작했으니, '동북공정東北工程'이나 '신장공정新疆工程'이 그런 것들이다. 2007년 초에는 타이완이 중국의 일부라는 사실을 입증하고, 이를 통해 타이완의 독립 움직임을 저지하기 위한 이론적 무기를 확보하기 위해서, 400년간의 타이완 역사 자료를 총 정리하는 사업을 시작했다는 기사가 실렸다(〈한겨레〉 2007. 1. 18).

이 가운데 한국 역사와 직접적으로 마찰을 빚게 된 것이 바로 동북공정이다. 따라서 이 사업에 대한 구체적인 내용, 추진 배경, 한국사와의 관련 문제 등을 심층적으로 검토해볼 필요가 있다.

1. 동북공정과 역사 인식

중국에서 동북공정이 시작된 것은 2002년 2월이고, 그 소식이 국내에 알려진 것은 1년 반이나 지난 2003년 7월 〈중앙일보〉에 처음 보도되면서부터였다. 이것도 옌볜에 들렀던 기자가 우연히 이 소식을 접하여 취재에 나선 것이었다. 국내 연구자들은 이러한 사실을 까맣게 모르고 있다가 이 보도를 접한 뒤에 들고일어났다. 중국에 대한 정보나 자료를 수집하는 체계가 국내에 없다는 사실을 단적으로 보여준다.

2002년에 동북공정이 공개적으로 착수되기 전부터 준비 작업은 이미 물밑에서 진행되어왔다. 1996년에 중국사회과학원은 중점 연구과제로 '고구려'를 선정하고, 이해 6월과 12월, 그리고 1999년 7월에 세 차례 학술회의를 개최했다. 물론 국내에서는 그 뒤에 간행된 자료를 통해서 그 내용을 간접적으로 파악할 수 있었다. 2000년 10월경에는 역사 사전과 교과서에서 고구려가 한국사라고 기술한 내용을 삭제하라는 지침을 비밀리에 내렸다. 이런 일련의 내부 정지 작업을 거친 다음에 마침내 동북공정을 표면화시킨 것이다.

국내에 보도가 나간 뒤로 여론이 들끓기 시작했다. 더구나 유네스코 세계문화유산으로 등록시키기 위해서, 외부인의 출입을 금지시킨 채 고구려 유적을 대대적으로 정비하고 있다는 사실이 알려지면서 모든 언론이 이 문제를 심각하게 다루기 시작했다. 그림4-2 2003년 말부터 2004년 초까지 국내 여론이 비등하자 2004년 2월에 중국에서는 왕이 王毅 외교부 부부장을 파견하여 이 문제를 학술 차원에서 해결할 것에 합의했다.

그림 4-2 〈경향신문〉 만평 (2004. 1. 9)

이에 따라 수그러들던 여론은 몇 개월 지나지 않아서 다시금 고개를 들었다. 7월에 유네스코 등재가 성사된 직후부터 중국의 관영 매체에서 고구려가 중국의 지방정권이라는 보도를 일제히 쏟아냈기 때문이다. 게다가 4월에 중국 외교부 홈페이지의 한국 안내문에서 고구려를 삭제한 사실도 뒤늦게 알려졌다. 8월 초에는 대학의 역사 교재에서 고구려를 중국의 복속국으로 서술

그림 4-3 〈경향신문〉 만평 (2004. 8. 27)

하고 있다는 사실도 보도되었다. 이리하여 정부에서는 8월에 외교부 아태국장을 중국에 파견하여 항의했다. 마침 한·중 수교 12주년을 맞이했을 무렵, 국내의 언론 보도는 중국에 대한 비판 일색이었다. 중국도 이러한 사태에 심각성을 느끼고 8월 말에 우다웨이武大偉 외교부 아시아 담당 부부장을 파견하여 5개항에 합의했다. 그림 4-3 그 주된 내용은 정치적 개입을 하지 않는다는 것과 학술교류를 위해 노력한다는 것이었다. 표1

표 1. 5개항 합의문

1. 고구려사 문제가 양국 간 중대 현안 문제로 대두된 데 대해 중국 측이 유념하고 있다.
2. 양측은 향후 역사 문제로 인해 한 · 중 간 우호협력 관계가 손상되는 것을 방지하기 위해 노력하고, 1992년 8월의 한 · 중 수교 공동성명 및 1993년 7월 양국 정상 간 공동성명에 따라 전면적인 협력 · 동반자 관계 발전을 위해 노력한다.
3. 양측은 한 · 중 협력 관계라는 커다란 틀 아래서 고구려사 문제의 공정한 해결을 도모하고 필요한 조치를 취해서 고구려사 문제가 정치화되는 것을 방지하는 노력을 한다는 데 공동 인식을 같이한다.
4. 중국 측은 중앙 및 지방정부 차원에서의 고구려사 관련 기술에 대한 한국 측의 관심에 이해를 표명하고 필요한 조치를 취해나감으로써 문제가 복잡해지는 것을 방지한다.
5. 양측은 학술교류의 조속한 개최를 위해 노력하며 학술교류와 양국 국민의 이해 증진에 도움이 되는 방향으로 한다.

그러나 중국 외교부는 홈페이지에서 삭제한 고구려에 관한 내용을 끝내 복구하지 않았고, 오히려 1945년 이전의 한국 역사를 모두 삭제하는 편법을 사용했다. 그림4-4 이제 한국은 1948년 정부 수립 이후의 역사만 있는 것처럼 보이게 되었다. 그뿐 아니라 중국은 세계사 교과서에서 고구려사를 비롯한 한국사 부분을 삭제하는 조치를 내렸다(〈조선일보〉 2005. 10. 11). 그림4-5 이런 사건들로 보건대, 한 · 중 간의 합의는 잠정적일 뿐이지 결코 문제가 해결된 것은 아니다. 이 합의에도 불구하고 중국은 원래 의도한 바를 비공개적으로 꾸준히 수행해나가고 있다.

동북공정 사건을 계기로 국내에서는 중국에 대한 경각심이 확산되었다. 노무현 정권에서 추구하던 반미친중정책에 제동이 걸렸다. 그런 점에서 한 진보 인사는 보수 언론의 승리라고 비판적인 시각을 제기한 적도 있다. 그러나 친중정책을 추진한다고 하더라도 중국

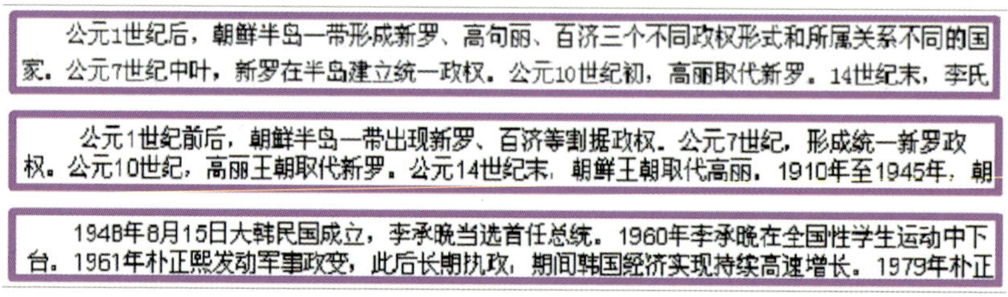
公元1世纪后，朝鲜半岛一带形成新罗、高句丽、百济三个不同政权形式和所属关系不同的国家。公元7世纪中叶，新罗在半岛建立统一政权。公元10世纪初，高丽取代新罗。14世纪末，李氏

公元1世纪前后，朝鲜半岛一带出现新罗、百济等割据政权。公元7世纪，形成统一新罗政权。公元10世纪，高丽王朝取代新罗。公元14世纪末，朝鲜王朝取代高丽。1910年至1945年，朝

1948年8月15日大韩民国成立，李承晚当选首任总统。1960年李承晚在全国性学生运动中下台。1961年朴正熙发动军事政变，此后长期执政，期间韩国经济实现持续高速增长。1979年朴正

그림 4-4 중국 외교부 홈페이지의 변화(상→중→하)

그림 4-5 중국 교과서의 한국사 삭제 기사(《동아일보》 2005. 10. 19)

에 대한 이해가 전제되어야 하는데, 우리는 그러한 준비를 전혀 해오지 않았다. 막연한 기대감에 기대어 중국에 접근하는 무모함은 분명히 탈피할 필요가 있다.

또한 동북공정이 한국사의 정체성을 숙고하는 전기가 되었다고 평가할 수 있다. 과거부터 당위적으로 설명되던 고조선, 고구려, 부여, 발해가 왜 한국사인지, 왜 한국사가 되어야 하는지 논리적으로 설명해나가지 않으면 안 되는 시점에 이른 것이다. 함께 살아온 부모가 과연 내 부모인지를 어느 날 갑자기 논리적으로 설명하라고 하면 당황스러울 수밖에 없다. 그러나 이제는 근거를 제시하면서 논리적으로 풀어나가지 않으면 안 되는 상황에 이르렀다. 더구나 "단군을 시조로 하는 민족이란 개념은 현대 한국사학이 발명한 가상의 공동체에 불과"하고 "내물왕 이전 신라의 역사가 바로 현재의 한국과 한국인을 만든 역사의 출발점이 된다"고 하여 신라 정통론까지 제기되고 있으니(이종욱) 이제는 학술적 정리가 필요한 시점에 와 있다.

한편, 중국으로서도 당혹스러웠던 게 분명하다. 동북공정이 한국으로부터 이렇게 거센 반발을 불러일으킬 줄 몰랐다는 후문이다. 중국식 역사관이 주변 국가와 크게 마찰을 빚은 첫 사례일 것이다. 그런 점에서 중국이 일방적으로 만들어가는 역사관이 주변국의 반발을 불러올 수 있다는 사실을 처음으로 인지하는 계기가 되었을 것이다. 상대가 있다는 사실을 비로소 깨달은 것이다.

이런 점에서 한국과 중국 모두 이 사건을 계기로 교훈을 얻었다고 할 수 있다. 그러면 동

그림 4-6 동북공정 취지문

북공정이란 무엇인가를 살펴보도록 하겠다. 우선 이를 이해하기 위해서 홈페이지에 실려 있는 그 취지문을 읽어볼 필요가 있다. 그림4-6

특별히 근 10여 년 이래로 동북아의 정치와 경제의 지위가 날로 상승함에 따라 세계 이목이 쏠리는 뜨거운 지역이 되었으니, 아국(중국) 동북의 변강 지구는 동북아의 중심에 위치하여 극히 중요한 전략적 지위를 가지고 있다. 이런 형세 아래 일부 국가의 연구 기구와 학자들이 역사 관계 등의 연구에서 의도적으로 사실을 왜곡하고 있고, 소수 정치인들이 정치적 목적으로 여러 가지 잘못된 주장을 공공연히 펼치면서 혼란을 야기하고 있다. 이리하여 동북 변강의 역사와 현상 연구가 많은 도전에 직면하는 결과를 낳게 되고, 아울러 이 방면의 학술연구에 새로운 과제를 떠안게 되었다. 〔중략〕 동북 변강의 역사와 현상에 대한 연구 분야 건설 및 발전을 더욱 촉진시키고, 동북 변강 지역의 안정을 더욱 강화하기 위해서 중앙의 허가를 받아 중국사회과학원과 동북 3성이 연합하여 대형 학술 과제인 '동북 변강의 역사와 현상 계열 연구 공정'을 2002년 2월에 정식으로 발족했다. 이 공정은 5년을 기한으로 하며, 학과와 지역 및 분야를 초월하는 대규모 사업이다. 〔중략〕 이 가운데 중요한 연구 내용은 고대 중국 강역 이론 연구, 동북 지방사 연구, 동북 민족사 연구, 고조선·고구려·발해사 연구, 중조 관계사 연구, 중국 동북 변강과 러시아 원동 지구의 정치·경제 관계사 연구, 동북 변강 사회 안정 전략 연구,

한반도 정세 변화 및 그에 따른 중국 동북 변강 안정에 대한 영향 연구 등이다. 〔중략〕 상술 과제 연구를 완성하기 위해서 '동북공정' 전문가위원회에서 5개의 의식을 반드시 강화할 필요가 있다고 강조했으니, 첫째는 정치 의식이다. 이번 공정은 직접적으로 국가의 장치구안長治久安을 목표로 하는 것으로서 국가통일, 민족단결, 변강안정의 대목표로부터 출발할 필요가 있다.

동북공정의 원래 명칭은 '동북 변강의 역사와 현상 계열 연구 공정東北邊疆歷史與現狀系列研究工程'으로서, 중앙 정부의 승인을 받아 중국사회과학원이 주축이 되어 국가통일, 민족단결, 변강안정을 목표로 2002년부터 2007년까지 5년간 시행한 연구 사업이다. 연구비는 국가 재정부財政部에서 1,000만 위안, 중국사회과학원에서 125만 위안, 동북 3성에서 375만 위안을 조달하여 모두 1,500만 위안(한화 24억 원 정도)인 것으로 되어 있다. 중앙정부에서 그만큼 관심을 기울이고 지원하고 있는 사업임을 짐작할 수 있다.

중국 동북지역(만주)은 중요한 전략적 위치에 있다고 하면서, 최근에 한국에서 의도적으로 역사적 사실을 왜곡하고 국회의원들이 여러 가지 정치적 주장을 함에 따라 혼란을 야기하고 있다고 하여, 동북공정 시작의 이유와 당위성을 설명하고 있다. 비록 취지문에서는 '일부 국가'라고 했지만, 이것이 한국을 지목한 것임은 분명하다. 우다웨이 부부장이 한국에 와서 협상을 벌일 때 한국의 역사 왜곡을 문제로 삼으면서, 1983년에 정부 산하 연구기관에서 발행한 보고서에 나타난 '만주 진주'를 예로 들었고(〈문화일보〉 2004. 8. 25) 간도 영유권 문제에 대해서 거론하지 말아달라는 부탁도 했다고 한다(〈조선일보〉 2004. 9. 11). 당시에 보도된 〈문화일보〉의 기사를 보겠다.

우다웨이武大偉 외교부 아시아 담당 부부장은 23일 최영진 외교통상부차관 주최 만찬에서 고성까지 불사하며 막판 뒤집기를 시도했으나 결국 뜻을 이루지 못했다. 이날 만찬은 술자리로 이어져 자정 무렵까지 무려 네 시간 동안 계속됐다. 지난 20일 부임한 지 불과 사흘 만에 급파된 우 부부장이 자리까지 내걸고 '목을 멘' 사안은 "한국도 향후 역사 왜곡 시도가 중단돼야 한다"는 요구였다. 예로 든 게 1983년 정부 산하 연구기관에서 발행한 '만주 진주' 표현이었다. 중국 동북지방의 회복을 주장하는 학계의 사례도 들고 나왔다. 그러나 최 차관은 "중국은 정부가 왜곡에 나섰지만, 우리는 정부 차원의 왜곡은 전혀 없으며 산하 연구기관도 중국과 달리 정부와 독립된 기구다"라고 맞받아쳤다. 우 부부장은 막판까지 상호주의를 담은 합의문 요구를 굽히지 않았고 이 대목에서 고성까지 질렀다. 최 차관은 이에 "서로 의견 접근이 이뤄지지 않았다고 각자 발표하자. 잘못한 것은 중국인데 왜 쌍방이 시정하느냐"고 승부수를 던졌다.

_〈문화일보〉 2004. 8. 25.

표 2. 동북공정 연구 과제 지침(△는 2003년도 중점 연구 과제)

---

1. 중국 강역 이론 연구
   중국 '국가', '강역', '변계邊界' 이론 문제 연구
   고대중국의 주변 족속, 국가에 대한 관념 및 근대적 변화 연구
   △ 봉건 시기 번속藩屬, 속국, 조공제도 연구

2. 동북 지방사 연구
   동북 변강 역사 형성 및 변천 연구
   △ 동북 변강 영토, 계무界務 교섭, 변계조약 문제 연구
   △ 발해 유적 현황 조사 연구
   △ '간도' 문제 연구
   근대 이래 중국 동북 역사 지리에 대한 일본, 러시아의 조사 및 연구

3. 동북 민족사 연구
   △ 명청 시기 동북 족군族群의식 및 변강 사회 연구
   동북 변강 지구 과계跨界 민족 연구
   △ 고조선의 역사, 종족 기원, 문화 연구

4. 중·조 관계사 연구
   △ 조선반도 고문명 기원
   조선반도 국國, 족族 연구

5. 중국 동북 변강과 러시아 원동 지구의 정치, 경제 관계사 연구
   중국 동북 변강과 러시아(소련) 원동 지구 민족정책 비교 연구
   △ 중·러 동쪽 변계 연혁 및 계무 문제 연구

6. 응용 연구

홈페이지에 실려 있는 연구과제 지침을 보면 고조선·고구려·발해사 연구, 중·조(한) 관계사 연구, 한반도 정세 변화 및 그에 따른 중국 동북 변강 안정에 대한 영향 연구 등 한국과 관련된 연구가 포함되어 있다.[표2] 사실 매년 공모되는 연구 주제에는 한반도 관련 내용이 상당한 비중을 차지하고 있다.

중국 동북지방과 국경을 접하고 있는 나라는 러시아와 한국이고, 역사적으로는 만주국을 지배했던 일본과도 연관이 있다. 따라서 동북지방 자체에 대한 연구뿐 아니라 주변 국가에 대한 연구도 포함되어 있는데, 현실적으로 러시아와의 국경 문제는 어느 정도 해결되어가는 반면에 한국과의 국경 문제는 분쟁 가능성이 점차 더 커지고 있다. 이에 따라 연구의 주된 내용이 한반도를 겨냥하고 있을 수밖에 없다. 또한 북한의 동향에 따라 이 지역의 정세가 크게 변동될 가능성이 있으므로, 이에 대한 대비책이기도 하다.

동북공정의 배경에 대해서는 이 사업에 직접 참여한 세 사람의 글을 통해서도 확인할 수 있다.

> 동북공정이 공식적으로 출범하면서 이 프로젝트의 배경, 목적, 성격 및 방법 등에 대한 강령적 의미를 갖는 세 가지 문건이 발표되었다. 즉 영도소조 조장인 왕뤄린王洛林의 〈동북 변강 연구를 강화하고, 학과 건설을 촉진하자〉, 부조장 취엔저주全哲洙의 〈동북 변강 문제 연구의 몇 가지 문제〉, 부조장 겸 전문가 위원회 주임인 마다정馬大正의 〈동북 변강 역사와 현상 계열 연구 공정에 대한 몇 가지 문제〉 등이다.
> 특히 마다정은 동북공정을 추진하게 된 배경을 동북지역의 안정과 역사 연구가 도전을 받고 있기 때문이라고 밝혔다. 취엔저주도 동북 변강 문제는 학술 문제이자, 영토·강역·주권과 관련된 정치 문제로 국가 안전 및 안정과 관련된 문제라고 주장했다. 이러한 문제들은 왕뤄린에 의해 더욱 구체적으로 제기되었다. 그는 제국주의 침략자들에 의해 침략을 정당화한 역사적 근거로서 만들어진 잘못된 이론들이 동북지역사에 미친 영향이 여전히 남아 있다고 주장했다. 그리고 한국(북한 포함)의 역사학자들이 한중 관계사 연구에서 역사적 사실을 왜곡하고 소수의 정치가들은 그것을 정치적 목적으로 선전한다고 주장하면서 세 가지 사례를 제시했다.
> 첫째, 의도적으로 고구려, 발해 등 고대중국 동북지방 속국정권을 고대조선족의 독립국가라고 논증하면서 현재의 중국 동북 변강이 역사적으로 고대조선의 영토였다고 주장한다. 둘째, 역사적인 민족 분포와 이동 문제에 대하여 사실을 왜곡하고 청동 단검이 출토되는 지방이 모두 고대조선의 영역이며, 부여 등 고대 중국 동북 변강의 원주민족을 고조선에서 분열된 후국侯國인 고조선의 일부분으로 보고 중국 동북을 고조선의 범위에 포함시킨다. 셋째, 간도 문제, 즉 지린 옌볜지역의 근대 이민 문제를 변계 문제로 제기하면서 영토적 요구를 제기한다

_이희옥, 92~93쪽.

동북공정의 시작과 더불어 역점을 두었던 것이 고구려가 중국사라는 주장을 뒷받침하는 논리 개발이었다. 중국은 이미 발해사를 자신의 역사로 확고히 했다는 인식 아래 고구려에 손을 대기 시작했다. 이 사업의 핵심 역할을 한 마다정은 볜중邊衆이란 필명으로 공산당 기관지인 〈광밍일보光明日報〉 2003년 6월 24일자에 '고구려는 중국의 소수민족정권'이라는 내용의 논문을 기고했다. 이것은 나중에 "2003년 6월에 '고구려민족은 중국 역사상의 변강민족이고 고구려국은 중국 역사상의 변강민족정권'이라고 주장한 주류 관점

이 처음으로 〈광밍일보〉 학술지에 공개적으로 발표되었다"고 평가되었다(리성, 28쪽). 그렇지만 마다정의 글은 한국민의 감정을 폭발시키는 기폭제 역할을 했다. 그 뒤 중국에서는 고구려 연구서가 폭발적으로 많이 출판되었고, 이제는 고구려뿐 아니라 고조선, 민족 형성 등에까지 손길을 넓혀가고 있다.

동북공정은 우리가 기억해야 할 두 가지 큰 특징을 지니고 있다. 첫째는 국가가 처음으로 역사 연구를 주도하고 나섰다는 점이다. 고구려나 발해가 중국의 역사라는 주장은 동북공정 사업이 일어나기 훨씬 이전부터 등장했지만 어디까지나 개별 연구자의 견해 차원이었다. 물론 중국에서는 체제에 거슬리는 의견을 제기하기 어려우므로 개인의 발표라 하더라도 집단이나 국가 견해를 대변한다고 할 수 있다. 그렇지만 이번에는 국가사업으로서 공개적으로 이를 조직하고 체계화하려 했다는 데서 우려하지 않을 수 없다. 중국에서는 이것이 학자들 차원의 문제라고 하거나 정치와 학술은 별개의 문제라고 해명하지만 이것은 사실과 다르다.

둘째, 동북공정이 중국 영토 안의 역사에 그치지 않고 국경을 넘어서 한반도 북부, 나아가 한반도 전체의 역사까지 건드리기 시작했다는 점이다. 평양 천도 이후의 고구려뿐 아니라 고조선까지 중국사로 다루기 시작했고, 나아가 한반도의 민족 구성에 한족漢族의 요소를 끼워넣는 등 한국사 전체를 중국사로 흡수하려는 듯한 태도가 나타나고 있다.

이 두 가지는 우리가 심각하게 생각해야 할 점이다. 그런데 이 주장을 자세히 들여다보면 이들의 역사 해석에도 근본적인 문제가 있는 것을 발견할 수 있다. 중국의 역사 논리에서는 두 가지 잣대가 편의에 따라 적용되거나, 강자의 우위만 대변되고 있는 것이다. 결과적으로 상대방을 배려하지 않는 자기중심적 사고를 그대로 표출하고 있다. 예를 들어서 단군신화와 같은 한국신화는 신빙성이 없다고 치지도외하면서 중국의 건국신화는 역사적 사실로 다루고 있다. 이러한 논리적인 허점이 바로 우리가 대응할 수 있는 부분이라 할 수 있다.

첫째로 영토론과 속성론의 이중 논리다. 중국은 자신의 현재 영토 안에서 일어난 과거의 역사는 모두 중국사라는 논리를 견지하고 있다. 이것을 영토론이라 부를 수 있다. 만주에서 일어난 부여, 발해, 고구려가 이 영토론의 희생양이 되었다. 그런데 중국 영토 밖의 역사도 중국의 역사로 간주하고 있는 부분이 있다. 고구려가 평양으로 옮긴 이후는 영토론만으로 자신의 역사라 주장할 수 없다. 이리하여 고구려가 멸망한 뒤에 대다수의 주민이 중국으로 들어갔고, 중국에 항상 복종적이었다는 등 다른 논리를 내세운다. 이를 속성론이라 부를 수 있을 것이다. 고조선이 한반도의 북부에 있었다고 하면서 중국의 식민지로서 중국의 역사라고 주장하는 것도 속성론에 입각한 것이다.

중국의 역사 논리에는 이 두 가지 관점이 섞여 있다. 현재 영토 안의 역사는 영토론에, 영토 밖의 역사는 속성론에 의지하고 있다. 현재 영토는 모두 중국 것이고, 외국 땅이 되어 버린 투바공화국, 댜오위도, 난사군도는 원래부터 자신의 땅이라는 논리를 내세우는 것과 별반 차이가 없다. 그렇다면 우리는 이를 이용하여 반론을 제기할 수 있다. 한반도에서 일어난 역사는 모두 한국사이고, 만주에서 일어난 부여, 고구려, 발해는 그 속성으로 볼 때에 한국사에 속하는 것이라고 똑같은 논리로 반박할 수 있다.

문제는 현재의 영토가 역사 귀속의 근거가 될 수 없다는 사실이다. 중국이 인도와 관계가 좋지 않을 때 《서유기》로 유명한 당나라 현장법사玄奘法師(602?~664)가 불법을 구해서 방문했던 곳을 파키스탄으로 적었다는 말을, 한 인도학자로부터 들은 적이 있다. 당시에는 천축국(인도)이었지만 지금은 파키스탄 땅이 되어 있기 때문이다. 이처럼 영토가 바뀐다고 역사가 바뀔 수 있겠는가. 석가모니가 태어난 룸비니는 현재 네팔 땅이 되었다. 그렇다고 누구도 석가모니를 네팔인이라 하지 않고 인도인으로 알고 있다. 칸트(1724~1804)는 쾨니히스베르크 출신인데 이곳은 제2차 세계대전 후에 소련령으로 강제 편입되어 지금은 러시아연방의 칼리닌그라드가 되었다. 그렇다고 그를 러시아인으로 부르지 않는다. 아메리카대륙에 미국과 캐나다가 세워지기 이전, 인디언의 역사를 어떻게 다룰 것인가 하는 점도 참고할 만하다. 미국 건국 이후가 미국의 역사일 뿐이지 인디언의 역사는 전사前史로 취급되고 있다.

둘째로 중국은 다수 중심의 논리를 내세운다. 헌법은 중국을 여러 민족이 공동으로 이룩한 국가로 규정하고 있지만, 실제로는 한족이 역사의 주체고 소수민족은 점차 여기에 흡수되어 장차 하나의 중화민족中華民族을 이룰 것으로 보고 있다. 이 사고를 역사 설명에도 그대로 투영시켜 '소수민족정권'이란 용어를 사용하고 있다. 다수와 소수를 구별하고 있는 것이다.

중국은 고구려가 멸망한 뒤에 주민 다수가 어디로 갔는가 하는 점이 고구려가 어디로 귀속될 수 있는가를 설명하는 중요한 기준이 된다고 주장한다. 고구려인의 의사에 반하여 강제로 끌려갔는지 여부는 따지지 않는다. 중국 외부에서 정복해들어간 민족은 인구 대비로 볼 때 한족에 비교할 수 없을 정도로 소수일 수밖에 없다. 요, 금, 원, 청나라가 이민족 왕조임에도 불구하고 다수 논리에 입각하면 중국의 역사란 결론이 나오게 된다. 예를 들어서 요나라를 설명할 때 '거란인이 건립하고 한족이 주체가 된 북방대국'이라는 식으로 설명한다. 그런데 원나라의 경우에는 영토로만 따지면 중국 땅이 더 넓은 면적을 차지하지 않는다. 이에 따라 원나라가 '대원大元'이라는 한자식 국호를 채택하고, 한법漢法을 시행했다는 근거 등을 들어서 중국 역대 왕조의 계보를 잇는 정통 왕조라고 주장한다. 그러나 원나라의 지배체제는 황제를 중심에 두고, 일원성을 지향하는 한족정권과 달랐다. 이보다는 유교와 불교, 이슬람교 등이 공존하고 유목 문화와 농경 문화가 공존하는 다원성을 띠고 있었다.

중국은 소수의 지배자가 아니라 다수의 민중이 역사의 주체라는 마르크스주의사관을 자신에게 유리하게 해석하고 있다. 극단적으로 말하면 인구가 많은 집단은 항상 역사의 주체가 된다는 것이다. 또 인구가 많은 집단이 다른 집단을 정복하면 자신의 역사가 되지만, 소수 집단은 다수 집단을 지배해도 결코 자신의 역사로 삼을 수 없다는 논리적 모순을 안고 있다. 결과적으로 역사에 다수와 강자의 논리만 남게 되는 위험성이 있다.

셋째로 지배자주체론과 피지배주체론이 교차되고 있다. 요나라를 설명한 부분은 마르크스주의에 입각하여 다수의 피지배자를 주체로 설정한 것이다. 발해에 대해서도 다수의 말갈족이 주체가 된 역사로 설명한다. 그러나 때로는 그 반대의 주장도 보인다. 기자조선과 위만조선이 중국의 역사라는 논리는 고조선의 주민이 아니라 기자와 위만이 중국에서 온 지배자였다는 데 근거를 둔다. 두 가지 주체론이 자신의 편의에 따라 적용되고 있다.

넷째로 정치와 학술이 교차되고 있다. 정치화되는 것을 반대한다면서 자신들의 연구는 정치 문제라고 강조한다. 마다정의 글 하나만 보아도 이런 모순을 찾아볼 수 있다. "우리들이 종사하는 것은 학술 연구로 우리들은 일부 사람들과 일부 국가가 역사 문제를 현실화하고 학술 문제를 정치화하는 것에 반대한다"(마다정, 33쪽)고 하면서, "첫 번째는 정치 의식이다. 이 공정의 직접적인 목적은 국가의 장기적인 통치와 오랜 안정을 위한 것이고, 국가통일, 민족단결, 변강안정 등을 이러한 커다란 목적의 출발점으로 삼아야 할 것이다. 이 정치 의식은 이 공정으로부터 체계화되거나 시작될 수 있을 것이다"(마다정, 31쪽)고 주장한다. 한국 측의 반론은 정치화하는 것이라 비판하면서 자신들은 정치 의식에서 출발해야 한다고 강조한다. 한편에서 학문적 엄밀성을 의미하는 실사구시實事求是를 강조하며 다른 한편에서는 정치성을 요구하는 것이다.

동북공정 이전에 이미 진행되었던 '하상주단대공정(1996~2000)'과 '중화문명탐원공정(2003~2005)'은 국가 주도의 민족 의식 고양이라는 측면에서 동일한 목적을 가지고 있다.

최근 중국에서 대규모로 행해지는 사전시대史前時代 연구나 '동북공정'과 같은 연구는 국가 권력의 정치적 요구에 복무한다는 점에서는 과거 사회주의 역사학의 흐름을 잇는 면도 있지만, 한편으로 민족적 자존 의식을 높여준다는 점에서 사회적 효용과 상품성이 큰 역사 연구라고 할 수 있다. 곧 1996년에 시작된 '하상주단대공정'과 2003년 시작된 '중화문명탐원공정'은 따라서 중국으로서는 국가적으로나 사회적으로 매우 시의적절한 연구사업이라고 볼 수 있다. 곧 사회주의 시장경제의 급속한 발전 과정에서 심화되는 빈부격차와 사회 모순을 잠재우고, 한편으로 민족적 자부심을 북돋울 수 있는 국가적 상징을 창조하는 데 이러한 연구는 매우 유용하기 때문이다.

20세기 초 앤더슨 등 서방 학자와 일본 학자들이 중국 문명 외래설을 주장함으로써 중국 문명의 역사적 성취를 폄하했고, 이러한 연구의 영향을 받은 의고파疑古派 학자들의 경우 중국 역사를 말하면서 동주東周 이전의 역사를 부정하는 경우도 없지 않았으며, 아직도 중국 바깥의 학자들은 이러한 견해를 유지함으로써 중국인의 민족적 자존심에 상처를 주었던 것도 사실이다. 따라서 하·상·주라는 역사 시기의 연대를 보다 과학적으로 재서 연표를 만드는 것은 중국 고대 문명의 기원과 발전을 연구하는 데 기초가 될 뿐 아니라 상한 자존심을 치유하는 데도 도움이 된다고 할 수 있다. 또 하상주공정에 1995년 공정의 창의唱議부터 국가과학위원회의 주임 쑹지엔宋健이 간여하고, 부주임 덩난鄧楠이 공정영도소조工程領導小組의 주임을 맡은 것에서 이러한 사업에 국가 권력이 깊숙이 개입하고 있음을 잘 보여준다.

_이개석, 58~59쪽.

또 2005년도에는 '신장공정[新疆歷史與現狀綜合硏究]'을 시작했는데, 연구 범위로서 '변강 이론과 신장 지방사 연구', '신장 민족 연구', '신장 문화와 종교 연구', '신장 안정과 발전 연구', '신장과 주변 국가와의 관계 연구' 등을 제시하고 있다. 역시 민족과 영토의 측면에서 분쟁 지구로 남아 있는 이 지역을 중국화하려는 방책을 강구하고 있는 것이다.

2. 동북공정의 배경

중국이 동북공정을 통하여 고구려사 등을 자신의 역사로 만드는 것이 무리라는 사실을 모를 리 없다. 그럼에도 이를 강행하는 것은 그들의 정책 논리에 따른 필연적 귀결이기 때문이다.

동북공정이나 신장공정을 추진한 배경으로 가장 먼저 꼽아야 할 것은 소수민족정책이다. 주지하다시피 중국은 한족과 55개 소수민족으로 이루어진 국가다. 중국 헌법에 '여러 민족이 공동으로 이룩한 통일적 다민족국가'로 규정한 것도 이 때문이다. 그런데 2000년 기준으로 12억 6,000여만 명 인구 가운데 한족이 91.9퍼센트를 차지하고 나머지 55개 민족이 8.1퍼센트를 차지한다. 중국인 가운데 표준어를 사용하는 인구가 53퍼센트 정도에 불과하다는 연구 결과도 발표되었다(《중앙일보》 2005. 5. 24). 이리하여 공동이란 말이 무색할 정도로 주체민족과 소수민족으로 구분되어 있다.

인구가 절대적으로 적은 55개 소수민족이 살고 있는 지역은 전체 영토의 63.7퍼센트에 이른다. 이 가운데 약 4분의 1이 티베트의 영토고 약 6분의 1이 투르크족의 영토며 약 10분의 1 정도가 몽골족의 것이라 한다. 반면에 한족 거주지역은 36.3퍼센트에 불과하다. 만일 55개 소수민족이 모두 독립해나갈 경우 산술적으로 36.3퍼센트의 땅에서 91.9퍼센트의 인구가 살아야 한다는 계산이 나온다. 여기에 중국의 절박성이 있다. 소수민족을 포용하는 논리를 개발하지 않을 수 없는 중국의 고민이 느껴진다. 문제는 그 논리가 우리에게까지 피해를 준다는 데 있다.

중국 헌법에는 "대한족주의大漢族主義를 반대하는 동시에 지방민족주의地方民族主義도 반대해야 한다"고 선언되어 있다. 대한족주의란 한족 중심주의를 의미하는 것이고, 지방민족주의란 소수민족의 독립 움직임을 의미한다. 그러나 실제로는 지방민족주의만 강력히 배격되고 있을 따름이다. 이를 이해하기 위해서는 역사적 흐름을 살펴보아야 한다. 중국 정부가 들어서기 이전인 1920년대 이후 중국 공산당은 소수민족과의 공조를 위해서 민족자결권과 분리권을 보장하는 정책을 추진했다. 그러다가 1930년대 항일 전쟁기에 접어들면서 민족자결권 보장은 민족자치권 승인으로 후퇴하고, 그에 대한 무마책으로 대한족주의를 비판하기 시작했다. 1949년 10월 1일에 중국 정부가 수립된 뒤에도 민족자결권과 연방제를 배제하고 그 대신에 민족자치권을 보장하는 정책을 표방했고, 1950년 10월에는 티베트에 인민 해방군을 진군시켰다. 그리고 1954년 9월에 대한족주의와 지방민족주의를 배격하고 자결권과 분리권을 부정·금지하는 내용을 헌법 제3조에 넣었는데, 지금은 이 내용이 헌법 서문으로 옮겨져 있을 뿐 그대로 전해지고 있다. 그래도 건국 초기인 1950년대에는 대한족주의를 비판했지만, 대약진기(1958~59)와 문화대혁명기(1966~76)를 거치면서는 소수민족을 억압하는 정책이 실시되었다. 특히 1991년에 74년간 크레믈린에 게양되었던 소련 깃발이 내려지고 그 후로 민족국가들이 독립해나가는 것을 목격한 중국 정부로서는 다급한 마음을 가지지 않을 수 없었다.

이런 사정으로 중국은 한족을 중심으로 한 강력한 중앙집권정책을 실시하고 있다. 중국과 러시아는 둘 다 거대한 영토를 지닌 데다가 사회주의 체제를 지향한다는 공통점이 있다. 러시아도 중국처럼 70개의 다양한 민족으로 구성되어 있고 2005년을 기준으로 1억 4,000만 명의 러시아 인구 가운데 러시아민족이 79.8퍼센트를 차지한다. 그런데 러시아는 전 국토에 걸쳐 10개의 시간대를 가지고 있고, 미국도 하와이를 포함하여 6개의 시간대를 가지고 있는 데 비해서 중국은 동서로 4시간대의 차이가 있지만 '황제 시각'이라 해서 동경 120도에 위치한 베이징의 시각을 기준으로 전국을 동일 시간대로 묶고 있다. 티베트나 신장 지방은 해가 뜨지 않은 상태에서 아침 시간을 맞게 되는 것이다. 이것은 중국의 중앙집권정책을 단적으로 보여주는 사례다.

중국은 점차 소수민족을 흡수하고 동화하여 장차는 한족을 중심으로 하는 중화민족을 형성하는 것을 목표로 삼고 있다. 소수민족정책에는 두 가지 방향이 있다. 모자이크나 조각보Quilt처럼 다양한 색깔이 조화를 이루는 사회를 추구하는 정책이 있는가 하면, 여러 민족을 용광로Melting Pot에 집어넣어 하나로 녹여내는 정책이 있다. 미국은 과거에 용광로정책을 폈으나 문제점을 깨닫고 지금은 모자이크, 조각보 정책, 또는 복합 문화주의로 전환했다. 그런데 중국은 바로 용광로정책을 추진하고 있다.

여기에 하나 더 언급할 것은 마르크스주의 이론이다. 이 이론에 따르면 민족은 장차 소멸될 존재로 되어 있다. 그런데 이것이 중국에서 변질되어 소수민족은 장차 한족에 융합되어 사라질 것이고, 한족은 이들을 흡수하여 중화민족을 형성할 것으로 전망하고 있다. 이에 대해서 다음을 읽어보겠다.

> 이상 각 민족 중에 한족漢族만이 그래도 억지로 근대민족을 형성했다고 여길 수 있고, 그 나머지 각 민족들은 진정한 근대민족으로 발전하지 못하고 겨우 사회주의를 향한 현대민족 형성의 과도기에 있다고밖에 말할 수 없다.
> 동시에 동북 각 민족들은 장기간에 걸친 경제·문화의 교류로 인해 경제·언어·습속 등이 점차 비슷해지고 있어서 이것이 곧 하나의 통일된 중화민족으로의 융합 과정의 현상을 보이고 있는 것이 아닌가 한다.
> 그러나 현재 아직은 미완성 단계로서 각 민족들은 여전히 독립적으로 존재하며, 다만 일부분에 있어서의 민족 특성이 사라지고 있을 뿐이다.
> _쑨진지, 65쪽.

이상으로 볼 때 비록 현재까지 아직도 융합되지 않고 각각의 민족들로 존재하고 있는 많은 민족들은, 이러한 발전·변화 추세로 볼 때 장래에는 마침내 하나의 통일된 중화민족으로 융합될 것으로 보인다. 전체 발전의 과정으로 보면, 한족은 매번 민족 대융합 때마다 그 핵심 작용 곧 용광로 작용을 했다.

_쑨진지, 459쪽.

교육에도 이러한 민족융합정책이 투영되어 있다. 예를 들어서 당나라를 통일적 다민족 국가로 규정하여 발해와 현 티베트의 원류인 토번吐蕃을 당나라 역사의 한 부분으로 삼으면서, 발해에 대해서는 '거서본일가車書本一家'를, 토번에 대해서는 '화동위일가和同爲一家'를 표제어로 내세우고 있다. '거서본일가'는 당나라 시인 온정균溫庭筠이 귀국하는 발해 왕자를 위해서 지은 시에 나오는 구절로서, 발해의 문물이 당나라와 한집안을 이룰 정도로 발전했음을 칭송하는 내용이다. 그런데 이를 이용하여 발해와 당나라가 일체였음을 강조하는 방향으로 교육하고 있다. '화동위일가'는 8세기 초에 당나라 공주가 토번의 지배자에게 출가한 것을 계기로 토번이 당나라에 동화되어 한집안이 되었음을 강조하는 상징어다. 토번 세력이 강력하여 당나라가 어쩔 수 없이 선택한 것이라는 사실은 숨겨져 있고, 두 정권의 동화만 부각시키고 있다.

이러한 소수민족 단속정책은 1980년대 후반 이래 더욱 강화되었다. 1989년 이후 동유럽 국가들의 독립, 1991년 이후 소련방의 해체와 같은 외부적인 여건은 민족 분리를 주장해온 티베트족이나 위구르족 등에게 힘을 실어줄 가능성이 있기 때문이었다. 2000년 초에 서울대학교 학생회에서 티베트 분리 운동을 주도하고 있는 달라이 라마를 초청하려 했지만 중국의 반대로 무산된 일이 있었는데, 이것도 따지고 보면 중국의 소수민족 단속과 관련된다.

55개 소수민족 가운데 외부에 모국을 가진 민족은 몽골족과 조선족이 있다. 내몽고에서는 1947년 5월에 내몽고자치정부 성립을 선언하며 중국 정부에 합류하기를 거부한 적이 있을 정도로 과거에는 분리 운동에 적극적이었다. 그러나 지금에 와서는 '요주의 소수민족'에서 제외될 정도로 힘이 약화되었다. 이곳에 한족 비율이 높아진 것도 한 요인이다. 중국 정부에서는 변방에 한족이 이주하는 것을 적극 권장하여 한족의 인구 비율을 높이는 정책을 펴고 있다. 이 때문에 옌볜의 조선족자치주에서도 조선족의 비율이 급격히 낮아지고 있다. 그렇지만 조선족은 모국에 붙어서 거주하고 있는 상황이므로, 한반도의 정세 변화에 따라 떨어져나갈 위험성을 내포하고 있는 것으로 판단하고 있다. 중국에서 재외동포법에 제동을 걸었던 것도 바로 이 때문이다. 앞으로 한국과 조선족의 교류가 빈번해질수록 이들에 대한 단속의 필요성은 더욱 커질 것이다.

여기서 자연스럽게 동북공정을 추진하게 된 두 번째 배경으로 넘어가게 된다. 그것은 만주 영유권 주장에 대한 대응과 조선족에 대한 단속이다. 동북공정 홈페이지에 실린 리더산李德山의 글을 보자.

19세기 이래 중국 동북지방이 제국주의 열강이 노리는 초점 지대가 되면서 국외의 연구 열정이 부단히 고조되어왔다. 이들은 일정한 목적에서 나왔으므로 일부 연구자는 역사적 사실과 배치되는 관점과 착오를 범하는 논설을 대량으로 발표했다. 이런 관점과 논설은 국외 침략정책의 근거가 되었다. 대표적인 관점은 다음과 같다. 일본 학자가 제출한 '중국고대는 국가 경계가 없었다는 주장', '중국은 동북에 대해서 주권이 없다는 주장', '남북대립론', '이민족이 중국을 통치했다는 주장' 등이 있고, 미국·일본 학자가 제시한 소위 '정복왕조론', 소련 학자가 발명한 소위 '북아시아 역사 세계론', '문화주권론' 등이 그것이다.

  1960년대 이래로 조선·한국의 일부 학자들이 비학문적 연구 경향을 불러일으켜 중국 동북의 고민족 연구에 대해서 역사적 사실에 위배되는 연구를 진행했으니, 이들은 단군에서 시작하여 고조선과 예맥을 거쳐서 부여·고구려·발해에 이르기까지 모두 한 흐름으로 파악하여 조선 고대국가로 인식하고 있다. 예를 들어 조선 학자는 이른바 '주체사관론', '남북국시대론'을 제시하고, 한국 학자는 이른바 '국사 중심론' 등을 제기했으니, 모두 이런 부류에 속한다. 대표 인물로서는 박시형, 주영헌, 김득황, 이용범, 이기백 등이 있다.

  (학술보다) 다른 목적을 지닌 국외의 연구는 중국 동북고민족의 발전 맥락을 교란시키고, 그들을 중화민족의 혈연 관계와 갈라놓음으로써 중국 동북고민족사의 과학적 연구에 층층層層의 장애를 설치하고 단단團團의 안개를 뿌려놓았다.

_리더산, 《중국 동북고민족발전사》 연구 개요.

이는 중국 밖에서의 만주 지역 연구 내용에 불만을 토로하는 내용으로서, 비판의 핵심은 만주 지역을 중원과 갈라놓으려 한다는 것이다. 이에 대응하기 위한 것이라면 연구의 방향은 분명해진다. 만주 역사는 중원 역사와 불가분하고 중국사의 한 부분이라는 사실을 주장할 것이다.

  이 글에서 외국의 사례로 일본, 소련, 남·북한을 들었지만, 한국이 주된 표적이 된다. 이 사실은 동북공정의 취지문에서도 밝혀져 있음을 이미 살펴보았다. 또 제2장에서 다룬 바 있는 간도 영유권 주장이 중국을 자극하고 있기도 하다.

  1980년대 후반부터 만주 지역에 대한 한국인의 왕래가 시작되었고 1992년 8월 한·중 수교를 계기로 급격히 증가했다. 이런 분위기를 타고서 수교 1주년을 기념하여 1993년 8월에 고구려 수도였던 지안集安에서 고구려 국제학술회의가 개최되었다. 당시에 고구려가 누구의 역사인지에 대해서는 발언하지 않기로 이면 합의를 했으나, 결국은 이 문제로 중국 학자와 남북한 학자가 맞부딪치게 되었다. 북한의 원로 역사학자인 박시형이 일어나

"과거의 역사와 오늘의 역사를 구분해야 한다. 과거에 고조선, 고구려 땅이 지금 중국 영토가 되었다고 해서 그 역사를 어떻게 중국사에 갖다 붙여 중국 소수민족 운운하는가 이해할 수가 없다"는 요지의 발언을 했다. 그림4-7 이 발언에 크게 반발한 중국학자가 쑨진지孫進己였다. 그는 후에 이렇게 회상했다.

1993년 지안에서 열린 국제학술세미나에서 박시형 등이 고구려는 중국의 것이며 현재의 국토에 의거해야 한다는 중국 학자들의 주장을 비평했던 일이 생각난다. 그러나 실제는 오히려 상반된다. 당시 중국 학자들이 의거했던 것은 도리어 역사상 그 당시 고구려의 중국 중앙정부에 대한 예속 관계였으며, 오히려 박시형 등은 바로 고구려는 고려이고 조선의 선조라는 등의 현실 계승을 이용하여 이를 이유로 고구려를 조선의 것이라고 증명한 것이었고 당시 고구려의 역사상에서의 실제귀속에 의거한 것은 아니었다.

그러므로 만약 조선의 학자들이 진정 고구려의 귀속을 토론하고자 한다면 현실 계승으로 역사 귀속 문제를 대체하지 말기를 바라며, 당시 고구려가 조선의 전신, 즉 신라에 귀속되었다는 증거를 제기해야 할 것이다.

_쑨진지, 2004, 71쪽.

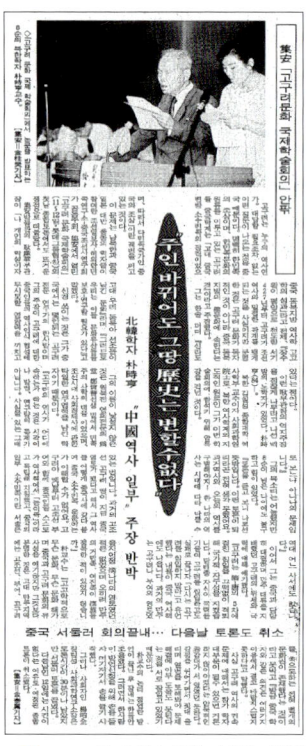

그림 4-7 고구려 학술회의 기사《조선일보》 1993. 8. 20)

이 토론회는 서둘러 종료되었고 다음 날 예정되었던 종합토론도 열리지 못하고 학술회의가 마무리되었다. 이 회의 소식은 중앙정부에도 알려져 그 뒤로는 고구려나 발해에 관한 국제회의가 금지되었고 그 조치가 지금까지 계속되고 있다. 심지어 중국 밖에서 개최되는 학술회의에도 관련 학자들의 참석을 허락하지 않는 실정이다.

중국의 심기를 더욱 건드린 사건이 그 직후에 발생했다. 지안 국제학술회의를 계기로 〈조선일보〉가 고구려 벽화를 비공식적으로 대거 촬영해왔고, 이를 활용하여 그해 11월부터 이듬해 10월까지 6대 도시를 돌면서 '아! 고구려' 전시회를 개최했다. 이 전시회에 358만여 명이 입장하여 고구려에 대한 국민적 관심을 불러일으킨 성과를 거두었지만, 다른 한편으로는 중국 정부를 크게 자극했다. 그림4-8 이리하여 여기에 협조한 중국 연구자들이

그림 4-8 고구려 전시회 기사(《조선일보》 1994. 10. 30)

구속되고 직장에서 쫓겨나는 사태까지 발생했다.

이 무렵부터 중국에서는 조선족 단속을 시작했다. 한국인은 만주를 여행하게 되면 백두산을 꼭 올라가야 한다는 생각을 가지고 있다. 단순한 관광이 아니라 민족적 염원을 비는 장소로 여겨진다. 통일에 대한 염원도 있을 것이고, 만주 고토 회복을 비는 염원도 있을 것인데, 이것은 당장 조선족에 대한 민족 감정 고취로 이어질 가능성이 있다. 특히 국수주의 단체가 '만주는 우리 땅'이라 외치면서 만주를 활보하다가 당국에 검거되는 사태까지 발생했다.

그러니 중국 당국으로서는 이런 태도에 불안감을 느끼지 않을 수 없었다. 대외적으로 한국인에게 만주 탐방 활동을 자제해달라고 요청했고, 내부적으로는 조선족에 대한 단속 정책을 실시했다. 그림4-9 백두산 천지를 배경으로 한 청량음료 광고가 나가자 중국에서는 천지에서의 비디오 촬영을 금지시켰다. 그런가 하면 옌볜에서 점차 남한의 생활방식을 따라가는 경향이 나타나자 남한식 명칭으로 된 간판을 걸지 못하도록 하는 조치를 취하기도 했다. '선구자'와 같은 남한 노래를 금지시키고, '김정숙비'나 '윤동주비'를 비롯한 남·북한 관련 비석도 철거시켰다. 그림4-10

1996년 8월에는 한국인이 관련된 것으로 추정되는 고구려 벽화 도굴 사건이 발생하여 문제가 더욱 커졌다. 장천 1, 2호분이 상당 부분 뜯겨나간 것이 뒤늦게 확인되었고, 이듬

그림 4-9 소수민족 단속 기사(중앙일보) 1995. 1. 27)

그림 4-10 소수민족 단속 기사
(《조선일보》 1995. 3. 13)

해에 국내 신문에 크게 보도되었다. 그림4-11 장천 1호분은 당대의 생활상이 풍부하게 그려져 있어 고구려 연구의 보고로 불리는 고분이다. 2000년에는 장천 1호분이 삼실총과 함께 다시 도굴되는 사건이 발생했다. 이때 장천 1호분에 남아 있던 나머지 벽화가 모두 도굴되었다. 앞서 사건과 달리 이번에는 한국인 범인이 확인되었고 도굴에 참가한 조선족 세 명은 사형에 처해졌다.

이런 일련의 사건들은 중국 정부를 자극했고, 결국 그 대응책의 하나가 동북공정인 것이다. 그런데 여기에 또 다른 배경이 있는 듯한 내용을 다룬 연구들이 있어서 문제를 좀더 심각하게 만들고 있다. 중국의 국경선 안에 있는 역사와 민족을 중국 것으로 만드는 작업에 그치지 않고, 한반도 북부로까지 작업을 연장하고 있는 것이다.

대표적인 연구자인 쑨진지는 그의 연구에서 오늘날의 한국인은 한반도 남부에서 신라인을 핵심으로 형성되었고, 이들이 북쪽으로 확장하여 현재의 국경선이 만들어진 것이라 주장한다. 따라서 한국인은 원래의 중국 영토였던 한반도 북부를 점유한 것이고, 중국이 역사적으로 한국 영토를 쳐들어간 것이 아니라고도 했다.

그림 4-11 고분 도굴 기사(《동아일보》 1997. 3. 28)

3. 고구려가 조선반도 북부를 차지하기 전, 당시 반도 북부는 어디에 속했는가?

이 문제에 대해 조선 학자 및 우리나라 대부분의 세계사 책에는 모두 이 지역은 당연히 조선에 속한다고 했다. 하지만 이것은 모두 오늘날의 중·조 두 나라 국경을 가지고 말하는 것으로, 당시 조선반도 북부는 진晉의 낙랑군에 속했고, 그 이전에는 한·위의 낙랑군에 속했고, 그 이전에는 한의 위씨조선에 속했고, 그 이전에는 진秦의 요동외요遼東外徼, 주周와 연燕의 속국인 기씨조선이었다. 그 당시 조선반도 북부에 살고 있던 사람은 우리나라 이인夷人의 한 갈래인 양이良夷, 그 다음에는 상나라 기자, 그 다음 연·제·조의 망명자들이 낙랑군을 세운 뒤 이 지역은 한족의 방언구역 가운데 하나로 변했다. [중략] 조선반도 북부가 오늘날의 조선민족 거주지가 되고 오늘날 조선의 일부분으로 된 것은 12세기 이후의 일이다. 그렇기 때문에 5세기 고구려가 수도를 평양으로 옮긴 것을 가지고 조선이라는 국가가 생겼다고 봐서는 안 된다. [중략]

8. 역사상 중국이 조선의 영토를 쳐들어가 점령했는가? 아니면 조선이 원래 중국의 영토를 점유했는가?

조선사학가들은 중국이 조선을 끊임없이 침략했다고 한다. 그들은 연이 동쪽으로 영토를 확장한 것, 한이 위씨조선을 멸한 것, 당이 고구려를 멸한 것을 가지고 모두 중국이 조선을 침략한 것으로 본다. 문제는 연이 동쪽으로 영토를 넓혀 땅을 차지한 역사가 조선에 속하는가? 위씨조선은 중국의 이민정권인가, 아니면 조선 역사의 정권인가? 고구려는 중국 역사의 지방정권인가, 조선 역사의 한 국가인가? 이런 기본 문제를 분명히 하기 전에는 침략이라는 말을 해서는 안 된다. 〔중략〕 오늘날의 중조 국경은 비록 조선족이 끊임없이 북쪽으로 확장하여 형성된 것이지만 당시 중국 여러 왕조의 동의를 거친 것이다. 이 영역은 또한 중·조 양국 정부의 승인을 받았다. 오늘날 조선 및 한국의 학자들은 다른 속셈을 가지고 오랜 역사 속의 민족과 정권이 어디에 속하는가 하는 논쟁을 일으켜 중국의 땅을 조선의 것이라고 엉뚱한 음모를 꾸미고 있다. 이것은 두 나라 사이의 우의를 파괴하는 무리한 요구다. 〔중략〕 다만 일부 조선과 한국의 학자들이 다른 속셈을 가지고 중국 영토를 침략하려고 하는 관점을 우리는 반드시 역사적 사실에 바탕을 두고 반박해야 하며, 그들의 감추어진 나쁜 계략을 폭로해야 한다.

_쑨진지, 1994, 289쪽 및 292쪽.

리더산도 한반도 북부는 중국 영토라는 주장을 제기했다.

주지하는 대로, 유구한 역사 시기 중에 조선반도의 대부분, 특히 현재 한강 이북 지역은 일찍부터 계속 고대 중국의 영토였다. 일찍이 기원전 3세기 말, 주 왕조 제후국의 하나였던 연나라는 지금의 랴오하 유역 일대에서 조선반도 북부에 이르는 지역에 정식으로 요동군을 설치했고, 그 군의 치소는 양평襄平(지금의 랴오양 시 부근)이었다. 진이 6국을 멸하고 중국을 통일한 후, 조선반도의 북부는 '요동외요에 속'했는데, 진 왕조의 유효한 통치구역 내에 있었다. 한 무제가 고조선을 멸한 후, 또 반도에 진번, 임둔, 낙랑, 현도의 4군을 설치하고 반도 대부분을 한 왕조가 직접 관할하는 군현지역으로 만들었다. 당나라가 고구려를 멸한 후, 반도에 안동도호부를 설치했는데, 그 아래에 9도독부, 42주, 100현을 관할했다.

_리더산, 14쪽.

조선반도 한강 이북의 강역은 고구려 멸망 후에 안동도호부의 관할이 되었다. 나중에 부분적으로 신라 김씨 왕조에게 잠식되었지만, 신라는 당 왕조의 번국이었으므로 잠식당한 영토를 당 왕조는 적극적으로 수복하려 하지 않았다. 그러나 당 왕조가 반도 북부에 대해 주권을 가지고 있었던 것은 논쟁의 여지가 없는 역사적 사실이다. 이러한 상황은 몽고가 흥기한 13세기까지 계속되었다

_리더산·롼판, 4쪽.

 이것은 만주가 한국 땅이라는 주장에 대한 역공이다. 다른 한편으로 이 주장을 북한의 영토에 대한 현재적 관심과 연결시키지 않을 수 없다. 북한정권이 붕괴된 뒤에도 자신의 영향력 아래에 두거나, 북한 영토에 대한 지배권을 확보하려는 의도를 드러낸 것일 수 있다. 한반도는 현재 한·미·일 동맹과 조·중·러 동맹이 세력 대결을 벌이는 곳이다. 만일 북한이 무너질 경우에 한·미·일 동맹세력이 압록강과 두만강까지 진출하게 되면 중국으로서는 곤혹스럽지 않을 수 없게 된다. 그런 점에서 중국은 북한의 붕괴를 막으려 할 것이고, 붕괴가 된다고 하더라도 자신의 영향권 아래에 두는 방법을 모색할 것이다. 그러한 미래를 예견하면서 서서히 준비하고 있는 작업이 바로 동북공정이다.
 2004년 4월 22일에 북한 용천에서 폭발 사고가 발생했는데, 이때 김정일정권이 붕괴되고 친중 괴뢰정권이 설까 걱정되어 한숨도 자지 못했다는 고건 당시 대통령 권한대행의 회고를 다룬 기사(《조선일보》 2004. 8. 27)도 이를 이해하는 데 참고가 된다. 북한에 경제적 투자를 확대하면서 영향력을 키워가는 중국에 대한 우려 기사도 종종 발견할 수 있다. 그럴 수록 통일에 방해가 될 소지를 안고 있기 때문이다. 중국의 성장에 대해서 불안해하는 것이 단순한 편견에서 나온 것은 아니다.

3. 만주와 한국사 체계

 한반도 북쪽의 너른 땅에 펼쳐진 대륙을 우리는 만주라 부르고 중국에서는 동북지방이라 부른다. 이곳은 남북 길이 1,600여 킬로미터, 동서 너비 1,400여 킬로미터로서 면적이 124만 1,400제곱킬로미터에 달하여 한반도의 6배나 된다. 여기에 약 1억 명의 인구가 살고 있다. 예상보다 훨씬 큰 대륙을 한반도가 머리에 이고 있다. 그림4-12 여기에 러시아 땅인 연해주(16만 4,700제곱킬로미터)를 포함하면 더욱 커진다.
 그런데 중국에서는 만주란 용어를 사용하지 않는다. 금기시하고 있다는 말이 옳을 것이다. 만주는 일제가 세운 만주국을 연상시킨다는 것이다. 이때 일제는 만주가 중원에 독립적인 곳이라는 명분을 내세웠다. 따라서 만주국을 언급할 때에는 '괴뢰 만주僞滿'라고 쓰고 있고 만주족도 만족滿族으로 줄여 쓴다.

그림 4-12 만주 지형도

그러나 만주란 명칭은 이미 청나라 초기부터 사용했다. 처음에는 부족 명칭이었다가 나중에는 지역 명칭으로도 확대되었다. 만주 명칭의 유래에 대해서는 다음 자료를 참고할 수 있다.

'만주'라는 명칭은 청 태종이 숭덕 원년(1636)에 황제 자리에 오르면서 군신들의 권유에 의해 청의 발상지인 후금국을 '만주'로 개칭한 것을 계기로 순치 이후 그 명칭이 빈번하게 사용되었다. '만주'의 어의語義에 관해서는 범어梵語인 만주사리曼珠師利, Man-chu-shih-li에서 나왔다는 설, 숙신肅愼, Shu-chen의 전음轉音인 주신珠申, Chu-shen에서 나왔다는 설, 만절滿節에서 전화되어 만주가 형성되었다는 설, 원래 건주建州 여진족의 가장 존귀한 칭호였던 '만주滿住'를 청 태조 누르하치가 계승해서 사용한 바가 있었는데, 청 태종이 그 존칭을 '만주'로 바꾸어 부족 명칭으로 사용한 데서 비롯되었다는 설, '만주'는 '건주'와 같은 소리였는데 이를 다르게 썼을 뿐이라는 설 등이 있다. 〔중략〕 하지만 '만주'라는 명칭은 청 태조 누르하치가 여진족의 각 부족을 통일하고 1616년 후금정권을 건립하면서 자신을 '만주' 칸이라 부르고, 1635년 홍타이지皇太極가 여진인을 만주인으로 개칭한 후, 점차 족명에서 지명으로 바뀌어 전해 내려왔던 것만은 확실하다. 즉 '만주'라는 명칭은 청초에 여진족 자신의 족명이었지만 점차 그들의 거주지 명칭으로도 쓰이기 시작했던 것이다.

지명으로서의 '만주'는 처음에는 요서·요동지방을 지칭했으나 곧 지금의 만주 전역으로 확대되었고, 청말 중화민국 초에는 만주 전역을 '동삼성'〔奉天省·吉林省·黑龍江省〕이라고 불렀다. 이와 아울러 '만주'라는 명칭은 일본의 괴뢰국 만주국이 수립되면서 보편화되었고, 적어도 중화민국시대까지는 사용되고 있었다. 〔중략〕 그렇지만 중화인민공화국 성립 이후에는 만주라는 용어가 일본의 식민지였다는 이미지 이외에 중국의 온전한 영토가 아니었다는 과거의 각종 견해를 연상시키기 때문에, 이 용어 대신 '동북지구'로 지칭하고 있다. 이 명칭은 '만주가 중국의 확고부동한 동북지구'라는 점을 간접적으로 시사해준다

_윤휘탁, 2006, 243~244쪽.

만주란 명칭 대신에 사용하는 동북지방이란 용어는 중국 전체에서 볼 때 동북쪽에 있는 지방이란 의미를 지닌다. 만주가 문화적으로나 역사적으로나 독립지대라는 의미에 가깝다면 동북지방은 중국의 한 부분이란 의미를 내포한다. 그렇기 때문에 간도間島처럼 만주란 말도 중국에서 금기시하고 있다. 동북공정 연구과제 지침#2(148쪽)에서 간도에 따옴표가 있는 것은 강조하기 위한 것이 아니라 '이른바 간도'란 뜻으로 사용된 것이다.

만주 지역은 한국사와도 깊은 관련이 있다. 지금도 만주에는 조선족이 살고 있고 연해주에는 고려인이 살고 있다. 과거로 올라가면 한민족의 기원을 이루는 예맥족이 살았고, 고조선과 고구려 및 발해의 터전이었다. 그러나 지금은 중국 영토에 속함으로써, 이들의 역사를 현재 영토를 기준으로 중국사로 삼을 것인가, 아니면 역사적 흐름에 따라 한국사로 다룰 것인가 하는 점을 두고 중국과 논쟁을 벌여야 하는 상황에 이르렀다.

종전에 예맥족은 한민족의 기원을 이룬다고 하여 중국민족사에서 제외했으나, 최근에 와서는 이마저 중국민족의 일원으로 다룬다. 이것은 아마 일차적으로 조선족을 염두에 두었기 때문일 것이다. 종전에는 고조선의 역사를 한국사로 간주하면서 고조선이 만주에 있었던 것이 아니라 청천강 이남에 있었다고 주장했다. 그러나 지금에 와서는 청천강 이남에 있었던 고조선마저 중국사에 속한다고 강변한다.

고구려는 중국 영토 안에서 일어난 중국의 지방정권으로 규정하기 시작하고 있다. 과거에 고구려를 한국사로 취급하던 방침을 변경한 것이다. 심지어 장수왕의 후예라고 하는 고구려 고씨가 중국에 존재한다는 점도 그 근거로 든다. 사실 한반도에 살고 있는 고씨는 고주몽의 후손이 아니라 제주도 출신 고씨들이다. 최근에 와서 횡성 고씨가 고구려 계통이라는 주장이 제기된 적이 있기는 하나 확인하기 어렵다. 이처럼 고구려를 한국사에서 떼어내는 것은 과거 일제시대에 와다 세이和田淸가 주장했던 것을 연상시킨다. 그런데 근

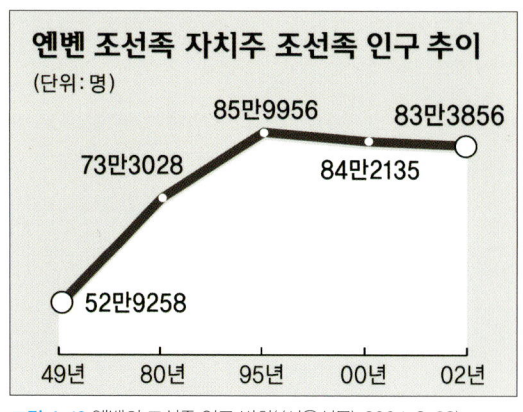

그림 4-13 옌볜의 조선족 인구 변화《서울신문》 2004. 8. 28)

래에는 국내 연구자마저 고구려, 발해를 한국사에서 떼어내야 한다는 주장을 제기하기도 했다.

고구려가 그러하니 발해도 당연히 당나라 지방정권이라 한다. 사실 발해는 고려시대와 조선시대를 거치는 동안 우리 역사로 넣기도 하고 제외하기도 했다. 그만큼 양면성을 지닌 역사다. 다행히 실학시대 이후 우리 역사로서 이해되고 연구되기 시작했다. 그런데 중국에서는 1980년대부터 발해사를 중국사로 삼는 작업을 본격적으로 시작하여 오늘에 이르고 있다.

이와 같은 역사는 현재의 조선족 문제와 직결되어 있다. 중국에는 약 200만 명의 조선족이 살고 있고, 그 가운데 대다수가 옌볜 조선족자치주에 몰려 있다. 그림4-13 이들은 한민족의 후손이면서 중국인이기도 하다. 우리는 이를 종종 망각하는 경우가 있다. 1980년대 후반부터 조선족들이 비공식적으로 한국을 방문하여 발표를 가졌을 때에 '우리나라'와 '우리 민족'이란 용어 때문에 혼란을 겪은 적이 있었다. 조선족이 말하는 우리 민족은 한민족을 가리키지만 우리나라는 중국을 의미했다. 그러나 청중들은 모두 한국을 가리키는 것으로 오해하여 의미 전달에 혼선이 빚어졌던 기억이 있다.

김영삼 대통령이 중국을 공식 방문했을 때 조선족 대표를 접견하려 했으나 중국 정부에서 막아서 실현하지 못한 일도 있었다. 우리는 조선족을 동포로 이해하고 있는 데 반하여 중국에서는 자신의 소수민족이라 생각하고 있기 때문에 발생한 사태였다. 반면에 2001년 말에 아르헨티나에서 소요사태가 발생했을 때 중국 정부는 현지 중국인의 생명과 재산을 보호해달라고 아르헨티나 정부에 촉구한 적이 있다. 19세기에 아메리카로 건너간 화교를 중국 교민으로 생각하면서, 역시 19세기에 만주로 넘어간 조선족은 한국 교민이 아니라고 여기는 사실에서 중국 민족정책의 이중성을 발견할 수 있다.

이를 이해하기 위해서는 중국의 민족 인식을 살펴볼 필요가 있다.

중국인들은 '한국계 중국인', '미국계 중국인' 혹은 '티베트계 중국인'이라는 개인의 존재를 인정하지 않는다. 베이징은 오직 '소수민족,' 인종적 블록 등을 말할 뿐이며, 여기 속하는 사람들은 모두 중국인인 것이다. 중국의 언론 매체들은 '티베트 동포' 또는 이를 줄인 말인 '장바오藏胞'라는 말을 자주 사용한다. 이는 티베트를 하나의 민족이라고 부르는 것과 양립되지 않는다. 통바오同胞라는 말은 말 그대로 '같은 부모로부터 태어났음'을 의미하는 것이다.

더 나아가 베이징의 중국 당정 국가는 외국에 사는 중국인의 후예들을 '해외의 중국인'이라고 부를 정도다. 그들은 '중국계 호주인' 혹은 '중국계 싱가포르인'이라고 불리지 않는다. 그들은 단지 해외에 거주하는 중국인이며, 이는 그들이 마치 베이징 정부에 속하는 것이라고 보는 의미다. 1997년 한국의 서울에 거주하는 화교들이 홍콩의 중국 반환을 축하하는 것을 보도한 〈런민일보〉는 그들을 '한국에 거주하는 중국인'(한국 화교)이라고 지칭했다.

_로스 테릴, 282~283쪽.

과연 조선족의 역사는 한민족의 역사인가 아니면 중국의 역사인가? 이것은 나아가 재일동포, 고려인 등과도 관련되는 것이고, 재외동포특별법과도 바로 이어지는 것이기도 하다.

중국의 주장처럼 고조선에서 한사군을 거쳐 고구려, 발해로 이어지는 한반도 북부와 만주에서의 역사가 모두 중국사라고 한다면 한국사는 신라와 백제, 고려, 조선으로만 이어지게 된다. 결과적으로 한국사 체계는 심히 훼손될 수밖에 없다. 마다정의 〈광밍일보〉 기고문의 요지를 살펴보겠다.

우리(중국)는 고구려민족이 중국 동북 역사상의 한민족으로서 고구려정권이 중국 동북 역사상의 변강민족정권이라고 인식하고 있으니, 그 근거는 다음과 같다. 첫째, 고구려 민족의 선조는 중국 동북지구에서 활동했다. 둘째, 고구려 발원지 및 도성은 모두 한사군 범위에 속하며, 고구려는 중국에 부단히 칭신, 조공하고 하사품을 받았다. 셋째, 한나라에서 당나라에 이르기까지 역대 중국왕조는 분열 시기까지 포함하여 모두 고구려를 변강민족정권으로 인식했다. 넷째, 고구려는 7세기에 이르는 장구한 시간을 거치며 책봉, 조공, 납질을 하면서 신속 관계를 유지했고 중국의 밖에 있으려는 시도를 하지 않았다. 이에 따라 고구려 멸망 후 당나라에 대해서 망국의 한을 품지 않았고 오히려 당나라의 통일대업에 적극 참여했다. 다섯째, 고구려 멸망 후 대다수가 한족으로 융합되었고, 일부만이 반도민족이 되었다.

다음으로 왕씨고려는 고구려의 계승자가 아니다. 고려는 고구려와 시간적으로 현격하며, 반도 중남부에서 신라를 대신해 일어난 정권이다. 또한 주민도 한반도 남부의 삼한 후예인 신라인, 백제인이 주축이었다. 왕건은 고구려 후예가 아니라 낙랑군의 후예일 가능성이 높다. 따라서 한국의 역사는 삼한—신라와 백제—고려—조선으로 이어졌으며 한반도를 벗어난 적이 없다.

왕씨 고려를 고구려의 계승자로 본 것은 《오대사》《송사》 등의 중국 역사서에서 착오를 범했기 때문이다. 특히 《명사》에서는 이성계를 조선 국왕으로 봉하면서 기자조선-위씨조선-한사군-고구려-고려-조선의 계승 관계를 인정하여 기자조선-위씨조선-한사군-고구려로 이어지는 중국 역사를 한국사에 넣는 큰 착오를 범했다. 결국 왕씨 고려와 조선은 고구려와 기자조선을 '도용'한 정권이었다.

이에 따라 중국 학자는 신라계 정권만이 한국사라는 주장을 편다. 여기에 일본의 임나일본부설까지 끼어들게 되면 결국 우리 역사의 무대는 한반도 중부와 남부 일부로 줄어들고 신라와 백제만 남게 된다.

만약 이 주장을 추종한다면 북한에 대한 연고권마저 사라질 것이다. 여기서 역사는 영토 문제와 관련되게 된다. 북방사를 떼어내고 신라 또는 삼한이 한국사의 모체라고 할 경우, 대동강과 원산만을 잇는 영역을 확보한 삼국통일은 불완전한 통일이 아니라 남부로부터의 영역 확장이 된다. 고려의 북쪽 변경 진출을 거쳐 조선 초기에 압록강과 두만강을 경계로 하는 국경선이 확정될 때까지의 과정도, 삼국통일의 불완전성을 보완하면서 고구려 영역을 수복하는 과정이 아니라 북방으로의 팽창 과정이 되는 것이다. 쑨진지가 "오늘날의 중·조 국경은 조선족이 끊임없이 북쪽으로 확장하여 형성된 것"이라고 지적하면서 누가 누구를 침략한 것인가 반문한 것은 이런 논리에서 나온 것이다.

다른 연구자들이 공험진, 철령위의 위치 문제를 들고 나온 것도 실은 원산만 이북을 빼앗았다는 주장을 내세우려는 데 목적을 두고 있다. 다음 글은 그 의도를 잘 말해준다.

《고려사》이든 《동국여지승람》《용비어천가》《이조실록》이든 모두 이조 시기에 만들어졌는데, 이 모든 책에 공험진이 투먼강을 넘었다는 내용이 나타나고 있는 것은 이조가 또다시 우리 옌볜지구를 침점하려 했음을 드러내주는 것에 틀림없다. 이러한 의도는 청대에 와서 더욱더 명확히 드러났으며, 근대에 발생한 '간도 문제'는 바로 그 두드러진 사례다.

_류쯔민, 329쪽.

■ 참고 사이트와 문헌

동북아역사재단 홈페이지 : www.historyfoundation.or.kr

중국의 동북공정 홈페이지 : chinaborderland.cass.cn

고구려연구재단 편,《2004년 고구려연구재단 연구자료 편람집》2005.

로스 테릴Ross Terrill 저, 이춘근 역,《새로운 제국—중국》국제문제시리즈 7, 나남출판, 2005.

류쯔민劉子敏,〈'공험진'의 위치에 관한 재고증〉《중국의 동북변강 연구》고구려연구재단, 2004.

리더산李德山,〈東北邊疆和朝鮮半島古代國族硏究〉《中國邊疆史地硏究》2001-12, 東北邊疆史硏究的回顧與展望 특집호.

리더산·롼판樊凡,《中國東北古民族發展史》中國社會科學院出版社, 2003.

리성厲聲 저, 정영진 역,〈'동북공정'과 '고구려 역사연구'에 대한 몇 가지 견해—고구려 역사문제 학술토론회에서 한 발언〉《고구려 역사 문제 연구 논문집》고구려연구재단, 2005.

마다정,〈'동북변강 역사와 현재 상황에 대한 일련의 연구 공정'에 대한 몇 가지 문제〉《중국의 동북변강 연구》고구려연구재단, 2004.

박장배,〈중국의 '소수민족' 정책과 지역구조—지역 재구성 및 '서부 대개발'과 관련하여〉《중국의 동북공정과 중화주의》고구려연구재단 연구총서 12, 2005.

송기호,〈중국의 한국고대사 빼앗기 공작〉《역사비평》65, 겨울호, 역사비평사, 2003.

쑨진지孫進己 저, 임동석 역,《동북민족원류》동문선, 1992.

쑨진지,《東北民族史硏究》1, 中州古籍出版社, 1994.

쑨진지,〈고구려와 중한의 관계 및 귀속〉《고구려연구》18, 2004.

웨난岳南 지음, 심규호·유소영 옮김,《하상주 단대공정》1·2, 일빛, 2005.

윤휘탁,〈현대중국의 변강·민족인식과 '동북공정'〉《역사비평》65, 겨울호, 역사비평사, 2003.

윤휘탁,《신중화주의—'중화민족 대가정' 만들기와 한반도》푸른역사, 2006.

이개석,〈현대중국 역사학 연구의 추이와 동북공정의 역사학〉《중국의 동북공정과 중화주의》고구려연구재단 연구총서 12, 2005.

이희옥,〈중국의 '동북공정' 추진현황과 참여기관 실태〉《중국의 동북공정과 중화주의》고구려연구재단 연구총서 12, 2005.

임기환,〈동북아시아사에 대한 한·중 간 역사인식의 차이—고구려사와 발해사를 중심으로〉

《제47회 전국역사학 대회 공동주제 세계화시대의 역사분쟁 발표문》 전국역사학대회 조직위원회, 2004. 5. 28~29.

장세윤, 〈중국의 소수민족정책과 조선족 문제〉《문학사상》 2004년 10월호.

| 제5장 |
중국의 영토관과 민족관

제5장
중국의 영토관과 민족관

어느 민족이나 자신의 생활터전에 대한 자의식, 그리고 정체성에 대한 자의식을 가지고 있게 마련이다. 그런데 중국에서는 신중국이 들어선 뒤에 전통적으로 유지해온 영토와 민족에 대한 관념이 크게 변모했다. 역사상 보기 드물게 너른 영토와 많은 민족을 아우르게 되면서, 이들을 포섭하기 위해서 새로운 관점을 가져야만 했기 때문이다.

이에 따라 중국에서는 전통적 관념과 새로운 관념이 충돌을 빚기도 했다. 현재의 중국이 역사적으로 형성되는 과정을 설명할 수 있는 두 가지 시각이 있다. 하나는 주체민족인 한족漢族의 확장 과정으로 바라보는 것이다. 이것은 전통적 시각인 동시에 순리적인 시각이다. 그러나 이러한 팽창주의적 시각에서는 정복자와 피정복자가 있게 마련이다. 한족이 소수민족을 점령하여 지배하게 되었다는 설명은 소수민족 입장에서는 그 지배에서 벗어나야 한다는 독립의 논리로 연결될 수 있다. 여기에 중국의 고민이 있는 것이다.

이에 따라 새로 고안해낸 것이 '통일적 다민족국가론(다민족통일국가론)'이다. 여러 민족이 공동으로 중국을 이룩했고 이들은 장차 '중화민족'이란 단일민족을 형성해나갈 것이라는 이론이다. 이런 논리에서는 소수민족의 독립이나 자결, 이와 관련된 영토 분할은 불가능해진다. 따라서 한족 중심의 팽창주의적 관점을 해소하고 소수민족 분리를 차단하는 효과가 있을 것이다. 그러나 이것은 근본적으로 역사적 사실을 호도한다는 문제점을 안고 있다. 사실과 이론이 충돌하는 것이다. 그 모순이 역사적 해석을 왜곡함으로써 동북공정과 같은 역사 논리까지 오게 된 것이다.

이제 이를 염두에 두면서 중국의 영토관 및 민족관이 전통시대에서 신중국으로 어떻게 변모했는지를 살펴보겠다.

1. 전통시대의 천하관과 화이사상

1.1. 천하관

'천하天下'는 하늘 아래의 세계로 이 세상을 가리킨다. 천하관이란 세계관과 비슷한 말이지만, 전자가 현실 세계에 대한 공간적이고 정치적인 관념인 데 비해서 후자는 형이상학적이고 현세와 내세 같은 시간적인 관념이다. 그런 점에서 천하관은 전통적인 영토관과 연결시켜볼 수 있다.

중국 천하관의 출발점은 우왕禹王이 천하를 통일하고 기冀·연燕·청靑·서西·양揚·형荊·여予·양梁·옹擁의 9주를 설정했다는 《서경》〈우공禹貢〉 편에서 찾을 수 있다. 우왕은 중국의 첫 왕조인 하夏나라를 세운 전설적인 임금으로서 홍수를 다스리고 천하를 통일했다고 한다. 이때 중국은 동쪽으로 바다에 이르고 서쪽으로 유사流沙에 이르렀다고 하나, 남북이 어디까지 미치는지는 제대로 언급되어 있지 않다. 이 9주는 고대의 천하에 해당한다고 할 수 있다. 신라가 삼국을 통일하고 9주를 두었던 것도 여기서 유래했으니, 동양에서 9가 완결된 숫자로 인식된 것을 감안하면 신라가 자신이 목표로 삼았던 세상

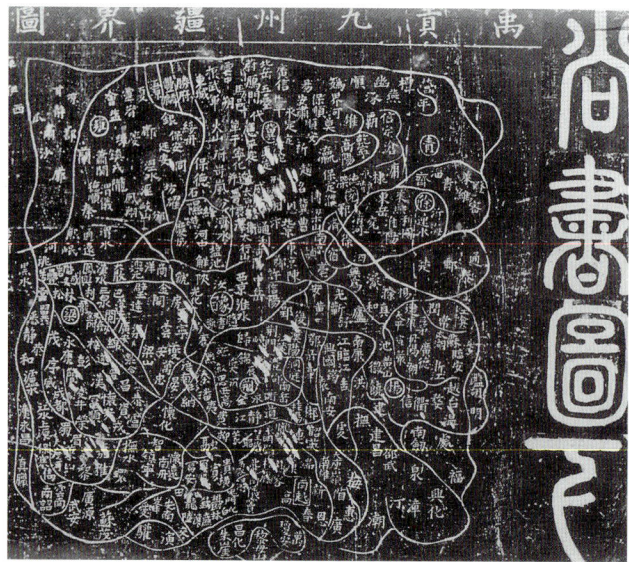

그림 5-1 우공구주강계도禹貢九州疆界圖 탁본(《中國古代地圖集(戰國-元)》, 文物出版社, 1990, 圖 89)

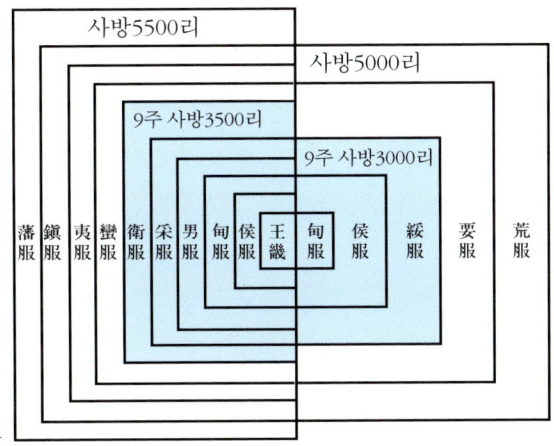

그림 5-2 5복과 9복 개념도

을 통일한 것으로 이해했다고 추측할 수 있다.

9주와 그 외곽 지대는 몇 개의 구역으로 구분되었다. 거리에 따라 5개의 복속지로 나누었으니, 500리마다 전복甸服, 후복侯服, 수복綏服, 요복要服, 황복荒服이 되었다. 전통적으로 영토는 방형으로 파악했으므로 맨 마지막의 황복은 사방 5,000리에 해당한다. 그림5-2 이 가운데 전복은 기내畿內로서 천자의 직할 지역이고, 후복과 수복은 제후국이며, 요복과 황복은 오랑캐의 나라들이었다.

《주례周禮》에서는 왕기王畿의 사방 1,000리 밖으로 500리마다 9복을 설정했으니, 중화 지역인 9주는 위복衛服까지고 그 밖의 지역은 오랑캐의 땅에 해당한다.

《산해경山海經》에서도 세계 인식을 엿볼 수 있다. 이 책에서 세상은 해내海內(즉 中)와 해외海外 그리고 대황大荒의 세계로 구분되었다. 그리고 천하의 크기는 다음과 같이 서술되었다.

> 우임금이 이렇게 말했다. "천하의 이름난 산으로 5,370곳을 다녀보았는데 그것들이 차지하는 면적은 6만 4,056리였다. 동·서·남·북·중 다섯 방향의 산악에 대해 서술했다. 그 나머지 작은 산들도 대단히 많긴 하지만 대개 기록할 만한 것들은 못 된다. 천하는 동서로 2만 8,000리, 남북으로 2만 6,000리인데 강물이 흘러나오는 산지가 8,000리, 강물을 받아들이는 유역이 8,000리며 구리를 산출하는 산이 467곳, 철을 산출하는 산이 3,690곳이다."

흥미롭게도 이 책은 조선 후기에 새롭게 인식되면서 천하도天下圖라고 하는 독특한 지도가 만들어졌다. 서양의 지리 지식과 《산해경》의 지리를 결합시켜 중국 중심의 세계를 그리고 있는 것이다. _{그림5-3} 이에 따라 현실 속의 서양 국가 이름과 전설 속의 지명이 뒤섞여 등장한다.

중국의 이러한 영토 의식에 화이사상華夷思想이라는 민족 관념이 투영됨으로써 중화와 오랑캐의 땅이 구분되었다. 송나라 때의 화이도華夷圖는 그 대표적인 사례다. _{그림5-4} 이러한 화이도 개념은 중원에 이민족왕조가 들어서면서 크게 바뀌게 된다. 중화와 오랑캐가 하나가 된 세계를 구현한 것으로 표현했으니, 몽골족이 세운 원나라 때에 혼일도混一圖란 명칭이 붙은 지도가 나온 것이 대표적이다. _{그림5-5} 조선의 첫 번째 세계지도인 혼일강리역대국도지도混一疆理歷代國都之圖(1402)와 두 번째 지도인 혼일역대국도강리지도混一歷代國都疆理之圖(16세기 중엽)에도 '혼일'이란 단어가 들어가 있는 것을 볼 수 있다.

이런 과정을 겪으면서 형성된 중국인의 영토관은 명나라 말기부터 청나라 초기까지 산 지식인 왕부지王夫之에게서 엿볼 수 있다.

> 명말 청초의 강렬한 화이론자로 유명한 왕부지는 '중국'이 영토로 편입하지 않을 수 없는 공간을 다음과 같이 지적했다. 즉 '북으로는 사막(장성 이남), 서북으로는 황하와 황수湟水(간쑤), 서로는 대천 이서大川以西(쓰촨), 남으로는 남해, 교지交趾와 합포合浦에서 동북의 갈석碣石(허베이)'. 왕부지가 교지와 월越이 요堯 이래 중국의 일부임을 강조한 것도 주목되지만 그는 이 지역이 천지의 정情이 표현된, 그 자체로 완결된 하나의 자연 구역으로서 산천의 풍기風氣가 서로 호흡하고 동질적인 인간이 서로 어울려 살도록 마련된 공간임을 주장함으로써 그 통합의 당위성을 강조했다.
>
> _이성규, 92~93쪽.

여기서 언급된 공간은 중화제국의 기본적인 영토로서 대체로 진나라의 통일 판도와 일치한다. 진시황이 기원전 221년에 제齊나라를 멸망시키고 통일을 이룩했을 때 중국의 범위가 비로소 확정된 셈이다. 이 당시의 영역을 《사기》〈진시황본기〉에는 다음과 같이 서술했다.

> 법률과 도량형을 통일하고 수레의 너비를 통일했으며, 문자의 서체를 통일했다. 영토가 동쪽으로는 동해東海(현 황해)와 조선에 이르고, 서쪽으로는 임조臨洮와 강중羌中(간쑤성 서남쪽)에 이르고, 남쪽으로는 북향호北嚮戶(우링산맥五嶺山脈 이남 지역)에 이르고, 북쪽으로는 황하를 근거지로 하여 요새를 쌓아서 음산陰山(현 내몽고의 산맥)을 끼고 요동에 이르렀다(진시황 26).

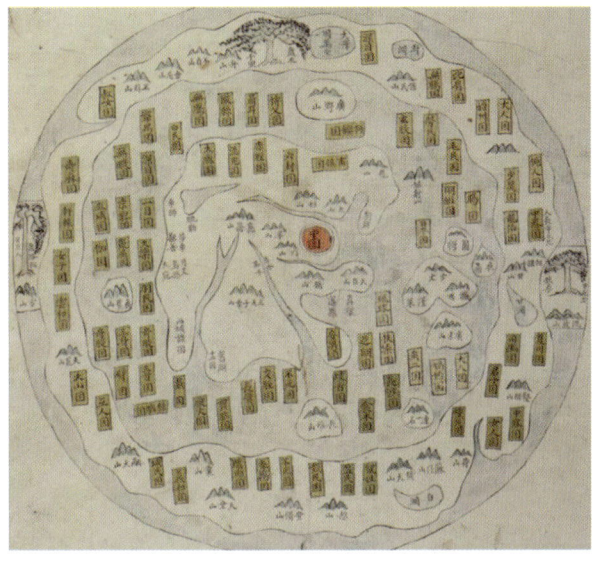

그림 5-3 천하도(규장각 소장 해동지도)

그림 5-4 고금화이구역총요도古今華夷區域總要圖(《中國古代地圖集(戰國-元)》, 圖94)

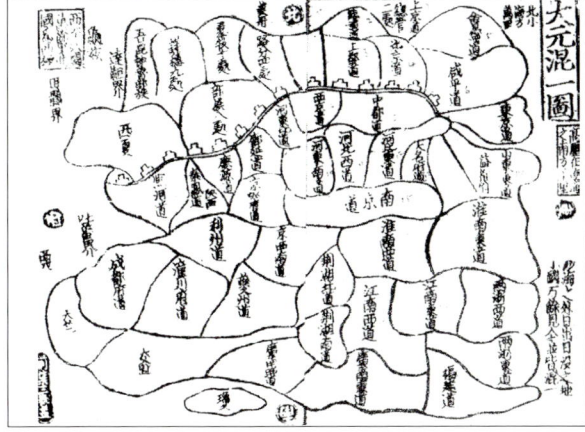

그림 5-5 대원혼일도大元混一圖(中國古代地圖集(戰國-元), 圖177)

그림 5-6 현재와 진·한 시대 영역 비교(www.culture.edu.tw)

이 범위는 오늘날의 중국 영토와 비교해볼 때 작은 부분에 불과하고 만주지역과 서방지역의 대부분은 진시황 영역의 외곽에 있었다. 그림5-6 오늘날처럼 넓어진 중국의 판도는 청나라 때에 형성된 것이다.

현재 중화인민공화국의 영토는 대체로 청조의 영역을 계승했다. 중국은 이 영토 전체에 대한 주권을 양보할 수 없는 권리로 주장하고 '중화민족'이란 묘한 개념을 만들어 이 주장을 뒷받침하고 있다. '중화민족'은 중화민국의 '국민'인 한족과 55개 소수민족 전체를 하나의 '민족'으로 설정한 것인데, 그 개념의 타당성 여부를 일단 차치하면, 이 개념이 인정되는 한 소수민족의 독립이나 자결, 그리고 이에 따른 영토의 분할 주장 등은 모두 논리상 불가능하다. '국민'을 50여 이상의 복수민족으로 인정할 경우 그 독립의 가능성이 남아 있지만, '중화민족'처럼 그 복수민족이 분해될 수 없는 '다원 일체' 또는 '통일적 다민족'의 성원이라면 독립이나 자결의 여지가 없고, 그 영토 역시 분해할 수 없는 일체로 보존되어야 하기 때문이다.

_이성규, 91쪽.

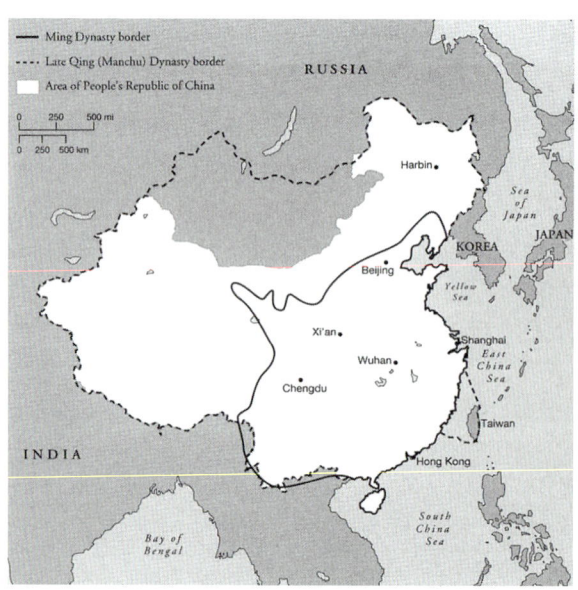

그림 5-7 현재와 명·청 시대 영역 비교(로스테릴 원서 삽도)

역대 중국의 영역은 확장되기도 하고 축소되기도 했다. 그런데 영토가 확대된 시기는 한족왕조가 들어섰을 때가 아니라 이민족왕조가 들어섰을 때였다. 한족왕조의 확장에 따른 것이 아니라 이민족의 원거주지가 포함됨으로써 더 넓어진 것이다. 이것은 한족왕조인 명나라와 이민족왕조인 청나라의 판도를 비교한 그림에서도 명확히 드러난다. 그림5-7 그럼에도 중국은 이민족이 넓혀놓은 현재의 영역을 고정 범위로 설정하고 과거 역사를 맞추려 하고 있다.

1.2. 화이와 화이사상

전술했듯이 5복이나 9복은 가운데에 중화가 있고 그 주변을 오랑캐가 둘러싸고 있는 것으로 설정하고 있다. 어느 민족이나 자신이 세계의 중심으로 문명 개화된 존재고, 그 주변에는 미개한 오랑캐가 살고 있는 것으로 생각하게 마련이다. 먼저 아테네와 페르시아의 사례를 보자.

> 자신의 부족에게는 자신이 지배자라는 것과 관련하여 아르켈라오이(지배족)라는 이름을 붙였지만, 그 밖의 부족에게는 각각 히아타이(돼지족), 오네아타이(당나귀족), 코이레아타이(돼지새끼족)라는 이름을 붙였다.
>
> _헤로도토스, 하, 43쪽.

> 자기들이 어떠한 점에 있어서도 세상에서 가장 우수한 민족이며, 다른 민족은 지금 말한 것처럼 거리에 따라 그 가진 장점의 정도가 약해지기 때문에 자기들로부터 가장 멀리 떨어져 있는 민족이 가장 열등하다고 생각하는 것이다.
>
> _헤로도토스, 상, 109쪽.

중국의 관념도 이와 다르지 않다. 중국 주변에 사는 오랑캐로는 동쪽의 이夷, 서쪽의 융戎, 남쪽의 만蠻, 북쪽의 적狄이 있었으니, 벌레 충虫자나 개 견犭자를 집어넣은 것은 아테네가 돼지, 당나귀 등의 동물 명칭을 붙인 것과 비슷하다. 역대로 중국의 주변 국가나 민족 명칭은 이러한 표기 방식을 취해왔다. 참고로 '되胡'와 같은 의미로 쓰이는 우리말에 '오랑캐'가 있는데, 이 말은 조선시대에 만주에 살던 올량합兀良哈의 명칭에서 유래된 후대의 단어다. 조선왕조실록에는 오랑개吾郎改 등으로 표현되어 있는 여진족의 한 갈래를 뜻한다. 우리 민족의 근간을 이룬 종족의 하나인 맥貊은 원래 돼지와 비슷한 짐승의 이름이고, 예濊

는 더럽다는 뜻을 지니고 있다. 원래의 발음을 표기하되 뜻이 비루한 글자를 선택한 것이다. 연연蠕蠕이나 흉노匈奴, 선비鮮卑, 말갈靺鞨 등의 이름에도 격을 낮추는 뜻이 들어 있다.

동이, 서융, 남만, 북적의 네 오랑캐는 흔히 사이四夷로 통칭되고, 이를 중화와 합쳐서 화이華夷라 한다. 중화는 원래 '중국'과 '화하'가 합쳐진 단어로서 위진시대에 처음 등장했다고 하는데, 이것이 우리가 생각하는 중국의 모태다. 그런데 남북조시대에 북방 이민족이 중원을 차지하면서 번한蕃漢이니 한인漢人이니 하는 용어가 새롭게 등장했다.

> 민족과 문화 명칭의 의미를 보면, 위·진 이전에 '중국인'과 '하인夏人'은 동일한 뜻이었고, 동진·16국에서 남북조 사이에 '중화'와 '한인'이 파생되어 새로운 민족 명칭이 되었고, '중국'은 각 민족 공유의 명칭이 되었다. 원래 '중국'과 '사이'는 대칭어로서 이때에 '번한'이란 새로운 대칭어가 파생되었다.
>
> _천리엔카이, 96쪽.

이처럼 화이와 번한은 모두 중화와 오랑캐의 합성어다. 그런데 양자의 차이는 다음 자료에서 볼 수 있듯이 주로 문화적 차이에 바탕을 두고 있다.

> 우리 여러 융족戎族들은 음식과 의복이 중국과 같지 않고, 왕래도 하지 않고, 언어도 통하지 않는데 어떤 나쁜 자들이 그렇게 만들었습니까?
>
> _《춘추좌전》 양공襄公 14년.

> 관중管仲은 환공桓公의 재상으로 그를 도와 제후들의 패자로 만들었고, 종주국인 주나라를 받드는 동시에 천하를 크게 바로잡았다. 그리하여 백성들은 오늘에 이르도록 그의 혜택을 입고 있는 것이다. 만약 관중이 아니었더라면 우리들도 머리를 풀고 왼쪽으로 여미는 옷을 입었을 것이 아니겠느냐?
>
> _《논어》〈헌문憲問〉.

오랑캐는 음식, 의복, 물건, 언어 등이 중화와 다르고, 머리를 풀어헤치고 왼쪽으로 여미는 옷을 입었다. 이에 비해서 중화인은 머리를 묶고 오른쪽으로 여미는 옷을 입었다. 이 때문에 피발좌임被髮左衽은 미개 야만의 상징어가 되었다. 때때로 오랑캐는 이리나 승냥이로 비유되기도 했다. 이렇게 문화적 차이를 우열의 관점에서 바라본 것은 앞서 아테네나 페르시아에서도 동일하게 볼 수 있다.

그럼에도 지금 중국 학자들은 이러한 구분이 민족 차별 의식을 띤 표현이 아니라 단지 문화적 차이를 표시한 것에 불과하다고 공통적으로 해석하고 있다.

> 이로써 선진시대의 '중국'인은 '만'·'이'·'융' 등의 글자를 민족 차별 의식을 띤 표현으로 보지 않았음을 알 수 있다. 〔중략〕 총괄하자면 '융'·'이'·'적'·'강'은 원래 유목민족·수렵민족의 생활과 생활방식을 표시한 문자에 지나지 않는다.
> _왕커, 68~69쪽.

다른 책에서도 화이의 구별을 그동안 너무 민족 차별적인 관점에서만 보아왔다고 하면서, 문화가 다른 양자가 서로 뒤섞이지 않고 각각 자신의 터전 위에서 살아야 한다는 것을 강조한 것으로 설명했다(리다룽, 9~12쪽). 이것은 분명 역사적 사실을 감추고 있는 것이다.

중국 주변의 민족은 마치 울타리나 병풍처럼 중원을 두르고 있는 것으로 여겨져 번병藩屛으로도 표현됐다. 중국의 역사는 화이의 지속적인 대립과 충돌 속에서 진행되었다고 해도 과언이 아니다. 특히 북방민족과의 대결은 두드러진 것이었다. 북방민족은 세력을 키우게 되면 생활 조건이 나은 중원으로 들어가려 했다. 따라서 중국은 이들을 방비하는 데 골몰했고, 중국이 자랑하는 만리장성도 이 때문에 세워졌다. 한나라 때에는 흉노匈奴, 오호십육국시대에는 흉노, 갈羯, 선비鮮卑, 저氐, 강羌의 5호胡, 당나라 때에는 토번吐藩, 돌궐突厥, 위구르回紇가 두각을 나타냈다. 당나라 이후에는 송나라와 명나라만 중화의 국가였고, 그 나머지는 이민족이 세운 왕조였다. 요나라는 거란, 금나라는 여진, 원나라는 몽골, 청나라는 만주족이 주체가 되었다.

따라서 중국으로서는 주변 민족을 어떻게 방어하고 통제하느냐가 중요한 과제였다. 중국은 이들 세력을 분열시키거나 회유하는 데 주력했고, 때로는 무력 정복을 시도했다. 호월일가胡越一家는 사해일가四海一家와 마찬가지로 천하가 통일되어 이상적인 평화를 이룩하는 꿈을 표현한 말이다. 이것은 당 태종이 북방 오랑캐인 돌궐 힐리가한頡利可汗에게 춤을 추게 하고 남방 오랑캐인 남만南蠻 추장 풍지대馮知戴에게 시를 읊도록 한 뒤에 "호월일가는 자고로 없었던 일이다"라고 한 말에서 유래되었다. 이 관념이 현대적으로 변용되어 거서본일가車書本一家, 화동위일가和同爲一家라는 교육이념으로 등장하게 된 것이다.

오랑캐로서 오랑캐를 통제한다는 이이제이以夷制夷 정책은 로마에서 실시했던 분열정책divide and rule처럼 주변 민족을 분열시켜 세력 결집을 막는 것이었다. 당나라가 신라와 연합하여 백제와 고구려를 멸망시킨 것이나, 발해를 물리치기 위해서 신라를 끌어들인 것이 그러한 사례들이다. 그런가 하면 현지 지배자를 회유하여 중국의 관작과 은전을 베풀며 묶어두는 기미羈縻정책을 폈다. 기미란 마소를 맘대로 조정하는 데 쓰는 말굴레와 쇠고삐를 의미한다. 이 정책은 당나라 때 와서 가장 발달했는데 이민족 지역에 행정구역까지 설치하여 마치 내지처럼 취급했다. 당나라가 고구려 지역에 안동도호부, 백제 지역에 웅진도독부, 신라에 계림주도독부, 발해에 홀한주도독부를 설치한 것은 이 때문이다. 그 밖에 중국에 위협이 되는 세력은 무력으로 정복했으니, 한나라 때 흉노를 친 것이나 수·당이 집요하게 고구려를 공격한 것을 예로 들 수 있다.

중국은 번병과의 관계를 부자 또는 군신에 비유했다. 이론적으로 중국과 동등하거나 이보다 더 강한 나라는 존재할 수 없었다. 특히 전국시대에 여러 왕을 제압하고 천하를 통일한 진시황이 기원전 221년에 새롭게 황제를 자칭하고, 아울러 황제만 사용할 수 있는 용어를 채택한 뒤로는 황제 중심의 수직적인 천하 질서가 더욱 강요되었다.

> 진나라가 천하를 통일하고 나서 승상과 어사에게 이르기를, "[중략] 과인이 보잘것없는 몸으로 군사를 일으켜 폭란을 토벌할 수 있었던 것은 조상의 혼령이 돌보았기 때문이다. 6국의 왕들이 모두 처벌당하여 천하가 크게 안정되었으니, 이제 호칭을 바꾸지 않는다면 그동안 이루어놓은 업적을 드러낼 수 없고 후세에 전할 수도 없을 것이다. 그대들은 제帝의 호칭을 논의하도록 하라"고 했다. 그러자 승상 왕관, 어사대부 풍겁, 정위 이사 등이 모두 아뢰기를, "[중략] 신들이 황공하게도 존호를 올리나니, 왕을 태황泰皇이라고 하고, 명命을 제制라고 하고, 영令을 조詔라고 하며, 천자天子가 스스로를 칭할 때는 짐朕이라고 하십시오"라고 했다. 그러자 진왕은 "태泰자를 없애고 황皇자를 취하고, 상고시대의 제帝라는 호칭을 채택하여 '황제'라고 부를 것이며, 다른 것은 그대들이 논의한 대로 하라"고 말했다. 그러고는 "좋다"고 재가했다. [중략] 또 이르기를, "[중략] 짐은 최초로 황제가 되었으므로 시황제라고 부르고, 후세에는 수를 세어서 2세, 3세라고 하여 만세에 이르기까지 길이 전해지도록 하라"고 했다.
>
> _《사기》 권6, 진시황 26년.

자연히 번병은 중국에 복종하고 중국은 이들을 어루만지는 관계가 설정되었다. 사대事大란 바로 이런 의미를 지닌다.

> 제후들이 진나라 임금께 귀의하는 것은 예가 있기 때문입니다. 예란 것은 소국이 대국을 섬기고[小事大], 대국이 소국을 돌보는[大字小] 것을 말합니다.
>
> _《춘추좌전》 소공昭公 30년.

우리 역사에서는 통일신라와 조선이 적극적으로 사대주의를 채택했고, 나머지 왕조도 조공을 바치는 등, 정도의 차이는 있지만 사대정책에서 벗어나지 못했다. 이것은 대국 옆에 붙어 있는 소국으로서는 어쩔 수 없는 선택이었다. 고려시대 자료 하나를 살펴보겠다.

> 좌우도통사들이 아뢰기를 "[중략] 대체로 소국이 대국을 섬기는 것은 나라를 보전하는 도리니, 우리나라는 삼한을 통일한 이후 성실하게 대국을 섬겼고, 현릉玄陵(공민왕)이 홍무 2년 명나라에 복종하여 올린 글에 '자손만대 길이 신하로 되겠다'고 했으니 그 정성이 지극했습니다. 전하도 그 뜻을 계승하여 매년 조공하는 예물을 한결같이 황제의 뜻대로 보냈으므로 특별히 현릉에게는 시호를 주고 전하의 작위를 봉하여 주었습니다. 이것은 종묘사직의 복이며 또 전하의 크나큰 덕입니다"라고 했다.
> 《고려사》권137, 신우전 14년(1388), 5월.

태조 이성계가 위화도 회군을 하면서 내세웠던 네 가지 불가론 가운데 하나도 "소국으로서 대국을 거역하는 것[以小逆大]"이었다. 이 뒤로 조선은 명나라의 제후국이 되어 사대를 국책으로 삼았다.

"하늘에는 두 해가 있을 수 없고, 땅에는 두 왕이 있을 수 없다[天無二日, 土無二王]"는 전통적 관념은 동양사회의 수직적 질서를 잘 보여준다. 주변 민족은 복종의 뜻에서 정기적으로 조공을 바쳐야 했고, 중국은 지배자의 권위를 인정해준다는 의미에서 책봉을 실시했다. 그림5-8

조공朝貢은 이미 중국 선진시대부터 시작된 외교 행위였다. 그렇지만 황제를 알현하는 행위인 '조'와 토산물을 선물로 바치는 행위인 '공'이 합쳐져 하나의 단어가 된 것은 《한서》에 와서였고, 그 뒤 당나라 때에 와서야 보편적으로 사용되는 전문용어가 되었다. 조공은 칭신·사대에 동반되는 것으로서 상하 관계나 주종 관계를 전제로 한다. 그러나 이러한 관계에는 의례적이고 명목적인 경우가 많았다.

중국은 수직적인 국제질서만 요구했고, 이에 입각하여 다양한 외교 관계를 모두 조공으로 표현했다. 당나라 기록에 따르면 중국에 조공했다가 사라진 나라는 300

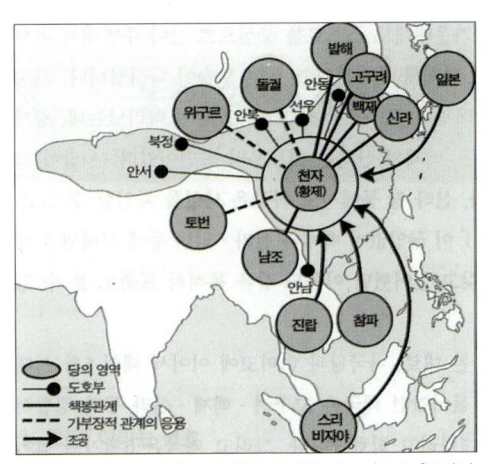

그림 5-8 당나라 때의 조공 책봉 관계(요시노 마코토 《동아시아 속의 한일 2000년사》 112쪽)

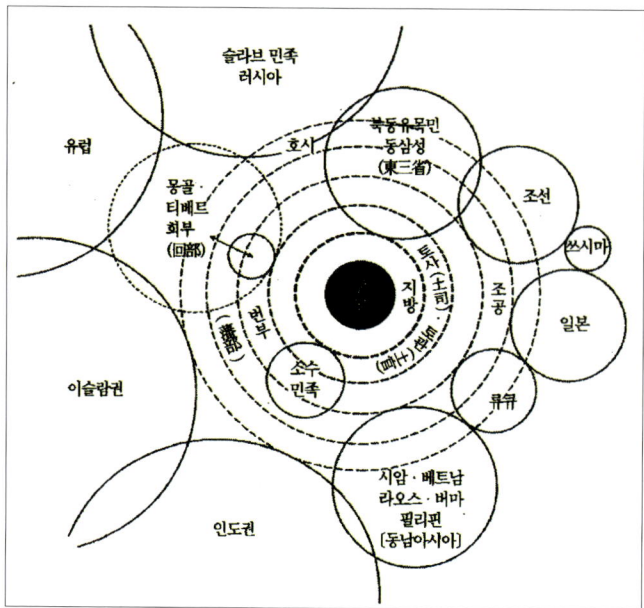

그림 5-9 중국과 주변국의 관계(이성시 《만들어진 고대》 152쪽)

여 국이었고, 당시에 존재했던 나라는 70여 국이었다(《당육전》 권4, 〈주객랑중主客郎中〉). 70여 국 가운데는 동쪽으로 일본·신라, 서쪽으로 대식大食·파사波斯·5천축五天竺 등, 북쪽으로 실위室韋, 남쪽으로 진랍국眞臘國 등이 포함되어 있다. 그런데 이 명단에는 국가로 분류할 수 없는 세력 집단이 들어 있는가 하면, 분명히 당나라의 지방정권에 속하지 않았던 일본, 백제, 대식, 파사, 천축 등도 들어 있다. 따라서 조공 여부만 가지고는 당나라에 대해서 독립적인 국가였는지 여부를 판단할 수 없다. 그림5-9

조공은 동아시아에서만 이루어진 것은 아니었고, 강한 나라와 그 주변과의 관계에서 흔히 일어나는 것이었다. 다음은 그중 흥미로운 사례에 속하는 것이다.

> 민그렐리의 통치자가 매년 터키 황제에 지불하는 조공도 '직물과 노예'였다. 이 조공을 이스탄불까지 가져갈 임무를 맡은 대사는 별난 문제에 부딪쳤다. 그가 터키의 수도에 머물 때 그 체재 비용을 어떻게 지불할 것인가? 그 해결책은 이러했다. 그의 수행원들은 30명이나 40명의 노예들로 되어 있어서, 이들을 한 명씩 팔아치운 것이다. 다만 그의 비서만은 예외였는데, 라 불레에 의하면 이 비서는 제일 마지막 순간에 가서야 팔았다는 것이다. 그 후 그는 홀몸으로 귀향했다.
>
> _페르낭 브로델, 640쪽.

책봉冊封은 중국의 벼슬을 내려주는 '책'과 벼슬에 따른 땅을 주는 '봉'이 결합된 말이다. 중국 주변의 지배자는 이런 행위를 통하여 중국 천자와 관계를 맺음으로써 내부적으로나 대외적으로 자신의 지위를 보장받을 수 있었다. 그렇지만 중국 주변의 지배자에 대한 책봉도 본질적으로 외교상의 신속 관계를 반영하는 것에 불과했지, 결코 이들이 중화제국의 일부분이란 증거가 될 수는 없다. 19세기 말에 청나라가 일본과 프랑스, 미국 등에 "조선은 청의 속국이지만, 청의 영토는 아니다"라고 한 지적을 상기할 필요가 있다. 때로는 거란 태조나 금 태조처럼 국가를 건설한 뒤에 자신의 권위를 위해서 책봉을 능동적으로 요구하기도 했다. 거란 태조 야율아보기耶律阿保機는 후량에 책봉을 요구했고, 금 태조 아골타阿骨打는 자신을 황제로 칭하면서 요나라에 책봉을 요구했다.

한편 기미체제에 속했다는 것은 조공·책봉 관계에 있는 경우보다 중국에 더 예속적이었음을 의미한다. 앞서 언급한 70여 국 가운데 기미부주羈縻府州가 설치되거나 기미부주 명목을 가지고 있는 나라는 24국에 불과하다고 한다. 그런 점에서 기미체제에 속한 것이 조공국에 속한 것보다 더 좁은 의미로 해석할 수 있다. 영역화(내지화內地化)가 중국에 가장 강하게 편입된 경우고, 다음으로는 기미, 책봉, 조공 순이다. 앞서 언급한 것처럼 신라와 발해에는 당나라의 기미도독부가 설치되어 있었다. 그런데 당나라가 설치한 기미부주는 856개에 이르렀으니 이것은 360개 정주正州의 2.4배에 달한다. 영주營州 지역에 설치한 기미부주만 해도 21부, 96주였다. 이 숫자만 보아도 기미부주가 모두 당나라 영토였고 당나라 지방정권이었다고 보기는 어렵다.

이상으로 보건대 조공책봉체제나 기미부주체제에 속했다고 해서 모두 중국의 영역은 아니었다. 중국의 범위에는 기미부주, 조공책봉에 속한 일부 지역이 포함될 뿐이다. 그러므로 내외를 구분하는 기준이 무엇인가 하는 점에서 논란이 일지 않을 수 없다.

2. 신중국의 새로운 인식

1949년 신중국이 들어선 뒤에 영토관과 민족관을 둘러싸고 논쟁이 벌어졌다. 이 논쟁의 핵심은 과연 현재의 중국이 과거 중국의 범주인가, 현재 중국 강역 안에 있는 고대민족은 모두 중국의 민족인가, 중국은 일찍부터 통일적 다민족국가를 형성했나에 관한 것들이었다. 이를 둘러싸고 견해가 양분되었으니 다음 표는 이를 간단히 비교한 것이다.

현재 중국 = 과거 중국	현재 중국 ≠ 과거 중국
현재 중화인민공화국의 강역으로 역사상 중국의 범주를 획정해야 한다.	역대 왕조의 강역으로 역사상 중국의 범주로 삼아야 한다.
과거는 현재를 위해서 사용〔古爲今用〕.	과거에서 과거를 논함〔就古論古, 爲古而古〕.
현재의 입장에서 역사 해석.	당시의 입장에서 역사 해석.
신중국 건설 이후 당면한 민족 모순과 계급 모순 등 현실 문제 해결 기여.	중국의 전통적 역사 인식의 틀을 유지.
비과학적 '좌左'적 경향이란 비판을 받음.	대한족주의적, 지방민족주의적, 전통적 정통사관에 입각한 사고라 비판 받음.

_김한규, 13쪽.

후자가 전통적 인식을 반영하는 것이라면 전자는 신중국 이후 새롭게 등장한 것이다. 그런데 학문적 논쟁을 통하여 전자가 승리를 거둠으로써 후자는 무시되고 전자만 일방적으로 통용되었다. 이리하여 신중국의 영토관과 민족관은 전통적 인식과 크게 달라지게 되었다.

특히 신해혁명을 통해서 1911년에 성립한 중화민국은 이민족 거주지역이 대거 포함된 청나라의 영역을 그대로 계승했다. 이를 효과적으로 포섭하기 위해서 중화주의와 다른 새로운 통합 논리가 필요했으니, 이런 과정에서 '오족공화'나 '중화민족', '중화민족다원일체격국', '통일적 다민족국가' 등과 같은 새로운 개념어를 고안해냈다.

이제 신중국에서 새로운 영토관과 민족관이 등장하는 과정을 자세히 살펴보도록 하겠다.

2.1. 영토관의 변화

청나라는 주변 지역을 정복하여 영토를 크게 확장함으로써 영토 면에서 내지內地와 번부藩部의 이원적 구조를 이루었다. 그림5-10

청조는 명조 초기 이래 형성된 중화세계로서의 '동남의 초승달the southeastern crescent'과 내륙으로 뻗은 몽골·티베트·신장 등의 번부 및 내륙 조공국으로 구성된 '서북의 초승달the northwestern crescent' 지역이 합쳐진 중국세계와 비중국세계의 이원적 구조를 지닌 국가였다.

_모테기 도시오, 144~145쪽.

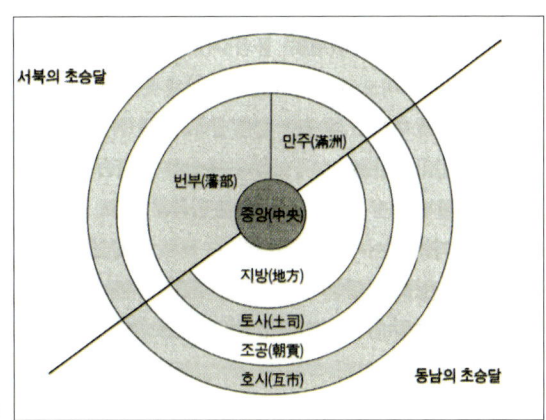

그림 5-10 청조의 구조(모테기 도시오, 145쪽)

　내지는 직할지인 18개의 성에 해당하고, 번부의 주요 지역은 몽골, 티베트〔藏族〕, 위구르였다. 청나라는 번부에 대해서 독립적인 구역 명칭을 붙였으니 만주, 시짱西藏, 신장新疆이란 용어가 그것이다.

　　청조는 매우 독특하게 '대구역'의 이름을 창안하여 사용했다. 먼저 청조는 인간 집단의 명칭으로 등장하고 기존의 '여진' 등을 대체한 '만주'라는 용어를 채용했다.
　〔중략〕 또 1663년(강희 2)에 출현한 시짱이란 명칭도 철저히 청조 제국체제의 고안품이었다. '시짱'이라는 이름 자체가 청대에 발명된 것이고 사실 티베트는 1720년에 청에 복속되었다. 그리고 청조는 준가리아를 석권하고, '신장'이란 말이 최초로 등장하는 1757년에 카쉬가리아〔南路〕 전역을 점령함으로써 신장 정복을 완료했다. '만주'니 '시짱'이니 '신장' 따위의 청 제국체제의 외곽을 구성하는 요소들은 17, 18세기에 새롭게 명명된 것이었고, 이것은 청조 판도가 '대구역'들로 구성되어 있다는 것을 시사하는 것이다.

_박장배, 164쪽.

　원래 청나라는 번부를 내지와 구별하여 이夷 지역으로 인식했다. 만주와 번부로 한인이 이주하는 것을 금지시켜 이들 지역을 한인으로부터 격리하는 정책을 취했다.
　그러나 건륭제 시기부터 내지와 번부의 일체화정책이 추진되기 시작했고, 이 정책은 19세기 후반부터 러시아, 영국 등 서구 열강의 침탈을 받으면서 변경 지역에 대한 지배를 강화하기 위해 본격화되었다. 번부에도 내지와 마찬가지로 성省을 설치하고 주민을 변방으로 이주시키는 이민실변移民實邊 정책을 실시했다. 1906년에 번부를 주관하는 부서가 이 번원理藩院에서 이번부理藩部로 개편되었는데, 이번원은 원래 외번外藩 사무를 담당하던 기구로서 외무를 담당하던 예부禮部와 연관되어 있었던 데 비해서 이번부는 내무 담당기구였다. 또 이번원은 현지인의 자치구역을 관할하는 성격을 띠었던 데 비해서 이번부는 중앙정부의 직할지인 성을 관할하는 성격을 띠게 되었다.

일본은 침략을 위해서 중국 내지를 본부本部로 부르면서 번부와 더욱 구별하려 했다. 1934년에 창간된 역사지리학잡지〈우공禹貢〉의 창간사에서는 이러한 일본의 태도에 대해 강하게 비판한 바 있다.

> 일본이 우리를 침략하려는 뜻을 품고 '본부'라는 용어를 만들어내어 우리의 18성을 지칭함으로써 우리의 변지를 원래 우리 것이 아니라고 암시하고 있는데도 우리의 지리 교과서는 모두 이를 따라 부르고 있으니, 그들의 마취를 당한 것이 분명하다. 이는 우리의 치욕이 아닌가?
>
> _유용태, 192쪽.

내지와 번부의 일체화정책은 대한족주의를 오족공화五族共和〔漢, 滿, 蒙, 回, 藏〕의 대민족주의로 전환하는 계기를 가져왔다. 이로부터 번부는 중국 내부의 변강邊疆이라는 주장이 제기됨으로써, 중국 주변 지역이 번부에서 변강으로 바뀌게 되었다.

헌법에서도 이러한 변화를 감지할 수 있다. 〈중화민국임시약법中華民國臨時約法〉(1912) 제3조에서는 "중화민국의 영토는 22행성行省, 내·외몽골, 시짱, 칭하이青海다"라고 하여 22성과 변강의 구도로 서술되던 것이 〈중화민국헌법초안中華民國憲法草案〉(1936. 5) 제4조에 이르러서는 "중화민국 영토는 장쑤江蘇, 저장浙江, 안후이安徽, 〔중략〕 신장, 몽골, 시짱 등 고유의 강역이다"라고 나열하여 내지와 변강의 구별이 사라져버렸다.

그러나 한족 중심주의 사고를 일시에 버릴 수는 없었다. 쑨원의 강연에서 이를 엿볼 수 있다.

> 이른바 오족공화란 사람들을 기만하는 말이다. 장족·몽고족·회족·만주족은 모두 자위 능력이 없다. 빛나고 큰 민족주의를 발휘하여 장족·몽고족·회족·만주족을 우리 한족에 동화시키고 가장 커나란 민족국가를 건설하는 것이 한인의 자결이다.
>
> _박상수, 240쪽.

쑨원은 1912년 중화민국의 임시 대총통으로 취임한 뒤에 입장을 바꾸어 오족공화론을 강조했다. 그러나 그의 오족공화론은 "중화민국의 성립 이후 독립과 이탈의 움직임을 보이고 있던 주변 지역의 소수민족에게 공화의 장점을 내세우면서 중화민국의 체제 속에 끌어들이려는 수준 이상의 것은 아니었다고 할 것이다. '달로를 몰아내고 중화를 회복하자〔驅除韃虜, 恢復中華〕'를 외쳐 만주족의 배제 내지는 동북으로의 복귀를 주장해왔으면서 청조 지배체제가 확보해놓은 영역 전체는 그대로 계승하겠다는 '민족주의적(또는 대한족주의적?)' 발상 이상의 것이라고 보기는 어려운 것이다"(김형종, 15쪽). 지금의 통일적 다민족국가론도 이와 다르지 않다.

역사적으로 보아도 이민족 중심의 왕조가 화이 일체 의식을 표방한 반면에 한족 중심의 왕조는 화이 구별 의식을 강하게 표출했다. 이러한 측면에서 진한제국과 수당제국의 차이를 엿볼 수 있다.

> 수당 세계제국의 성격을 외형적으로 규정하자면, 첫째 통일제국이라는 것이고, 둘째 타민족과 문물에 대한 개방성일 것이고, 셋째 서북방 민족(대개 유목민족)에 대한 정치적 영향력의 확대일 것이다. 이 세 가지 특징은 서로 연관되어 있는 것이지만, 한마디로 좁혀서 말하자면 '이하夷夏의 일원화'다. 이하가 서로 구별·적대하는 진한제국과는 차원이 다른 통일제국인 것이다. 한제국의 와해 요인은 간단하게 요약될 수는 없지만 이민족 문제가 중요한 요인 중의 하나였고 따라서 오호십육국의 출현은 한적漢的 통일제국의 극한적 표현이라 할 것이다. 필자는 호한체제의 구축과 통일체제의 성취가 오호·북조인이 추구해야 할 불가피한 도정인 동시에 양 체제야말로 바로 수당제국의 가장 특징적인 모습이라고 생각한다.
>
> _박한제, 33쪽.

혼일도混一圖를 그린 원나라나, 모두 똑같이 사랑한다는 '일시동인一視同仁'을 표방한 청나라도 이민족정권이었다. 반면에 한족은 화와 이를 철저히 구분하려 했다. 그런데 이제 와서는 거꾸로 한족 주체의 국가인 신중국에서 화이일체론을 내세우고 있는 것이다.

주변 민족의 터전이었던 변강을 중국으로 파악하려는 논의는 신중국이 수립된 뒤인 1950년대 초부터 토론을 통해서 다듬어지게 되었다. 중화인민공화국의 국토 범위가 역사적 국토 범위에 해당하는지, 아니면 역대 왕조의 강역이 역대 국토에 해당하는지에 관한 논의에서 바이서우이白壽彝는 "역대 왕조의 강역을 기준으로 역사상의 국토 문제를 논하는 것은 잘못된 방법이며, 중화인민공화국의 현재 영토 범위에서 역사적 국토 문제를 논하는 것이 옳은 방법이다"라고 주장했고, 이에 대해서 농민 전쟁사 연구자인 쑨쭤민孫祚民은 "역사상 각 왕조의 변화를 부인하는 것으로서 비과학적인 방법"이라고 비판했다. 그러나 대세는 바이서우이의 견해로 기울었고, 이 주장은 약간의 변형이 있을지언정 지금까지 큰 변화 없이 계승되고 있다.

현재의 견해가 어떠한지를 보여주는 두 가지 글을 읽어보겠다.

> 중국 역사 형성의 전체 과정에서 본다면, 진대에는 우리나라(중국) 최초로 남북방을 포괄하는 광대한 면적의 국가 강역을 건립했고, 한·당 양 시기에는 북부, 서부 및 남부 방향으로 끊임없이 자신의 강역을 넓히기 시작했고, 송·요·금 시기의 기초 위에 원대에는 우리나라 역사상 가장 광대한 국가 강역을 건립했으니, 북으로는 시베리아 지역에까지 이르고, 서로는 중앙아시아 중심 지역과 일부 동유럽 지역까지 이르러서, 아시아 대륙을 거의 망라했으며, 청 말기에는 제정러시아의 확장으로 많은 영토를 잃어버린 것이 수백만 평방킬로미터에 달한다. 우리나라의 현재 강역은 제정러시아가 청조를 강박하여 체결한 몇 개의 불평등조약의 기초 위에 형성된 것이다.
>
> _두융하오·왕위랑, 41쪽.

> 우리들은 어떻게 역사상의 중국이란 문제를 처리할 것인가? 우리들은 청나라가 통일을 완성한 이후, 제국주의가 중국을 침입하기 이전의 청나라 판도, 구체적으로 1750년대부터 1840년대 아편전쟁 이전의 중국 판도를 가지고 전통시대의 중국 범위로 삼을 수 있다. 이른바 전통시대의 중국은 이를 범위로 삼아야 한다. 수백 년이든 수천 년이든 이 범위 안에서 활동한 민족은 모두 중국 역사상의 민족이고, 이 범위 안에 건립한 정권은 모두 중국 역사상의 정권이다. 간단히 회답하면 이와 같다. 이 범위를 벗어나는 것은 중국민족이 아니며, 중국정권이 아닌 것이다.
>
> _탄지샹, 2쪽.

중국 영토의 변화 과정을 보면 영토의 확장 시기는 남북조, 요, 금, 원, 청과 같이 한족정권이 아닌 이민족정권이 들어섰을 때였다. 지금은 한족 중심의 신중국을 건설하고서 이민족이 확장해놓은 과실을 따먹고 있는 것이다.

2.2. 오랑캐에서 소수민족으로

영토관이 바뀌었듯이 중국의 민족관도 바뀌었다. 번부를 변강으로 인식하여 중국 내지로 삼은 것과 마찬가지로, 주변 민족을 번이, 즉 오랑캐로 부르던 것을 이제 와서는 소수민족이라 부르고 있다. 이 소수민족이란 용어가 발생하게 된 배경은 다음 글에 잘 설명되어 있다.

'양무' 운동의 중요한 성과 중 하나는 근대 서구의 개념들을 구미에서 직접, 또는 일본을 통하여 간접적으로 수용하기 시작했다는 점이다. '민족' 개념의 수용은 획기적인 것이었다. 19세기 후반 이래 사용되는 '민족'이란 말은 고대 문헌에 전혀 등장하지 않는 것은 아니지만 현재와 같은 'nation'과는 관계가 없는 용어다. 한 조사에 의하면, '민족'이란 용어를 중국에서 제일 먼저 사용한 이는 1882년에 〈양무재용기소장洋務在用其所長〉에서 '민족은번民族殷繁'이란 말을 썼던 왕타오王韜라고 한다. 그러나 중국에서 1895년경부터 종종 '민족'이라는 말이 쓰이게 된 것은 량치차오梁啓超 등의 활약에 힘입은 것이었다. 이후 일본의 번역어인 '민족'은 중국에 수용되어 급속하게 퍼졌다. 중국의 민족 개념은 주로 스위스, 독일의 법학자 블룬츨리J.K. Bluntschli(1801~81)의 '민족' 개념을 수용하여 이루어진 것이다.

여기에 20세기 벽두에 구성된 '중화민족' 개념은 본부, 변부 일체화정책에 탄탄한 근거를 부여해주었다. 1902~03년 무렵에 '중화'와 '민족'이 결합하여 '중화민족'이란 말이 쓰이기 시작했다. 혁명파와 개량파가 갈등하는 상황에서 '민족'을 강하게 내세운 것은 장빙린章炳麟과 같은 혁명파 인사들이었다. 이때의 '중화민족'은 주류 중국인인 '한족'을 말하는 것이었다. 혁명파는 쑨원孫文이 내세운 '민족', '민권', '민생'의 '삼민주의'를 자신들의 논리로 사용했다. 개량파는 '혁명이 일어나면 중국은 분할될 것'이라며 혁명에 반대했다. 그러나 정작 1911년 신해혁명이 일어났을 때는 '청' 제국의 판도는 '하나의 국가'를 이뤄야 한다는 입장이 공식적으로 선택되었다. 중국 지식인들 사이에서 '민족동화'론이 적잖게 주장되었지만, 쑨원 등은 '오족공화'라는 구호를 공식적으로 내걸었다. 이것은 물론 티베트나 몽골 등 이민족 지역에서는 도전받는 '중국' 개념이었다. 1910년대 말에 쑨원은 변방 민족을 사실상 아메리카 인디언 같은 존재로 간주하여 '국족國族'과 '중화민족' 속에 포함시켜버렸다. 당시의 '중화민족'은 '한족'을 가리키는 것이었고 '비한족'은 쑨원의 경우에 볼 수 있는 것처럼 동화의 대상이었고 '비한족 지역'은 '대식민지' 건설의 대상이었다.

그런 상황에서 1920년대 전반기에 중국에 '소수민족'이라는 개념이 도입되었다. 미국의 인종 문제가 미국 정치의 기저에 있다면, 중국 정치의 기저에는 '소수민족' 문제가 있다고 할 수 있다. 1920년대 '소수민족' 개념의 고안은 획기적인 의미를 갖는 일이었다. '소수민족' 개념의 고안을 통해서 기존의 '이민족'은 '소수민족'으로 거듭났다고 할 수 있다. 소수민족 개념의 도입은 실질적으로 '연방제' 논리를 단지 구호 차원에서 내세운다는 것을 의미한다. '오족공화'의 오족은 '네이션'에 가까운 개념이다. '소수민족' 개념의 등장으로 '중화민족' 개념은 사실상 완성되었다고 할 수 있다. 1928년 중국을 사실상 재통일한 장제스蔣介石는 '삼민주의'를 강하게 내세우면서 '소수민족'을 '중화민족'의 일원으로 보았다. '중화민족'과 '소수민족'은 종족宗族과 지족支族의 관계로 간주되었다. 국민정부 시대의 언론에는 민족동원론民族同源論이 매우 빈번하게 등장했다. 장제스의 국민정부 시기에는 '소수민족' 개념에 적극적인 의미가 부여되지 않았다는 측면에서 한계를 보이고 있었다.

_박장배, 166~168쪽.

1951년 바이서우이가 현재 중국 강역 안의 고대민족은 모두 중국의 민족이라고 주장했고, 쑨쭤민은 그렇지 않다고 반론을 제기했으나, 역시 바이서우이의 견해가 받아들여져 지금까지 내려오고 있다.

이렇게 되면 다수민족과 소수민족과의 관계를 어떻게 설정할 것인가 하는 문제가 발생한다. 제4장에서도 간단히 언급한 바 있지만, 마르크스주의에 의거하여 다수의 민중을 역사의 주체로 설정하면 인구의 절대다수를 차지하고 있는 한족이 언제나 역사의 중심에 서게 되고 말 그대로 소수민족은 조연으로 밀려나게 된다. 수적인 우세가 주요 기준이 됨으로써 한족의 확장도 한족의 역사요, 이민족이 중원으로 들어와 세운 정권도 한족의 역사가 되어버린다. 중국의 이민족정권이 중국사가 되는 이유도 여기에서 찾는다. 소수의 거란족은 비록 국가를 세웠다고 하더라도 역사의 주체가 될 수 없다는 것이다. 그러므로 발해 역사에서도 다수의 말갈족이 주체가 된다.

이러한 인식은 자칫 제국주의적이고 패권주의적인 역사관과 연결될 위험성을 지니고 있다. 다수가 밀어붙이면 그것이 정의롭건 아니건 간에 자신의 역사가 된다. 반면에 소수민족이 다수민족을 아무리 정복하고 지배해도 역사의 주류가 될 수 없다. 그렇기 때문에 고구려가 멸망한 뒤에 다수가 중국으로 유입된 사실을 근거로 고구려사가 중국사라고 주장하는 논리가 나온 것이다. 고구려 유민이 끌려간 사실은 고려의 대상이 되지 않는다. 자의에 의한 것이냐 타의에 의해 어쩔 수 없이 선택한 것이냐는 기준이 되지 않는다.

이러한 인식을 보여주는 글을 하나 더 보겠다.

우리들이 일상적으로 일컫는 바의 '민족 원류'는 실질적으로는 모두가 주원主源과 주류主流다. 다원 다류多源多類 중에 주원 주류를 확정짓는 일은 대단히 중요하면서도 매우 어려운 일이다. 열쇠는 어떤 표준을 근거로 해서 주원 주류를 확정하느냐 하는 것이다. 이에 대해 나의 의견은 이러하다.

첫째, 수적으로 광대한 사람들의 내원來源과 향방을 근거로 하여 주원 주류를 확정지어야 한다. 과거 사학자들이 민족 원류를 연구할 때 왕왕 소수 통치자의 원류를 가지고 전체 민족의 원류로 삼은 일이 있다. 이러한 시각은 마르크스의 기본 관점에 위배되는 것이다. 마르크스의 이론에 의하면, 역사의 주인은 바로 광대한 노동 군중이지 개별적인 통치자가 아니라고 했다. 따라서 몽고의 기원을 논할 때는 결코 칭기즈칸 한 가족의 내원에 주의해서는 안 되며, 마땅히 전체 몽고족을 형성한 각 부족의 내원을 고찰해야 한다. 그리하여 그 속에 대부분 부락의 족원을 밝힌 후 몽고족의 주원을 확정해야 한다.

또 발해의 족원을 논할 때면 대조영의 가세家世에만 착안해서는 안 된다. 대조영이 고구려인이건 속말말갈인이건 이는 결코 발해의 주원을 결정하는 데 중요하지 않으며, 다만 발해족을 형성한 광대한 사람들의 내원이 어느 족이었던가에 초점이 맞추어져야 한다.

또 고구려족의 주원을 연구할 때에는, 역시 주몽이 부여에서 나왔다는 전설에 의지해서 고구려가 부여에서 나왔다고는 할 수 없다. 왜냐하면 설령 주몽이 부여에서 나왔다 해도 그는 겨우 개인일 뿐이다. 그가 졸본수卒本水에 닿기 전에 그곳에 이미 졸본부여·비류·행인荇人·양맥梁貊·개마蓋馬·구다句茶 등 많은 예맥 부락이 존재하고 있었다. 이렇게 보면 고구려족은 마땅히 이들 일부 예맥 부락이 융합하여 형성된 것으로 보아야 한다. 따라서 고구려족은 부여로부터 나온 것이 아니며, 고구려와 부여는 똑같이 예맥에서 나온 것이 된다.

같은 이치로 주류를 확정지을 때도 역시 수적으로 많은 백성이 어디로 갔는가를 근거로 해야 한다. 즉 일부 국왕이나 왕손王孫의 향방을 주류로 보아서는 안 된다. 이를테면 요가 발해를 멸하자 발해의 왕자와 10여만 명의 발해인이 신라로 투항해갔다. 그러나 이 숫자는 발해인 100여만 명과 비교해보면 일부에 불과하여 이들을 곧 주류로 볼 수는 없다.

둘째, 구성인을 직접 떠나 추상적으로 경제·문화·언어 등의 계승만을 근거로 삼아서는 안 된다. 이를테면 오환의 대부분은 조조에 의해 중원으로 옮겨진 후 한족이 되었다. 다만 일부분만이 당대까지도 원거주지인 완수完水에 살면서 여전히 오환이라 불렸다.

이 둘 중 과연 어느 것이 주류인가? 인구수의 절대다수를 차지하는 전자인가, 아니면 그 부락의 명칭·언어를 그대로 보존하고 있는 일부의 후자인가?

혹 어떤 이는 문화·언어의 계승성을 강조하여 후자가 주류라 할 것이다. 그러나 만약 인구 대다수의 기준을 주류로 삼는다면 마땅히 전자여야 할 것이다.

_쑨진지, 78~79쪽.

2.3. '통일적 다민족국가' 논쟁과 역사 해석

신중국이 성립된 뒤에 벌어진 한민족 형성 논쟁은 기본적으로 "현재 중국 영토 안에 있던 과거의 민족들이 모두 중국 민족인가?"로 귀결되는 것이었다. 이에 대해서 판원란范文瀾, 웡두졘翁獨健, 자오화푸趙華富 등은 중국이 진한시대 이래로 '통일적 다민족국가統一的多民族國家'였다고 주장했다. 현재의 중국이 한족과 55개 소수민족이 통일되어 이룩된 통일적 다민족국가임을 표방하고 있음은 이미 지적했다. 이러한 현재의 상황을 그대로 과거에 투영시켜 과거 중국도 역시 통일적 다민족국가였음을 내세운다. 따라서 전통시대 중국은 한족의 역사뿐 아니라 주변의 이민족까지 포함할 수 있다는 것이다. 다음은 그러한 사례다.

진·한 이래 중국은 하나의 통일적 다민족국가가 되었다. 그 후 2,000여 년의 세월 가운데 통일의 시기는 3분의 2를 점하고 분열의 시기는 3분의 1을 점하여 통일의 시기가 중국 역사 발전의 주류였다고 할 수 있다. 역사상 분열 국면은 보통 한족 통치계급이 한곳을 차지하거나(예:삼국), 소수민족 통치계급이 한곳을 차지함으로써(예:16국) 형성되었다.

_구바오, 66쪽.

"아국은 자고로 하나의 통일적 다민족국가였고 한족과 허다한 '형제 민족'들이 이제 모두 하나의 민족 대가정의 성원이 되었으니 한족왕조의 통치하에 있지 않거나, 스스로 독립정권 혹은 국가를 세워 한족 왕조와 병존한 민족이나 국가를 외족이나 적국이라 할 수 없다"거나 혹은 "현재의 중화 모든 민족은 형제 민족이니 마땅히 평등하고 화목하고 단결하여 민족 대가정의 행복한 생활을 공동으로 건설하여 향수해야 할 것이다"라는 이른바 '통일적 다민족국가론'은 정부의 절대 지지 속에 대륙 민족학계의 다수 주류를 형성하고 있다. 이와는 반대로 외족인가 외국인가의 여부는 당시의 실제 상황에 근거하여 결정해야 한다고 주장하는 학자도 소수지만 없는 것은 아니다.

_박한제, 23쪽.

그 반대에 섰던 대표적인 연구자가 쑨쭤민으로서, 다음과 같은 주장을 폈으나 중국학계에서는 용납되지 않았다.

저명한 농민 전쟁사 연구자인 쑨쭤민은 다른 의견을 제시했다. "통일적 다민족국가를 형성한 역사 과정을 무시하고, 역사상의 '당시當時'와 오늘날의 '당금當今'이라는 두 개의 관련이 없는 시간 개념을 뒤섞을 수 없다. 역대 왕조 시기 해당 왕조의 강역 바깥에 있던 독립 민족국가를 결코 당시 중국의 범위 안에 포괄할 수 없다. 한의 흉노, 당의 돌궐, 송의 거란과 여진, 명의 몽고 등이 그러하다. 그들이 오늘의 국경 안에 거주했다고 하여, 그들을 각 왕조의 일부분으로 집어넣을 수는 없다. 당시의 각 왕조로 보면, 외족이고 외국이다. 따라서 '자고 이래 통일적 다민족국가'라는 개념은 착오다"라고 반대했다. 또 역사상 민족 사이의 전쟁의 성질, 민족융합과 민족동화, 화친 등의 문제에 대한 당시의 논의에 대하여도, 쑨쭤민은 한국가 내부의 민족 사이의 전쟁은 침략 전쟁이 아니라는 주장에 반대했으나 역시 받아들여지지 않았고, 소수 의견에 불과했다.

_이개석, 40~41쪽.

중국은 과거나 현재를 통틀어 통일적 다민족국가라고 하면서 '하나의 중국', '하나의 민족'을 지향하고 있다. 그에 따라 새롭게 고안해낸 것이 '중화민족'이란 개념이다. 이 용어는 원래 한민족만을 지칭했는데, 정치적 논리에 따라 한족과 소수민족을 아우르는 의미로 전환되었다.

'중화민족'이란 용어는 1903~07년 쑨원과 장빙린 등 반만 혁명파에 의해 사용되기 시작했으나 이는 아직 한민족의 다른 이름에 불과했다. 현재와 같이 중국 판도 안의 소수민족까지 포괄한 의미로 처음 사용한 것은 신해혁명 와중에 1911년 대몽골국의 독립을 선포한 외몽골에 대해 위안스카이袁世凱가 "외몽골도 역시 중화민족이다〔外蒙同爲中華民族〕"라고 한 데서였다. '중화공화국'과 '중화민국'이란 용어가 각각 1903년 저우룽鄒容과 1907년 장빙린에 의해 처음 사용되었으니 '중화'는 거의 동시에 민족과 국가칭호로 사용된 셈이다. 당시 이들 반만 혁명파에게 중화민국이나 중화공화국은 쑨원의 논법을 따랐기에 한족의 국가일 뿐이어서, 만주와 만주족은 그 구성 주체에서 제외되었다.

그러나 이와 달리 량치차오를 비롯한 입헌파는 러일전쟁 직전 러시아의 동북 3성 점령으로 인한 위기에 촉발되어 국민의 자각과 결집에 의한 대중적 구국운동을 전개하면서 만주와 만주족도 당연히 중국 및 중국 국민으로 포함하여 5족 화합의 논리적 기초를 마련했다. 이런 입헌파의 논리가 확산되면서 신해혁명 직후 혁명파도 5족 공화론으로 선회할 수 있었던 것이지만, 그러나 청 말의 저항 논리가 청조 타도 이후 민국기의 지배 논리로 바뀌게 된 혁명세력의 처지의 변화도 고려되어야 한다.

_유용태, 204~205쪽.

중화민족은 역사적으로 다원多元에서 일체一體로 나아갔다고 설명되었고, 그러면서 다원성보다는 일체성이 강조되고 있다. 페이샤오퉁費孝通이 제기한 '중화민족다원일체격국론中華民族多元一體格局論'이 그것이다.

개념에 대한 번거로운 설명을 피하기 위해 나는 중화민족을 중국 영토에 사는 11억 인민을 가리키는 용어로 사용하고자 한다. 중화민족이 포괄하는 50여 개 민족 단위는 다원多元이 되는 것이고, 중화민족은 일체가 되는 것으로서, 이들을 모두 민족이라 부르나, 층위는 서로 다르다. [중략] 중화민족이 하나의 자각적自覺的 민족 실체가 된 것은 근 100년 이래 중국이 서방 열강에 대항하면서 출현한 것이지만, 하나의 자재적自在的 민족 실체가 된 것은 수천 년의 역사 과정에서 이루어진 것이다. [중략] 중화민족은 다원일체격국의 형성에 그 특징이 있다. 아주 이른 시기인 3,000년 전에 황하 중류에서 일부 민족 집단이 모이고 점차 융합되어 하나의 핵심을 이루어 화하라 불렸으니, 이들은 눈덩이가 구르면서 점차 커지듯이 주변 이민족을 흡수해나갔다. 이들이 황하와 장강 하류의 동아 평원 지대를 차지한 뒤에는 한족이라 불렸다. 한족은 부단히 다른 민족을 흡수해 갈수록 커져갔고, 다른 민족의 거주지에 침투해 들어가 응집과 연계 작용의 매체가 되었으며, 이 영토 안의 허다 민족이 연합하여 불가분의 통일체를 이루는 기초를 쌓았다. 이로써 자재적 민족 실체가 되었으며, 민족 자각을 거쳐서 중화민족이 되었다.

_페이샤오퉁, 1~2쪽.

근래에 발표된 글에서도 이러한 주장이 반복되고 있다.

중화민족의 호칭은 비록 근대에 제국주의 열강과의 항쟁 과정에서 출현한 것이지만, 중화민족은 스스로 존재하는 민족 실체로서 오랜 세월 복잡한 발전 과정을 겪으면서 성립되었다. 중화민족 형성 과정에서는 시종 다원에서 일체로 응집되어가는 특징을 보였다. 먼저 황하 유역에 분포하는 여러 부족이 상호 융합하여 화하족을 형성했고, 화하족은 다시 북적, 동이, 서융, 남만 등 여러 민족의 혈통을 융입하여 한족을 이루었다. 중화민족 결집의 핵심인 한족이 출현함으로써 주변의 여러 민족에 대해 강한 흡인력을 발휘했으니, 그들 사이에 때로는 화해하고 때로는 싸우면서 정치 · 경제 · 문화 등 여러 방면에서 밀접한 연계를 이루어 부단히 서로 융합했다. 이리하여 너 가운데 나, 나 가운데 너, 아무개와 아무개가 서로 떨어질 수 없는 일체를 이루었으니, 이것이 바로 중화민족이다.

_마다정, 88쪽.

'하나의 중국', '하나의 민족'은 이제 중국에서는 역사 인식의 기본 틀을 이루는 원칙이 되었다. 중원과 주변 민족과의 관계사를 다룬 글을 읽어보면, 중원을 중심으로 한 구심력만 일방적으로 서술할 뿐이지 원심력에 대해서는 아예 무시하고 있다. 구체적으로 보면, 중원왕조가 주변 민족에 시행한 민족정책이나 주변 민족의 귀속과 중국화에 대한 내용들로만 채워져 있을 뿐이지, 주변 민족이 중원세력에 대응하면서 어떻게 독립성을 유지하려 했는지에 대해서는 전혀 언급되어 있지 않다. 이것은 정책사에 불과한 것이다.

현재 영토 · 민족의 범위가 과거 영토 · 민족의 범위와 동일하다는 신중국의 논리를 받아들인다면, 이로부터 많은 민족 문제도 파생하게 된다. 한족과 이민족, 이민족과 이민족 사이에서 벌어지는 전쟁이나 화친을 어떤 식으로 설명해야 하는지 논쟁이 일 수도 있다. 예를 들어서 민족 간의 전쟁이 내전인지 국제전인지, 민족 간의 화친이 대외 관계인지 아닌지를 따져야 한다. 민족 간의 전쟁을 두고 침략과 반침략, 또는 정의正義와 비정의란 가치 판단적 용어를 쓸 수 있는지도 문제가 된다. 또 이민족의 지도자가 중원을 공격해 들어왔을 때 중국을 침략했다고 써야 하는지, 그를 이민족의 영웅으로 부를 수 있으나 한족의 입장에서는 침략자가 되는데 중국의 영웅으로 부를 수 있는지에 대한 의문도 제기된다. 전한 초기에 흉노가 강성해지자 한나라 왕조가 반격할 힘이 없어 화친정책을 편 것을 굴욕이라 해야 하는지도 논란이 된다.

이러한 의문들에 대한 중국학계의 대답은 다음과 같다.

국가가 병립한 경우 중국 경내의 각 민족정권들 사이는 국가와 국가의 관계지만 외국과 중국의 관계는 아니다. 통일 다민족국가의 형성과 발전 중에 한족이 중요한 작용을 했지만 각 소수민족 역시 중요한 공헌을 했다. 역사상 소수민족 및 그들이 세운 국가정권은 한족 및 그들의 국가정권과 마찬가지로 모두 역사상 중국의 일부분이다. 중국 경내의 중화민족이 세운 정권들 사이의 전쟁은 침략 전쟁이 아니고 통일 전쟁이다.

_천커진, 303~304쪽, 308쪽.

만일 이런 견해를 수용한다면 명나라 태조 주원장朱元璋이 "달로(몽골)를 구축하고 중화를 회복하자(驅逐㺚虜, 恢復中華)"고 하면서 반원反元 주장을 편 것이나 쑨원이 만주족을 몰아내자는 반청反淸 주장을 폈던 것은 과오를 범한 것으로 평가해야 할 것이다. 1980년대까지 유행했던 중국 무협 영화는 대부분 청나라가 들어설 무렵에 만주족을 물리치고 한족정권을 회복하려는 내용을 다루고 있는데, 이러한 한족의 역사적 정서는 어떻게 설명해야 하는지도 의문스럽다.

중국의 원칙에 따르면 몽골인의 영웅 칭기즈칸도 중국인이 된다. 사실 지금 중국에서는 중국인으로 가르치고 있다. 내몽고에는 칭기즈칸의 무덤이라는 것이 만들어져 관광객을 끌고 있다. 그림5-11 그가 수립한 몽골제국은 중국 역대 왕조의 하나고, 현재 많은 몽골인이 중국의 소수민족으로 살고 있다는 것을 근거로 한다. 몽골제국은 몽골족이 세워서 중원까지 정복한 왕조였다. 그런데 지금 몽골제국이 중국사라고 하다 보니 몽골족이 정복한 외몽골과 중앙아시아, 시베리아도 모두 중국 역사의 무대가 되어버렸다. 한족이 거주하지 않던 지역까지 중국사의 범위로 그려놓은 중국 역사 지도를 보면 이를 금방 이해할 수 있다. 그림 5-12

근래에 중국은 '몽골의 중국화'를 중요 과제로 삼고 있다고 한다. 몽골이 청나라의 영토에 속했다가 근대에 독립해나간 사실을 인정하려 하지 않기 때문이다. 몽골에서 몽골사 3권을 출간하자 중국은 곧 몽골사 8권을 만들었고, 몽골이 다시 5권을 발간하자 2006년에 중국은 15권을 펴내서 대응했고, 그런 다음에 중국이 몽골 역사 연구의 중심이 되었다고 선전했다고 한다.

중국의 인식에 대해서는 다음 지적도 참고할 만하다.

몽골제국을 바라보는 중국 역사 서술의 가장 놀랄 만한 특징은 원대의 '중국'이 몽골제국이라는 더 큰 정치적 단위에 편입되었다는 역사적 사실을 전혀 인식하지 못하고 있는 것이다. 중국사의 범주를 현재의 중국 영토 안에서 이루어진, 그리고 중국을 구성하는 56개 민족의 모든 역사로 설정한 시대 착오적 역사 의식에서 몽골족의 중국 침

그림 5-11 내몽고의 칭기즈칸 무덤인 청릉成陵

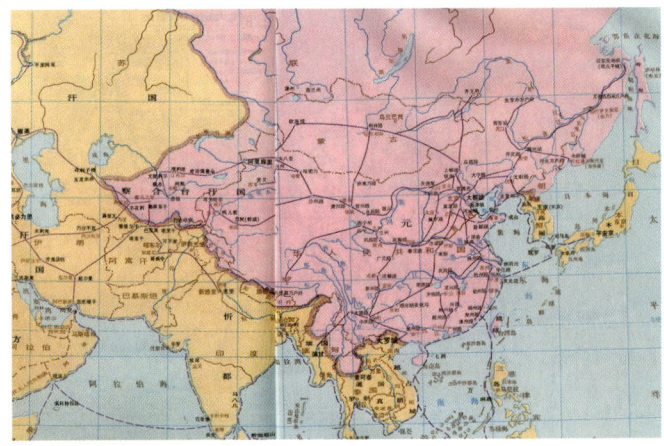
그림 5-12 원나라 영토 범위(郭沫若 주편, 《中國史稿地圖集》下, 중국지도 출판사, 67~68쪽)

략과 정복은 있을 수 없고 단지 몽골족에 의한 중국의 통일만이 있을 뿐이다. 다시 말하자면 몽골족이 중국을 정복한 것이 아니라 '중화민족의 일원'인 몽골족이 '전국'을 통일하고 '중국제국'의 영토를 확장한 것이라고 주장하고 있다.

_윤영인, 17~18쪽.

이것은 자연히 몽골공화국의 역사 설명과 충돌할 수밖에 없다. 중국의 인터넷 토론방에서 "일부 몽골인들이 중국인으로 살고 있지만 그렇다고 칭기즈칸 시대의 몽골인들이 중국인이 되는 것은 아니다. 이는 미국으로 이민 가 시민권을 얻었다고 해서 그의 선조들을 미국인이라고 할 수 없는 것과 같다"고 지적한 것(《연합뉴스》 2006. 12. 31)은 타당한 반박이다.

금나라에 대항하여 싸우길 주장하다 죽음을 당한 남송의 악비岳飛는 역사적으로 민족영웅으로 여겨졌다. 이에 대한 의견도 들어보자.

국내 민족투쟁에서 나타난 영웅은 소속민족의 영웅에 불과한가, 아니면 중화민족 전체의 영웅인가? 악비의 항금투쟁抗金鬪爭은 한족 한 개 민족의 이익을 대표할 뿐이며 한족 민족 영웅에 불과하다는 주장이 있으나 이는 타당하지 않다. 남송 경내에는 한족만 아니라 여러 소수민족도 존재했으므로, 악비의 투쟁은 남송 경내 여러 민족의 공동 이익과 부합되는 것이었다. 또한 그의 투쟁은 여진 민족 전체를 반대한 것이 아니라 여진 귀족 통치배의 남하 침략행위를 저지하려는 것이었다. 〔중략〕 결론적으로 악비는 여러 민족 인민이 공동으로 인정할 수 있는 역사 인물로서 중화민족의 영웅이라 할 수 있다. 같은 방식으로 중국 역사상 여러 소수민족에서 출현한 영웅인물들, 예컨대 아골타(금), 칭기즈칸(원), 누르하치(청), 악파석渥巴錫(1771년 러시아 항전 인물) 등의 업적은 자기 민족을 초월하여 중화민족에 공헌했으니, 이들은 모두 중화민족의 민족 영웅이다.

_웨이첸즈, 71~76쪽.

악비는 이민족인 금나라의 침략에 맞서 싸웠던 인물이다. 그러나 전쟁을 반대했던 재상 진회秦檜의 모함으로 투옥되었다가 억울하게 처형되었다. 역사는 이민족으로부터 한족을 지켜내려 한 악비는 중국의 영웅으로 대접해왔고, 그를 모함했던 진회는 간신이나 역적으로 평가해왔다. 그런데 금나라를 세운 여진족도 중국민족의 일원임을 강조하다 보니 악비에 대한 평가도 달라지게 되었다.

최근 중국 중등학교 역사 교과서에서 역대 최고의 '애국자'로 추앙받던 악비는 '민족 영웅' 명부에서 빠졌다. 대신 우바시와 같은 인물들이 새로이 '민족 영웅'으로 부각되고 있다. 여진족의 금나라를 중국 왕조로 간주한 결과, 전통시대의 역사 인식과는 다른 가치 판단이 내려지게 된 것이다.

_박장배, 193쪽.

우바시는 몽골 북서부 지방에 살았던 토르구트Torgüt족의 부족장으로서 18세기 후반에 러시아세력에 밀려서 부족을 이끌고 청나라로 귀속한 인물이다. 그런데 악비에 대해서는 종전에 비해 평가가 상대적으로 낮아지는 반면에 진회는 오히려 복권되는 경향이 엿보인다. 중국 항저우杭州 시후西湖에 있는 악비의 무덤 앞에는 무릎 꿇린 진회 부부의 형상이 있는데, 근래에 한 예술가가 그를 일으켜 세운 입상을 만들어 전시함으로써 진회의 인권 회복 여부를 둘러싸고 찬반 논란이 일어나기도 했다. _그림5-13
통일적 다민족국가론이 결국은 민족 문제에 대한 설명까지 뒤틀려버리게 만들고 말았다. 그리고 미묘한 문제는 민족 간의 문제가 아니라 계급 간의 문제로 돌려버림으로써 본

그림 5-13 진회 입상 논란(www.crionline.cn)

질을 오도하는 경향마저 보인다. 다음은 두 가지 상반된 견해인데, 후자가 특히 그러하다.

고대 중국 경내 각 주권국가 사이의 침략과 반침략의 전쟁을 어떻게 평가할 것인가? 중국 역사상의 각 왕조, 각 민족 사이의 전쟁 시, 침략과 반침략의 단어는 침략과 반침략, 침범과 반침범, 정의와 비정의, 진보와 반동을 뜻하는 것으로 모두 사용이 가능하다.

_웨이첸즈, 76~77쪽.

한 국가 안에서 벌어진 전쟁은 침략과 반침략을 적용할 수 없다. 진한 이래 통일적 다민족국가를 이루었으므로 남북조, 송·요, 송·요·금, 송·금·원, 명·청 사이의 전쟁은 침략과 반침략이 아니라 모두 압박과 반압박의 계급투쟁적 성격을 띠고 있다.

_《중국역사학연감》 1987, 588쪽.

역사 해석에서 하나의 원칙만 제시되어버리니 거기서 파생되는 문제가 만만치 않은 것을 살펴보았다. 이것은 다양한 역사 해석을 지향하는 우리로서는 겪어보지 못한 일들이다.

참고로 북한에서도 계급사관에 얽매이다 보니 이와 비슷한 모습을 보이는 측면이 있다. 지배층은 착취자로서 비난의 대상이 되어야 한다면 한글을 만든 세종대왕이나 애국 명장인 이순신을 높이 평가할 수 없게 된다. 이에 따라 한글을 창제한 사람이 누구인지를 북한에서는 가르치지 않고 있다. 반면에 을지문덕이나 이순신 등을 무시할 수는 없어서 궁여지책으로 해석해낸 것이 다음과 같다.

중국의 영토관과 민족관 | 199

그리하여 착취사회에서 활동한 진보적 인물들은 총체적으로 볼 때 그 계급적 본질을 넘어설 수는 없었다. 따라서 봉건 시기 지배계급 출신 인물이 아무리 진보적 사상을 가졌다 하더라도 인민의 리익을 대표할 수 없었던 것이다. 〔중략〕

리순신 장군의 국왕에 대한 충성심은 널리 알려지였다. 여기서는 그 전형적인 자료를 하나 들기로 하자.

리순신은 일찌기 "대장부가 세상에 나서 나라에 등용되면 목숨을 바쳐 충성을 다할 것이요, 등용되지 못하면 초야에 묻혀 밭을 갈아 만족할 것이다"라고 말했다. 이 말은 그의 봉건충군사상을 잘 말해준다.

우리는 이 간단한 자료를 통해서 임진 조국 전쟁에서 생명을 바쳐 싸운 리순신의 애국주의가 봉건충군사상에 철저히 기초한 것이었음을 알 수 있다. 따라서 그가 전쟁을 진행하던 시기에 인민들에 대하여 비교적 선량한 태도를 취한 것이 결코 인민의 리익을 옹호하는 국가를 구상했기 때문이 아니었으며 어디까지나 당대 봉건 통치계급의 국가를 유지하기 위한 것이었다. 즉 그는 인민 대중과 단합하고 그들을 조직 동원함으로써 당면한 반침략 전쟁의 승리를 보장하고 봉건국가를 유지하기 위하여 그에 필요한 정도의 진보적 시책을 썼던 것이지 진심으로 인민의 리익을 위한 것은 절대로 아니였다.

_《위대한 수령…》 92~98쪽.

이처럼 역사는 하나의 틀만 고집하게 되면 자기 논리에 빠져 사실과 다른 엉뚱한 해석으로 빠져들 가능성이 있다.

3. 중국 밖에서의 관점

중국 역대 왕조의 역사를 체계적으로 정리한 정사는 25사 또는 24사라고 한다. 사마천의 《사기》에서 시작된 정사의 기본 구조는 세가, 본기, 지, 열전인데, 여기서 세가나 본기, 지는 중국사를 이루는 부분이다. 반면에 열전에는 내신內臣과 외신外臣〔外夷〕이 모두 포함되어 있다. 내신은 중국사에 속하는 것이 분명하지만, 외신에 대한 기록은 전통적으로 외국사로 다루어져왔다.

그런데 지금 중국에서는 외신까지도 중국에 속한다고 주장함으로써 주변국의 시각과 마찰을 일으키게 된 것이다. 외신이라 하더라도 그 대상 범위가 무척 넓기 때문에 이를 모두 중국이라 할 수가 없게 되자, 현재의 영토를 기준으로 중국에 포함되는지 여부를 결정짓는 편법을 사용하고 있다. 이렇게 과거에 일어난 역사 사건에 그 당시의 기준이 아니라 현재의 기준이 적용됨으로써 역사의 왜곡을 불러오게 된 것이다. 이에 따라 동일하게 동이로 취급하던 나라의 역사 가운데 고구려는 중국사고, 백제와 신라는 한국사라는 이상한 일이 발생하게 된 것이다.

다음은 동이에 대한 기록이다.

> 한나라가 중흥한 뒤로부터 사이四夷의 빈공賓貢이 때에 따라 어기거나 반란한 적은 있었으나, 사신과 통역이 끊이지 않았기 때문에 그들의 풍속과 풍토를 대략 기록할 수 있게 되었다. 동이는 거의 모두 토착민으로서, 술 마시고 노래하며 춤추기를 좋아하고, 관冠으로는 고깔을 쓰고 비단옷을 입으며, 그릇은 조두俎豆를 사용했으니, 이른바 중국이 예를 잃으면 사이에게서 구했던 것이다. 보통 만·이·융·적을 통틀어 사이라고 부르는 것은 공·후·백·자·남을 모두 제후라고 부르는 것과 같다.
>
> _《후한서》〈동이전〉 서문.

중국사에서는 제후도 중국의 신하고 사이도 중국의 신하로 다루어져 제후는 내신, 사이는 외신이라 불렸다. 이것은 이 세상이 모두 중국의 지배 아래 있다는 이념에서 비롯된 것이지 사실을 반영하는 것은 아니다. 중국의 대외정책은 외이가 자신을 괴롭히지 않으면 굳이 조공을 바치라고 강요하지 않고 오더라도 굳이 물리치지 않는다는 원칙을 고수했다.

따라서 〈동이전〉에 기록된 나라들은 중국의 외국이라 할 수 있다. 동이에는 한반도와 일본에서 일어난 국가들이 주로 포함되어 있다. 이 가운데 일부를 떼어서 중국사라고 주장하는 것은 정치적 관점일 따름이다.

> 《서경》에 '동쪽은 바다에 닿았고 서쪽은 사막에까지 이르렀다' 했으니, 구복九服의 제도 이내에 있는 것은 말할 수가 있으나, 아주 멀리 떨어져 있는 황역荒域 밖은 여러 번의 통역을 거쳐야 이르게 되어, 한인의 발걸음이나 수레가 닿지 않기 때문에, 그 나라의 풍속이 중국과 다른 것을 아는 사람이 없었다.
>
> 우虞로부터 주대에 이르기까지 서융은 백환白環을 바쳤고 동이에서는 숙신의 조공이 있었으나, 모두 여러 해가 지나서야 도달했으니 그 머나먼 거리가 이와 같다. 〔중략〕 공손연의 부조父祖 3대가 계속 요동을 차지하자, 천자는 그 지방을 절역絶域으로 여겨 이들에게 해외의 일로 위임시켰다. 그 결과 결국 동이와의 관계가 단절되어 중국과 통하지 못하게 되었다. 경초 연간(237~239)에 크게 군대를 일으켜 공손연을 죽이고, 또

몰래 바다를 건너가서 낙랑군과 대방군을 수습했다. 그 후로 해외가 안정되어 동이들이 굴복했다.

그 뒤 고구려가 배반하므로 또다시 약간의 군대를 파견하여 토벌하면서 지극히 먼 지방까지 추격하니, 오환과 골도骨都(환도)를 넘고 옥저를 거쳐 숙신의 왕정王庭을 짓밟고 동쪽으로 큰 바다에까지 이르렀다. 그곳의 노인들이 '얼굴이 이상한 사람이 해가 돋는 근처에 살고 있다'고 이야기했다.

드디어 여러 나라를 두루 관찰하고 그들 나라의 법령과 습속을 수집하여 나라의 크고 작음의 구별과 각국의 명칭을 상세하게 기록할 수가 있었다.

그 나라들은 비록 오랑캐의 나라이기는 하지만 조두를 쓰는 예절이 남아 있으니, '중국이 예를 잃으면 사이에게서 구한다'는 것을 더욱 믿을 수 있다. 그러므로 그 나라들을 순서대로 찬술하고 그 같고 다른 점을 열거하여 이전 역사서의 미비한 점을 보완한다.

_《삼국지》〈위서 동이전〉서문.

동이의 여러 나라 중에서 조선이 제일 강대했는데, 기자의 교화를 입어 그 문물이 예악에 합당했다고 한다. 위나라 때에 조선 동쪽의 마한·진한 등이 대대로 중국과 왕래했다. 진晉나라가 양자강을 건너간 후부터 바다를 건너온 동방의 사신으로는 고구려·백제 등이 있었는데, 송·제 시대에도 항시 직공職貢했으며 양나라가 흥기하자 더욱 빈번히 내왕했다.

_《양서》〈동이전〉서문.

이처럼 동이를 오랑캐로 여겨왔으면서 이제 와서 중국사라 할 수 있는가? 또 과연 동이 역사 가운데 고조선과 고구려만 떼어낼 수 있을 것인가?

다음으로 하나 더 참고할 것이 원나라의 천하관이다. 중국에서 원나라 전체를 중국의 역사로 다루고, 칭기즈칸을 중국인으로 다룬다는 사실은 이미 지적했다. 그러나 당시의 상황으로 돌아보면 실상은 그렇지 않았다. 이와 관련된 글을 읽어보자.

13~14세기 몽골 지배기 중국에서는 이처럼 두 가지 상이한 세계관이 공존하고 있었다. 한인들은 대원大元이야말로 중국의 왕조 전통을 잇는 원조元朝라고 생각했지만, 몽골인들은 대원을 중국을 일부로 포함하는 세계제국 '대몽골 울루스'로 보았던 것이다. 따라서 오늘날 우리가 '원조사'를 운운하는 것은 당시 한인들의 눈에 투영된 몽골제국, 즉 그들의 '타자' 읽기를 우리가 무비판적으로 받아들였기 때문이고, 이제까지

한문자료에 의거하여 복원된 '원조사' 역시 역사적 실상의 일면만을 반영한 것이라고 생각할 수밖에 없다.

_김호동, 2003, 40쪽.

"몽골제국을 중국 왕조사의 하나로 인식하는 것은 중국의 또 다른 동북공정에 말려드는 것입니다. '집사'에는 원이라는 이름이 등장하지 않습니다. 몽골제국의 이름은 '몽골울루스'입니다. 몽골울루스는 한자 문화권, 러시아 문화권, 아랍 문화권을 포괄하고 있습니다. 원은 그중 한자 문화권 사람들의 이해를 위해 사용한 국호일 뿐입니다."

김호동 교수는 원뿐 아니라 거란족이 세운 요, 여진족이 세운 금과 청의 역사를 중국 역사로 간주하는 것은 중국 학자들이 분류한 왕조사 중심의 역사관에 빠져 있기 때문이라고 지적했다. 사실 이들 퉁구스 계통의 유목민족과 터키의 투르크 계통의 유목민족은 우리와 같은 알타이어계의 언어를 쓰고 인종적으로도 유사하다. 다만 우리가 한반도에 정착하면서 이들보다 일찍 정주민이 됐을 뿐이다. [중략] 그는 몽골제국이 시스템의 취약성 때문에 150여 년 만에 붕괴했다는 것도 중국 중심의 사고일 뿐이라며 명나라가 세워진 후에도 다른 지역에선 150년 가까이 몽골의 통치가 계속됐음을 상기시켰다. 또 인도의 무굴제국, 아랍의 오스만제국, 러시아제국, 중국의 명·청제국이 몽골제국의 시스템을 모방했음을 강조했다.

_〈동아일보〉 2005. 11. 7.

이처럼 제3자의 역사에 대해서 우리 스스로가 중국의 논리에 빠져 잘못 이해해온 사례도 있다. 장차 이를 재인식하여 역사의 실체에 접근할 필요가 있을 것이다.

그림 5-14 UBC 신문 삽화(2006. 11. 24)

한편, 타이완의 여론조사지만 중국인의 정체성을 엿볼 수 있는 흥미로운 자료가 있다. 2000년 타이완에서 실시된 여론조사는 타이완 국민의 42.5퍼센트가 자신을 타이완 사람으로 생각하고 있고, 13.6퍼센트는 타이완 사람이라고 생각하고 있으며, 38.5퍼센트는 대만인이기도 하며 중국인이기도 하다고 생각하고 있음을 보여준다.

_로스 테릴, 266쪽.

중국의 민족정책에도 불구하고 소수민족의 마음속은 다를 것이란 생각이 든다. 이와 관련하여 2006년 11월에 캐나다 의회에서 찬성 266표, 반대 16표로 압도적인 결정이 난 사안이 주목된다. 이 나라는 영국계와 프랑스계로 나뉘어 영어와 프랑스어를 공용어로 사용하고 있다. 그런데 프랑스어를 사용하는 동부의 퀘벡Quebec주는 분리를 추구해왔고, 결국 이번에 "퀘벡주는 캐나다 안의 한 국가a nation within a united Canada"라는 의회 결정을 내리게 되었다. 장차 독립으로 나아갈지는 확신할 수 없지만 중국의 정책과 상반되는 것이어서 그 추이에 대해서 관심을 가지게 된다. 그림5-14

■ 참고 사이트와 문헌

〈建國以來史學理論和史學方法問題討論簡介〉《中國歷史學年鑒(1987)》1988.

구바오谷苞, 〈再論中華民族的共同性〉《中華民族多元一體格局》中央民族學院出版社, 1989.

김한규, 〈고대 동아시아의 민족관계사에 대한 현대 중국의 사회주의적 이해〉《동아연구》24, 1992.

김형종, 〈청말 혁명파의 '반만反滿' 혁명론과 '오족공화' 론〉《중국현대사연구》12, 2001.

김호동, 〈몽골제국의 역사상―그 왜곡과 실상〉제46회 전국역사학대회 공동주제 역사 속의 '타자Others' 읽기 발표문, 2003 ; 〈몽골제국과 '大元'〉《역사학보》192, 2006.

두융하오都永浩·왕위랑王禹浪, 〈對東北亞民族與歷史問題研究的理論思考〉《中國邊疆史地研究》2003-9.

로스 테릴Ross Terrill, *The New Chinese Empire―and What It Means for the United States* Basic Books, 2003 ; 이춘근 역, 《새로운 제국―중국》국제문제시리즈7, 나남출판, 2005.

리다룽李大龍, 《漢唐藩屬體制研究》中國社會科學院出版社, 2006.

마다정馬大正, 《中國邊疆研究論稿》黑龍江敎育出版社, 2002.

모테기 도시오茂木敏夫, 〈국민국가 건설과 내국 식민지―중국 변강邊疆의 '해방'〉《국사의 신화를 넘어서》휴머니스트, 2004.

박상수, 〈중국 근대 '민족국가nation-state' 의 창조와 '변강' 문제―청말, 민국시기 '변강' 인식의 변천〉《중국의 변강 인식과 갈등》한신대학교출판부, 2007.

박장배, 〈중국의 '소수민족' 정책과 지역구조―지역 재구성 및 '서부 대개발' 과 관련하여〉《중국의 동북공정과 중화주의》고구려연구재단 연구총서 12, 2005.

박한제, 〈신 호한체제론〉《위진수당사연구》4, 1998.

방향숙 외, 《한중 외교관계와 조공책봉》고구려연구재단 연구총서 8, 2005.

쑨진지孫進己 저, 임동석 역, 《동북민족원류》동문선, 1992.

왕커王柯 지음, 김정희 번역, 《민족과 국가―중국 다민족 통일국가 사상의 계보》고구려연구재단, 2005.

웨이쳰즈魏千志, 〈關于中國歷史上的民族英雄問題〉《中國古代民族關係史硏究》福建人民出版社, 1989.

《위대한 수령 김일성 동지의 혁명사상에 의한 민족문화유산연구》사회과학출판사, 1972.

유용태, 〈중화 민족론과 동북 지정학, '동북공정' 의 논리근거〉《환호 속의 경종―동아시아 역사 인식과 역사교육의 성찰》휴머니스트, 2006.

윤영인, 〈중국의 몽골-한족관계 연구 동향―최근 10년간 몽골(원)제국기 민족관계사 연구를 중심으로〉《중국의 민족·변강문제 연구 동향》고구려연구재단, 2005.

이개석, 〈현대중국 역사학 연구의 추이와 동북공정의 역사학〉《중국의 동북공정과 중화주의》고구려연구재단 연구총서 12, 2005.

이성규, 〈중화제국의 팽창과 축소—그 이념과 실제〉《역사학보》186, 2005.

임기환, 〈남북조기 한중 책봉·조공 관계의 성격—고구려·백제의 책봉·조공에 대한 인식을 중심으로〉《한국고대사연구》32, 2003.

전해종, 《한중관계사연구》일조각, 1970.

조병한, 〈중국사상의 국가·세계 인식과 주변 민족〉제47회 전국역사학대회 공동주제 세계화 시대의 역사분쟁 발표문, 전국역사학대회 조직위원회, 2004. 5. 28~29.

천롄카이陳連開, 〈中國·華夷·蕃漢·中華·中華民族——個內在聯系發展被認識的過程〉《中華民族多元一體格局》中央民族學院出版社, 1989.

천커진陳克進, 〈略述中國古代民族關係的討論〉《中國史學研究動態》中華書局, 1993.

탄지샹譚其驤, 〈歷史上的中國和中國歷代疆域〉《長水集》續編, 人民出版社, 1994.

페르낭 브로델 저·주경철 옮김, 《물질문명과 자본주의 I-2》까치, 1995.

페이샤오퉁費孝通, 〈中華民族的多元一體格局〉《中華民族多元一體格局》中央民族學院出版社, 1989.

한국사연구회 편, 《고대한중관계사의 연구》삼지원, 1987.

헤로도토스 저, 박광순 옮김, 《헤로도토스 역사》상·하, 범우사, 1995.

| 제6장 |

중국의 인식 1 _ 한민족, 고조선, 부여, 발해

제6장

중국의 인식 1 — 한민족, 고조선, 부여, 발해

중국은 한국사 분야 중 발해사에 대해 가장 먼저 입장을 정리했다. 개혁 개방 직후에 이미 발해는 중국의 지방정권이었다고 주장했다. 이에 비해서 고구려를 자기네 역사라고 본격적으로 주장한 것은 1990년대 중반부터로, 훨씬 뒤의 일이다. 이보다도 더 늦게 손을 대기 시작한 것은 고조선과 한민족 형성 문제다. 따라서 한국사를 중국사로 끌어넣으려는 기도는 발해사, 고구려사, 고조선과 한민족 형성의 수순으로 진행되고 있다.

20세기 초반에 베트남이나 한국을 중국의 한 부분으로 회복해야 한다고 주장한 적이 있다.

1907년 혁명파 영수 장빙린이 새로 건국될 중화민국의 영토 목표에 관한 기준을 "선조 한의 군현을 경계로 하고 그 민을 화민華民으로 한다"고 제시하면서, 몽골·신장·티베트는 그 자신의 거취에 맡기더라도 군현이 설치된 바 있던 "조선과 베트남 두 군郡은 반드시 회복해야 한다"라고 했다. "몽골·신장·티베트가 모두 우리에게 동화되고 조선, 베트남, 미얀마가 회복되면 선조 한의 강역은 비로소 완전히 갖추어지고 중화민국은 여기서 진정으로 성립된다"는 것이다. 1923년 쑨원이 중국 혁명이 성공하면 조선, 베트남, 미얀마, 네팔, 부탄 등은 반드시 중국의 병번屛藩(영토 외곽의 울타리)으로 복귀하기를 원한다고 한 것도 그와 다르지 않다. 〔중략〕 조선이 중화민국의 '군현'(영토)으로 편입되어야 한다는 량치차오·장빙린의 인식과 그 '병번'으로 복귀되어야 한다는 쑨원의 공간 인식은 분명 다르지만, 모두 중화민족론이 내장하고 있는 팽창주의적 속성을 잘 보여준다.

_유용태, 211쪽.

지금 고조선, 고구려, 발해 등의 역사를 중국사로 삼으려는 작업의 뿌리가 20세기 초반까지 올라갈 수 있는 대목이다.

현재 중국은 청나라 영토를 기준으로 하여 신장이나 티베트가 중국이 되어야 한다는 원칙을 고수하고 있다. 그런데 다른 한편에서는 한나라 영토를 기준으로 한국과 베트남이 중국이 되어야 한다고 하여 필요에 따라 다른 기준을 적용하고 있는 것에 주목할 필요가 있다. 한나라 때 한반도 북부와 베트남 북부에 군현이 설치되었던 것을 상기하면 이해할 수 있을 것이다. 이것이 고구려가 중국사라는 주장의 근원이 되고 있다.

이제 중국에서 주장하는 내용을 검토해보겠다.

1. 만주 종족과 한민족 형성

만주에는 역사적으로 세 계통의 종족이 살아왔다. 중부는 예맥족의 터전이었고, 그 동쪽으로 숙신 계통의 종족이 자리를 잡았으며, 서부 지역에는 동호 계통이 활약했다. 그림6-1, 표1

예맥족은 한반도 남부의 한족韓族과 더불어 한민족의 근간을 이루었다. 이들은 만주와 한반도 북부에서 고조선, 부여와 고구려, 발해를 건국했다. 그리고 만주 동부와 한반도 북부에는 옥저세력도 있었다.

숙신 계통은 역대로 종족 명칭이 바뀌었다. 중국의 주·진 시기에는 숙신이라 했다가 한·위·진 시기에 읍루라 했으며 남북조 시기에는 물길, 수·당 시기에는 말갈, 요나라 때부터 명나라 때까지는 여진, 청나라 시기에는 만주로 불렸다. 현재 만족滿族으로 불리는 이들의 후손은 약 430만 명 정도다. 물길족은 부여국을 서쪽으로 밀어냈고, 말갈족은 고구려 유민과 더불어 발

그림 6-1 만주의 세 종족 계통(《중앙일보》 2000. 10. 10)

표 1. 만주의 종족과 국가

지역	종족과 국가
서부	동호 ─ 오환 　　　└ 선비 ─ 모용부(전연, 후연, 서연, 남연) 　　　　　　├ 우문부(북주) 　　　　　　├ 걸복부(서진) 　　　　　　├ 독발부(남량) 　　　　　　└ 탁발부(대, 북위, 동위, 서위) 　　　　　　　　　　　　　── 거란(요), 해 　　　　　　　실위 ──────── 몽올실위 ─ 몽골(원)
중부	고조선 …… 부여 ──── 고구려 ──── 발해
동부	숙신 ──── 읍루 ──── 물길 ──── 말갈(발해) ── 여진(금) ─ 만주(청)

해를 건국했고, 여진족과 만주족은 각각 금나라와 청나라를 세웠다.

　동호 계통은 다싱안링산맥大興安嶺山脈 서부의 초원 지대에서 주로 활동하던 유목민족으로서, 내몽고 일대에서 활약하던 흉노를 호胡라 했기 때문에 그보다 동쪽에 있는 오랑캐라 하여 동호라 불렀다. 동호족의 후예로서 오환과 선비, 거란, 실위가 있다. 동호족이 흉노에게 격파되어 남쪽으로 이동한 뒤에 오환산과 선비산을 근거지로 삼음에 따라 오환, 선비라는 새로운 종족 명칭이 등장했다. 특히 선비족은 세력을 크게 일으켜 중국의 위진남북조시대에 모용부慕容部는 전연前燕(349~370), 후연後燕(384~409), 서연西燕(384~394), 남연南燕(398~410)이라는 연나라들을 건국했고, 그림6-2 우문부宇文部는 북주北周(557~581), 걸복부乞伏部는 서진西秦(385~431), 독발부禿髮部는 남량南涼(397~414), 탁발부拓跋部는 대代(338~376), 북위北魏(386~534), 동위東魏(534~550), 서위西魏(535~556)

그림 6-2 삼연三燕문화의 중심지인 중국 랴오닝성 차오양시 전경

를 건립했다. 또 선비의 후손으로 거란과 해가 있는데 거란족은 요나라를 세워 발해를 멸망시켰다. 실위도 역시 동호족 계통으로서 나중에 몽올蒙兀 실위의 후예로부터 칭기즈칸이 나와서 원나라를 세웠다.

중원의 한족도 만주에서 활동했으나 고대에는 주된 민족이 아니었다. 만주사의 흐름은 세 계통의 종족이 각각 터전을 잡아 활동하면서 때로는 세력을 키워 중원과 대적하는 형세를 취했다. 반면에 한족은 점차 만주로 손길을 뻗쳐 지배권을 강화해나가는 양상을 띠었다.

그럼에도 중국에서 만주 역사를 설명할 때는 이 지역의 자율성이나 독자성보다는 중원으로부터의 문화적 전파를 강조하고 한족 역할을 과장하는 경향을 보인다.

> 연구 과정에서 우리들이 공동으로 인식하고 공동으로 준수할 학술 원칙은 다음과 같다.
> 1. 동북의 고민족은 중국 역사의 범주에 속한다. 이를 위해 문헌자료가 중심이 되어야 하고 고고자료 등은 종속적이어야 한다.
> 2. 우리들은 연구 과정에서 고립적인 연구 방법을 완전히 폐기하고 동북 고민족을 중원 내지의 고민족, 특히 동이족 계통의 여러 족속과 연계하여 연구를 진행한다.
> 3. 동북민족사 연구에서, 어느 학자는 동북의 일부 고민족이 염제炎帝, 황제黃帝에서 나왔다는 역사서 기록에 회의를 표시한다. 또 일부 연구자는 동북고민족의 원류를 동이족 계통에까지 소급하고, 복희伏犧씨까지 소급하고, 염제와 황제까지 소급하는 데 반대를 표시하고 염제와 황제의 자손이라는 제안에 동의하지 않으면서 이를 가리켜 '혈친론血親論', "마르크스주의와 동떨어진다"고 말한다. 그러나 여기에 찬동할 수 없다. 〔중략〕 이들 민족의 원류는 복희, 염제, 황제 시기까지 올라간다.
> _리더산·롼판, 2~4쪽.

이러한 태도는 고조선이나 고구려사를 설명할 때도 나타난다. 쑨진지는 이 국가들의 구성요소에 한족 계통을 끼워넣는다.

> 고구려는 맥貊·이夷·한漢에서 발원했고, 고조선은 상인商人·이인夷人·예인穢人으로 구성되었다. 그리고 이 두 나라의 이夷 또한 서로 달라 고구려는 고이高夷이고, 고조선은 양이良夷이다.
> _쑨진지, 2004, 115쪽.

고구려의 기원에 이·한을 집어넣고, 고조선에는 상인·이인을 집어넣었다. 그가 고이와 양이를 넣은 것은 이들 동이족을 한국사의 한 부분이 아니라 중국사의 한 부분으로 다루기 때문이다.

동이족은 원래 산둥반도를 중심으로 중국의 동해안 일대에 살던 종족이다. 중원세력의 확장에 따라 이들이 정복되고 흡수되면서, 동이의 지칭 대상이 점차 만주를 거쳐 한반도와 일본으로 옮겨오게 된다. 과거에는 중국 동해안의 동이족이 중국 세력에 밀려서 만주를 거쳐 한반도로 이동해온 것으로 이해해왔다. 그러나 최근까지 축적된 고고학 자료는 선진시기의 동이족과 후대의 동이족 사이에 문화적 연결고리가 없음을 보여준다.

그림 6-3 《고등학교 국사》 7차과정, 35쪽

따라서 종족의 이동이 아니라 명칭의 이동만 있었던 것으로 보인다. 한국사 교과서에 산둥반도 일대부터 황해 연안을 따라 한반도까지 동이문화권을 설정한 것은 이러한 시대적 변화를 고려하지 않은 것으로서, 과거의 연구에 토대를 두었기 때문이다. 그림6-3 그런데 근래에 중국 학자들은 동이족을 중국 민족의 일원으로 삼으면서 과거 우리의 견해처럼 이들의 동천을 인정하고, 이를 한족의 확장 과정과 동일시하고 있다.

예맥족도 역시 중국민족으로 다룬다. 과거에 예맥족은 중국민족사에 포함되지 않는다고 했으나 이제는 입장을 바꿔버린 것이다.

세계민족체 형성의 보편적 법칙으로 말하자면, 어떤 민족체가 일정한 인구 규모에 이르게 되면 그 혈연 구성은 대단히 복잡하게 변하게 되므로, 모든 민족체는 다원적 혈연으로 구성되어 있다고 할 수 있다. 소위 '동일 혈통'이라는 것은 매우 황당한 설명이 되는 것이다. 〔중략〕 우리들은 동북아 대륙의 몇몇 주요 민족체의 형성 과정에서도 위와 같은 민족체 형성의 법칙을 볼 수 있다. 예컨대, 숙신 계통의 여진·만족, 동호 계통의 몽고족, 예맥 계통의 조선족 사이에는 역사상 비록 커다란 구별이 있기는 하더라도 혈연적 상호 융합 현상은 매우 보편적인 것이었다. 조선족의 형성을 예로 들어보자. 이들의 주요 원류가 예맥 계통이라 할 수 있는데, 이러한 의미에서 말한다면 조선족은 중국 동북 고대민족 체계를 이루는 중요한 고리였고, 동북의 다른 고민족과 불가분의 밀접한 관계를 가지고 있었다.

_두융하오·왕위량, 40쪽.

여기서 더 나아가 한국민족에도 한족이 섞여 있다는 주장까지 등장한다.

조선족의 형성 과정 중에는 신라, 백제 및 일부 고구려인을 제외하고도, 실제로는 상당수의 한, 말갈, 거란, 선비 등의 민족 성분도 포함되어 있었고, 이들 역시 조선족의 형성에 중요한 역할을 했다. 현대 조선족 성씨 중에 대량의 한성漢姓이 존재하고 있고, 조선어 중에 다수의 중국어 발음이 섞여 있는 것들은 바로 그 민족 형성에서의 복잡성과 다원성을 설명하는 것이 아닌가?

_두융하오·왕위량, 40쪽.

이들은 한국에 중국식 성이 존재하고 한국어 가운데 중국어 발음이 많이 섞여 있다는 사실을 근거로 들고 있다. 중국식 성이란 양바오룽楊保隆의 논문에서도 언급한 왕씨를 염두에 둔 것 같다. 왕씨는 중국 3대 성씨(王, 張, 李)의 하나로서 산둥반도에서 큰 비중을 차지하는 성씨이기도 한데, 한인들이 전란을 피해서 한반도로 다수 이주한 사실을 반영하는 것이라 이 논문에서 주장하고 있다. 혹시 공자의 후손인 공孔씨나 맹자의 후손인 맹孟씨도 고려하고 있는지 모르겠다.

최근에는 한국의 274개 성씨 가운데 근 40개가 중국에서 유래한 것이라고 주장하는 연구서도 출간되었다. 이렇게 낮은 수준의 주장이 제기되고 있는 단계지만, 앞으로는 점차 학문적 체계를 갖추어나갈 것이다.

위의 논문에는 이런 내용도 등장한다.

예를 들어, 중국의 주된 민족인 한민족은 역사상 일찍부터 끊임없이 조선반도에 들어가서 조선민족체의 최종 형성 과정에 참여했다. 현재 산둥 및 조선반도에 분포하는 동일 성씨의 공동족보는 이러한 사실을 증명하는 것이다. 기자조선과 위씨조선의 통치계층 가운데 많은 사람들이 한족이었다. 조선반도를 통해서 또한 많은 한족이 일본 열도로 들어갔다. 마찬가지로 역사상에서 볼 때, 조선민족체도 중국 고민족체계의 구성부분이 되었다. 조선민족체는 처음에 주로 초기 형태의 민족체인 예맥계로 구성되었고, 토착민은 결코 그 민족 형성의 주체가 아니었다. 현대 조선민족에는 또한 상당수의 숙신계와 동호계의 민족 성분도 포함되어 있다.

_두융하오·왕위랑, 42쪽.

앞서 한반도 북부의 역사를 중국사로 만드는 작업이 이루어지고 있다고 했으나, 민족 기원과 관련해서 볼 때는 한반도 남부까지 염두에 두고 있는 것을 엿볼 수 있다. 다음 자료를 읽어보면 이를 더욱 알 수 있다.

그 밖에 이들 논문과 저서는 비교적 많은 지면을 할애하여 고대 중원 문화는 진국辰國과 삼한에 대해 깊은 영향을 주었고, 심지어 이 지역의 고족古族, 고국古國의 문화 구성 및 역사 문화의 진행에 직접 영향을 미치기도 했다는 것을 논술했다. 그 원인은 다른 데 있는 것이 아니라 바로 그들과 중원의 각 종족은 서로 같은 민족적 기원을 가지고 있었다는 데 있다.

_리더산, 2001, 17쪽.

삼한의 근간이 되는 민족은 한족韓族으로 화하족 계열인 주족周族의 한 지파에 속하고, 이 외에도 동이에 속하는 진辰·진秦 등 여러 민족이 있었다. 따라서 삼한은 중국 대륙의 내지로부터 한반도로 옮겨 들어간 옛 민족인 것이다.

_리더산, 2004, 299쪽.

2. 고조선과 한사군, 부여와 북옥저

고조선은 '옛 조선'을 의미하는 것으로서 이성계가 건국한 조선과 구별하기 위해서 그렇게 부르는 것으로 알려져 있다. 이럴 경우에는 흔히 한사군 이전의 조선을 모두 가리킨다. 그런데 조선 건국 이전에 집필된 《삼국유사》에도 고조선이란 말이 나온다. 이 경우에는 위만조선 이전의 단군조선을 가리키는 것이다. 따라서 고조선이라 할 때는 두 가지 범위가 혼용되곤 한다.

조선시대에 들어오면 단군과 함께 기자가 높이 숭상되었다. 다음은 그와 관련된 자료의 하나다.

조선의 단군은 동방에서 처음 천명을 받은 임금이고, 기자는 처음 교화를 일으킨 임

그림 6-4 청천강까지 들어온 중국 장성(《中國歷史博物館》제2권, 朝華出版社, 79쪽)

금이니, 평양부로 하여금 때에 따라 제사를 드리게 할 것입니다.

_《태조실록》권1, 원년(1392), 8월 11일.

단군은 우리나라에 처음 나라를 세운 임금이기 때문에 숭상하고, 기자는 중국에서 조선으로 우리나라를 문명화시킨 임금이기 때문에 숭배했다. 조선시대에 기자는 소중화小中華 또는 조선중화朝鮮中華의 사상적 뿌리를 이루었고, 이에 따라 기자조선의 실체를 인정하여 한국사의 흐름이 단군조선, 기자조선, 위만조선, 한사군으로 이어지는 것으로 간주해왔다.

근대 학문이 시작되면서 기자조선은 허구로 간주됐고, 한사군의 역사적 영향도 거의 무시되었다. 물론 이것은 민족주의사관의 영향이기도 하다. 그런데 최근의 고고학 연구 성과에 힘입어 기자와 낙랑군이 새롭게 인식되기 시작했다. 랴오닝성 서부에서 기자와 관련된 고고학 유적이 확인됨에 따라, 기자란 인물은 실존했지만 그가 조선 땅에 와서 건국했던 사실은 없었던 것으로 파악하고 있다. 기자는 있었으나 기자조선은 없었던 셈이다. 이와 함께 낙랑군과 관련된 유물이 한반도 곳곳에서 발견됨으로써 그동안 상대적으로 낮게 평가되었던 한사군의 역할이 새삼 재조명되고 있다.

이런 과정을 거쳐서 한국사는 고조선(단군조선), 위만조선, 한사군 및 주변 소국들로 계승되는 것으로 정리되었다. 중국에서도 고조선은 한국사로 이해되어왔다. 중국 역사지도에는 공통적으로 중국의 만리장성이 청천강까지 들어온 것으로 표시돼 있다. 그림6-4 그렇다고 한반도에서 장성 유적이 나타난 것은 아니다. 다만 중국의 화폐인 명도전이 청천강 이북에서 집중적으로 발견되는 것을 근거로 삼고 있다. 이를 토대로 중국의 지배가 청천강 이북까지 미친 것으로 판단한다. 물론 이 주장에도 우리가 동의할 수는 없지만, 적어도 청천강 이남은 고조선의 영토로서 한국사에 속한다고 생각해왔던 것이 사실이다.

그런데 최근에 이 인식도 바뀌기 시작했다. 단군조선은 신화일 뿐이라 하여 믿을 수 없다고 제외한다. 단군신화는 단지 화하·한 문화의 영향을 받아 만들어진 설화로서 역사적 사실을 반영하는 것이 아니라고 한다. 그러면서도 염제 같은 중국 인물들의 전설은 역사적 사실로 인정하고 있어 여기에서도 이중 잣대를 찾아볼 수 있다.

염제炎帝와 황제黃帝는 중국의 전설적인 임금으로 사마천의 《사기》 첫머리를 장식하고 있다. 현재 모든 중국인은 염제와 황제의 후예로 여겨지고 있어서 흔히 '염황자손炎黃子孫'이란 말을 쓴다. 그림6-5 중국 허난성河南省 정저우시鄭州市에서는 거대한 바위산에 높이 106미터에 달하는 염황상을 깎아서 2007년 4월에 완공했다. 그림6-6 우리 역사서인 《삼국유사》에 단군이 첫머리를 장식하고, 한민족은 모두가 단군의 자손이라 하는 것과 같은 이치다. 그런데 염황은 역사적 사실이고 단군은 그렇지 않다고 주장한다. 한민족 또는 고구려민족의 기원에 염황설을 끼워넣는 의도는 충분히 짐작할 수 있을 것이다.

다음은 단군조선을 부정하는 사례들이다.

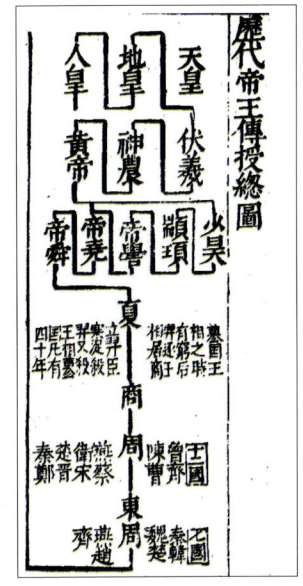

그림 6-5 복희, 신농(염제), 황제, 소호, 전욱, 곡, 요, 순으로 이어지는 중국 제왕 계보도(《三才圖會》에서)

그림 6-6 염황 조각상(www.midchina.org)

고조선은 조선반도 역사상 첫 번째로 건립한 국가이고, 이러한 까닭에 우리나라 이외에 조선, 한국, 일본 등에서도 그에 대한 연구를 중시하고 있다. 일반적으로 말해서 고조선 연구의 핵심문제로는 단군과 기자 두 개가 있다. 종합해서 말하자면, 조선과 한국학계의 관점이 일치하는데, 그들은 고조선은 단군조선이고, 고조선은 조선사 또는 한국사의 시작이며, 기자조선과 위만조선은 고조선의 주류가 아니고 고조선은 이들을 포함하지 않는다고 생각한다. [중략] 이와는 상반되게 우리나라 절대 다수의 학자들은 조선과 한국의 학계(정치권을 포함해서)의 관점은 역사적 사실과 어긋난다고 생각하면

그림 6-7 카쭤에서 발견된 기자 관련 청동기

서 다음과 같이 지적하고 있다. 소위 단군이라는 것은 결코 존재하지 않았고, 고조선족은 우리나라 고대 이 지역의 하나의 민족으로서 고조선은 지방민족정권이었다. 기자가 고조선에 들어간 것이 고조선의 주류였다. 한 무제가 고조선을 멸한 것은 한나라 봉건국가 내부의 중앙정권과 지방정권의 모순이 격화된 산물이고, 진나라의 뒤를 이어 중국을 통일한 것의 연속이다.

_리더산, 16쪽.

반면에 기자조선과 위만조선 및 한사군은 역사적 실체로 바라본다. 두 조선은 중국에서 들어온 기자와 위만이 세운 나라인 데다가 한사군은 중국의 직할지였으므로, 이들은 한국사가 아니라 중국사라는 논리로 연결된다. 이들이 모두 중국의 지방정권이라는 것이다. 게다가 이들의 중심지는 시종 평양 일대였다는 것이다. 이렇게 되면 청천강을 넘어서 한반도 북부 전체가 중국사의 무대가 되어버린다. 그러면서 한국의 독자적인 역사는 진국과 삼한으로 이어졌을 뿐이라는 것이다. 어찌 보면 일제시대 식민주의사관의 재연처럼 보인다.

기자조선의 존재에 대해서 국내학계는 부정적이다. 상商나라의 기족箕族은 원래 산둥반도 서부에서 활동했다. 1951년 황현黃縣(현 룽커우시龍口市) 구이청歸城에서 8점의 동주東周 기기箕器가 출토된 것은 이를 증명한다. 그런데 이들이 이민족인 주나라를 피해서 동쪽인 고죽국孤竹國 가까이로 옮겨갔으니, 근년에 다링허大凌河 유역인 카쭤喀左에서 기후箕侯의 청동기가 발견된 것은 이 때문이다. 그림6-7 여기까지는 국내학계에서도 수긍하고 있다. 그런데 중국 연구자는 이 기족이 다시 고조선 땅으로 이동하여 기자조선을 이루었다고 주장한다.

기箕와 조선에 대한 기록들이 서로 일치하지 않고 이해도 역시 다르다. 나는 카쥐에서 기기箕器가 출토된 후에 문헌연구와 결합한 결과 기자조선이 일찍이 세 번 나라를 옮긴 것으로 이해하고자 한다. 첫째 우이조선嵎夷朝鮮의 땅으로 옮기고, 둘째 요동으로 옮기고, 셋째 낙랑조선의 땅으로 옮겼다.

_장보취안, 159쪽.

그러면서 한반도의 기자 관련 유적이 고의적으로 파괴되었다고 주장하기도 한다. "1959년 봄, 모란봉 청년 공원을 건립할 때, 김일성은 직접 기자릉을 없앨 것을 명령했다. [중략] 조선은 기자릉을 훼손시킨 것과는 달리, 1994년 10월 11일 웅대한 고분인 단군릉을 만들었다"(쭝옌, 160, 162쪽)고 지적했다. 동쪽에 있는 조선으로 간 기자와 청동기에 나오는 기후箕侯는 무관하다는 주장도 있다.

새삼 이를 들고 나온 의도는 충분히 짐작할 수 있다.

현재 국내외의 학술계는 기자와 그가 인솔한 기족이 결국 고조선에 들어갔는가 하는 문제에 대해 서로 다른 관점을 가지고 있는데, 특히 조선 역사학계는 상당히 많은 학자들이 모두 부정적인 의견을 가지고 있고, 한국 역사학계에서는 이에 찬동하는 사람도 있는가 하면 또한 회의적인 태도를 가진 사람도 있다. 다만 중국 학자들이 지적하는 바와 같이, 국내외의 "허다한 역사서들이 모두 기씨조선의 건립을 기재하여, 그것의 객관적인 존재를 부인하는 것이 용인될 수 없음을 보여주었다. 어느 연구자가 기씨조선이 존재한다는 객관적인 역사적 사실을 부정하려고 기도한다면 성공할 수 없을 것이다." [중략] 애석한 것은 1950년대 이후 여러 원인으로 조선반도의 기자와 관련된 고적은 인위적으로 제거되고 훼손되었으며, 기자와 관련된 역사와 전설 역시 배척되고 말살되었다는 것이다. 그럼에도 다행히 기자가 고조선에 들어갔다는 증거는 확고한 것이다. 기자와 그가 인솔한 기족이 고조선에 들어갔다는 것을 부정하는 관점은 어떠한 지지도 받을 수 없으니, 기자와 기족이 고조선에 들어갔다는 이 역사적 사실은 뒤집을 수 없는 것이다.

_리더산, 2002, 57~58쪽.

기자에서 위만으로 정권이 바뀌었지만 중국 역사라는 사실은 변하지 않았다고도 했다.

고조선족의 기씨 통치자들은 42세대를 전승한 후, 한나라 초기에 위만에게 대체되었다. 위씨 통치자가 기씨 통치자를 대신한 것은 단지 고조선족 내부 다른 성씨 간의 교체일 뿐이지 결코 이로 인해 그 정권의 속성이 바뀐 것은 아니다.

_리더산, 2002, 62~63쪽.

고조선을 중국사라고 하니 낙랑군을 비롯한 한사군은 당연히 중국 영토가 된다.

역사상의 중국정권은 때로 역사상 중국 범위 밖의 지역도 관할했으니, 이들 지역이 비록 역사상의 중국 범위에 속하지는 않지만 중국 왕조 판도에 속하는 것이 확실하다고 생각한다. 예를 들어서 한·진 시기에 한반도 서북부에 낙랑군, 대방군 등을 설치했고, 한·당 시기에 월남 북부에 교지군交趾郡, 구진군九眞郡, 일남군日南郡 등이 있었으니, 이들 지역은 당연히 한·진·당 등 왕조의 강역에 속했다. 비록 한국, 월남이 역사상의 중국 범위에 속하지는 않았지만, 역사상의 낙랑, 교지 등은 한·당 왕조의 영토였음이 틀림없다.

_탄지샹a, 15쪽.

결국 고조선은 중국 역사로서 그 전통이 한사군을 거쳐 고구려로 계승되었다고 주장하는 데까지 이른다.

한 무제가 고조선을 멸한 것은 서한의 중앙왕조와 지방정권 사이에 모순이 격화되면서 발생한 결과물이었다. 이 전쟁의 성격은 서한왕조가 진나라에 이어 중국을 통일하는 전쟁의 연속선에 있는 것이고, 따라서 그것은 서한왕조 내부의 일이었다. 그러니 누가 누구를 침략한 문제라고 말할 수 없다. 형식상으로 보아 고조선족은 소멸했지만, 실제로는 한족과 고구려족 등에 편입되어 들어감으로써 영원히 중화민족 역사의 긴 흐름 속에서 활약하고 있다.

_리더산, 2002, 63쪽.

아직은 고조선을 연구하는 중국 학자들이 많지 않은 편이지만, 대체적인 연구 방향은 이처럼 이미 설정되어 있다.

고조선에 대해서 이런 태도를 취하고 있으니 부여와 옥저는 너무나 당연하게 중국사로 인식하고 있다. 이들은 모두 만주에서 흥하고 망했다. 그러니 한반도로 이동해간 고구려와는 달리 보는 것이다. 광개토왕 비문에도 볼 수 있듯이 부여에는 역사상 북부여와 동부

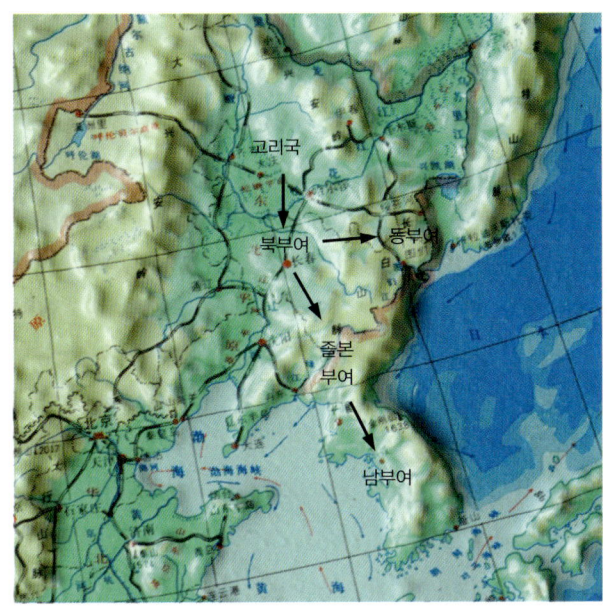

그림 6-8 부여 계통 역사의 흐름

여가 있다. 북부여는 현재의 지린시吉林市 일대에서 기원전 2세기 초 이전에 일어나 왕망 시대부터 활발한 활동을 벌인다. 그러다가 346년 이전에 고구려에 쫓겨서 서쪽으로 중심지를 옮겼는데, 현재 그 위치는 확인되지 않으나 눙안農安 부근으로 추정하고 있다. 그러다가 494년 물길족에 쫓겨서 고구려에 항복하여 멸망한다. 동부여의 위치는 정확히 알 수 없다. 국내 연구자들은 북부여에서 갈라져나온 사람들이 동해안으로 이동하여 북옥저 지역에 터전을 잡은 것으로 동부여를 이해하는 반면에, 중국 연구자들은 서쪽 눙안으로 이동하기 이전의 부여를 가리키는 것으로 이해하여 현격한 차이를 보인다.

북부여에서 고구려(졸본부여)가 갈라져나왔고 거기서 다시 백제가 갈라져나왔다. 백제는 사비를 도읍으로 정했을 때 남부여라 불렸다. 이처럼 역사적으로 북부여, 동부여, 졸본부여, 남부여라는 네 개 부여가 있었다. 그림6-8 중국의 부여란 지명이 후대에 붙여진 것이기는 하지만 그 흔적이 남아서, 지금 충청남도와 지린성에 부여라는 동일 지명이 있게 되었다. 또 북부여는 전설적으로 북쪽의 고리국槀離國, 탁리국橐離國, 색리국索離國으로 불리는 곳에서부터 내려온 사람들이 세운 것으로 되어 있다.

이렇게 되면 고리국, 북부여, 동부여, 고구려, 백제는 역사적 일체를 이룬다. 그러기에 부여융扶餘隆의 묘지명을 보면, 백제 왕실을 고구려와 동일하게 '하백의 자손'이라 했고, 고구려와 합쳐서 '양맥兩貊'이라 했다. 따라서 한국사는 북방에서 내려오면서 건국된 부여 계통의 국가들과 신라나 가야처럼 남방 한족 계통 국가들이 양대 주축을 이루었다. 그

그림 6-9 북옥저의 쪽구들(웅기 송평동)

런데 중국에서는 부여 계통의 흐름을 떼어내 모두 중국사라고 하니 그럴 경우 머지않아 백제사마저도 중국사라는 논리가 나올 것이 분명하다. 그리 되면 한국사에는 남방 한족 계통의 국가들만 남게 된다. 단순히 어느 국가가 한국사 또는 중국사에 속하느냐 하는 차원의 문제가 아니다.

북옥저는 두만강과 수이펀하綏芬河 및 연해주 일대에 퍼져 있었다. 아직 국가라고 보기는 어렵고 세력집단을 이루고 있을 정도였다. 이들이 남긴 퇀제團結-크로우노프카 문화에서 쪽구들 유적이 독특하게 발견된다. 쪽구들이란 온돌의 원형이 되는 것으로서 방 안에 일부분만 난방을 하는 형태를 띠고 있으니, 현재 만주에서 많이 볼 수 있는 캉炕과 비슷한 것이다. 이러한 난방 시설을 처음 창안한 곳이 북옥저다. 그림6-9

이 생활 문화는 만주와 한반도 북부에서 고구려와 발해로 계승되어 여진족에게 전수되었고, 오늘날의 캉으로 발전했다. 이는 한반도 남부에도 북옥저로부터 전해지기 시작했으니, 남한의 초기철기시대와 삼국 초기의 유적에서 그 증거들이 속속 발견된다. 이 전통은 고려와 조선을 거치면서 전면적인 난방시설로 바뀌어 오늘날과 같은 온돌이 되었고, 이에 맞추어 실내 생활방식도 입식에서 좌식으로 바뀌고 식탁은 소반으로 바뀌었다. 그리고 최근에 와서는 주택의 보일러 난방장치와 찜질방이라는 독특한 문화를 낳기에 이르렀다. 따라서 한국의 주요 전통문화로 손꼽을 수 있는 온돌 문화의 시원을 마련해준 북옥저도 한국사의 흐름에 넣을 수 있을 것이다.

3. 발해

중국에서는 2004년에 고구려 유적을 유네스코 세계문화유산에 등록시켰고, 이제는 2008년을 목표로 발해 유적을 등록시키려 준비하고 있다. 이에 따라 외부의 출입을 통제한 채 발해 수도를 복원하고 서고성과 팔련성 및 주요 고분들을 발굴하고 있다. 비록 이러한 등록이 누구의 역사인가와는 무관하다고 하지만, 중국 스스로는 발해사를 자신의 역사로 만드는 확고한 작업으로 인식하고 있다.

그림 6-10 정효공주묘 안내문(2001. 10)

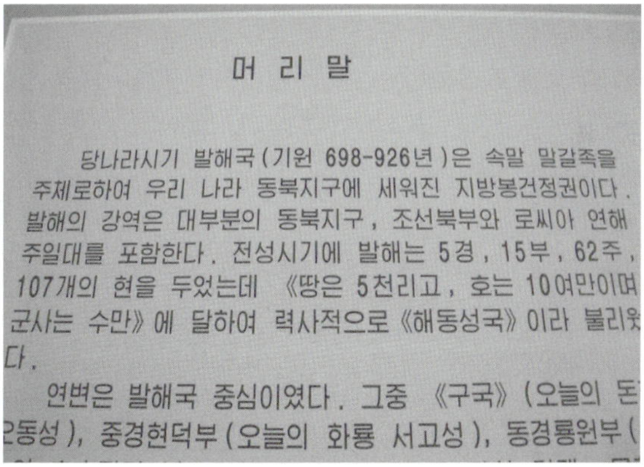

그림 6-11 옌볜 박물관 안내판(2001. 10)

3.1. 두 가지 인식

발해를 바라보는 시각에는 두 가지가 있다. 하나는 발해가 말갈계 국가라는 것으로서 중국과 러시아의 시각이고, 다른 하나는 고구려계 국가라는 것으로서 남·북한과 일본의 시각이다.

먼저 중국의 시각부터 살펴보겠다. 중국은 속말말갈족을 발해의 주체로 파악하면서 정권의 속성에 대해서는 당나라 지방정권이라 설명한다. 이것은 공식화되어 있어서 이 밖의 다른 견해는 무시되거나 제약을 받는다. 발해 정효공주의 무덤 앞에 세워진 안내판이나 옌볜 박물관 입구에 붙어 있는 안내판에도 동일한 내용이 씌어 있는 것을 볼 수 있다. 그림6-10, 그림6-11

당나라 시기에 발해국(기원 698~926)은 속말말갈족을 주체로 하여 우리나라 동북지구에 세워진 지방봉건정권이다. 발해의 강역은 대부분의 동북지구, 조선 북부와 로씨아 연해주 일대를 포함한다.

_옌볜 박물관 진열실.

이것은 고구려 유민이 주체가 되었고, 분명한 독립국가였다는 우리의 견해와 크게 다른 것이다. 이런 주장은 이미 1970년대부터 시작되어 1980년대 초에 왕청리王承禮나 웨이궈중魏國忠 등에 의해 정리된 것이다. 1984년에 나란히 출간된 발해사 개설서에는 두 사람의 견해가 다음과 같이 담겨 있다.

발해사는 중국 내의 여러 민족사 중에서 중요한 부분을 차지한다. 발해왕국은 말갈의 속말부인들을 중심으로, 현재의 소련 연해주와 한반도 북부의 일부분을 포함하는 중국 동북지방의 광대한 지역에 건립되었던 정권으로서, 서기 698년부터 926년까지 도합 229년간 지속되었다. 당 왕조는 속말말갈의 거주지였던 무단강 유역에 홀한주를 두었고, 홀한주도독부(발해도독부)를 설치했으며, 그 수령을 도독으로 삼아 발해군왕에 봉했으니 이것이 이른바 발해왕국이다. 발해사에 대한 연구는 중국민족사의 내용을 풍부하게 하고 발해인들이 중국의 역사 문화에 이바지한 바를 분명히 하며, 또한 중국 민족의 단결을 증진시킬 수 있을 뿐만 아니라, 발해와 중원과의 밀접한 관계를 구체적으로 제시할 수 있을 것이다. 따라서 발해사 연구는 매우 중요한 의의를 지닌다.

_왕청리, 31쪽.

우리나라(중국)는 역사적으로 형성된 통일적 다민족국가다. 비록 문화 발전 정도가 다르지만 각 형제 민족이 모두 유구한 역사를 가지고 조국 역사와 문화의 발전에 공헌을 해왔다. 당나라 왕조는 우리나라 다민족 통일국가 발전에 중요한 시기였다. 이러한 시기에 우리나라 동북지구에서는 고로古老의 말갈족이 중요한 공헌을 했으니, 7세기 말에 속말말갈부를 주체로 구역성區域性 지방민족정권을 건립했다. 처음에 '진국震國' 이라 하다가 얼마 뒤에 당나라 책봉을 받아 귀속하면서 오로지 발해라고 칭했다. 당나라는 속말말갈인이 주체가 된 왕국의 중심지구—홀한하(무단강) 유역—에 홀한주를 설치하여 홀한주도독부(발해도독부라고도 함)를 두었고 그 수령을 도독으로 삼아 발해군왕에 봉했다. 이것이 역사에서 말하는 발해국 또는 발해왕국으로서, 당나라에 예속된 지방민족정권으로서 일개 특수한 변지 주군州郡에 해당했다. 따라서 발해사는 우리나라의 한족을 주체로 한 통일 다민족국가 역사의 중요한 부분을 이루었다.

_주궈천·웨이궈중, 1쪽.

왕청리는 발해가 '속말말갈부인을 중심으로'하며 '중국민족사의 일부'라 하고, 웨이궈 중은 '속말말갈부를 주체'로 하고 '당나라의 변주에 속하는 봉건지방할거세력'이라 하여 설명이 약간 다르기는 하지만 앞서 제시한 공식의 시원이라는 점에서는 동일하다. 이보다 3년 뒤에 발간된 책에서 쑨위량孫玉良도 발해가 독립주권국가가 아니라고 하여 상기 두 주장에 동조했다.

> 698년부터 926년까지, 우리나라 동북의 아름답고 풍요로운 백산·흑수 사이에 일찍이 말갈인이 건립한 발해국정권이 있었다. 그런데 이 정권은 결코 현대 독립주권국가의 성격을 띠고 있지 않았고, 당시 대당 봉건제국 중앙의 관할 아래에 있던 한 개 변주邊州, 즉 홀한주에 불과하여, 순전히 봉건지방할거세력에 속했다.
>
> _리뎬푸·쑨위량, 1쪽.

이에 따라 중국에서 발표되는 논문을 보면 '당 시대의 발해(唐代渤海)', '당 왕조의 발해(唐朝渤海)'라는 표기를 많이 볼 수 있다. 이것은 당나라 때 발해가 존재했다는 의미만 담고 있는 것이 아니라, 발해가 당나라 지방정권이라는 점을 강조하려는 것이다. 최근에는 처음 국호가 '진국'振國, 震國이었다는 문헌기록마저 부정하고 '말갈'이었다는 주장까지 제기되고 있다. 그러나 발해인 스스로 말갈이란 비칭卑稱을 국호로 사용했을 리가 없다.

이렇게 발해사는 일찍부터 중국사로 편입되는 운명을 맞았다. 이에 따라 역사지도에 발해국의 국경선이 표기되지 않고 단지 당나라 영토 안에 그 존재만 표시되어 있는 경우가 있다. 그림6-12 이 지도에는 당나라가 바이칼과 시베리아 동부까지 모두 포괄하는 대제국으로 표현되어 있다. 그러니 발해가 설 자리가 없다. 단지 발해 수도에는 '발해도독부'란 글자만 나타나 있으니, 이것은 당나라 지방행정구역으로서의 의미만 지닐 뿐이다.

이러한 중국의 견해는 역사적 사실을 무시한 것이다. 송나라 때 그려진 당십도도唐十道圖에는 만리장성 이남, 압록강 서쪽만 당나라 영토로 표시되어 있다. 그림6-13 오른쪽 상단에 '요수'가 있고 그 건너 요동반도까지가 당나라 영토였지 그보다 북쪽은 아니었다. 이런 점에서 이 당나라 지도는 역사적 사실을 무시한 것이다.

발해는 황제국을 표방할 정도로 당나라에 독립적이었다. 이러한 사실을 무시할 수 없었던지 근래에는 견해가 약간 수정되는 동향이 감지된다. 발해는 당나라 안에 있었던 국가, 즉 '나라 안의 나라(國中之國)'란 용어를 제시하고 있다. 그러나 '나라 안의 나라'는 어떠한 형식의 국가를 염두에 둔 것인지 분명하지 않다. 최근에 캐나다에서 퀘벡을 '국가 안의 국가'로 언급한 경우를 염두에 두고 앞으로 논지를 강화해나갈지 모르겠다. 아무튼 독립국

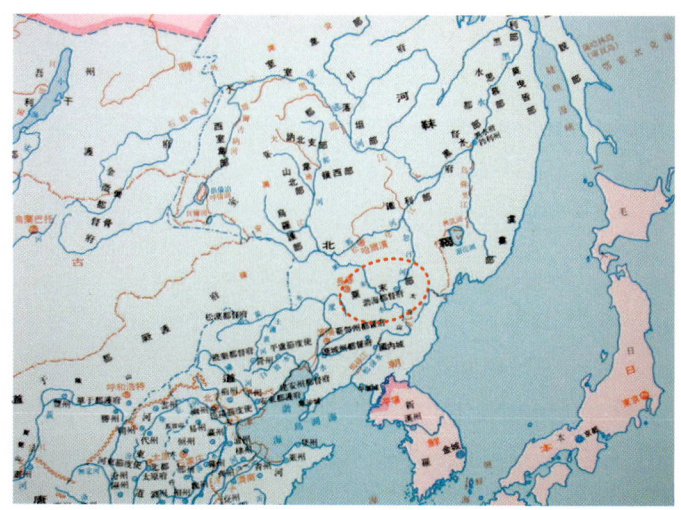

그림 6-12 발해가 사라진 당나라 지도. 점선 안에 '발해도독부'란 명칭이 보인다. (《隋唐文化》, 陝西省 博物館 編, 1990)

가가 아니라고 하기에는 문제가 있는 것을 깨닫고 이제는 큰 국가 안에 있던 작은 국가였다는 궁색한 논리를 펴고 있다.

이상을 종합하건대, 발해는 책봉을 받은 뒤로 당나라 책봉체제 아래의 1개 번봉藩封정권이 되었을 뿐 아니라, 시종 당나라 관할 아래의 한 개 기미주부가 되었다. 이는 발해국이 절대로 완전한 주권을 가진 독립국가가 아니고, 다만 당나라 영토 안의 하나의 '나라 안의 나라'일 뿐임을 분명히 보여준다.

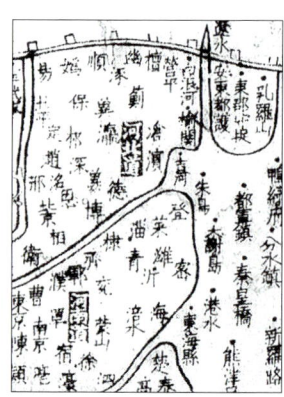

그림 6-13 당십도도의 동쪽 부분. (《中國古代地圖集(戰國-元)》 圖 97)

_웨이궈중, 4쪽.

발해의 주체에 대해서도 최근에 다시 한 번 견해가 바뀌는 조짐이 보인다. 다음 글에서처럼 종전에는 발해 주체를 고구려인으로 보는 것에 절대적으로 반대해왔다.

반도의 남북학계에서는 일본의 뒤를 따라 발해는 '고구려를 계승한 국가'였고 발해에는 '고구려 계승 의식'이 있었다는 견해를 제출했는데, 장황한 문장에 친편일률적인 내용으로 이러한 관점을 많이 말하다 보니, 마치 발해가 진짜 고구려를 계승한 국가로 바뀐 것 같다. [중략] 발해의 주체민족과 그 영수 대조영은 중국 동북지역의 속말말갈족이었고, 발해는 당 왕조의 한 변강주邊疆州였고, 하나의 지방정권이었다.

발해와 대조영의 족속과 정권 성격은 원래부터 매우 명백한 것이다. 우리들이 복잡 다단한 국내외 역사서의 기록 중에서 발해사, 말갈(족)사, 고구려사, 거란(족)사 및 일본사 등에 대해 깊이 있는 비교 분석을 하고, 가능한 한 모든 사료를 확보하여 종합적으로 비교 연구하고, 편견을 가지지 않고 주관적 억측에 빠지지 않으면서 조금의 예외도 없이 연구하는 문제와 관련된 모든 사실을 종합하고, 개별적인 사실만 뽑아내지 않는다면 말이다. 예컨대, 반도의 한 학자는 《일본후기》와 《일본삼대실록》에서 '개별 사실'을 찾아내서 이를 가지고 발해의 '고구려 계승 의식'을 논증했는데, 이러한 것은 발해사 연구를 오도할 뿐이다.

발해사 연구에서 관심을 가져야 할 것은 학술연구의 정치화 경향이다. 일본 역사서와 일본 황실에서 "발해국은 옛날 고구려다"라고 주장한 것이 발해의 고구려 계승국 의식의 남상이 되었는데, 일본인의 이러한 인식은 일본이 대국을 자처하여 발해를 고구려의 뒤를 이은 조공국으로 간주함으로써 대국 의식을 드러낸 것에서 기인한다. 그 학계에서 발해를 만주사의 일부로 편입시키려는 주장을 제기한 것은 이러한 의식이 표출된 것이다. 이러한 의식은 발해사 연구를 오도하고 잘못된 사실을 후세에 전파하여 그 폐해가 적지 않다.

조선반도의 학계는 '발해가 고구려를 계승한 국가'라고 주장한다. 이는 조선 주체사관의 중요한 구성 부분으로 그 핵심 본질은 소위 '영토 의식'이다. "이러한 고구려 계승 의식은 발해 역사를 한국사 안에 포함시키는 데 중요한 근거를 제공한다." 이러한 것들이 학술의 정치화 경향을 보여주는 명백한 증거다.

역사의 편견을 제거하고 학술의 오류를 바로잡아서, 정확한 역사관과 방법론으로 발해사를 본래 모습으로 환원하는 것이 국내외 모든 정직한 학자들이 노력해야 할 바이다.

_장비보, 2002, 19쪽, 23쪽.

그런데 이제 고구려를 중국사라고 하다 보니 고구려인설을 받아들여도 문제가 없다는 인식을 갖기 시작했다. 다음 글은 그러한 단초를 보여준다.

발해 선인先人의 족속에 관해서 일찍이 1980년대에 뜨거운 토론이 전개되었으니, 주로 말갈설과 고려설, 두 가지 설이 제기되었다. 시작할 때에는 발해 건국자가 고려인인 것이 확정되면 마치 중국에 귀속되지 않는 것이 확정되는 것과 같은 경향이 있었다. 이에 따라 많은 중국학자가 말갈설을 견지하여 고려설을 부정했다. 그러나 점차 발해 건

그림 6-14 발해 건국 1300주년을 기념하여 만든 찻주전자와 인삼주 '발해의 별'

국자가 말갈인가 고려인가에 문제가 있는 것이 아니라, 말갈과 고려가 중국에 예속되었는지 여부에 있다는 인식에 도달하게 되었다. 고려도 중국의 민족이라면, 발해 건국자가 고려인이라도 발해가 중국에 예속되었다는 결론에 변화가 없게 되는 것이다. 또한 발해국은 다민족이 공동으로 창건한 것으로서 말갈인이 주체였고, 고구려인의 참여도 부인할 수는 없다고 인식하기에 이르렀다.

_사오훙, 89쪽.

러시아에서도 발해를 말갈족의 국가로 인식한다. 그림6-14 이에 따라 우리의 고구려 계승설이나 남북국시대론을 비판한다. 그러나 중국과 달리 발해를 러시아 소수민족의 역사로 다루고 있다. 둘 다 발해사를 자기 역사의 한 부분으로 인식하기 때문이다. 러시아 연구자들은 말갈족이 발해의 주체가 되었다고 하면서도 다양한 종족과 다양한 문화를 강조함으로써 중앙아시아로부터 받은 영향을 부각시키려 하는 것이 주목된다.

> 퉁구스어 종족인 말갈족들이 주민의 기본을 이루기는 했지만, 발해는 다민족국가였다. 이 덕분에 발해는 국내에 거주하던 고구려, 돌궐, 위구르, 거란, 실위, 소그드, 중국 민족들의 문화를 흡수할 수 있었다. 이러한 다민족적 성격과 더불어 계급사회에 필수적인 최상류층 계급의 의례를 도입해야 하는 필연성은 발해가 다른 국가와 민족들의 문화·역사적 성과와 가치를 기꺼이 받아들이도록 촉진시켰다. 그 결과 발해 문화는 전반적으로 종합적인 성격을 띠게 되었다.
> 이와 동시에 발해인은 다른 민족들의 일부 문화를 차용하면서 흔히 이를 크게 수정하거나 변형시켰다. 그러나 모든 민족들로부터 동등한 비율로 차용한 것은 아니었다. 예를 들어서 발해 영역으로 들어온 고구려인들이 가장 많은 문화적 영향을 미쳤는데, 이를 근거로 일부 한국학자들은 발해가 고구려의 후예라고 잘못 판단하고 있다. 반면에 다른 민족들의 영향은 이에 비해서 훨씬 빈약했다. 전체적으로 볼 때 다른 문화에서 차용한 요소들은 발해 문화가 나름대로의 독자성과 특수성을 지닐 수 있도록 했다.

당시로서는 고도의 문화를 영위한 발해가 일본, 한국, 심지어는 중국의 문화 발전에 기여했음이 분명하다. 무엇보다도 발해인은 유라시아 민족의 역사적 운명에 현저한 족적을 남긴 거란과 여진의 문화 및 정치체제를 발전시키는 데 커다란 영향을 미쳤다. 그런 의미에서 적지 않은 공적이 당연히 발해로 돌려져야 할 것이다.

발해인이 장기간에 걸쳐 소그드인이나, 어쩌면 이란족과도 다방면에 걸쳐 교류한 사실을 간과해서는 안 된다. 이것은 자연히 극동과 중앙아시아 민족들의 문화를 발전시켰고, 그 내용을 풍부하게 만들었다.

_샤프쿠노프, 1996, 281~282쪽.

발해사에 대한 중국 학자들의 사료 접근방식에는 기본적으로 두 가지 특징이 있다. 첫째는 중국 역사학자들이 중세의 전통에 따라, 말갈을 나중에 읍루, 물길, 말갈로 계승되어 간 숙신의 후예로 본다는 점이다. 둘째는 발해를 '당나라에 복속된 지방의 소수민족정권'으로 파악한다는 점이다.

발해의 봉건적 예속이 순전히 명목적인 성격을 띠고 있었다는 사실은 이미 위에서 언급했다. 그럼에도 불구하고, 중국 연구자들은 중국과 발해의 관계를 두 국가 사이의 관계가 아니라 중앙정부와 지방행정기구의 관계로 묘사하고 있는데, 이는 소련의 동양학자들이 비판한 바 있는 중국 중심 이론인 중화사상과 일치하는 것이다.

한국의 역사학자들도 발해사를 연구하고 있다. 발해의 영토가 현재 북한의 일부에까지 뻗어 있었고, 고구려 유민들이 발해에 유입되었으며, 나중에는 많은 발해인들이 거란을 피하여 고려로 망명했으므로, 이들의 연구는 지극히 자연스러운 일이다. 그러나 이들은 전통적으로 발해가 북국으로서 남국인 신라와 동일한 시기에 한국사의 일부를 이루고 있었다고 파악하고 있는데, 이것은 사실과 다르다. 전영률은 "고구려 지방민들이 말갈족과 함께 고구려 장수였던 대조영의 지도 아래 고구려 옛 땅에 발해(698~926)를 창건했다. 여기서 우리는 우리나라에 거의 230년 동안 북쪽의 발해와 남쪽의 신라가 공존했음을 알 수 있다"고 썼다.

그렇지만 사실에 있어서는 고구려 옛 땅은 발해의 남쪽 일부에 불과했고, 고구려 '지방민'이 아닌 말갈족이 발해 주민의 근간을 이루었다. 대조영이 고구려 장수였다는 것은 《구당서》에 "발해말갈 대조영은 본래 고려 별종이었다"는 애매한 구절에서 비롯된 것이다. 주궈천·웨이궈중이 주장하듯이 이 구절은 《신당서》에 "발해는 본래 고려에 복속되었던 속말말갈족으로서 성은 대씨였다"는 구절과 상통한다. 따라서 대조영은 고구려인이 아니라 속말말갈인으로서 한때 고구려에 예속되어 있었음을 말하는 것이다. 아울러 《구당서》 이전의 사료들과 한국 중세의 역사서들인 《삼국사기》《고려사》《동국사략》에서는 발해인들을 고구려인이 아닌 말갈인들로 부르고 있다.

_샤프쿠노프, 1996, 29~30쪽.

　　발해는 퉁구스계의 말갈족이 주성분을 이루는 다종족국가였다. 발해 남부지역에서는 고구려인이 대부분을 이루었고 동남·서남·서북(?) 지방에는 말갈과 거란, 실위족, 돌궐계의 위구르족, 동북지역에는 니브히계의 부족, 동부지역에서는 아이누족인 고혈고頁, 즉 고이쿰夷 부족이 거주했다. 또한 발해 여러 지역에는 이란어계의 소그드족의 소규모 이민 집단들이 있었다. 소그드족은 현재 타지크족의 선조였고, 이 민족을 통하여 발해 문화에 소그드, 호탄, 이란 문화와 같은 특수한 요소가 나타나게 되었다.

_샤프쿠노프, 1995, 93쪽.

　발해사 인식에서 중국과 러시아의 대척점에 있는 것이 북한이다. 북한에서는 발해가 모든 측면에서 고구려를 계승한 나라라고 강변한다. 발해사에서 당나라나 말갈 요소가 전혀 언급되지 않을 정도로 극단적이다.

　　위대한 령도자 김정일 동지께서는 다음과 같이 지적하셨다.
　　"발해는 고구려 유민들에 의하여 옛 고구려 땅에 세워진 강력한 주권국가로서 고구려의 문화를 계승발전시켰으며 우리나라에 대한 북방 여러 나라들의 거듭되는 침입을 막고 나라와 겨레의 안전을 보장하는 데 큰 기여를 했다."

_장국종, 5쪽.

　발해는 고구려를 계승한 국가로서 역사적 정통은 고조선, 고구려, 발해, 고려, 조선, 북한으로 이어진다고 주장한다. 이에 따라 신라의 삼국통일은 부정되고 고려의 후삼국통일을 역사상 최초의 통일로 본다. 고대사가 북한정권의 정통성 입증에 희생양이 되고 있는 것이다.

3.2. 말갈주체론과 지방정권설의 문제점

이상과 같은 삼국의 발해사 인식은 일면만을 강조할 뿐으로 역사적 실상과 거리가 있다. 먼저 속말말갈족 주체론에 대한 비판을 살펴보자.

발해 건국세력에 말갈족이 분명히 들어가 있었지만 주체세력은 아니었다. 사료에는 대조영 또는 그의 아버지 걸걸중상이 고구려인인지 말갈인인지 명확히 언급하지 않았지만 이들과 함께 행동한 또 하나의 집단은 말갈 추장이 지휘한 것으로 명시되어 있다. 여기서 추정할 수 있듯이 대조영은 분명히 순수한 말갈족은 아니었던 것 같다. 필자는 고구려에 귀화한 말갈계 고구려인으로 판단하고 있다.〔중략〕

대조영 개인보다 더 중요한 것은 발해를 이끌어나갔던 통치집단의 구성이다. 지금까지 알려진 발해인을 분석하면 대씨 다음으로 고씨가 대다수를 점하고 말갈계 이름으로 보이는 것은 극소수에 불과하다. 이것은 발해 지배층에서 고구려계의 고씨가 주축을 이루었음을 의미한다. 아울러 대조영이 말갈계 국가가 아니라 고구려계 국가를 추구했음을 반영하는 것이기도 하다.

현재 중국 지린성 둔화시 류딩산 고분군에는 초창기 지배자들이 묻혀 있다. 그런데 여기서 발굴된 상층부 무덤은 모두 고구려 양식을 띠고 있다. 돌로 쌓은 돌방무덤 형태다. 특히 대조영의 증손녀인 정혜공주의 무덤은 고구려 지배층 무덤을 그대로 따르고 있다. 반면에 말갈족은 흙무덤을 썼는데, 이 고분군의 하층부 무덤에서 일부만 보일 뿐이다. 이렇게 무덤에서도 고구려계 사람들의 체취를 다분히 느낄 수가 있다.

그런가 하면 발해 궁궐지 가운데 왕이 침식하던 건물지 두 곳에서 온돌이 발견되었다. 당시의 온돌은 지금과 달리 방 일부에만 고래를 시설했다. 이러한 온돌은 고구려를 비롯한 한반도 계통의 국가에서만 발견된다. 따라서 과거에 일본 학자도 지적했듯이 이것은 분명 고구려로부터 계승된 시설이다. 기와 건물지에서 발견되는 와당의 연꽃무늬도 고구려 영향을 받은 것임은 주지의 사실이다.

발해왕은 일본 천황에 대해서 자신을 천손이라 일컬었다. 중국의 천자, 일본의 천황에 대등한 천손을 내세운 것이다. 그런데 1980년대에 북한에서 발굴된 발해 절터에서 천손이란 명문이 발견되었다. 고구려시대에 만들어진 금동판이었음이 확인되어 고구려의 천손 의식이 발해 지배층에까지 계승되었던 사실을 확인하는 계기가 되었다.

시대를 내려오면 발해 유민이 세운 나라에 정안국定安國이 있다. 이들이 981년에 송나라에 보낸 국서에서 자신은 '본래 고구려의 옛 땅에 세운 발해 유민들'이라 했으니

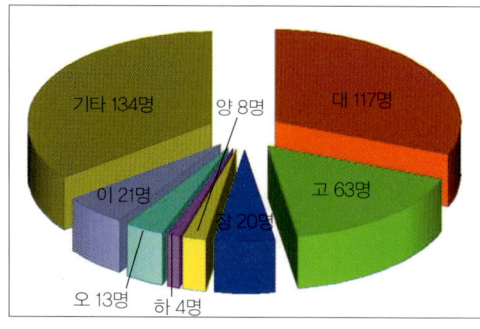
그림 6-15 발해인의 성씨 분석

고구려와 발해를 계승한 국가로 자임한 것을 볼 수 있다. 그러기에 송나라 역사 편찬자는 정안국을 마한馬韓의 무리라고 서술했는데, 이때의 마한은 고구려를 가리킨다.

_송기호, 2004, 242~244쪽.

여기서는 발해 통치집단을 언급했지만, 구체적으로 분석한 것은 다음 글에서 볼 수 있다. 그림6-15

《송막기문松漠紀聞》에는 발해왕실 성씨로서 대大씨가 있고 유력 귀족의 성씨로서 고高, 장張, 양楊, 두竇(賀), 오烏, 이李씨가 있었다고 한다. 이 기록은 현재 전해지는 발해인들의 성씨 분석과도 대체로 일치한다. 발해 유민까지 포함하여 380명의 성명이 알려져 있는데, 이 중에서 대씨가 117명이고, 고씨가 63명, 장씨가 20명, 양씨가 8명, 하씨가 4명, 오씨가 13명, 이씨가 21명이다. 그런데 고씨는 380명 가운데서 16.6퍼센트, 왕족인 대씨를 제외한 유력 귀족 가운데서 48.8퍼센트를 차지한다. 이렇게 유력 귀족의 절반 정도를 차지하는 고씨는 고구려 왕실·귀족의 후손이 분명하다. 따라서 발해 국가를 운영하던 유력 귀족에서도 고구려계 인물들이 주도권을 쥐고 있었던 사실을 확인할 수 있다.

_송기호, 2005a.

사실 발해인 스스로도 고구려계 국가임을 표방했다. 반면에 말갈을 계승했다는 언급은 어디에서도 찾아볼 수 없다. 다음은 고구려를 계승했음을 보여주는 증거들이다.

정안국왕 신臣 오현명이 아룁니다. [중략] 신은 본래 고구려 옛 땅에서 살던 발해 유민으로서, 한쪽 귀퉁이를 차지하여 여러 해를 지내왔는데, [중략] 또 부여부가 근래에 거란에서 등을 돌려 우리나라에 귀순했으니[중략]

_《송사》권 491, 〈정안국전〉.

정안국은 본래 마한 종족이다. 거란에 격파되자 그 지도자들이 무리를 규합하여 서쪽 변방을 차지했다. 여기서 나라를 세우고 연호를 정하여 스스로 정안국이라 했다.

_《송사》 권 491, 〈정안국전〉.

무예(무왕)는 욕되게 여러 나라를 주관하고 외람되게 여러 번국을 아우르게 되어, 고구려의 옛 터전을 수복하고 부여의 풍속을 소유하게 되었습니다.

_《속일본기》 권10.

그리하면 천황의 풍모를 향한 정성을 게을리 하지 않을 것이고, 부지런히 교화를 사모하는 태도는 고구려의 발자취를 따르겠습니다.

_《일본일사》 권7.

고구려 별종 대사리 걸걸중상이 있었으니 말갈 반란인 걸사비우와 함께 요동으로 도망하여 고구려 옛 땅에서 각각 왕이 되었다.

_《오대회요》 권30, 〈발해〉.

다음으로 당나라 지방정권설은 더욱 수긍할 수 없다. 중국의 원로학자인 탄지샹譚其驤도 발해는 당나라 판도에 속하지 않는다고 지적한 적이 있다.

일부 기미주는 시종 허명에 불과했으니, 이들은 당연히 당나라 영역 밖의 이웃 나라, 이웃 민족으로 보아야 한다. 예를 들어서 말갈 속말부는 측천무후 말년에 태백산 북쪽, 속말수(쑹화강)와 홀한수(무단강) 유역에서 건국했는데, 〔중략〕 선천 2년(713)에 그 땅을 홀한주로 삼고, 그 왕을 발해군왕으로 삼아 홀한주도독을 주었다. 〔중략〕 발해와 당나라 사이 200년간의 관계를 보면, 홀한주도독은 크게 보아 시종 당나라가 조공국의 왕에 덧붙인 공명空名이었을 뿐이었고 그 밖의 어떠한 작용도 존재하지 않았다. 발해는 실질적으로 1개 독립국으로서, 당나라의 책봉을 받은 것은 사대의 의례에 불과한 것이다. '발해'는 국명이었을 뿐이고, 도독부 명칭은 시종 홀한주였으니,《신당서》 지리지의 '발해도독부'는 잘못으로서《구당서》 지리지에는 보이지 않는다. 발해처럼 당나라는 말갈 흑수부와 실위室韋 부족에도 기미주를 설치했으니, 이들은 모두 당나라 판도에 속한다고 할 수 없다.

_탄지샹b, 145쪽.

흔히 중국 연구자는 발해가 당나라에 조공하고 그 대가로 책봉을 받은 사실을 지적한다. 또 당나라가 발해에 홀한주를 설치하여 그 왕을 홀한주도독으로 삼았으므로 발해왕은 당나라 지방 관리에 불과했다는 주장도 있다. 이 두 가지가 당나라 지방정권설을 주장하는 핵심적인 근거다. 이에 대해서는 다음과 같이 반론을 제기할 수 있다.

"고구려, 백제, 신라도 책봉과 조공 관계에 있었고 고려와 조선도 마찬가지인데, 어찌 발해만 독립국가가 아니란 말인가? 그런 논리라면 삼국도 다 가져가야 하지 않겠는가?" 몇 년 전에 중국 학자와 토론하는 과정에서 이렇게 반박했더니 통역을 맡았던 조선족 학자가 나중에 정색을 하면서 정말 그렇게 하면 어찌하느냐고 걱정하면서 나무랐다. 사실 책봉과 조공을 들먹이며 발해를 빼앗으려는 것은 현재의 국경선을 역사의 경계선으로 착각하고 있기 때문이 아닌가 하고 반박했다.

다음으로 발해왕이 지방행정의 책임자에 불과하다는 논리의 허구성은 통일신라도 계림주가 되고 그 왕이 계림주대도독이나 계림주자사로 임명된 데서 금방 알 수가 있다. 만일에 그들의 주장을 따른다면 통일신라까지 그들의 역사가 되는 것이다. 그럼에도 그렇게 주장하지 않는 것은 그 배후에 정치적 의도가 깔려 있어서다.

필자는 이미 여러 사료의 근거를 들어서 이들의 아집을 공격한 적이 있다. 첫째는 발해 유학생들이 당나라에 가서 응시한 과거 시험이 빈공과였다는 사실을 들었다. 빈공과는 빈공진사과賓貢進士科를 줄여서 부르는 것으로 손님으로 와 있는 외국 학생들이 따로 치르는 시험이고, 내국인들은 진사과를 보았다. 빈공과에는 신라, 발해, 페르시아 등의 학생들이 응시했다. 이것만 보더라도 발해인은 당나라에서 외국인으로 간주되었지 내국인은 분명 아니었다.

다른 한편으로 발해왕을 황제로 부르거나 천손으로 부른 사실도 들었다. 이것은 발해가 독립된 왕국이었을 뿐 아니라 때로는 황제국을 지향했던 사실을 반영한다. 황제국이라 함은 당나라와 대등한 국가를 지향한 증거가 된다. 그런가 하면 발해왕 아래에 허왕許王과 같은 왕들이 존재했다. 그렇다면 발해왕은 '왕 위의 왕'으로서 실제로는 황제와 같은 처지에 있었던 것이다. 고려시대에도 이와 똑같았으니 고려 국왕 아래에 여러 왕들이 있었다. 이런데도 어찌 독립국가라 하지 않을 수 있겠는가? 당나라는 9세기에 발해를 해동성국이라 불렀으니 '바다 건너 번성한 나라'인 발해는 그야말로 외국이었다.

_송기호, 2004, 239~241쪽.

3.3. 공동의 역사

발해사는 그것이 과연 한국사인지 중국사인지 논란이 많을 정도로 수수께끼 속에 파묻혀 있다. 조선 전기에는 우리 역사가 아닌 것으로 인식했을 정도다. 발해의 영토를 보면, 현재의 중국과 한반도 및 러시아 연해주에 걸쳐 있었으니 삼국 어디서 보아도 변경 지대에 속한다. 또한 발해는 고구려계와 말갈계로 구성된 나라였다. 따라서 어느 측면을 보느냐에 따라 발해국의 속성을 달리 규정할 여지가 있다. 중국처럼 마르크스주의에 입각할 경우에는 소수의 지배층인 고구려계보다 다수의 피지배층인 말갈계를 내세울 것이 분명하다. 러시아에서는 연해주 현지에 사는 토착민의 조상이 세운 나라가 발해가 아니냐고 반문할 수도 있다.

이렇게 내 것이냐 네 것이냐를 다투는 데 골몰함으로써 막상 발해사 실체에 접근하는 데 장애를 초래하고 있다. 중국에서는 한국 학자를 비롯한 외국 학자에게 발해 유적이나 유물을 보여주지 않는다. 자료 공개를 꺼리고 있는 것이다. 북한의 발해 유적은 주로 함경도에 분포하고 있는데, 현재로서는 외부인의 발길이 미치지 못하고 있다. 각국이 자기 자료만 틀어쥐고 연구를 하는 실정이니 고의든 아니든 간에 왜곡이 없을 수 없다. 동아시아는 공유의 역사를 만들어온 경험이 없기 때문에 내 것이 아니면 네 것일 수밖에 없다는 생각을 가지고 있다. 발해사는 그러한 인식을 극복할 수 있는 호기를 가져올 수 있는 역사이기도 하다. 공유라는 측면에서 한번 접근해볼 필요가 있는 것이다. 그런 의미에서 다음 두 글을 읽어볼 필요가 있다.

> 우리들이 고구려는 중국의 고대민족의 하나인 동시에 또한 조선족 형성의 내원의 하나라고 하는 관점은 역사 사실에 부합하는 것이다. 발해국의 역사에 대해 말하자면, 중국 동북지역의 역사 범주에 귀속된다는 것은 조금의 의문도 없는 것이지만, 발해사와 관련 있는 조선반도 지역은 역사상의 교차와 중첩의 범주에 속하는 것이 마땅하다.
>
> _두융하오·왕위랑, 44쪽.

마지막으로 필자의 발해사에 대한 시각을 밝혀야겠다. 1990년에 미국의 재미슨J. C. Jamieson 교수가 중국에서 열린 학술회의에서 발해사는 중국사도 아니요 한국사도 아니고 만주사에 속한다고 하여 중국 학자들과 크게 논란을 벌인 적이 있다. 그는 중국과 한국의 견해 차이를 익히 알고 있었기 때문에 제3의 중재안을 내놓은 것이었지만, 발해사를 한국사에서 분리하려는 것은 분명 잘못된 것이다.

발해는 기본적으로 고구려인과 말갈인들이 세운 나라다. 또한 영토상으로 한반도와 만주, 연해주에 걸쳐 있었던 나라다. 그런 의미에서 발해사는 한국사에도 속할 수 있고, 만주의 역사에도 속할 수 있다. 한국사에 속한다고 할 때는 고구려인의 역할이 강조된 경우고, 만주의 역사에 속한다고 할 때는 말갈족의 다수성에 근거를 둔 경우다. 필자로서는 민중사학이 고대사에 적용될 수 있는지 회의적이지만, 만일 가능하다면 후자의 입장에 서지 않을 수 없다. 그러나 중국사의 일부는 분명히 아니다. 만주는 역사적으로 중원과는 별개의 지역이었기 때문이다. 이것이 필자가 잠정적으로 지니고 있는 생각이다. 그러나 이러한 견해는 장차의 연구결과에 따라 수정될 수도 있다.

_송기호, 1993, 294~295쪽.

■ 참고 사이트와 문헌

노태돈,〈대조영, 고구려인인가 말갈인인가〉《역사비평》7, 1989.

두융하오都永浩·왕위랑王禹浪,〈對東北亞民族與歷史問題硏究的理論思考〉《中國邊疆史地硏究》2003-9.

리더산李德山,〈東北邊疆和朝鮮半島古代國族硏究〉《中國邊疆史地硏究》2001-12.

리더산,〈関于古朝鮮幾個問題的硏究〉《中國邊疆史地硏究》2002-6.

리더산,〈삼한고〉《중국의 동북변강 연구》고구려연구재단, 2004.

리더산·롼판欒凡,《中國東北古民族發展史》中國社會科學院出版社, 2003.

리뎬푸李殿福·쑨위량孫玉良,《渤海國》文物出版社, 1987.

박한제,〈신 호한체제론〉《위진수당사연구》4, 위진수당사연구회, 1998.

사사키 노부아키佐佐木信彰,《多民族國家中國の基礎構造 — もうひとつの南北問題》世界思想社, 1988.

샤오훙肖紅,〈從渤海國和中央皇朝關係的演變看渤海國的歸屬性質〉《北方文物》2004-1.

샤프쿠노프 에.붸. Шавкунов Э. В. 엮음, Государство БОХАЙ (698-926 гг.) и племена Дальнего Востока России. Наука. М., 1994; 송기호·정석배 옮김,《러시아 연해주와 발해 역사》대우학술총서 번역 97, 민음사, 1996.

샤프쿠노프 에.붸., О специфических особенностях формирования культуры Бохая // Вестник Дальневосточного отделения россискои академии НАУК. No.1, Владивосток, 1995;〈발해 문화 형성의 특징에 대하여〉《러시아과학원 극동지부 통보》1995-1, 블라디보스톡.

송기호,〈발해사, 남북한.중.일.러의 자국중심 해석〉《역사비평》18, 1992 ;《발해를 찾아서 — 만주, 연해주 답사기》솔출판사, 1993.

송기호,〈열린 역사, 열린 민족주의〉《발해를 다시 본다》주류성, 1999.

송기호,〈발해는 과연 중국사인가?〉《문학 사상》2004년 10월호.

송기호a,〈발해의 고구려 계승성〉하버드대학 한국연구소 고구려학술회의 발표문, 2005. 4.

송기호b,〈부여사 연구의 쟁점과 자료 해석〉《한국고대사연구》37, 한국고대사학회, 2005.

송기호,《한국 고대의 온돌 — 북옥저, 고구려, 발해》서울대학교출판부, 2006.

송호정,《한국 고대사 속의 고조선사》푸른역사, 2003.

쑨진지孫進己 저, 임동석 역,《東北民族源流》동문선, 1992.

쑨진지,〈중국 고구려사 연구의 개방과 번영의 6년〉《고구려의 역사와 문화유산》한국고대사학회·서울시정개발연구원, 2004.

양바오룽楊保隆,〈論高句麗與王氏高麗無前後相承關係〉《社會科學戰線》1999-1.

왕청리王承禮,《渤海簡史》黑龍江人民出版社, 1984; 송기호 역,《발해의 역사》한림대학 아시아문화연구소 번역총서 1, 1987.

웨이궈중魏國忠,〈渤海國的歷史歸屬和歷史地位〉《東北邊疆歷史與現狀系列研究工程》 2004-1.

유용태,〈중화민족론과 동북 지정학, '동북공정'의 논리근거〉《환호 속의 경종—동아시아 역사인식과 역사교육의 성찰》휴머니스트, 2006.

이성규,〈고대 중국인이 본 한민족의 원류〉《한국사시민강좌》32, 2003.

장국종,《발해사연구》1, 사회과학출판사, 1997.

장보취안張博泉,《箕子與朝鮮論集》長白叢書研究系列 27, 吉林文史出版社, 1995.

장비보張碧波,《東北古族古國古文化研究》上, 黑龍江教育出版社, 2000.

장비보,〈關于渤海王室高句麗意識的考辨〉《北方論叢》2002-1.

주귀천朱國忱 · 웨이궈중,《渤海史稿》黑龍江省文物出版社編輯室, 哈爾濱, 1984.

쭝옌宗岩,〈조선(북한)의 기자릉과 단군릉〉《중국의 동북변강 연구》고구려연구재단, 2004.

탄지샹譚其驤a,〈歷史上的中國和中國歷代疆域〉《長水集》續編, 人民出版社, 1994.

탄지샹b,〈唐代羈縻州述論〉《長水集》續編, 人民出版社, 1994.

■ 읽기자료
발해는 과연 중국사인가?

1. 다시 발해를 다녀와서

지난 5월에 잠시 틈을 내서 발해 유적들을 돌아보았다. 발해의 수도 방문은 이번이 네 번째다. 1990년 처음 방문했을 때는 아무 문제가 없더니 그 뒤로부터는 점차 발해 궁전터에 접근하기가 어려워지고 있다. 이번에도 조용히 남의 눈에 띄지 않게 부랴부랴 휙 훑고 재빨리 빠져나왔다. 외부 사람의 접근이 금지되어 있어서 공안원이나 현지인 눈에 뜨이면 골치 아픈 일이 벌어지기 때문이다.

나무 숲에 가려진 채 잔적만 남아 있던 제2궁전터가 2001년도에는 번듯하게 복원되어 있었고, 그 뒤로 이어지는 제3, 4, 5궁전터에서는 발굴작업이 한창 진행되고 있었다. 그런데 3년 만에 다시 들르니 그 발굴 자리에 제3, 제4궁전터가 새로 꾸며져 있었고, 제5궁전터도 주춧돌이 노출된 채 복원을 기다리고 있었다. 그러나 내 눈에는 너무나 어설프게 보였다. 특히 제3, 제4궁전터는 학문적 근거도 없이 추정만 가지고 부실하게 만들어져 있었다. 제4궁전터에서는 독특하게 온돌이 발견되었는데, 이번에 보니 건물 내부의 구들은 안 보이고 뒤쪽에 굴뚝만 이상하게 덧붙여져 있었다.

이렇게 부랴부랴 복원을 서두르는 데는 이유가 있었다. 지린성에서 집안의 고구려 유적을 대대적으로 정비하여 유네스코 세계문화유산 등록을 하는 것에 자극을 받아서, 흑룡강성에서도 발해 유적을 등록시키려 하고 있다. 3년간 2억 위안(약 300억 원)을 들여서 유적지를 정비하여 지금부터 2년 뒤에 등록 신청을 하겠다고 한다. 중앙의 적극적인 지원을 받아서 이루어지는 일이라 한다. 그 정비작업의 일환으로 궁전터를 복원하고 있다. 그러나 만약에 내가 유네스코 평가위원이 된다면 원상회복을 조건으로 내걸고 싶다. 이곳의 발해 유적은 마치 추하게 화장을 한 모습을 하고 있어 역사적 진실성이 결여되어 있기 때문이다.

얼마 전 한 신문사로부터 중국이 발해 유적도 등록하려 하는데 글을 하나 써야 되지 않겠는가 하고 제의를 해왔으나 완곡히 거절했다. 고구려 유적이 만주 지안과 북한 평양에 집중되어 있으니 중국이 의도하는 독자 등록을 저지하고 공동 등록을 하자고 제의할 수 있지만, 발해 유적은 중국 땅에 집중되어 있으니 북한에 남아 있는 극소수의 유적과 함께 공동 등록을 하자고 할 수도 없고 그렇다고 등록을 저지할 수도 없는 노릇이니 뭐라 얘기해야할지 난처하기 때문이었다. 우리 역사지만 중국 땅에 대부분 남아 있는 발해 유적을 어찌 해야 할지 당혹스럽다. 역시 품 안에 있을 때 내 자식이지 품 떠나면 어려운 일이다. 고구려도 그렇지 않은가? 아무리 내 역사라 해도 저쪽 나라에 있는 유적과 유물에 제대로 접근할 수 없으니 내 자식으로 만들기가 쉽지 않다.

발해왕궁터 앞에도 안내판이 서 있다. 그 안내문은 예외 없이 "발해국은 우리나라(중국) 당나라 시기의 지방민족정권이다. 말갈족인 속말말갈을 주체로 하여 698년에 건립되어 15명의 왕이 재위했다"로 시작한다. 이것은 중국에서 발해사를 바라보는 공식 입장으로서 연구자들은 이 시각을 벗어나서 다른 얘기를 할 수가 없다. 사회주의체제 아래에서는 한 번 지침이 내려지면 이를 어길 수가 없다. 그러니 고구려사 왜곡을 두고 학술 차원의 문제이지 정부 차원의 일이 아니라 하는 중국 측의 해명은 거짓이 분명하다.

그러면 이제부터 이 공식의 허점을 우리 시각에서 분석해보도록 하겠다.

2. 중국의 지방세력인가?

중국인들이 주장하는 첫 번째 명제는 발해가 독립국가가 아니었고 당나라 지방세력에 불과하다는 것이다. 이에 따라 중국에서 당나라 역사지도를 그리면서 발해 국경선을 표시하지 않고 당나라 영토 안에 넣어버린 것도 있다.

주장의 근거는 이렇다. 발해는 당나라에 귀부하여 조공을 했고 그 대가로 책봉을 받았다. 이 책봉과 조공 관계가 복속국의 증거라는 것이다. 다음으로 당나라는 발해에 홀한주를 설치하여 발해왕을 홀한주도독忽汗州都督으로 임명했으니, 역사서에 비록 발해국, 발해왕국이라 했지만 이것은 독립국이 아니었으며, 그 통치자는 당나라 변방 행정구역의 책임자로서 당나라 지방관리였을 뿐이라는 것이다.

그러나 이에 대해서 당장 반론을 제기할 수 있다. "고구려, 백제, 신라도 책봉과 조공 관계에 있었고 고려와 조선도 마찬가지인데, 어찌 발해만 독립국가가 아니란 말인가? 그런 논리라면 삼국도 다 가져가야 하지 않겠는가?" 몇 년 전에 중국 학자와 토론하는 과정에서 이렇게 반박했더니 통역을 맡았던 조선족 학자가 나중에 정색을 하면서 정말 그렇게 하면 어찌 하느냐고 걱정하면서 나무랐다. 책봉과 조공을 들먹이며 발해를 빼앗으려는 것은 현재의 국경선을 역사의 경계선으로 착각하고 있기 때문이 아닌가 하고 반박했다.

그런데 중국 동북공정의 대표적 이론가인 쑨진지는 이 반론에 대해서 근래에 다시 응답했다. "고구려가 중국의 지방정권이었다고 말하는 것은 바로 고구려의 전반적인 역사 속에서 귀속이 주를 이루었기 때문이다. 또한 신라와 백제를 중국의 지방정권이 아니라고 하는 것은 한동안 신라나 백제도 중국의 중앙과 지방의 관직을 수여받기는 했지만, 그건 단지 그들의 전체 역사 속에서 일시적인 현상이었기 때문이다"라고 주장했다. 현재의 영토가 기준이 아니라 과거 고구려의 속성이 그러하다는 것이다. 그런데 어찌 고구려가 백제와 신라보다 중국에 더 순종적이었다고 단언할 수가 있는가? 이것은 현재의 국경선을 기준으로 역사의 귀속을 따지는 것은 문제가 있지 않는가 하는 반론과 삼국이 모두 중국의 책봉·조공 관계를 맺었는데 유독 고구려만 중국사라고 하는 것은 모순이 아니냐는 반론에 대한 대답이다.

그러면서 한술 더 떠서 고구려는 '지방할거정권'이 아니라 '지방자치정권'이라 주장했다. 중국에 반항하던 시기는 '지방할거정권'이란 칭호가 마땅하지만 복종하던 시기는 '지방자치정권'이라 함이 당연하다고 하면서, 고구려는 반항보다는 복종을 위주로 했으므로 그 기본 성격은 지방자치정권이라 주장했다. 고구려의 독립성을 더욱 약화시키는 용어로 전환하기 시작한 것이다.

이렇게 한층 그들은 주장을 가다듬어가고 있지만, 우리 시각에서는 억지로밖에 보이지 않는다. 책봉과 조공 관계는 동아시아에서 국가 간에 벌어졌던 통상적 교류의 한 형태에 불과하다. 더욱 이것은 상대국의 독립성을 인정하는 바탕 위에서 이루어졌던 것이다.

다음으로 발해왕이 지방행정의 책임자에 불과하다는 논리의 허구성은 통일신라도 계림주가 되고 그 왕이 계림주대도독이나 계림주자사로 임명된 데서 금방 알 수가 있다. 만일에 그들의 주장을 따른다면 통일신라까지 그들의 역사가 되는 것이다. 그럼에도 그렇게 주장하지 않는 것은 그 배후에 정치적 의도가 깔려 있어서다.

필자는 이미 여러 사료를 근거로 이들의 아집을 공격한 적이 있다. 첫째는 발해 유학생들이 당나라에 가서 응시한 과거 시험이 빈공과였다는 사실을 들었다. 빈공과는 빈공진사과賓貢進士科를 줄여서 부르는 것으로 손님[賓貢]으로 와 있는 외국 학생들이 따로 치르는 시험이고, 내국인들은 진사과를 보았다. 빈공과에는 신라, 발해, 페르시아 등의 학생들이 응시했다. 이것만 보더라도 발해인은 당나라에서 외국인으로 간주되었지 내국인은 분명 아니었다.

다른 한편으로 발해왕을 황제로 부르거나 천손天孫으로 부른 사실도 들었다. 이것은 발해가 독립된 왕국이었을 뿐 아니라 때로는 황제국을 지향했던 사실을 반영한다. 황제국이라 함은 당나라와 대등한 국가를 지향한 증거가 된다. 그런가 하면 발해왕 아래에 허왕許王과 같은 왕들이 존재했다. 그렇다면 발해왕은 '왕 위의 왕'으로서 실제로는 황제와 같은 처지에 있었던 것이다. 고려시대에도 이와 똑같았으니 고려 국왕 아래에 여러 왕들이 있었다. 이런데도 어찌 독립국가라 하지 않을 수 있겠는가? 당나라는 9세기에 발해를 해동성국이라 불렀으니 '바다 건너 번성한 나라'인 발해는 그야말로 외국이었다.

이번 8월에 중국 랴오닝성을 방문했다가 동북공정 소식지를 발견하고 내용을 훑어보았다. 거기에 필자의 주장을 반박하는 '발해국의 역사 귀속과 역사 지위'란 노학자의 글이 실려 있었다. 잠시 들여다보니 황제, 천손이란 칭호는 내부적으로 참칭한 것이지 이것이 결코 당나라 복속국인 사실을 반증하는 것이 아니라 했다. 각주에 내 논문이 인용되어 있기에 담당자에게 복사 좀 하자고 했더니 표지에 쓰인 '내부 참고 열람용(內部參閱)'이란 글씨를 지적하면서 안 된다고 했다.

3. 누가 건국 주체인가?

두 번째 명제는 발해 건국의 주체세력이 고구려인이 아니라 속말말갈인이라는 것이다. 말갈족은 만주 동부 일대에 흩어져 살던 종족으로 고구려에 비해 훨씬 낙후되어 있었다. 그 가운데서 속말말갈은 현재의 지린성 지린시 일대에 살던 집단을 이른다. 속말은 지린시 옆으로 흐르는 쑹화강을 당시에는 속말수라 했던 데서 유래되었다.

발해 건국세력에 말갈족이 분명히 들어가 있었지만 주체세력은 아니었다. 사료에는 대조영 또는 그의 아버지 걸걸중상이 고구려인지 말갈인인지 명확히 언급하지 않았지만 이들과 함께 행동한 또 하나의 집단은 말갈 추장이 지휘한 것으로 명시되어 있다. 여기서 추정할 수 있듯이 대조영은 분명 순수한 말갈족은 아니었던 것 같다. 필자는 고구려에 귀화한 말갈계 고구려인으로 판단하고 있다.

속말말갈은 남쪽의 고구려세력과 서쪽의 중국세력에 밀리면서 일부는 중원으로 들어갔고 일부는 고구려로 들어가서 활동했다. 당시는 종족 이동이 빈번하던 시절이었다. 나당전쟁 때 당나라 장수였던 이근행李謹行은 속말말갈계 당나라 사람이었고, 또 다른 당나라 장수 이다조李多祚는 말갈인으로 고구려에 귀화했다가 다시 당나라로 들어간 인물이었으며, 대조영은 속말말갈의 혈통을 지닌 고구려인이었다. 이런 사람들을 두고 혈통만 따져서 모두 말갈인이라 할 수 있는가? 중국 역사서에서 이근행, 이다조 모두 당나라 사람으로 인정하고 있듯이 대조영은 고구려인으로 보아야 할 것이다. 그러기에 '말갈인 대조영은 고구려의 별종'이라 했다. 고구려는 여러 종족을 포괄한 다종족국가였다.

대조영 개인보다 더 중요한 것은 발해를 이끌어나갔던 통치집단의 구성이다. 지금까지 알려진 발해인을 분석하면 대씨 다음으로 고씨가 대다수를 점하고 말갈계 이름으로 보이는 것은 극소수에 불과하다. 이것은 발해 지배층에서 고구려계의 고씨가 주축을 이루었음을 의미한다. 아울러 대조영이 말갈계 국가가 아니라 고구려계 국가를 추구했음을 반영하는 것이기도 하다.

현재 중국 지린성 둔화시 류딩산 고분군에는 초창기 지배자들이 묻혀 있다. 그런데 여기서 발굴된 상층부 무덤은 모두 고구려 양식을 띠고 있다. 돌로 쌓은 돌방무덤 형태다. 특히 대조영의 증손녀인 정혜공주의 무덤은 고구려 지배층의 무덤 양식을 그대로 따르고 있다. 반면에 말갈족은 흙무덤을 썼는데, 이 고분군의 하층부 무덤에서 일부만 보일 뿐이다. 이렇게 무덤에서도 고구려계 사람들의 체취를 다분히 느낄 수가 있다.

그런가 하면 발해 궁궐지 가운데 왕이 침식하던 건물지 두 곳에서 온돌이 발견되었다. 당시의 온돌은 지금과 달리 방 일부에만 고래를 시설했다. 이러한 온돌은 고구려를 비롯한 한반도 계통의 국가에서만 발견된다. 따라서 과거에 일본 학자도 지적했듯이 이것은 분명 고구려로부터 계승된 시설이다. 기와 건물지에서 발견되는 와당의 연꽃 무늬도 고구려 영향을 받은 것임은 주지의 사실이다.

그러기에 최치원은 "옛날의 고구려가 지금의 발해가 되었다"고 했고, "고구려 유민들이 모여서 나라를 세웠다"고도 지적했다. 처음으로 일본과 국교를 맺을 때 그 국서國書에서 발해가 "고구려의 옛 땅을 회복했다"고 천명한 것은 스스로 고구려 영토를 계승했음을 일본에 각인시키려 한 것이다. 일본 측 기록에는 발해가 8세기에 고려국이라고 칭했던 사실도 보인다. 그리고 발해 사신이 일본에 갔을 때는 이를 접대하기 위해서 일부러 고구려계 사람을 선발하기도 했다.

발해왕은 일본 천황에 대해서 자신을 천손이라 일컬었다. 중국의 천자, 일본의 천황에 대등한 천손을 내세운 것이다. 그런데 1980년대에 북한에서 발굴된 발해 절터에서 천손이란 명문이 발견되었다. 고구려시대에 만들어진 금동판이었음이 확인되어 고구려의 천손 의식이 발해 지배층에까지 계승되었던 사실을 확인하는 계기가 되었다.

시대를 내려오면 발해 유민이 세운 나라에 정안국定安國이 있다. 이들이 981년에 송나라에 보낸 국서에서 자신은 '본래 고구려의 옛 땅에 세운 발해 유민들'이라 했으니 고구려와 발해를 계승한 국가로 자임한 것을 볼 수 있다. 그러기에 송나라 역사 편찬자는 정안국을 마한馬韓의 무리라고 서술했는데, 이때의 마한은 고구려를 가리킨다.

이렇게 여러 기록에서 발해가 고구려계 국가로 인식되고 있었던 사실을 확인할 수 있는데도 중국이 발해를 굳이 미개한 말갈족 계통의 나라로 주장하는 이유는 이렇다. 말갈은 뒤에 여진족과 만주족으로 명칭이 바뀐다. 여진족은 금나라를 세웠고, 만주족은 청나라를 세웠다. 이 두 나라는 중원을 정복했지만 지금은 중국에 거의 동화되어 만족(만주족)이란 이름으로 겨우 명맥만 유지하고 있다. 이에 따라 이들이 세운 금나라, 청나라의 역사는 모두 중국사에 속해 있다. 이런 종족 집단에 발해를 연결해야 발해사가 중국사란 논리에 부합한다. 이런 이유로 발해에서 고구려를 삭제하려 하고 있다.

그런데 지금 동북공정이 진행되면서 발해뿐만 아니라 고구려와 고조선마저 우리에게서 빼앗으려 한다. 발해와 부여는 확고하게 자기네 것이 되었다고 판단하고 이제는 다른 역사마저 손아귀에 넣으려 한다. 만약에 이들의 책략이 성공하면 발해가 굳이 고구려계 국가냐 아니면 말갈계 국가냐 하는 논쟁도 할 필요가 없게 된다. 둘 다 중국사라고 하니 그렇다. 신라계 국가만 한국사라고 주장하고 있으니 앞으로 점점 더 가공할 만한 일이 벌어질 것 같다.

4. 나머지 말

지금까지 중국에서 내세우는 명제의 허구성을 드러내보고자 했다. 사실 발해사가 중국사라고 하는 논리는 학문적이기보다 정치적인 문제다. 고구려의 역사가 한국사라는 사실을 중국이 지금까지 몰라서 자기네 것이라 주장하는 것은 아니다. 최근의 연구를 통하여 고구려가 한국사에 속한다는 지금까지의 생각이 오류였음을 밝혀냈다는 것이다. 그러니 저우언라이周恩來가 고구려와 발해를 한국사라 했던 1960년대의 발언을 끄

집어낸들 그 당시에는 잘 모르고 한 말이라 하면 그만이다.

    고구려 문제가 불거졌을 때 중국 당국에서는 지방의 학자들이 벌이는 사업이라 자신들은 관여할 수 없다고 해명했다. 지난 8월에 주한 중국 대사는 '중국은 역사 문제를 현실화하지 말고 학술 문제는 정치화하지 말자는 입장'이라고 하면서 "이 문제는 냉정하게 양국 학자 간 교류를 통해 해결하도록 쌍방이 노력해야 한다"라고 했다. 그러나 지난 2월에 학술 차원에서 문제를 풀어가자고 한 양국의 협정은 불과 몇 개월 만에 깨져 버렸으니, 8월 말에 중국 특사가 내한하여 이를 정치화하지 말자고 다시 한 번 합의한 것은 본질을 호도하고 있을 뿐이다. 학술교류를 통한 해결을 이야기하면서 다른 한편으로는 국내 학술회의에 중국 학자들이 참석하는 것을 허락하지 않고 있기 때문이다. 심지어는 70대의 노학자가 일본 대학의 초청으로 발해사 특강을 하려 했지만, 이마저 당국에서 허락하지 않아서 출국을 못했다고 한다. 이것은 학문 세계가 아니라 정치 세계의 문제다. 이러니 학자들의 교류를 통하여 문제를 해결할 길은 요원하다.

_송기호, 《문학사상》 2004, 10월호.

| 제7장 |
중국의 인식 2_고구려

제7장

중국의 인식 2 — 고구려

2002년 8월에 요동반도에 있는 안시성 유적을 방문했을 때였다. 성문 입구에서 주민들이 제지하면서 공안(경찰)에 신고를 하는 바람에 유적지에 들어가보지도 못하고 필름만 뺏긴 채 쫓겨나왔다. 그림7-1 유적지에 들어가지 않았다는 것이 밝혀져 그나마 쉽게 풀려난 것이다. 고구려와 발해 유적지를 다니다 보면 이런 일이 종종 벌어진다.

2005년 7월에 중국 지린시 룽탄산성龍潭山城을 방문했을 때였다. 지린시는 부여의 도읍지면서 고구려 영역으로는 북쪽 한계선에 해당했다. 따라서 룽탄산성은 고구려 성터 가운데 가장 북쪽에 위치한다. 그런데 성문 앞에 '고구려인은 결코 조선인이 아니다'라는 안내판이 새롭게 붙어 있었다. 그림7-2 그 내용을 보면 고구려인은 고조선과 무관하고 오히

그림 7-1 안시성 앞에서(2002. 8. 12)

그림 7-2 룽탄산성 안내판(2005. 7. 12)

려 중국의 은상殷商에서 갈라져 나왔다는 주장이다. 고구려를 한국사에서 떼어내 중국사에 갖다 붙이려는 의도를 공개적으로 드러낸 것이다. 더구나 제목만 보면 마치 고구려가 현재의 조선, 즉 한국과 무관하다는 인상까지 심어주고 있다. 국내 신문에 이 사실이 보도되자 이 안내판은 곧바로 철거되었다. 이것만 보아도 이런 일을 벌이지 않겠다는 1년 전의 한·중 간 합의가 제대로 지켜질지 의문스러웠다. 사실 중국의 한국사 왜곡은 현재진행형일 따름이다.

이보다 1년 전 한·중 간에 논쟁이 한창일 무렵에 중국 당국은 방송사에 고구려라는 발음까지 고치라는 지시를 내린 적이 있다고 한다(《문화일보》 2004. 8. 13). 고구려高句麗란 글자는 중국어로 두 가지 발음이 가능하다. 일반적으로는 '가오쥐리'[Gāojùlí]'로 읽지만 고대 국가인 고구려를 가리킬 때에는 유독 '가오거우리'[Gāogōulí]'라 발음한다. 조선시대만 해도 '고구려'가 아니라 '고구리'로도 불렸으므로 우리 음에 가까운 것이다. 이를 의식한 중국은 중국음에 가까운 '가오쥐리'로 발음하라는 지시를 내렸다는 것이다. 그러나 중국 당국이 유네스코 세계문화유산에 등록할 때는 다행히 중국음이 아닌 한국음을 사용하여 'Koguryo'라 표기했다. 무의식 중에 한국사임을 인정한 셈이다. 이리하여 중국에서는 지금 세 가지 표기가 혼용되고 있다.

2005년 4월에 하버드대학 옌칭도서관을 방문했을 때 그곳 사서가 한 말도 기억해둘 만하다. 세계에서 많이 받아들여지고 있는 미국 국회도서관 분류체계에 따르면 고구려는 분명 한국사로 되어 있다는 것이다. 고구려사에 관한 책은 어느 나라에서 발행한 것이든 도서관에서 한국사로 분류된다고 한다. 그러면서 덧붙인 말은 아쉽게도 발해사는 중국사로 분류되어 있다는 것이었다. 앞으로 이런 부분에 대해서도 관심을 기울여야 할 것이다.

1. 중국의 고구려사 인식

1.1. 인식의 몇 가지 유형

고구려사 인식은 다양하다. 한국사학계에서는 고구려사를 절대적으로 한국사로 인식하는 반면에 중국의 경톄화, 류쯔민, 마다정은 중국사라 주장한다. 그 중간에 '일사양용一史兩用', 즉 한 역사를 둘이 공유하는 역사로 규정하는 견해도 있으니, 그 중심을 한국사에 놓으면서 주장하는 박문일, 박진석 등의 중국 내 조선족 학자가 있는가 하면, 그 중심을 중국사에 놓으면서 주장하는 쑨진지 등의 한족 학자가 있다. 그림7-3 다음은 중국학계의 고구려사 인식 유형을 정리한 글이다.

> 20여 년의 연구를 거치면서, 국내 학술계는 고구려정권이 장기간 중국에 속해 있었다는 점에 대해서 의견의 일치를 보았다. 그렇지만 다른 방면에서는 여전히 견해차가 존재하는데, 그 견해차는 다음과 같은 두 가지에 집중되어 있다.
> 첫째, 고구려는 건국에서 멸망까지 줄곧 중원왕조 관할하의 소수민족정권이라는 것이다. 쑨진지孫進己, 장보취안張博泉, 류쯔민劉子敏, 경톄화耿鐵華, 류허우성劉厚生, 쑨위량孫玉良, 장비보張碧波, 양자오첸楊昭全 선생 등은 그들의 논저에서 이러한 관점을 명확히 표현했다. 〔중략〕 둘째, '일사양용'의 관점이다. 이 관점은 고구려를 중국과 조선 양국의 국경에 걸쳐 있던 고대국가로 보는 것인데, 고구려가 영유한 강역에는 중국의 것도 있고 조선의 것도 있으니, 고구려사는 중국·조선 양국의 고대사에서 모두 빼놓을 수 없다고 했다. '고구려사는 먼저 중국사고, 그 다음으로 조선사'니, 고구려사는 마땅히 "일사양용해야 한다는 것이다." 강맹산姜孟山 선생은 〈고구려의 귀속〉이라는 논문에서 이 점을 명확히

그림 7-3 주요 연구자들(왼쪽 위에서 시계방향으로 쑨진지, 박문일, 경톄화, 마다정)

밝혔다. 반드시 언급해두어야 할 것은, 이러한 관점도 고구려사를 두 개로 나누자고 주장한 것이 아니라, 고구려사는 분할할 수 없는 하나의 총체라는 것이다.

이 밖에 현재 세계통사 저작 가운데 다수는 여전히 고구려를 고대조선 국가로 보는 설을 견지하고 있는데, 1990년대 전기의 박문일朴文一, 강맹산, 김광수金光洙 등이 지은 《조선간사朝鮮簡史》, 강맹산 주편의 《조선통사》 역시 이러한 관점을 견지하고 있다. 그런데 1999년 이후 강맹산 선생 등은 이미 이러한 관점을 수정했다.

_한중푸, 193~194쪽.

고구려 공유론인 일사양용을 주장하는 연구자 가운데서도 그 논거가 각각 조금씩 다른 점이 엿보인다. 첫째는 평양 천도 이전과 이후의 변화를 근거로 드는 경우다. 궈모뤄郭沫若나 탄지샹譚其驤이 그러하다.

이하 보충할 점이 하나 있으니, 1840년 이전에 국경선을 넘어간 정권 혹 민족 혹 부족은 어떻게 파악해야 하는가? 이 문제에 가장 명확한 사례는 고려(고구려)다. 이에 대해서 우리는 이렇게 판단한다. 압록강과 두만강을 경계로 하는 중·한 국경선은 역사적으로 자연스럽게 형성되어온 것으로서 제국주의의 개입이 없었다. 역사상의 고려는 처음에 모두 압록강 이북에 있었고, 상당히 오랜 기간 압록강·두만강 남북에 걸쳐 있다가 나중에 발전하여 압록강 이남으로 내려갔다. 압록강 이북의 시절은 당연히 중국 경내 한 개 소수민족이 건립한 국가로 파악할 것이니, 처음 서한 말년에 건립하여 동한 시기에 강성했던 고구려는 흉노, 돌궐, 남조南詔, 대리大理, 발해와 동등하게 취급해야 한다. 압록강 북쪽, 현재의 지안현 경내에 도읍을 정하고 영토가 압록강 양쪽을 포괄했을 때는 이 모든 영토를 당시 중국 강역으로 처리해야 한다. 다만, 5세기에 수도를 평양으로 옮긴 이후는 중국 경내의 소수민족정권으로 볼 수 없으니, 이때는 이웃 나라로 처리해야 한다. 압록강 이남의 영토뿐 아니라 압록강 이북, 요수 이동의 영토도 이웃 나라의 영토로 이해해야 한다.

_탄지샹, 8~9쪽.

그런가 하면 두융하오都永浩와 왕위랑王禹浪은 주민의 공유성을 제기했다.

현재 학술계는 고구려족의 역사 귀속 문제에 대해 논쟁이 많은데, 만일 앞서 말한 민족 형성 이론을 가지고 분석한다면, 매우 명백해질 것이다. 고구려인, 신라인, 백제인을 막론하고 모두 한 문화를 받아들인 민족이고, 그 선조들은 대부분 예맥계 출신이다. 그중 고구려인은 압록강 양쪽에 걸쳐서 살았지만, 그 형성 초기에 주요 활동 구역이 압록강 북쪽에 있었으므로, 고구려인이 중국의 고대민족이라는 것은 추호의 의심도 없는 사실이다. 다만, 북위 태무제 시광 4년(427)에 고구려가 평양으로 천도하고 그 정치 중심이 조선반도로 옮겨간 후, 조선족의 최종 형성 단계에서 추진 작용을 하기 시작했고, 일부 고구려인은 조선족의 형성 과정에 참여하기도 했다. 이로부터 고구려인은 우리나라의 고대민족이고, 다만 나중에는 조선족을 형성하는 근원의 하나가 되었다는 것도 알 수 있다.

_두융하오 · 왕위랑, 40쪽.

또 쑨진지는 영토의 공유를 근거로 들었다.

고구려의 현실적 계승은 중국과 북한(한국)의 현재 국경선으로 결정된 것이다. 중국과 북한(한국)의 국경은 근 천여 년 동안의 역사 속에서 장기간 발전 형성된 것이며, 현재 양국 정부가 모두 인정하는 것이다. 양국 정부와 국민들은 누구도 이를 변화시킬 수 없으며, 또한 변화시키려 하지도 않는다. 따라서 이 국경선은 옛 고구려의 영토와 국민의 귀속을 자연스럽게 획정하고 있다. 옛 고구려 땅의 3분의 2와 인구의 4분의 3은 각각 현재 중국의 영토와 인민이 되었으므로 이는 중국이 계승했다. 그리고 고구려 땅의 3분의 1과 인구의 4분의 1은 북한(한국)이 계승했다. 양국이 고구려를 공동으로 계승했다는 역사적 사실을 그 누구도 부인할 수 없다. 따라서 '일사양용'은 가능한 것이며, 다만 각자가 각자의 부분을 이용함이 당연하다고 생각한다.

_쑨진지b, 110쪽.

그러나 중국에서 제기되고 있는 견해에 차이가 있다고 하더라도, 기본적으로 고구려사가 중국사에 속한다는 대전제 아래 전개되는 것임을 염두에 두어야 한다. 공유론이라 해도 중국사인 것을 전제로 일부를 한국과 공유할 수 있다는 생각을 갖는 것에 불과하다.

1.2. 인식의 변화 과정

당나라 역사책인 《구당서》에는 고구려를 당나라 영토 밖에 있는 것으로 생각했다. 다음은 이를 증명하는 사료다.

고종 때 고구려와 백제를 평정하여 요해遼海(요동반도 앞바다) 동쪽을 모두 주州로 삼았는데, 갑자기 다시 반란을 일으켜 영역 안으로 들어오지 않았다. 〔중략〕 지금 천보 11년(752)의 지리를 보건대, 당나라 영토는 동쪽으로 안동도호부에 이르고, 서쪽으로 안서도호부에 이르고, 남쪽으로 일남군日南郡에 이르고, 북쪽으로 선우도호부에 이르렀으니, 남북으로는 전한시대 전성 시기와 같고 동쪽으로는 이에 미치지 못했고 서쪽으로 이보다 더 넓어졌다. 〈한나라 땅은 동쪽으로 낙랑・현도에 이르렀으니 지금의 고구려・발해가 이것이다. 지금 요동에 있는데 당나라 땅이 아니다. 한나라 서쪽 영토는 둔황군燉煌郡에 이르렀는데 지금의 사주沙州로서 당나라 영토에도 해당한다. 쿠차의 경우에 한나라 전성기 때의 범위를 넘어선 것이다.〉

_《구당서》 권38, 지리지 머리말.

앞부분에서는 고종이 고구려와 백제를 멸망시켜 당나라 영토가 된 적이 있으나 곧바로 반란을 일으켜 영역에서 벗어났다고 했고, 뒷부분에서는 요동에 있던 고구려와 발해는 당나라 땅이 아니라고 언명했다. 이 기록을 통하여 고구려와 발해를 당나라 역사로 인식하지 않았던 것을 분명히 확인할 수 있다.

이에 따라 전통적으로 고구려사는 한국사로 다루어져왔다. 그런데 20세기에 들어와서 중국사로 다루고자 하는 움직임이 나타났다. 일찍이 푸쓰녠傅斯年은 《동북사강東北史綱》(1932)에서 만주가 중국과 분리할 수 없는 일부라고 하면서 고구려사는 중국사의 일부라고 주장했다. 아울러 그 영어 번역본이 국제연합 리튼 조사단에 제공되기도 했다고 한다(유용태, 194~195쪽). 만주 영유권과 연관시켜 고구려사를 중국사로 바라본 것이지만, 이 견해는 당시에 별로 수용되지 않았던 것 같다. 제6장 첫머리에서 보았듯이, 다른 한편으로는 한나라 영토를 기준으로 한국과 베트남이 중국사라는 주장도 20세기 초반에 이미 제기되었다.

그렇지만 고구려사가 전적으로 중국사에 속한다는 논리는 극히 최근에 와서 본격적으로 제기되었다. 중국 측 글에서도 이를 명확히 지적하고 있다.

오랫동안 중국 학자들은 고구려의 귀속에 대하여 서로 다른 견해를 가지고 있었다. 그중 하나는 고구려사는 한국사의 일부분이며 중국사와는 무관하다는 인식이다. 또 다른 하나는 고구려사는 중국과 한국이 공유하는 역사라는 관점이다. 그리고 1998년 이후 다시 새로운 관점이 나왔는데, 바로 고구려사는 한국과 무관하게 전적으로 중국사에 귀속된다는 것이다. 이러한 몇 가지 관점은 계속 끊임없이 논쟁이 되고 있다. 현재 고구려사가 전적으로 한국에 속한다고 생각하는 학자는 그리 많지 않은데, 주로 장페이페이蔣菲菲·왕샤오푸王小甫 등이다. 또한 고구려사가 전적으로 중국에 귀속된다는 학자도 역시 그리 많지 않은데, 주로 마다정·경톄화·장비보 등이 있다. 한편 고구려사는 중국과 한국이 공유해야 한다고 주장하는 학자로는 쑨진지·강맹산·류쯔민·서덕원·박찬규 등이 있다.

_쑨진지b, 108~109쪽.

이처럼 고구려사가 전적으로 중국사에 속한다는 주장은 1998년 이후에 새로 등장한 것이다. 고구려에 대한 이러한 인식의 변화에 따라 교과서 내용도 비슷하게 변화해왔다.

1950년대에 중고등학교의 세계사 교과서 중 조선과 관련된 부분에서는 모두 예외 없이 고구려를 조선 고대의 한 국가라고 했는데, 조선 고대사에서의 '삼국'설 또는 '삼국시기'라는 것이 우리나라에서는 이때부터 시작되었다. 〔중략〕
1970년대에 들어서 상황에 변화가 생겼다. 1978년 교육부가 14개 대학을 조직하여 공동으로 편찬한 《세계 고대중세기사古代中世紀史》는 고구려를 언급하면서 '중국에서 흥기해서 두 국경에 걸쳐 존재했던 옛 민족'이라고 지적했다. 〔중략〕 1980년대 중기부터 상황에 또 변화가 생겼다. 1985년 인민교육출판사에서 쑨이쉐孫義學가 주편한 《세계 중세기사》를 출판했는데, 고구려 등은 지린성 지안시를 중심으로 요동과 압록강 유역에 세운 고대정권이라고 했다. 〔중략〕 1990년 북경대학출판사에서는 주환朱寶이 주편한 《세계 상고중세사》 교재를 출판했는데, 고구려를 설명하는 곳에서는 쑨이쉐가 주편한 《세계 중세기사》를 완전히 답습했다. 1997년 인민출판사에서 각 대학의 공통 교재를 가지고 《세계통사》 교재를 출판했다. 이 6권짜리 교과서에서 객관적으로 역사를 서술했는데, 기씨조선, 위씨조선, 고구려를 중국 동북방의 봉건국가와 소수민족정권으로 처리했고, 수·당 두 왕조의 고구려 정벌은 통일을 수호하기 위한 전쟁으로 간주했다.

_리더산, 14~15쪽.

쑨진지도 언급했듯이, 중국은 1990년대 중·후반에 와서야 비로소 적극적으로 고구려를 중국사로 주장하게 되었다. 제4장에서 이미 언급한 1993년 8월의 지안 국제학술회 등이 그 배경이 되었을 것이다. 이에 따라 중국에서는 내부적으로 대대적인 학술회의를 몇 차례 개최했다. 그 과정은 다음과 같다.

동북공정의 추진과 관련하여 1996년 베이징과 지린성 퉁화에서 일어난 다음 두 사건에 주목할 필요가 있다. 먼저 베이징에서는 1996년 하반기에 중국사회과학원 변강사지 연구 중심(이하 '변강 중심'으로 약칭)의 '고대중국 고구려 역사 총론'(이하 '총론'으로 약칭) 집필 작업이 중국사회과학원 중점연구과제로 선정되었다. 이 저서의 필자들이 밝히고 있는 것처럼 1997년에 초고를 작성한 다음 동북3성의 고구려사 관련 학자들과 광범위하게 교류하며 학습했다. 아울러 1998년 6월 지린성 퉁화에서 개최된 전국수계고구려학술연토회全國首屆高句麗學術研討會와 이해 12월 창춘에서 개최된 중국동북지방사학술토론회에서 상기 초고에 대해 광범위하게 의견을 구하고 필자를 보강하여 집필을 마무리했다.〔중략〕'총론' 집필 작업은 동북공정의 단초를 열고 또 그 토대를 마련한 사건이라 할 수 있다.

한편 1996년 1월 15일 지린성 퉁화시에서 퉁화사범학원 고구려연구소 창립을 기념하여 '고구려사 연구 전호專號'로《퉁화사원학보》1996년 1호가 발간되었다.〔중략〕 1997년 6월에는 이 특집호를 근간으로 37편의 논문을 수록한《고구려 역사와 문화 연구》가 출판되었다.〔중략〕이로써 고구려사를 중국사로 편입하려는 연구 작업은 개별 학자 차원을 벗어나 점차 공론화되기 시작했다.〔중략〕이러한 점에서 1996년은 동북공정을 추진하기 위한 준비 작업이 본격적으로 시작된 시점이라고 할 수 있다.〔중략〕

이러한 가운데 1998년 6월 26부터 28일까지 지린성 퉁화시에서 지린성사회과학원 고구려연구중심과 퉁화사범학원 고구려연구소 주최로 전국수계고구려학술연토회가 개최되었다.〔중략〕1996년부터 시작된 동북공정 추진을 위한 준비 작업이 본궤도에 진입한 것이다.〔중략〕이러한 준비 작업을 토대로 1999년 7월 24일 '변강 중심'과 동북사범대학 동북민족여강역연구중심東北民族與疆域研究中心이 공동으로 '중국변강지구역사여사회연구 동북공작참中國邊疆地區歷史與社會研究東北工作站'을 건립했다.〔중략〕이로써 고구려사를 중국사로 편입하기 위한 기초 작업을 마무리하고, 동북공정을 본격적으로 추진하기 위한 공감대도 널리 확산시켰다. 이에 변강 중심은 2001년 2월에《고대중국 고구려 역사 총론》을 출판한 다음, 2001년도 중점과연공작重點科研工作으로 '동북 변강 역사와 현상연구'를 설정했다. 동북사범대학과 공동으로 진행하던 '중국 변강지구 역사와 사회 연구'를 '중앙 영도'의 비준 아래 동북3성의 당위원회, 행정기관, 연구기관을 망라한 대형 프로젝트로 확대 발전시킨 것이다.〔중략〕이러한 준비 작업을 거쳐 2001년 6월 4일부터 6일까지 변강 중심과 중공지린성위원회 연합으로 '동북 강역 역사와 현상 연구 공작좌담회'를 개최했다.〔중략〕이에 2001년 하반기에 변강 중심의 주요 책임자들이 동북공정 추진을 위한 방안을 동북3성의 관련 기관과 다각도로 논의하는 한편, 2002년 1월 24일부터 2월 5일까지는 동북3성을 차례로 방문하여 동북공정의 영도소조領導小組, 전문가위원회 등에 참여할 구성원을 확정했다.

위와 같이 중국은 1996년 이래 약 6년간 준비 작업을 진행한 다음, 2002년 2월 28일부터 3월 1일까지 베이징에서 '동북 변강 역사와 현상 계열 연구 공정' 전문가위원회를 개최하여 이른바 동북공정 추진을 대내외에 공개적으로 선포했다.

_여호규, 2004, 289~296쪽.

이를 통해 보더라도 고구려사 왜곡이 학자들의 개인적 차원에서 제기된 것은 아니었다. 국가 주도 아래 진행된 사업인 것이 분명하다.

2. 중국의 주요 주장들

위와 같은 연구 작업의 결과로 중국에서는 고구려에 관한 많은 책들이 출간되었는데, 그림 7-4 이들의 고구려 인식은 우리와 현격한 차이를 보인다. 고구려사에 대한 두 나라의 인식 차이는 우선 다음 표처럼 간단히 정리할 수 있다.

그림 7-4 중국의 고구려 연구서들

쟁점	중국 주장	한국 주장
국가 성격	중국의 지방정권(소수민족정권)	독립된 한국의 고대국가
종족 기원	한인 요소 강조	부여 계통, (예)맥족
중국과의 관계	조공·책봉은 신하국이라는 증거	동아시아 외교 형식일 뿐
수·당 전쟁	국내의 통일 전쟁, 내전	국가 간의 국제 전쟁
고구려 유민	대부분 당나라에서 한족에 동화	신라·발해 유입이 주류. 당에는 강제이주
고려 계승	고구려와 고려는 무관	고려는 고구려 계승국

이제 이 표를 염두에 두면서 중국 측 주장을 자세히 살펴보도록 하겠다.

첫째, 고구려의 기원에 관해서다. 고구려민족은 그 기원에서부터 한국과 무관하고 중국과 밀접하다는 주장이다. 이것은 앞서 지적한 룽탄산성 안내판에도 그대로 반영되어 있다.

> 그러므로 민족의 기원 측면에서 고구려와 조선(한국)의 관계를 탐구해보면 그럴 만한 깊은 관계가 없다. 민족의 기원상으로 본다면 고구려 민족은 오히려 중국과 지극히 밀접한 관계에 있다. 맥인, 이인夷人, 한인을 막론하고 이들은 모두 중국의 민족이자 종족이다. 맥인(부여인)은 오랫동안 중국의 동북지역에서 생활했던 종족이며 오랫동안 중국의 역대 정부 관할에 속해 있었고 나중에 그 대부분이 중국의 민족으로 가입했다. 이인은 줄곧 중국의 동부 연해 지역에서 생활했던 중국 동북부의 한 종족이다. 한인은 중국의 주체 민족이며 또한 한인은 고구려민족 중에서 매우 큰 비중을 차지했고 시간이 지날수록 주요 구성원으로 되어갔는데, 이것은 부인할 수 없는 사실이다. 그러나 이는 단지 고구려가 민족의 기원상으로 볼 때 중국과 밀접한 관계였다는 것을 증명할 뿐이지, 고구려의 정치 귀속을 증명하지는 못한다. 예를 들어, 오늘날 옌볜의 조선족은 조선에서 기원했지만, 지금은 중국의 영토에서 거주하고 중국정부에서 관할하기에 중국인이다. 조선에서 기원했다고 하여 조선에 귀속되는 것이 아니다.
>
> _쑨진지a, 73쪽.

고구려는 예맥족 가운데 맥족이 주체가 된 정권이다. 그러나 쑨진지는 맥족이건 동이족이건 한족이건 모두 중국민족이라고 주장하면서 고구려는 한국과 무관하다고 한다. 이러한 견해는 10년 뒤에 쓴 글에서도 반복되는데, 어느 쪽 글이든 고구려 구성요소에 한족을 끼워넣은 데 유의할 필요가 있다.

고구려의 기원에 대한 전통적인 관점은 부여에서 나왔다고 보는 것이다. 그리고 부여는 맥족의 일종이기에 고구려의 기원을 맥으로 보기도 한다. 최근 중국에서는 이에 관한 새로운 견해들이 나타나고 있는데 두 방면에서 연구된 결과다. 하나는 고구려의 기원을 부여까지만 거슬러 올라가는 것은 부족하다는 인식에서 더 나아가 숙신에서 기원했다는 설, 상인商人에서 기원했다는 설, 염제·황제에서 기원했다는 설, 고이高夷에서 기원했다는 설, 고양씨高陽氏에서 기원했다는 설 등으로 나타나고 있다. 다른 한 방면으로는 주몽을 따라 고구려로 이주해온 사람들이 많지 않았기에, 고구려민족의 기원을 이해하려면 고구려의 초기 활동지역의 고고 문물과 문화를 살펴보아야 한다는 견해다. 따라서 고고 문화를 분석한 것을 근거로 하여, 고구려가 이夷의 한 지류인 맥인에서 기원했다는 설, 토착족에서 기원했다는 설, 맥·이·한족에서 기원했다는 삼원설三源說을 제시하고 있다. 〔중략〕 이상의 고구려 이전의 문화에 대한 분석을 통하여 고구려의 기원은 적어도 부여貊·이·한의 이 세 지류가 융합되어 형성된 것이라고 볼 수 있다. 고구려 5부는 각각 서로 다른 종족을 기원으로 두고 있을 가능성이 있다. 계루부와 절노부는 부여(맥)에서 유래되었을 가능성이 있고, 완파바쯔萬發拔子 문화는 순노부의 유적일 가능성이 있으며, 이夷 계열에 속한다. 소노부, 즉 비류부 역시 이 계열로서 고이일 가능성이 있다. 관노부는 한인들로 구성되었을 가능성이 크다. 이 세 민족이 융합하여 고구려민족이 되었으므로, 어느 한 민족을 강조함으로써 다른 민족을 배척할 필요는 없을 것이다. 〔중략〕 하지만 한국의 어떤 학자들은 고구려와 신라·백제는 같은 민족에 속한다고 하고, 고구려는 고조선에서 발원했다고 주장하는데, 이는 오히려 더욱 근거가 없다. 고구려와 신라·백제 사이에 한·진의 낙랑군과 대방군이 존재하고 있었거늘 어찌 동일한 민족이 될 수 있는가? 또한 신라는 진한辰韓과 진인秦人에서 나왔고, 백제는 부여와 마한에서 나와 고구려와 그 기원이 다르고, 한과 맥은 결코 동일한 민족이 아니다. 고구려 역시 고조선의 영토에서 형성된 것이 아니다. 고구려는 맥·이·한에서 발원했고, 고조선은 상인·이인·예인으로 구성되었다. 그리고 이 두 나라의 이 또한 서로 달라 고구려는 고이高夷고, 고조선은 양이良夷다.

_쑨진지b, 112~115쪽.

고구려의 기원에 관한 중국 측의 여러 주장 가운데 상인설, 염황설, 고이설, 고양씨(황제의 손자)설은 모두 중국과 연결시키려는 의도에서 나온 것이다. 그림7-5 부여를 중국사로 보

그림 7-5 염제, 황제, 고양씨 그림(《三才圖會》에서)

는 중국의 입장에서 보면 부여설도 배척할 이유가 없다. 사실 고구려는 부여에서 내려온 이주민과 맥족인 토착집단이 주체가 되어 건국되었다. 따라서 중국으로부터의 영향은 있다고 하더라도 핵심적인 것은 아니다. 중국전설에 붙여 설명한 것도 역사적 사실과 거리가 있다.

상인설을 한 예로 들어보겠다.

> 동북은 중국 고대문명 발상지의 한 곳이다. 홍산문화紅山文化 제단, 여신묘女神廟, 적석 무덤군의 발견은 일찍이 5000년 전에 중화 문명이 유幽·연燕 지대, 즉 다링하大凌河와 라오하하老哈河 상류의 농업과 목축업이 모두 적합한 지대에 나타났다는 것을 말해준다. 〔중략〕 상인이 발족한 지방이다. 〔중략〕 상족商族 사람들은 동북에서 생활하면서 동북 문화의 발전과 각 민족의 기원, 융합과 발전에 극히 중요한 영향을 미쳤다. 기원전 1600년, 탕湯은 무리를 이끌어 하걸夏桀을 멸하고 중원에 입주했는데, 일부 주민은 남으로 내려가고 일부 주민은 남아 동북 각 민족의 선조가 되었다. 진한 시기 동북의 고구려·부여 민족은 은상 유민의 후예인 것이다. 〔중략〕 상·주 시기로부터 당나라 초기까지 고구려민족의 기원, 융합, 건국, 발전, 멸망의 전반 과정을 고구려사의 연구 대상으로 한다.
>
> _경태화, 15~17쪽.

홍산문화는 랴오시遼西 지방 서쪽에서 기원전 3500년 전후에 꽃을 피운 신석기 문명이다. 그림7-6 현재 중국에서는 이곳을 상나라 사람의 기원지로 삼으면서 요하문명론을 제기

그림 7-6 홍산문화 유적의 하나인 뉴허량 적석묘 유적

하고 있다. 이 글에서는 홍산문화의 주인공 중 일부가 중원으로 들어가 상나라를 이루고, 일부는 남아서 고구려와 부여 등을 이룩했다고 주장한다. 이에 따라 고구려사의 서술을 상나라 때부터 시작하고 있다. 그러나 고구려 건국과 홍산문화를 연결시키기에는 너무나 현격한 지역적, 시간적 격차가 존재한다.

다른 사람의 주장을 하나 더 보겠다.

> 문헌학과 고고학을 결합하여 연구하면 다음 사실을 알 수 있다. 고구려와 삼한(신라, 백제)은 민족 속성, 생활 습속, 문화 연원 등의 방면에서 동일한 민족계열, 동일한 문화전통에 속하지 않는다. 고구려는 원래 동이족[東北夷]의 민족계열, 문화전통을 가지고 있었으니, 삼한(신라, 백제)이 옛 한족韓族의 민족계열, 문화전통에서 유래된 것과 다르다.
> _장비보, 16쪽.

고구려를 중국에 끌어들이려 하면서 다른 한편으로 고조선과의 연관성을 부정했으니, 이것은 고구려사를 한국사로 연결시킬 가능성을 차단하기 위한 것이다. 그러나 최근에 고조선의 역사마저 중국사라는 견해가 제기되면서 이마저 필요 없게 되었다.

> 왕검성은 낙랑군의 치소가 되었다. 따라서 훗날 건립된 고구려국과 그 이전에 형성된 고조선 정권 사이에는 아무런 계승 관계도 없다. [중략] 이는 고구려와 고조선 사이에 시대의 간격이 있으며, 역사적으로 무관하며, 개념이 다른 두 개의 정권이었음을 말한다. 더욱이 오대시대 한반도에서 일어난 왕씨의 고려왕조 역시 고구려와는 무관하다.
> 고려는 신라 한족韓族을 주체로 하여 건립된 국가로 신라의 후계정권이었다. 요컨대 이른바 고구려국이 중국 고대동북 경내의 예맥족이 세운 할거정권으로 중화민족사의 일부분임은 많은 명확한 사실로 완전히 증명된다. 훗날 이 정권이 발전함에 따라 한반도의 역사와 관계를 맺기 시작했다.
> _리뎬푸·쑨위량, 22~23쪽.

둘째, 고구려의 중국과의 관계다. 중국 학자들이 가장 심혈을 기울이는 부분이기도 하나. 중국에 조공을 바치고 그 대가로 책봉을 받은 것이 중국에 대한 종속의 표현이라는 것이다. 그림7-7

> 당시 고구려가 중국 중앙정부로부터 고구려 왕이라는 책봉을 받는 동시에, 또한 중

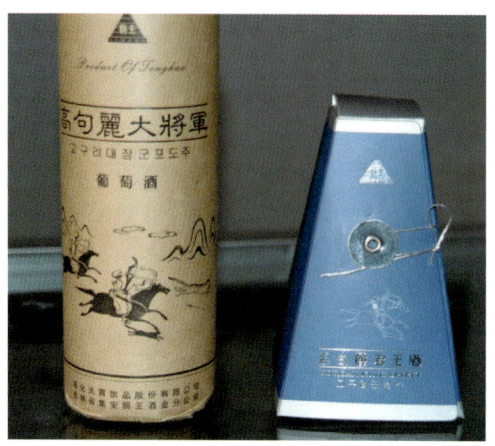

그림 7-7 중국의 제후국이란 인상을 심어주는 고구려 기념 술
'고구려 대장군 포도주'와 '고구려 군왕주'

국의 중앙과 지방 관리인 정동대장군·평주자사 등과 같은 책봉을 받은 것은 바로 고구려가 역사상 중국에 예속되었다는 것을 증명해준다. 세계 역사상 한 국가의 수뇌가 스스로 다른 국가의 중앙과 지방의 관리를 겸한 적이 없었으므로 독립된 국가라고 볼 수 없는 것이다. 필자는 책봉을 받는 것이 곧 중국의 지방정권이라고 생각하지는 않지만, 고구려 당시의 이러한 특정한 책봉 관계는 고구려가 중국에 귀속된 관계임을 증명한다. 그 후의 왕씨 고려와 이씨 조선은 단지 고려 국왕과 조선 국왕의 책봉만을 받았을 뿐, 중국의 중앙 혹은 지방 관리를 겸하지 않았기 때문에 이때부터는 중국의 지방정권이 아닌 것이다.

_쑨진지b, 111쪽.

중국과 조공·책봉 관계를 맺은 것은 분명히 상하 관계를 반영한다. 역대의 왕들은 삼국시대부터 고려시대까지 중국의 관직을 받았다. 특히 고구려 고국원왕 25년(355)에 전연前燕으로부터 본국왕호本國王號와 함께 영주제군사營州諸軍事, 정동대장군征東大將軍, 영주자사營州刺史, 낙랑공樂浪公을 부여받은 것을 시작으로 중국의 외신外臣과 내신內臣으로서의 직책을 동시에 받았다. 중국에서는 이러한 내신 직책을 들어서 한반도의 왕들이 중국의 관리에 불과했다고 주장한다. 그러나 가장 사대주의를 표방한 조선시대에서는 오히려 본국왕호만 받았을 뿐이다. 책봉호의 변화는 단지 시대에 따라 형식이 바뀌어간 것을 반영할 따름이다. 그 자체가 실질적인 내신 여부를 따지는 기준이 될 수가 없다.

또한 조공·책봉 관계가 실질적인 예속 관계를 반영하는 것이라고 중국학계는 주장하고 있으나, 우리는 외교 형식의 하나로서 명목적이고 명분적인 것에 불과한 것으로 여기고 있다. 만일 이 관계를 맺은 모든 나라가 중국 역사에 속한다고 하면 중국사의 범위는 현재의 국경을 훨씬 뛰어넘어야 한다. 이 문제는 이미 제5장에서 다루었고, 여기서는 다음과 같은 자료로 다시 상기하고자 한다.

어쨌든 봉표칭신奉表稱臣하고 조공을 바친 것은 북방민족이 중원 한족 국가에 대한 의례 정도로 이해하기 일쑤였다. 그러나 중원의 통치자가 북위, 요, 금, 원, 청일 때도 있었고, 또 중원에 자리 잡은 한족 국가가 북방민족에게 칭신하고 조공을 바친 예도 있었다. 혹은 형제나 숙질 간의 관계로 맹약을 하면서 물화를 바치거나 영역을 떼어주는 등 국가존립의 위기에 몰린 적이 여러 차례 있었다.

구체적으로 예를 들면 한제국의 건국 초기에는 흉노의 세력에 밀려서 공주를 혼가婚嫁시키는가 하면 재화도 정기적으로 보냈다. 그리고 후진은 그 건국부터 거란의 후원하에 이루어졌고 책봉도 거란 태종이 직접했을 뿐 아니라 군신 관계, 부자 관계로까지 발전되었다.

남송 고종은 금에 대하여 봉표칭신하며 매년 세공歲貢을 바치고 정단正旦에 사신을 보내어 치하하는 등, 군신의 예를 다했다.

형식요건은 다 갖추지 않았어도 실질적으로 조공을 바친 예는 매우 많다. 우선 북송과 거란 사이에 맺어진 단연맹약澶淵盟約은 송이 매년 거란에 비단 20만 필과 은 10만 냥을 보내고, 거란 성종은 송 진종을 형이라 호칭하도록 서약했다. 또 정강 연간 북송과 금이 강화할 때도 강화 내용이 지극히 굴욕적이었다. 송은 수많은 물화를 금에 주고 금주金主를 백부로 대우하고 3진鎭을 할양하고 재상과 친왕을 인질로 한다는 것이었다.

융흥 연간에도 남송과 금 사이에 강화조약을 맺었는데 이때도 역시 굴욕적이었다. 송주는 금주를 숙부로 부를 것, 송은 매년 세폐歲幣를 금에 바칠 것으로 되어 있다.

가정 연간 남송과 금 사이의 강화조약도 정강고사에 따라 금·송 제실은 백질伯姪 관계로 할 것, 세폐歲幣를 은·견 각 30만 냥 필로 할 것, 송은 별도로 고군은搞軍銀 300만 냥을 금에 줄 것 등이다.

이 밖에 당 고조 이연이 돌궐의 시필가한始畢可汗에게 칭신한 것이나, 금 희종이 몽고에 땅을 떼어주고 가축과 곡물을 몽고에 매년 보낸 일이나, 가사도賈似道가 몽고에 칭신하려던 일 등이 있다.

위의 예를 본다면 주종 관계든 조공 관계든 국가세력의 강약에 의한 질서였지 군왕의 덕화에 감화되어 스스로 조공을 바치고 조근한 예는 찾아볼 수 없다.

설령 주종 관계가 성립되었더라도 시대에 따라 많은 변화가 있었으므로 성격 규명도 달라야 할 것이다. 또한 종번宗藩 관계라는 용어의 '종'이 반드시 한족 국가만이 아니었음도 알 수가 있다.

_김위현, 655~656쪽.

이 글은 중원 또는 한족정권이 항상 조공·책봉 관계의 주체가 되었던 것이 아니라는 사실을 일깨워준다. 힘의 향배에 따라 주종 관계가 결정되었을 뿐이다. 따라서 이러한 외교관계를 들어서 역사의 귀속 여부를 따질 수는 없다.

중국 왕조에서 한반도의 삼국을 어떻게 인식했는가 하는 점도 눈여겨볼 만하다.

고구려가 존재했던 시대에 있어서 왜와 중국 왕조 간의 조공·책봉 관계의 성격에 대해서는 오로지 중국 왕조가 왜를 '내'·'외'의 구분 중에서 어느 쪽에 자리매김하여 이해하고 있었는가를 중심으로 검토해왔다. 검토 과정에서 공납에 수반된 조부租賦의 유무, 책봉호冊封號의 성격, 국서의 형식, 당의 규정 등 다양한 지표를 이용했다. 그 결과 왜는 중국 왕조와의 국제 관계를 가졌던 당초부터 국명을 '일본'으로 고칠 때까지 어떠한 지표를 사용해도 줄곧 '외'(중국 왕조가 설정한 협의의 천하의 밖)의 존재로서 자리매김되고 있었음이 확인되었다.

같은 방법으로 고구려·백제·신라를 보면, 공납에 따른 조부의 유무라는 점에서는 '외'로 규정되어 있었다고 간주할 수 있지만, 다른 지표에서는 반드시 모든 것이 '외'로 규정되어 있었다고는 말할 수 없고 '내'와 '외'의 이중성이 종종 나타나는 것으로 생각된다. 이것은 현재의 중국 동북지방 남부에서 한반도 일대가 한 무제의 한사군의 설치로 일단 '내'(중국 왕조가 설정한 협의의 천하의 안)로 포섭되었던 점과 큰 관계가 있으며 중국 왕조 측으로서는 실태實態로서 직접 통치가 불가능하게 되었어도 이념적으로는 그 땅까지 황제의 지배가 미친다고 이해하고 싶었기 때문에 일어난 일일 것이다. 그러나 그러한 경우에서도 고구려와 백제·신라가 분리되어 취급되는 일은 기본적으로 없었다고 생각된다. 당대 사료에 보이는 '해동삼국'이란 용어는 삼국을 일체의 지역으로 당이 인식하고 있었음을 여실히 보여주고 있다. 이렇게 파악하면 모두冒頭에 제시했던 현재의 중국이 고구려만을 분리하여 "고구려는 중국사상의 변경지방 민족정권이다"라고 주장하는 것이 얼마나 비역사적인 것인가를 이해할 수 있을 것이다.

_후루하타 도루, 704~705쪽.

고구려 때 왜는 항상 중국의 '밖'으로 인식된 반면에, 한반도의 삼국은 때로는 '안'으로 때로는 '밖'으로 취급되었다고 한다. 이러한 차이는 중국으로부터의 거리 때문이다. 주목할 것은 당나라 사료에 삼국은 하나의 덩어리로 인식되었다는 점이다. 고구려, 백제, 신라 모두 당나라에 조공을 바치고 책봉을 받았다. 따라서 중국의 논리대로 한다면 삼국의 역사가 모두 중국사가 되든지 아니면 모두 중국사에서 제외되어야 한다. 그럼에도 고구려만

분리해서 중국사라 하는 것은 역사적 사실을 왜곡하는 것이고 자체적으로 논리적 모순을 지니고 있다.

쑨진지는 이 문제점을 인식하고 '복종'과 '독립'이란 새로운 기준을 제시했다. 그러나 이 기준은 주관적인 판단에 불과한 것으로 옹색한 답변일 뿐이다. 또 이미 확정된 사실을 가지고 왈가왈부하는 것은 정치적인 것에 불과하다고 강변하는 것은 궤변일 따름이다.

> 오랜 역사의 흐름 속에서 지방정권은 때로는 복종하기도 하고 때로는 반란을 일으키기도 한다. 따라서 복종을 위주로 했는지 아니면 독립을 위주로 했는지를 근거로 하여 그의 귀속을 정할 수도 있다. 고구려가 중국의 지방정권이었다고 말하는 것은 바로 고구려의 역사 전반 속에서 귀속이 주를 이루었기 때문이다. 또한 신라와 백제를 중국의 지방정권이 아니라고 하는 것은 한동안 신라나 백제도 중국의 중앙과 지방의 관직을 수여받기는 했지만, 그건 단지 그들의 전체 역사 속에서 일시적인 현상이었기 때문이다.
>
> 그러므로 필자가 말하고자 하는 것은 고구려의 영토와 국민들을 어느 나라가 얼마나 계승했는가는 이미 역사 속에서 결정된 일이며 토론할 여지가 없다는 것이다. 역사 속에서 고구려가 중국에 속하든 북한(한국)에 속하든 천여 년 전의 역사적 학술 문제에 불과한 것이다. 비록 이러한 방면에 대해 서로 다른 견해가 존재한다 하더라도 현실의 국경을 변화시킬 수 없을 뿐만 아니라 학술 문제를 정치 문제로 끌어올릴 필요도 없다.
>
> _쑨진지b, 111~112쪽.

중국 학자들은 공통적으로 고구려를 중국의 '지방정권'임을 전제로 하여 논지를 전개시키고 있다. 더구나 종전에는 '지방할거정권'이라더니 이제는 '지방자치정권'으로 더 격하시키는 견해도 등장했다. '할거'란 군웅할거란 말에서 느낄 수 있듯이 '자치'보다는 좀더 독립적이고 자립적인 의미를 지닌다.

> 이는 최근 고구려사 연구의 출발점으로 많은 저서와 논문에서 이 문제를 다루었다. [중략]이 책들의 기본적인 사실史實과 관점은 거의 비슷한데, 고구려는 중국 역대 황조에 정치적으로 예속된 관계로 중국의 일부분이었다는 것으로 보고 있으며, 또한 고구려 시기 중간에 반란과 할거의 국면이 있었다고 언급하고 있다. 그러나 구체적인 논증에서 약간의 차이가 나타나고 있어 좀더 분명히 할 필요가 있다.
> 첫째, 고구려와 중국 중앙황조는 종주국과 번속의 관계인가? 일부 논저에서는 고구

려와 중국 중앙황조의 관계는 일종의 번속국과 종주국의 관계라고 보고 있다. 하지만 필자는 고구려와 중국 중앙황조의 관계가 단순한 번속국과 종주국의 관계가 아니라고 생각한다. 이는 왕씨 고려가 요·송에 대해서 이씨 조선이 명·청에 대해서 순수한 번속국가였던 것과 달리 번속국과 기미주현羈縻州縣의 중간 개념이라 볼 수 있다. 왜냐하면 한 방면으로 고구려 국왕으로 책봉을 받았고, 한 방면으로는 중국 중앙의 지방 관직에 임명되어, 후자는 기미부주의 특징을 띠고 있기 때문이다. 그러므로 고구려는 단순한 외신이 아닌 외신과 내신 사이에 있는 일종의 과도 형태를 띠고 있다.

둘째, 고구려를 중국의 지방할거정권으로 부를 수 있는가? 쑨위량·류쯔민은 모두 고구려를 '지방할거정권'이라 부르고 있으나, 이는 정확하지 않다고 생각된다. 기나긴 역사 속에서 고구려는 중국 중앙황조에 대하여 반항과 복종을 거듭했다. 그러므로 반항하던 시기는 지방할거정권이라 칭해도 마땅하지만, 복종하던 시기는 지방할거정권이라기보다는 지방자치정권이라 함이 당연하다. 또한 고구려의 반항과 복종이라는 양자를 놓고 본다면 반항보다는 복종을 위주로 했으므로, 그 기본적인 성격은 지방자치정권이었고 간혹 경우에 따라서 지방할거정권이기도 했다.

셋째, 고구려를 중국의 변강민족정권이라 함은 어떠한가? 최근 많은 사람들이 고구려에 이런 칭호를 사용하고 있다. 대체적으로 이러한 칭호가 틀린 것은 아니지만 과학적인 측면에서는 중국 지방민족의 자치정권이라 함이 더욱 정확하다. 왜냐하면 고구려는 중국의 정식 주현이나 지방정권과는 다르고, 또한 내지로 옮긴 동돌궐과 거란 및 해 등 순수 기미정권의 민족정권과는 다르다. 위에서 이미 번속과 기미정권, 외신과 내신 사이에 있다고 설명을 했듯이 고구려는 자치적 성격이 비교적 컸다. 따라서 고구려를 중국의 지방민족 자치정권이라 함이 더욱 정확할 것이다.

넷째, 427년 고구려가 평양으로 천도한 이후 그 성격은 바뀌었는가? 과거에 탄지샹 선생은 427년 이후의 고구려는 북한(한국)의 국가에 속한다고 보고 있다. 오늘날 중국과 북한(한국)의 변경은 이후의 기나긴 역사의 발전 속에서 형성된 것으로, 그 당시에는 이러한 국경이 존재하지 않았다. 때문에 오늘의 국경으로 고대 고구려정권의 성격을 정하지 말아야 한다. 427년 이후의 고구려 역시 독립된 국가로 성립된 적이 없고, 여전히 중국의 기미정권이었으므로, 그러한 중국의 지방자치정권의 속성은 변함이 없다.

한국의 많은 학자들은 고구려의 독립성을 강조하고 있다. 필자 또한 고구려는 매우 강한 자치성을 가지고 있어, 때로는 신복하지 않았던 적도 있었다는 것을 인정한다. 또 어떤 사료들은 고구려의 독립적 성격을 증명하기도 한다. 하지만 역사를 볼 때는 반드시 그 역사 전체를 보고 그 어느 단계에 집착하지 말아야 한다. 고구려가 그 전체의 역사에서 과연 독립을 위주로 했는가 아니면 중국에 신복한 것이 위주였는가? 개별적인 사료로써 전체를 부정할 수는 없는 일이다. 또한 설사 고구려가 소위 독립된 국가로 지낸 시절이 있었다 해도 이로써 고구려가 북한(한국)의 국가라는 결론은 내릴 수 없다. 왜냐하면 고구려는 중국의 영토 위에 건립되었으므로 어쨌든 그 당시는 중국 할거정권의 하나라고 봐야 한다.

_쑨진지b, 121~123쪽.

그림 7-8 실지론에 따라 고구려와 전쟁을 벌인 당 태종(《中國歷史博物館》 제3권, 朝華出版社, 44쪽)

지방할거정권이든 지방자치정권이든 당나라 후기에 반독립적으로 활동하던 번진세력에게 붙여야 어울리는 용어를 고구려나 발해와 같은 독립국가에 적용하려 하는 것은 무리수를 두는 것일 뿐이다.

셋째, 수·당이 고구려 정벌의 이유로 든 실지론失地論을 상기시키기도 한다. 그림7-8 예를 들어서 수나라 배구裵矩가 양제에게 "고려 땅은 본래 고죽국으로서, 주대에 이를 기자에게 봉했고, 한대에 3군으로 나누었으며, 진晉대에도 요동을 통치했다. 그런데 지금 신하가 되지 않고 따로 바깥 영역이 되었다"고 언급한 것을 들어서 고구려 땅은 원래 중국 것이었다가 떨어져나간 것이라고 한다. 따라서 잃어버린 땅을 되찾아야 한다는 것이다.

> 이른바 "옛날에 중국의 소유였다", "천하가 다 평정되었으나 오직 이 한 모퉁이만 남았다"는 말은 당 태종이 고구려 지역을 중국의 전통적 강역으로 보았다는 것을 반영하는 것이 틀림없으니, 고구려에 대한 통일의 실현은 '천하 평정'을 완성하기 위한 마지막 사명이었다. 이것은 또한 수·당 왕조가 국력을 아끼지 않고 쏟아부으면서 고구려를 통일하려 한 중요한 이유 중 하나였다.

_볜중, 〈광밍일보〉 글.

이렇게 되면 고구려 공격은 외국에 대한 침략이 아니요, 통일을 위한 내전에 불과하게 된다. 그러나 실지론은 수·당이 고구려를 공격하기 위해서 내세운 명분에 불과하다. 고구려는 처음에 중국 땅이었다가 독립한 것이 아니라 원래부터 바깥 영역이었던 것이다. 고구려와의 전쟁 시기에 집중적으로 나오는 실지론을 가지고 고구려 전체 역사를 규정할 수는 없다.

넷째, 고구려 영토와 문화에 대한 설명이다.

> 첫째, 고구려의 강역을 당연히 중국의 고대강역으로 보아야 하는가? 탄지샹의 《중국 역사지도집》 제5 수당도隋唐圖에서는 고구려를 당시 중국지도의 밖에 그렸다. 최근 중국 연구자들의 대다수 견해는 이를 반드시 정정해야 한다고 주장하고 있는데, 고구려를 수·당의 강역 안에 그리고 어떤 특수한 표기를 통해 할 수 있다고 주장한다.
> 둘째, 고구려 강역에 관한 논술은 대부분이 서남지역은 상세히 다루고 동북지역을 간략히 다루어 고구려 후기의 북방 변경에 대해 구체적으로 서술한 것은 매우 적다. 다만 쑨진지와 장춘샤張春霞만이 이를 구체적으로 논술했다. [중략] 때문에 백산말갈(지금의 옌볜지역)·속말말갈(지금의 지린시 일대)·불열부(지금의 라린하拉林河 유역)·숙신부(지금의 무단강 상류) 등은 일찍이 고구려에 속했다. 이는 모두 사실대로 고구려 후기의 강역으로 넣어야 한다. 그러므로 고구려가 멸망할 때 그 강역의 3분의 2가 중국 내로 들어갔다고 말하는 것은 바로 이 지역들을 포함한 것이다.
> 셋째, 고구려의 강역은 역사적으로 볼 때 거의 한·진 군현의 범위를 벗어나지 않았다. 오늘날의 중국과 북한의 국경을 놓고 보면 고구려의 오랜 강역은 지금의 중국 강역 내에 있었으며, 고구려가 한반도에 진입한 것은 4세기다. 따라서 한반도에서의 고구려의 강역은 200여 년에 불과하고, 고구려 700여 년 동안에 400여 년은 순전히 지금의 중국 강역 내에서 존재했던 것으로, 이는 우리가 확실히 인식해야 할 고구려 강역의 특징이다.
>
> _쑨진지b, 124쪽.

이러한 연구 성과들은 중국의 학자들이 고구려 문화의 전반적인 성격에 대한 인식과정을 반영하고 있다. 고구려 문화 속에서 한 문화의 요소를 확인하는 것으로부터 시작하여, 고구려 문화의 연원을 탐색하고 중원 문명과의 관계를 진일보시켜 확인했다. 더 나아가 이는 고구려 문화가 점차 한화된 결과라는 인식을 갖게 되었고, 결론적으로 고구려 문화는 이미 한 문화로 총체화되었다고 보았다. 바로 쑨훙孫泓이 문장에서 "고구려는 오랜 발전 과정 속에서 대량의 한족들을 융합했고, 한족 문화의 특색을 흡수하여 새로운 문화적 특징을 형성했으며, 또한 한 문화를 그 문화의 주체로 삼았다"고 한 것과 같은 말이다. 이 말은 고구려가 본래 가지고 있던 자신의 민족 문화를 결코 부정하는 것이 아니라, 다만 오랫동안의 한화 과정을 거쳐 고구려민족의 문화가 점차 한 문화를 그 주체로 했다는 것을 논증하고자 하는 것이다.

　이러한 인식은 아마 고구려 문화에 대한 한국 학자들의 인식과는 많은 차이점이 있을 것이다. 한국 학자들은 고구려 문화의 독특한 민족 성격을 강조하고, 심지어는 고구려 문화와 신라·백제 문화의 공통성을 더욱 강조하고 있다. 물론 우리는 고구려 문화가 당연히 그들만의 독특한 민족성을 지니고 있다는 것을 인정하지만, 이것으로 인하여 고구려 문화가 점차 한화되고 결국 한 문화를 주체로 발전했다는 사실을 부정할 수는 없다. 왜냐하면 이러한 발전 과정은 객관적으로 존재하는 것이기 때문이다. 고구려 문화와 신라·백제의 문화는 분명히 공통성이 있다. 하지만 이 공통성은 그들이 같은 민족이기 때문에 나타나는 것이 아니라, 모두 한 문화의 영향을 흡수함으로 해서 나타나는 것이다. 물론 그들이 서로 간에 교류하면서 영향을 준 것을 배제하지는 않겠지만 어쨌든 전자를 위주로 하고 있다.

_쑨진지b, 128~129쪽.

다섯째, 멸망 후 주민의 귀속 문제다.

　고구려족은 한나라에서 당나라까지 걸쳐 있었던 우리나라 동북지역의 소수민족이었다. 고구려인이 세운 고구려국이 서기 668년 멸망한 후의 향방은 내 논문 〈고구려족의 족원과 고구려인의 향방〉에서 상세히 논증했다. 이를 요약하면, 중원 각지로 옮겨간 것이 대략 총 인구의 3분의 1 혹은 4분의 1에 가깝고, 신라로 도망하거나 귀순한 것이 약 10만 명으로서 중원으로 들어가지 않은 인구 중 반 혹은 기껏해야 3분의 1을 차지하며, 말갈(발해)로 귀순한 것이 10만 명 이상이고, 돌궐로 흘러들어간 것이 대략 1만 명 이상이었다.

_양바오룽, 156쪽.

　신라로 들어간 인구는 극히 적고 대부분 중원으로 들어가거나 발해·돌궐에 흡수되었다고 하여 중국으로의 귀속을 강조한다. 여기서 중요한 점은 중국으로의 귀속이 전쟁 패배로 인한 어쩔 수 없는 결과인지, 아니면 고구려인의 자발적인 선택인지 여부는 관심 밖이라는 사실이다. 일단 점령하면 내 것이 된다는 이 주장은 강자의 논리라 하지 않을 수 없다.
　여섯째, 고구려와 고려의 계승 관계다. 양자의 계승 관계를 부정하여 분리함으로써 고구려는 중국사고 고려는 한국사라는 주장을 편다.

왕씨고려와 고씨고려 사이에 계승 관계가 없음을 한층 더 입증하고, 나아가 왕씨고려가 신라를 계승했다는 것을 설명하기 위해서, 세 가지 측면에서 다음과 같이 깊이 있는 검토를 하고자 한다.

첫째, 《고려사》 태조1에는 "궁예가 고구려 땅을 점거하고(실은 단지 원래 고구려국의 남쪽 땅만을 점거한 것이다) 철원에 도읍하여 국호를 태봉이라 했다"는 기록이 있다. 그러므로 태봉국을 창건한 궁예의 족속이 밝혀지면 왕씨고려와 고씨고려 사이의 계승 관계 유무도 명확해질 것이므로 우선적으로 답변해야 할 필요가 있다. 〔중략〕 이로부터 궁예는 신라인이고 신라 국왕의 혈통이라는 것을 알 수 있다. 궁예가 고구려 유민의 후예도 아니므로, 궁예를 대신하여 왕건이 세운 왕씨고려는 명백히 고씨고려와는 계승 관계가 없다.

둘째, 궁예가 신라의 왕자였다면 그가 창건한 태봉국은 또 어떠한 정권이었는가? 이것은 왕씨고려가 고씨고려를 계승한 것이 아니라는 것을 밝히는 데서 반드시 분명히 해두어야 할 또 하나의 문제다. 〔중략〕 태봉국은 신라의 정치가 쇠하여 군웅이 다투어 일어나는 상황에서 궁예가 주거를 잃고 유리하는 신라 민중에 의지하여 신라국의 경내에 건립한 할거정권이었다. 그러므로 태봉국도 결코 고구려 유민들이 고씨고려의 국가를 회복하기 위해 세운 것이 아니었음을 알 수 있다. 〔중략〕

셋째, 궁예를 대신한 왕건은 10여 년 후에 원래의 신라지역을 모두 그의 소유로 귀속시켰으니 왕씨고려는 사실상 신라를 계승한 것이다. 그 구체적인 이유로 두 가지를 들 수 있다.

이유1. 7세기 중엽 당은 신라의 요청에 따라 신라와 함께 백제와 고구려를 잇달아 멸망시켰으니, 대동강 이남의 조선반도 중남부 지구에는 오직 신라정권만 있었다. 〔중략〕

이유2. 왕씨고려의 정치제도 등도 대부분 신라를 이어받았다. 〔중략〕 이렇게 왕씨고려의 각종 제도는 대부분 신라를 계승했고, 고씨고려에서 나온 제도를 채용했다고 하는 항목은 하나도 없음을 알 수 있다. 이것도 신라와 전후 계승 관계가 있었고 왕씨고려와 고씨고려 사이에는 계승 관계가 없었던 증좌라 할 수 있다.

_양바오룽, 157~158쪽.

신라인 궁예가 세운 나라는 신라계 정권이고, 이를 이어받은 왕건의 고려도 당연히 신라계 정권이라는 주장이다. 정녕 이런 논리대로라면 중국의 이민족정권은 한족이 세운 것이 아니므로 한족 계통의 국가도 아니요, 중국사도 아닌 것이다.

그런데 다른 한편에서는 왕건을 낙랑계 후손일 가능성이 높다는 주장을 펴고 있다. 중국에 왕씨가 많고 낙랑군에서도 왕씨가 많이 활동했다. 이 왕씨와 고려 왕씨를 연결시키고 있는 것이다. 이렇게 되면 앞으로 고려까지도 중국계 정권이란 말이 나올 가능성이 있다.

도대체 왕건과 그 조상의 족속은 어떻게 보아야 하는가? 《고려사》는 왕건의 경력을 소개할 때, 태조는 "송악군 사람으로 세조의 맏아들로서 어머니는 위숙왕후 한씨였으며, 당나라 건부 4년 정유년 정월 병술일에 송악 남쪽 집에서 태어났다"고 했다. 송악은 지금의 개성으로 그 지역은 북위 38도선 남쪽에 있고, 한나라 때 낙랑군의 남쪽 경계에 해당한다. 낙랑군은 기원전 108년에 설치되었고, 군의 치소가 평양에서 요서로 옮겨간 것이 4세기 초의 일이니, 고구려가 송악지역을 점유한 것은 그 후에 해당한다. 668년 고구려국이 망하자 이곳은 신라의 경계와 접하게 되었다. 735년에는 당나라가 패강(대동강) 이남의 땅을 신라에게 주었다. 이를 근거로 하면, 왕건과 그 부친과 조부의 세대는 마땅히 신라국의 주민이어야 한다. 설사 왕건의 먼 조상이 고구려인이었다고 하더라도, 200년 가깝게 신라인과 잡거하는 과정을 거치는 가운데 신라인과 융합되었기 때문에 마땅히 신라 사람이라고 해야 한다.

몇 가지 자취들은 왕건의 먼 조상이 낙랑군의 한인이었을 가능성이 매우 높다는 것을 나타낸다.

근거1. 〔중략〕 낙랑군에는 일찍이 한·진시대부터 매우 많은 비고구려족의 왕씨들이 있었음을 알 수 있다. 낙랑군에 어찌하여 왕씨 사람들이 많은 것인가? 주지하는 바와 같이 왕씨는 우리나라 삼대 성씨(王, 張, 李)의 하나고 산둥반도의 큰 성씨이기도 한데, 진 말·한 초 중원의 적지 않은 한인들이 전란을 피하여 살아남기 위해 동쪽으로 바다를 건너 조선반도로 이주했으니, 전술한 왕경王景의 가족은 그중 하나였다. 이것이 바로 낙랑군에 왕씨 성이 많은 원인이고, 또한 우리들이 왕건의 먼 조상이 낙랑군의 한인이었을 가능성이 매우 높다고 생각하는 주요 근거이기도 하다. 왜냐하면 문자 있는 벽돌에 나오는 '소명昭明', '함자酓資' 2현의 지역은 바로 지금의 황해남·북도의 경내에 있으며, 지금의 개성(송악)과 가깝기 때문이다.

근거2. 김관의는 《편년통록》에서 왕씨 세계전설을 지어냈는데, 황당무계하고 이치에 맞지 않았으므로 이제현과 정인지 등의 비난을 받았다. 그런데 그중에는 왕건의 조부 경강대왕이 '당나라 귀성貴姓'의 후손이라 하고, 또 당 숙종과 보육寶育의 2녀 진의辰義가 교합하여 낳은 것이라고 하는 내용이 있다. 이것이 비록 허튼 소리이기는 하지만, 이 기이한 전설을 통해 우리로 하여금 왕건의 조상과 한족의 관계를 느끼게 한다. 〔중략〕

근거3. 왕씨고려국의 통치집단 구성원의 성씨는 왕씨고려가 '곧 고구려의 후계자'라고 하는 논법에 설득력이 없음을 보여준다. 필자는 역사서에 나오는 고씨고려와 왕씨고려의 성씨를 대략 모아보았는데, 거의 대부분 중첩되지 않는 것이어서, 명백히 '후계자'의 관계는 성립될 수가 없다. 〔중략〕

　근거4. 역사서의 많은 기록들은 왕씨고려인과 중국 고대인이 모두 왕씨고려를 '삼한의 후계자'로 간주했음을 말해주고 있다. 〔중략〕 왕씨고려의 거의 대부분 지역이 오랜 시간 동안 대동강 이남에 있었기 때문에, 고대 중국인뿐 아니라 왕건 자신과 그 후계자, 관리, 역사가들조차도 항상 왕씨고려를 '삼한'과 연계시켰으며, 혹은 '삼한'으로 왕씨고려를 대신 칭하기도 했다. 〔중략〕

　상술한 바를 종합하면, 왕씨고려이든 송과 거란 왕조이든 모두 왕씨고려를 고구려의 '후계자'로 보지 않았으며, 항상 '삼한'으로 대신 칭했다. 그 이유는 왕씨고려의 지역 대부분이 삼한 고지에 있었고, 주체가 되는 주민은 대대로 거기서 생활해온 민중들이었으며, 통치집단의 구성원은 주로 신라인이었기 때문이다. 왕씨고려가 발전 과정 중 점차 대동강 이북의 일부 지역을 점유했다고 하더라도, 이들 지방은 결코 고구려의 고지가 아니었고, 고씨고려가 망한 후에 그 지역의 주민들은 일찍이 분산 이동하여 기타 민족에게로 융합되어 들어갔다. 그러므로 왕씨고려의 근본이 되는 땅이 '삼한'에 있다는 사실을 바꿀 수는 없다.

_양바오룽, 159~162쪽.

이 글에서는 사료를 잘못 이해하고 있다. 왕건의 할아버지와 아버지는 작제건作帝建, 용건龍建으로 왕씨 성이 아니었다. 《고려사》의 왕씨 세계에 대해서 이제현은 처음부터 왕씨 성을 사용하지 않았겠는가 추측했지만, 왕건 단계에서부터 왕씨 성을 사용한 것이 맞을 것이다. 그렇다면 낙랑 왕씨와 고려 왕씨를 연결짓는 것은 무리일 수밖에 없다.

　중국 측 논자들은 고의성이 있건 없건 간에 왕건을 한인의 후예로까지 보려는 시도를 하고 있다. 그 논거로 들고 있는 게 왕건의 성씨가 중국에 흔한 '왕'이라는 점에 두고 있지만, 이 역시 합당한 주장이라고 하기는 어렵다. 그의 선대에는 '왕'을 성으로 쓰지 않았다고 판단되기 때문이다. 기록 가운데는 '국조國祖의 성은 왕씨'라고 한 언급도 없지 않으나 그것을 입증할 수 없는 것이, 실제로 왕건의 부친은 용건, 조부는 작제건, 다시 그 윗대는 손호술損乎述·이제건伊帝建·강충康忠 등으로 나오는 것이다.

　그러다가 왕건 때 비로소 '왕' 성이 붙여지거니와, 그나마도 풍수가인 도선이 풍수지리에 따라 집을 지으면 장차 귀한 아들이 태어날 것인데 그의 이름을 '왕건'이라고 하라는 데서 비롯하고 있다. 따라서 이 집안에서 '왕'성을 칭한 것은 왕건 자신부터였을 가능성이 많다고 생각된다. 그리고 좀 설화적이긴 하지만 그 성명의 소종래所從來도 장차 '왕으로 설' 또는 '왕으로 세워질' 인물임을 암암리에 나타내려는 뜻과 관련이 있음을 짐작할 수 있다. 이 점에서는 그보다 조금 앞서 중국 5대 10국 시기의 10국 중 하나인 전촉前蜀을 세운 인물도 왕건이었다는 사실은 재미있는 비교가 된다.

_박용운, 70~71쪽.

또 '삼한'이란 원래 마한, 진한, 변한으로 한반도 남부를 가리키지만 때로는 고구려, 백제, 신라 삼국을 의미한다. 그런 점에서 삼한이라 했다고 해서 고구려가 배제되는 것이 아니다.

일곱째, 중국 역사서의 오류 주장이다. 고구려는 원래 중국사였는데 중국 역사서에서 잘못 기재하기 시작하면서 지금까지 오류가 전해져왔다는 것이다. 그러니 이제라도 잘못을 바로잡아야 한다고 주장한다.

왕건이 고려국을 창건한 것은 바로 우리나라 오대 시기 전반기에 해당하는데, 그 자손들이 계승하여 명나라 초기까지 이르다가, 이씨가 정권을 빼앗고 이를 대신한 후에는 곧 고려라는 국호를 조선이라고 바꾸었다. 이 시기에 관한 우리나라의 역사서들인 《구오대사》《신오대사》《송사》《요사》《금사》《원사》에는 전부 '고려전'이 있는데, 모두 고씨고려의 역사를 그 앞에 간단히 적었다. 그 효시가 된 것은 두《오대사》와《송사》고려전인데, 이들은 야사를 잘못 채택하여 "왕건이 고씨의 자리를 계승했다"고 적었다. 그러므로 다음의 분석은《오대사》와《송사》에 중점을 둘 것이고, 기타 역사서들의 기록은 부수적으로 설명하겠다.

1. 두《오대사》고려전에 대한 분석

〔중략〕 모두 두 가지 엄중한 착오가 있음을 알 수 있다.

제1, 동일한 명칭만을 가지고, 중간에 서로 250년이나 서로 떨어져 있고, 통치자도 같지 않고, 지역의 차이도 매우 크며, 왕도王都와 기본 민중이 각기 다른 두 개의 고려를 한데 섞어놓았다는 것이다. 주지하는 바와 같이, 고씨고려와 왕씨고려는 모두 '고려'를 칭했다고는 하지만, 그들은 성격이 완전히 다른 두 개의 정권(국가)이었으니, 이것은 중국과 조선의 옛 문헌에 모두 상세히 기록되어 있다. 〔중략〕

제2,《구오대사》열전에 "당나라 말년에 이르러 중원이 어지러워지자 그 나라가 마침내 스스로 군장을 세웠다. 이전 왕은 성이 고씨다"라고 한 이 표현 역시 극히 부정확한 것이다. 신라 진성여왕과 효공왕이 재위했을 시기는 바로 당나라 말기 소종昭宗시대에 해당하고, 견훤·궁예 등이 '봉기'하여 왕을 칭한 것이 바로 이때지만, 이것은 신라 경내에서 발생한 것으로 고구려 유민과는 아무 상관이 없다는 것을 우리는 알고 있다. 〔중략〕

2.《송사》고려전 등의 역사서에 대한 고증

《송사》《요사》《금사》는 모두 원나라 때 탈탈脫脫 등이 편찬한 것이고,《원사》《명사》는 각기 명나라의 송염宋濂 등과 청나라의 장정옥張廷玉 등이 편찬한 것이지만, 열전의 고구려 역사와 관련된 일들은 대체로《송사》와 같으므로, 여기서는 함께 논의하기로 한다.〔중략〕

위에서 인용한《송사》등 열전의 문장으로부터, 그들의 몇 가지 착오는 두《오대사》고려전을 답습한 것임을 알 수 있는데, 이는 앞에서 이미 분석한 바가 있으므로 여기서는 재언하지 않는다. 새로 보이는 주요한 착오는 다음의 두 가지다.

제1,《송사》는 "장흥 연간에 권지국사 왕건이 고씨의 지위를 계승했다"고 했다. 이 짧은 10여 글자에는 두 가지 중대한 역사적 사실에 위배되는 내용이 있다. 첫째, 왕건은 후량 정명 4년(918)에 왕을 칭했는데, 이에 대해서《삼국사기》권50의〈궁예전〉과《고려사》권1〈태조〉등에 모두 명확히 기록되어 있다. 이것이 장흥(930~933) 연간이었다고 한다면, 왕건이 건국하고 왕을 칭한 시기를 10여 년 뒤로 미루는 것인데, 이는 분명히 문제가 있는 자료에 근거해서 얻은 잘못된 결론이다. 둘째, "왕건이 고씨의 지위를 계승했다"고 하는 설명은 두《오대사》〈고려전〉의 영향을 받은 것이지만, 가장 직접적으로는 서긍의《고려도경》에 근거를 두었을 것이다. 이것도 잘못된 것이다.〔중략〕

제2,《송사》〈고려전〉에서 왕건이 왕이 된 것을 10여 년 뒤로 미루었고, 또 왕건이 고씨의 지위를 이은 것이라고 오인했던 까닭에,《구오대사》〈고려전〉의 "후당 동광·천성 연간에 그 임금 고씨가 여러 번 조공을 바쳤다"는 기사를 그대로 옮기면서 또 "그 임금 고씨가 여러 번 조공을 바쳤다"고 그 말미에 사족을 붙였던 것이다. 이러한 개작이 겨우 '기주고씨其主高氏' 4자를 더 넣은 것이기는 하지만, 일반적으로 역사서를 읽으면서 역사적 사실을 검증하지 않는 독자들로서는 왕건이 진짜로 고씨고려의 지위를 계승했다고 생각할 것이다.〔중략〕따라서《송사》〈고려전〉에 "후당 동광·천성 연간에 그 임금 고씨가 여러 번 조공을 바쳤다"고 한 기록은 명백히 사실이 아니다.

《송사》등 역사서의 착오는 상술한 두 가지 이외에도, 그 서술에서 부정확한 곳도 있다. 예컨대《송사》는 기씨조선, 현도군, 고구려, 왕씨고려 등을 동일시했고,《원사》는 고구려가 "당나라 건봉(666~668) 초년에 나라가 망했다"고 했는가 하면,《명사》는 고구려가 당에게 멸망한 후 '동쪽으로 옮겨' 송악을 '동경이라 불렀다'고 했으니, 이와 유사한 착오는 매우 많다. 그러나 지면이 제한되어 여기서는 일일이 적시하지 못하는 것에 대해 양해를 구한다.

_양바오룽, 162~165쪽.

이상과 같은 각론은 결국 고구려가 중국사라는 결론으로 귀결된다. 그 논지를 간략히 정리한 주장을 다시 한 번 살펴보겠다.

고구려가 수·당과 벌인 항쟁의 성질은 변방의 소수민족 할거정권과 중원의 통일정권과의 사이에서 진행된 통제와 반발로 인해 빚어진 투쟁으로 일국의 내부 모순에 속한다고 할 수 있다. 따라서 수·당의 고구려에 대한 정벌은 침략에 속하는 것이 아니고, 고구려의 수·당에 대한 저항 역시 반침략이라 할 수 없다. 양자 사이에는 국가 대 국가의 관계가 성립될 수 없으니 이하 서술하는 사실 중에서 그 완전한 답을 찾을 수 있다.
첫째, 고구려인 및 그 선조인 예맥족은 예로부터 중국의 다민족 중의 일원이었다.
둘째, 고구려정권은 한 현도군 경내에서 건립되어, 현도군의 통제를 직접 받았으며 한대에는 한의 고구려 현령이 그 명적名籍을 주관했다.
셋째, 고구려 역대 왕들은 모두 중원정권의 책봉을 받아 중원정권의 관리조직의 일원으로 중원정권을 대신하여 그 지역 인민을 직접 관리했다.
넷째, 고구려의 왕들은 중원정권에 사신을 보내 조공하는 등 신하의 예를 다했고 아울러 조정으로부터 보답품과 명령을 받았다.
다섯째, 고구려정권은 중원정권과의 예속 관계를 탈피하여 독립한다고 선포하지 못했고, 중원정권도 내내 고구려에 대한 관할을 포기하지 않았다.
여섯째, 고구려는 평양으로 천도한 후에도 중원과의 예속 관계를 유지했으니 실질적인 관계 변화는 발생하지 않았다. 다만 고구려세력이 더욱 발전하여 그 관할 범위가 확대되었을 뿐이었다.

_리뎬푸·쑨위량, 128~129쪽.

1. 고구려정권은 서한 시기 현도군 고구려현 경내에서 변강민족이 건립한 지방정권이다.
2. 고구려의 활동 중심이 여러 차례 옮겨졌지만, 평양 천도까지 한사군의 범위에서 벗어나지 않았다.

3. 고구려는 계속해서 중국 역대의 중앙왕조와 신속 관계를 유지했고, 스스로 '중국' 밖으로 떨어져나가려 하지 않았다.

4. 고구려 멸망 후 주체부는 한족으로 융합되었다.

_리다룽 글.

이상에서 살펴보았듯이 중국 학자들은 중국 밖에서는 한국뿐 아니라 어디서도 받아들이기 어려울 정도로 일방적인 주장을 펴고 있다. 그러기에 이러한 움직임에 동의하지 않는 중국 역사학자들도 상당수다. 베이징대학 역사학계에서는 아직 고구려를 한국사로 가르치고 있다고 한다. 그러나 다수는 침묵하고 있을 따름이다. 2006년에 만난 중국 출신의 캐나다 브리티시 컬럼비아대학UBC 중국미술사 전공 교수는 고구려를 중국사로 넣는 주장에 대해 '난센스'라는 반응을 보였다.

그럼에도 중국 연구자들은 앞으로 더욱더 세련된 논리로 무장해갈 것이다. 그런 점에서 다만 치지도외해버리고 우리 나름의 대응논리를 개발하지 않는다면 자칫 기회를 잃어버릴 염려가 있다. 국제사회에서 중국의 위상이 날로 높아지면서 그들의 목소리가 점차 커지는 점도 우려된다.

■ 참고 사이트와 문헌

고구려연구재단 편,《중국의 고구려사 연구 동향 분석》2004.

경톄화耿鐵華 지음, 박창배 번역,《중국인이 쓴 고구려사》상, 고구려연구재단, 2004.

김위현,〈중원왕조의 조공사례연구〉《고구려연구》18, 2004.

두융하오都永浩・왕위랑王禹浪,〈對東北亞民族與歷史問題硏究的理論思考〉《中國邊疆史地硏究》2003-9.

리다룽李大龍,〈高句麗是古代中國的一個地方民族政權〉동북공정 홈페이지.

리더산李德山,〈東北邊疆和朝鮮半島古代國族硏究〉《中國邊疆史地硏究》2001-12.

리뎬푸李殿福・쑨위량孫玉良 공저, 강인구・김영수 공역,《고구려간사》삼성출판사, 1990.

박용운,《고려의 고구려계승에 대한 종합적 검토》일지사, 2006.

송기호,〈서평, 고구려사를 바라보는 또 하나의 시각—《고구려간사》〉《한국고대사논총》1, 한국고대사회연구소, 1991.

신형식 편저,《고구려 중국사인가》백산자료원, 2004.

쑨진지孫進己a,〈고구려와 중한의 관계 및 귀속〉《고구려연구》18, 2004.

쑨진지b,〈중국 고구려사 연구의 개방과 번영의 6년〉《고구려의 역사와 문화유산》한국고대사학회・서울시정개발연구원, 2004.

양바오룽楊保隆,〈論高句麗與王氏高麗無前後相承關係〉《社會科學戰線》1999-1.

양춘지楊春吉・경톄화耿鐵華 주편,《高句麗歸屬問題硏究》吉林文史出版社, 2000.

여호규,〈중국학계의 고구려 대외관계사 연구현황〉《한국고대사연구》31, 한국고대사학회, 2003.

여호규,〈중국의 동북공정과 고구려사 인식체계의 변화〉《한국사연구》126, 한국사연구회, 2004.

유용태,〈중화민족론과 동북 지정학, '동북공정'의 논리근거〉《환호 속의 경종—동아시아 역사인식과 역사교육의 성찰》휴머니스트, 2006.

이순근,〈고구려역사, 과연 누구의 역사인가〉《역사비평》70, 2005.

임기환,〈고구려사를 바라보는 몇 가지 관점〉《문학사상》2004년 10월호.

장비보張碧波,《中國東北疆域硏究》黑龍江人民出版社, 2006.

탄지샹譚其驤,〈歷史上的中國和中國歷代疆域〉《長水集》續編, 人民出版社, 1994.

한중푸韓忠富,〈國內高句麗歸屬問題研究綜述〉《社會科學戰線》2001-5.

후루하타 도루古畑徹,〈1~7세기 왜와 중국의 조공・책봉관계의 성격에 대하여—일본의 중국사연구자의 견해를 중심으로〉《고구려연구》18, 2004.

■ 읽기자료

고구려사 연구의 몇 가지 문제에 대한 시험적 논의

고구려는 고려로도 줄여서 부르는데, 서한에서 수·당 시기까지 동북지방에 출현하여 영향력을 발휘한 중요한 변강邊疆민족이다.

고구려의 조상은 주·진 시기부터 동북지방에서 줄곧 살아왔다. 기원전 108년 한 무제가 4군을 설치하여 요동과 한반도 북부를 관할했는데, 그중 현도군 고구려현이 바로 고구려인의 거주지였다. 기원전 37년에 부여인 주몽이 현도군 고구려현 관할지역에서 정권을 세웠으니, 처음에 흘승골성(지금의 랴오닝 환런현 부근)에 도읍했다가 기원후 3년(한 평제 원시 3)에 국내성(지금의 지린 지안시)으로 천도하고, 427년에 평양성(지금의 평양시)으로 천도했다. 고구려 전성기에는 그 세력범위가 지린 동남부, 랴오하 동쪽 및 한반도 북부를 포괄했다. 668년 고구려는 당왕조와 연합한 한반도 동남부의 신라에 멸망함으로써 705년간 지속된 역사가 종말을 고했다.

고구려가 있었던 700여 년간을 살피건대 주요 활동범위는 모두 중원왕조의 관할 지역이었고 아울러 중원왕조와 예속 관계를 유지했으니, 고구려정권의 성격은 응당 중원왕조의 제약을 받으면서 지방정권의 관할 아래 있던 고대 변방민족정권이었다. 당연히 이런 관할 관계는 중원왕조 통제력의 소장消長에 따라 소원하기도 하고 밀접해지기도 했다. 이제 고구려 역사 연구에 관한 몇 가지 상관 문제에 대해 내 견해를 간략히 서술함으로써 학계 여러분의 가르침을 받고자 한다.

1. 고구려는 우리나라 동북 역사에서 소수민족정권이다

주周·진秦나라 때 그 선조들은 훈강渾江과 압록강 유역에서 생활했는데, 그 중심지는 지금의 랴오닝성 환런현桓仁縣과 신빈현新濱縣, 지린성 지안시集安市와 퉁화시通化市 일대였다. 우리들은 고구려민족이 우리나라 동북 역사에 속하는 한민족이고, 고구려정권은 우리나라 동북 역사에서 변강민족상의 변방민족정권으로 인식하고 있는데, 다음과 같은 몇 가지 이유에 주된 근거를 두고 있다.

첫째, 고구려민족의 기원이다. 우리나라 학자들이 현재 연구하고 있는 정황을 보면 일부 이견이 있으니, 대체로 예맥설, 부여설, 고이설高夷說, 상인설商人說, 염제설炎帝說 등이 그것이다. 그러나 어느 쪽이든 간에 고구려민족의 조상이 주·진 시기에 우리나라 동북지역 안에서 활동했다는 것을 모두 인정한다. 주나라 사람들은 "숙신, 연燕, 박亳은 우리의 북쪽 땅"(《좌전左傳》 소공昭公 9)이라고 줄곧 인식했다. 이로 볼 때 주나라 무왕이 상나라를 멸망시킨 뒤에 주나라 사람들이 동북지방을 통치한 것은 아주 명확하다. 이들의 세력은 이미 오늘날의 동북 범위 너머까지 미쳤다.

여러 해에 걸친 고고 조사와 발굴로 훈강 유역에서 신석기 만기에서 청동기시대에 이르는 몇몇 유적들이 확인되었으니, 예컨대 환런현 타이시거우台西溝 유적, 야오산姚山 유적, 펑밍鳳鳴 유적, 지안시 다주셴거우大朱仙溝 유적, 얼다오웨이쯔二道崴子 유적, 둥춘東村 유적, 퉁화시 완파보쯔萬發撥子 유적 등은 모두 고구려정권이 출현하기 전에 형성된 문화 유적들이다. 이 지역 문화층의 층위

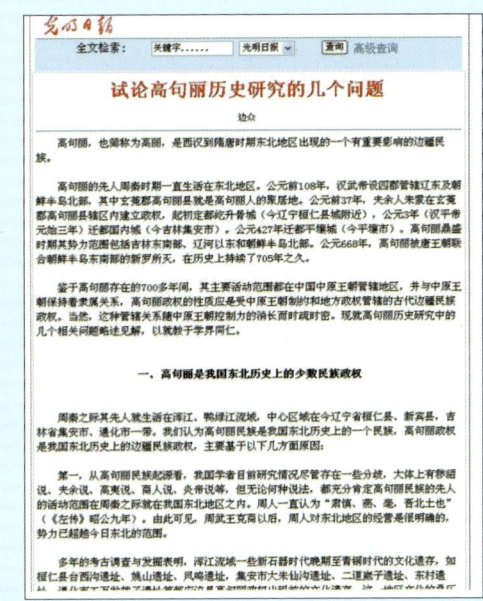

〈광밍일보〉 기사

관계는 명확하니, 하층에서는 신석기 만기에서 청동기시대 문화까지 나타나고, 그 위에 한대 문화층이 형성되어 있고, 다시 그 위에서 고구려정권 출현 후의 문화층이 형성되어 있다.

둘째, 고구려정권의 건립 상황이다. 국내외 학자 대부분이 기원전 37년(서한 원제元帝 건소建昭 2)에 흘승골紇升骨에 도읍을 건설했다는 사실을 인정한다. 지금의 랴오닝성 환런현 소재지 부근에 샤구청쯔下古城子 평지성이 있고, 또한 산성인 우뉘산성五女山城이 있다. 고고 조사와 발굴 결과 여기에 고구려 초기의 도성이 있었던 사실이 증명되었으니, 당시 한나라 현도군 관할 범위에 속한다.

고구려정권이 나타나기 전에 서한西漢 왕조는 이미 동북의 광대한 지역을 행정적으로 관리하기 시작했다. 기원전 108년(한 무제 원봉元封 3)부터 현도, 낙랑, 임둔, 진번 4군을 차례로 설치하여 우리나라의 동북과 조선반도의 북부를 관할했다. 그 후 4군 관할 지역에 변화가 생겼으니, 현도군은 관청 소재지를 고구려현으로 옮겼다. 현도군 아래에 있던 고구려현 부근에서 일어난 고구려정권은 한나라 현도군과 요동군에 차례로 신하로서 예속되어 끊임없이 표문을 올려 신하로 자칭하면서 조공을 바쳤다. 또한 현도군, 요동군으로부터 한 왕조에서 상으로 내린 관복 등을 수령해갔다. 아울러 고구려정권의 출현 전후에 대량의 한족사람들이 이 정권에 참여했다.

1975~76년에 지안의 국내성에 대한 고고 조사와 발굴을 진행했을 때 고구려의 석

축 성벽 안에서 한대의 토축 성벽을 발견했고, 여기서 한대 철기, 도기 등의 유물이 출토되었다. 고구려정권이 존재한 705년간 현도, 요동, 낙랑 등지로 영역을 확장하고 여러 번 도성을 옮겼는데, 흘승골과 국내성뿐 아니라 평양성도 모두 한사군의 범위 안에 해당하니, 고구려는 모두 우리나라 동북 역사상의 변강민족정권이었다.

셋째, 한나라에서 당나라까지 우리나라의 역대 왕조는 분열 시기의 여러 왕조까지 포함하여 모두 고구려를 변강민족정권으로 인식했다.

고구려 거주지는 상나라 말기에서 한나라 초기까지 기자조선의 관할 지역이었다. 기자조선은 주나라의 지방 제후였고, 한대에 들어선 후에 위씨조선이 대신 일어났지만 여전히 한나라의 번국으로 예속되어 있었다. 기원전 108년(원봉 3)에 한나라가 위씨조선을 멸망시키고 낙랑 등 4군을 설치하여, 조선반도 중부 이북을 포괄하는 지역에서 중원지역과 동일한 방식으로 통치했다. 한나라에서 당나라까지 고구려에 대한 각 왕조의 관리 방식이 일정하지는 않았지만, 역대의 통치자들은 모두 고구려의 활동지역이 전통적으로 중국의 영토였다고 생각했다. 수나라의 통치자는 "고려 땅은 본래 고죽국으로서, 주대에 이를 기자에게 봉했고, 한대에 3군으로 나누었으며, 진晉대에도 요동을 통치했다. 그런데 지금 신하가 되지 않고 따로 바깥 영역이 되니 선제先帝가 이를 근심거리로 여겨 정벌하려 한 지가 오래되었다"(《수서》〈배구전裵矩傳〉)고 했다. 당 태종도 "요동은 옛날에 중국의 소유였는데, 위나라에서 주나라를 거쳐 이를 도외시했다. 수나라가 네 번이나 군사를 출동시켰지만 실패하고 돌아와 선량한 중국 백성을 잃은 것이 수를 셀 수 없을 정도다. 지금 저들은 임금을 시해한 데다가 험한 지형을 믿고 교만에 가득 차 있으니, 짐은 긴긴 밤 생각에 잠겨 잠을 이룰 수 없다. 장차 중국을 위해서 자제子弟들의 원수를 갚고, 고려를 위해서는 임금을 시해한 적을 토벌할 것이다. 이제 이미 천하가 다 평정되었으나 오직 이 한 모퉁이만 남았으니, 장사將士들의 남은 힘을 다 써서 이 요망한 도적을 물리칠 것이다. 그런데 후세 자손들이 혹시 군사와 말이 강성해지게 되면 분명히 기묘한 책략을 가진 사람이 나와서 요동 정벌을 권유하여 군사를 일으켜 멀리까지 정벌하다가 혹시 화란을 당할까 걱정된다. 아직 짐이 늙지 않았으므로 내 스스로 이를 취하여 후세 사람에 근심을 남기지 않으려 한다"(《책부원귀》〈제왕부 친정親征 2〉)고 인식했다. 이른바 "옛날에 중국의 소유였다", "천하가 다 평정되었으나 오직 이 한 모퉁이만 남았다"는 말은 당 태종이 고구려지역을 중국의 전통적 강역으로 보았다는 것을 반영하는 것이 틀림없으니, 고구려에 대한 통일의 실현은 '천하 평정'을 완성하기 위한 마지막 사명이었다. 이것은 또한 수·당 왕조가 국력을 아끼지 않고 쏟아부으면서 고구려를 통일하려 한 중요한 이유 중 하나였다.

넷째, 고구려도 중국 밖에서 '스스로 단절' 되어 있지 않았다.

7세기에 걸친 오랜 기간 고구려는 동북 변강에서 웅거했지만, 자신의 위상은 중앙왕조의 변강지방정권으로 설정했다. 주동적으로 삼국, 양진兩晋, 남북조 분열 시기의 여러 정권을 포괄한 역대의 중앙왕조에 신하로서 예속 관계를 맺으면서 책봉을 받고 조공을 보내고 인질을 보냈다. 《통전通典》〈변방邊防 고구려〉에 "동진東晋, 송宋으로부터 제齊, 양梁, 후위後魏, 후주後周에 이르기까지 그 나라 왕은 모두 남북조의 봉작封爵을 받았다"고 한 것이 바로 이것이다. 당나라 건립 후 고구려가 '봉역도封域圖를 바쳤다'고 한 것은 당나라에 대한 동질의식을 보여주는 것이고, 아울러 중국 밖에서 스스로 단절되어 있지 않았던 것을 반영하는 것이다. 바로 이러한 인식 때문에 당나라가 고구려를 통일한 뒤에도 많은 고구려인이 당나라에 대해 망국의 한을 품지 않았고, 도리어 당 왕조의 통일대업을 위해 전공을 세워 역사에 이름을 남겼으니 천남생泉男生, 고선지高仙芝, 왕모중王毛仲, 왕사례王思禮, 이정기李正己 등, 두 당서唐書에 모두 그들의 전기가 남아 있다.

다섯째, 멸망 후 고구려인의 향방을 보면, 기원 668년(당 고종 총장 원년) 고구려가 멸망하자 당나라는 그 백성 '69만 호'를 거두었다(《신당서》〈고려전〉). 이것은 당시 고구려의 전체 호수戶數인데, 이 가운데는 고구려족이 아닌 호구도 포함되어 있었다. 고구려족은 대체로 15만 호 전후였다. 이들의 향방에 대해서 학자들은 네 가지로 파악한다. 중원 각지로 옮겨지거나, 신라로 투항하거나, 말갈(발해)로 도망하거나, 돌궐로 흩어져 들어갔던 것이다. 우리나라 학자의 최근 연구에서는 고구려 멸망 시 고구려족이 약 70만 명이었는데, 중원 각지로 옮겨간 사람이 30만 명 가까이 되고, 신라로 투항해간 사람이 약 10만 명, 말갈(발해)로 도망해간 사람이 10만 명 이상, 돌궐로 흩어져 들어간 사람이 1만 여 명으로, 모두 50여만 명이라고 밝혔다. 여기에다 요동 등지에 '남아서' 흩어져 사는 사람과 전사자 등을 합치면 전체 숫자는 고구려족 인구수와 일치한다. 이 가운데 신라에 투항해간 사람과 오늘날의 용흥강 이남의 반도에 남아 있던 사람들 10여만 명의 고구려족은 반도민족에 융합되었지만, 대다수는 모두 한족에 융합되었다. 이 점에서 볼 때 고구려민족을 동북 역사상의 변강민족으로 보는 것은 역사적 사실과 부합된다.

2. 왕씨고려는 결코 고구려의 계승자가 아니다

918년 조선반도에 고려라고 불리는 정권이 다시 출현했는데, 그 통치자가 왕씨이기 때문에 학계에서는 '왕씨고려'로 부른다. 왕씨고려가 비록 고구려의 칭호를 이어 썼지만 양자 사이에는 직접적인 계승 관계가 없다.

우선, 이 두 정권의 건립 시기에 현격한 차이가 있고 역사적 귀속도 다르다. 고씨고려는 기원전 37년에 건립하여 처음에 서한 현도군 고구려현 관할이 되었다. 그 후 점차 강해졌지만 중앙왕조와의 신속臣屬관계는 결코 단절되지 않았다. 수·당 시기에 들어서자 고구려가 확장정책을 실시하면서 조선반도에 있던 다른 정권이 중원왕조에 조공하는 것을 가로막아 수·당의 정벌까지 초래했다. 668년 고씨고려가 종말을 고하여 당 왕조에 통일되었다. 고씨고려의 영토는 처음에 전적으로 당 왕조 안동도호부(관청 소재지는 처음에 지금의 평양에 있었다)의 관할이 되었지만, 수십 년 후에 일부 지역은 우리나라 역사상 또 하나의 지방정권이었던 발해에 점거되었고, 또 일부는 조선반도 남부에서 일어난 신라정권에 귀속되었고, 다른 일부는 여전히 안동도호부의 관할을 받았다. 고구려족 절대 다수는 당 왕조에 의해 내부 지역으로 옮겨져 나중에 한족과 융합되었고, 소수는 주변의 여러 종족에 융합되어 들어갔고, 마침내 그 왕족도 명맥이 끊어졌다. 이리하여 7세기 동안 나라를 유지한 고씨고려는 마침내 중국 역사의 장구한 흐름 속으로 사라지고 말았다.

왕씨고려는 고씨고려가 멸망한 지 250여 년 뒤인 918년에 세워졌다. 935년에 조선반도에 있는 신라정권을 대신하고 이듬해에는 후백제국도 멸망시켜, 반도 중남부의 대부분 지역을 통일했다. 1392년 왕씨고려의 대신이었던 이성계가 왕을 폐위시키고 스스로 왕이 되었고, 1393년에는 '조선과 화녕和寧' 등 국호를 명나라에 주청奏請'했다. 이에 명나라는 이성계를 조선왕으로 삼게 되어 왕씨고려는 마침내 조선으로 개칭했으니, 학계에서는 흔히 이씨조선, 줄여서 이조라고 한다. 이것이 바로 우리나라 명·청 시기의 조선국이다.

다음으로, 관할구역 내의 구성원이 달랐다. 고씨고려 관할구역의 주민은 고구려족을 위주로 했다. 고구려족의 원류는 우리나라 상고 시기의 오래된 민족인 예맥인穢貊人이 동쪽으로 옮겨가서 이룩한 부여夫餘, 고이高夷, 옥저沃沮, 소수맥小水貊, 동예東穢 등이며, 나중에 다시 위씨조선 유민의 후예, 한인漢人, 선비인鮮卑人 등과 융합했다. 여러 다른 민족에서 유래한 이 구성원들이 장기간 공동생활을 하면서 점차 하나로 융합되었으니, 역사서와 학계에서는 흔히 이를 고구려족이라고 부른다. 왕씨고려 관할구역의 주민은 신라인을 위주로 했다. 왕씨고려가 신라와 후백제를 겸병한 다음에 신라인과 백제인이 왕씨고려의 주요 주민이 되었다. 신라인은 주로 조선반도 남부지역의 진한인과 변한인에서 유래했다. 비록 고씨고려 멸망 후에 일부 고구려인이 추가되었지만 신라인의 주된 근원은 아니었다. 백제는 주로 조선반도 남부의 마한인에서 유래했다. 이는 또한 왕씨고려의 주민은 조선반도 남부의 삼한인이 주축이 되었다는 것을 의미한다. 많은 역사서에서도 표명했듯이, 왕씨고려인과 우리나라 옛날 사람들은 왕씨고려를 '삼한의 후예'로 파악했다. 왕씨고려의 수백 년 역사 발전 과정에서 이들 구성원은 점차 하나의 민족으로 융합되었으니, 역사서와 학계에서는 이를 일반적으로 고려족이라고 한다. 왕씨고려를 대신하여 이씨조선이 일어난 뒤에는 고려 대신에 조선을 사용함으로써 조선족이란 명칭이 형성되어 지금까지 사용되기에 이르렀다.

마지막으로, 왕씨고려는 고씨고려의 후예가 아니고, 왕씨고려의 왕족도 결코 고씨고려의 후예가 아니다. 왕씨고려의 건국자 왕건의 족속에 대해서 《고려사》의 저자는 "고려의 선조는 역사 기록이 없어서 자세히 알 수 없다"고 했다. 그러나 우리나라 학자의 고증에 의하면, 왕건은 서한 낙랑군 한인의 후예일 가능성이 높다고 한다. 왜냐하면 왕씨는 당시 낙랑군의 명망 있는 족속으로서 호구도 무척 많았기 때문이다. 왕건이 죽으면서 친히 내린 '십훈요十訓要'에 자기가 고씨고려의 후예라고 전혀 언급하지 않았다. 그 대신 자기가 평민 출신으로 '삼한 산천의 도움을 받아' 마한, 진한, 변한의 '삼한'을 통일했다고 말했고, 그 후에도 '삼한'을 보유한 것으로 자처한 일이 많이 보인다. 상식적으로 볼 때 만일 왕건이 고씨고려의 후예라면 통치적 필요성에 따라 이를 크게 선전했을 것이다. 이는 왕씨가 고씨고려의 후예가 아니라는 반증이기도 하다.

따라서 왕씨고려는 결코 고구려의 계승자가 아니다. 한대에 조선반도에서 일어난 마한, 진한, 변한은 신라, 백제로 발전했는데, 백제는 당나라에 멸망되었고 신라도 왕씨고려로 대체되었다. 그 후 이조가 왕씨고려를 대신하여 마침내 이씨조선으로 발전했다. 이들 정권의 강역은 원래부터 조선반도를 벗어나지 않았다.

3. 고구려, 왕씨고려의 역사가 뒤섞인 이유

사람들이 왕씨고려를 고구려의 계승자로 오인한 이유는 우리나라 역사서의 기록과 일정한 관계가 있다. 우리나라 정사 가운데 반고班固의 《한서》가 고구려 관련 기록을 처음으로 남겼고, 진수陳壽의 《삼국지》는 처음으로 〈고구려전高句麗傳〉을 만들었다. 《구당서》와 《신당서》에 이르게 되면, 많은 역사서들이 〈동이전〉 또는 〈만이전蠻夷傳〉에 〈고구려전〉을 설정하게 된다. 이들 역사서에서 구체적인 사건의 기록에는 일부 차이가 있다고 해도 고구려 역사의 위상에 대해서는 정확하게 기술했다고 할 수 있는데, 송대 이후로부터 역사서 기록에 혼란이 일어나기 시작하고, 심지어 명확한 착오까지 범했다.

왕씨고려는 918년에 건국되어 1392년 이씨조선에 멸망되었다. 그 시기는 우리나라 오대 중기부터 명나라 초기까지 해당하는데, 이때의 역사서인 《구오대사舊五代史》 《신오대사》 《송사宋史》 《요사遼史》 《금사金史》 《원사元史》 《명사明史》에는 모두 〈고려전〉이나 〈조선전〉을 설정했고, 이들은 모두 고씨고려의 역사를 간략히 전반부에 서술했다. 이들 역사서의 기록을 훑어보면, 《구오대사》와 《신오대사》가 가장 일찍이 고씨고려의 역사를 〈왕씨고려전〉에 삽입했고, 《송사》에서는 "왕건이 고씨의 지위를 계승했다"는 말이 처음 등장하기 시작하는데, 이 세 개 역사서의 기록이 후대 역사서에 직접적인 영향을 주게 되었다.

《구오대사》〈고려전〉은 약 240자가 되는데, 그중 "당나라 말년에 이르러 중원이 어지러워지자 그 나라가 마침내 스스로 군장을 세웠다. 이전 왕은 성이 고씨다"란 구절을 기준으로 그 앞에는 전부 고씨고려의 사실을, 그 뒤에는 왕씨고려의 사실을 기재했다.

《신오대사》〈고려전〉은 약 280자가 되는데, 맨 앞에 "고려는 본래 부여인의 별종이다. 그 나라 땅과 왕 세계에 대해서는 당서에 보이는데, 다른 오랑캐에 비하면 성씨가 있고 관직 이름도 대략 그 뜻을 알 수 있다. 당나라 말년에 그 왕의 성은 고씨다"라는 기록 외에 그 나머지 모두는 왕씨고려에 관한 기사다.

《구오대사》는 북송 설거정薛居正이 감수하여 북송 초기인 973년에서 974년 사이에 완성했다. 당시 반세기에 걸친 분열 국면이 아직 끝나지 않았고 통일 전쟁이 여전히 진행되고 있었다. 이 때문에 《구오대사》〈고려전〉의 기재는 간략할 뿐만 아니라 또한 착오도 있으니, "당나라 말년에 이르러 중원이 어지러워지자 그 나라가 마침내 스스로 군장을 세웠다. 이전 왕은 성이 고씨다"는 구절이 더욱 그러하다. 이 부분이 착오라고 단정하는 이유는 두 가지다. 첫째, 조선의 한문 역사서를 포함하여 다른 역사서를 살펴보건대 고씨가 당나라 말년에 고려정권을 건립했다는 기록은 전혀 없다. 둘째, 송나라사람 사마광司馬光이 편찬한 《자치통감》을 편찬할 때도 그와 같은 이야기를 받아들이지 않았으니, 이 기록이 잘못되었다는 것을 분명히 알 수 있다. 설거정도 이 양자의 관계를 정확히 설명하지 못했는데, 이 착오는 오히려 《신오대사》의 저자인 구양수에게 이르러 더욱 배가되었다. 구양수가 《신오대사》를 쓸 때 많은 소설, 필기 자료를 채용하여 인물과 사건의 묘사에 매우 많은 생동감 있는 줄거리를 삽입했다. 그리하여 《구오대사》〈고려전〉의 고씨고려에 관한 기술을 간결하게 하고 왕씨고려 건국의 기원을 추가로 서술했다. 《구오대사》〈고려전〉의 "당나라 말년에 이르러 중원이 어지러워지자 그 나라가 마침내 스스로 군장을 세웠다"고 하는 말을 "후에 점차 나라를 세웠다"로 간단히 줄여서 그 후에 편찬된 《신당서》〈고려전〉에 넣었다. 그런데 《구당서》〈고려전〉에는 이런 기록이 없을 뿐 아니라, 오히려 "고씨 군장이 마침내 끊어졌다"고 하여 고씨고려의 왕족이 이미 절멸한 것으로 표현했다.

《송사》는 원나라 사람 탈탈脫脫 등이 편찬한 것으로서, 〈고려전〉을 별도로 한 권으로 만들어 다음과 같이 언급했다. "고려는 본래 고구려다. 우 임금이 따로 9주를 두어 기주冀州 땅에 속하게 했고, 주나라 때는 기자의 나라가 되었고, 한나라 때는 현도군이었다. 요동에 있었으니, 대개 부여의 별종으로서 평양성을 도읍으로 삼았다. 한·위 이래로 늘 조공했고 누차 변방을 침략했다. 수 양제가 두 번 군사를 일으켰고 당 태종이 친히 정벌에 나섰으나 모두 이기지 못했다. 고종은 이적李勣에게 정벌을 명하여 마침내 그 성을 함락시키고 땅을 나누어 군현으로 삼았다. 당 말기에 중원이 어지러워지자 마침내 스스로 군장을 세웠다. 후당後唐 동광同光·천성天成 연간에 그 임금 고씨가 여러 번 조공을 바쳤다. 장흥長興 연간에 권지국사權知國事 왕건王建이 고씨의 지위를 계승하여 사신을 보내 조공했다. [중략]" 이후로는 왕씨고려와 송 왕조 사이에 왕래한 역사적 사실들이 서술되어 있다. 내용으로 보건대《송사》〈고려전〉은 앞부분에서 신·구《오대사》의 기록을 종합하고, 거기에다 두 책의 저자가 명확히 하지 못한 왕씨고려와 고씨고려의 관계를 직접적으로 "왕건이 고씨의 지위를 계승했다"고 명확히 표현함으로써 양자를 전후의 계승 관계로 바꿔버렸다.《요사》《금사》도 원나라 사람 탈탈 등이 편찬한 것으로서 그 속에 유사한 착오가 들어 있는 것은 이상한 일이 아니다.

그 후의 역사서는 기본적으로 이러한 착오를 그대로 답습했다.《명사》는 이전의 역사서들보다 더욱 확대되었으니, 명 왕조가 이성계를 조선 국왕으로 책봉한 것에 대해 합리적인 해석을 하기 위해서 위의 착오를 계승했을 뿐 아니라, 이씨조선정권의 연혁을 온전히 정리하면서 그릇된 왕조 교체를 제시했다. 즉 기자조선, 위씨조선, 한사군, 고구려 동쪽으로 옮겨 국가를 회복, 왕씨고려 국호 개칭 전의 이성계 고려, 이씨조선으로 연결함으로써, 우리나라 역사에 속한 기자조선, 위씨조선, 한사군, 고구려를 모두 조선사에 넣어버렸다.

우리나라 역사서에 위와 같은 착오가 일어난 것은 다방면에서 유래되었지만, 전란으로 인한 문헌 산실과 왕씨고려의 오도가 주된 원인이었다.《속자치통감장편續資治通鑑長編》권323, 송 원풍 5년(1082) 2월 기사조己巳條에 "사관史館 수찬修撰 증공曾鞏이 이르기를 '옛 역사를 가만히 고찰해보니 고구려는 주몽이 흘승골성을 얻어 거주할 때부터 고구려라 불렀고 이로 인해서 고高를 성씨로 삼았다. 한나라를 거쳐 당나라에 이르러 고종 때 그 왕 고장高藏이 나라를 잃음으로써 내지로 옮겼다. 성력聖曆 연간에 장의 아들 덕무高德武가 안동도독安東都督이 되어 그 후 점차 나라를 이루었다. 원화元和 말년에 악공樂工을 바쳤으나, 이 후 다시는 중국에 나타나지 않았다. 오대의 동광, 천성 시기에 고려왕 고씨가 다시 조공하러 왔지만 그 이름은 알지 못한다. 장흥 3년에 권지국사 왕건이 사신을 보내 공물을 바쳤으므로 왕건을 왕으로 삼았다. 건의 아들 무武, 무의 아들 소昭, 소의 아들 주伷, 주의 동생 치治, 치의 동생 송誦, 송의 동생 순詢이 서로 이어 왕위를 계승했다. 대개 주몽에서 장藏까지 한 성씨가 900년, 21왕을 거친 뒤에 나라를 잃었다. 그 후 다시 스스로 나라를 세웠지만, 그 이름과 계보, 흥망의 본말은 왕건의 시작과 함께 모두 고증할 수 없다'고 했다." 이후 왕씨고려가 송 왕조에 왕씨고려와 고구려를 연결시킨 '고려세차高麗世次'를 바쳤다. 이로 보건대, 송나라 사람은 왕씨고려와 고구려에 대한 인식이 아주 모호했고, 아울러 왕씨고려가 바친 '고려세차'가 더욱더 오도하는 계기가 되어 우리나라 역사서에 명확한 착오를 일으키게 했던 것을 알 수 있다. 그 결과 우리나라 고대 변강민족의 칭호인 '고려'란 말을 삼한에서 나온 신라를 계승한 왕씨정권이 도용하게 되었을 뿐 아니라, 왕씨정권의 계승자인 이조도 기자조선이 사용한 '조선'을 자기 머리 위에 붙이게 되었다. 이로 인해서 현재 우리나라 고대 동북지방의 변강정권에 대한 연혁에 대한 인식에서 많은 혼란과 착오가 발생하게 되었다.

자료는 연구 진행의 토대요, 부단히 심화시키는 기초다. 한문 역사서의 고구려 관련 기록에 대한 고찰은 양바오룽楊保隆의 〈각 역사서 〈고구려전〉의 몇 가지 문제에 대한 변석各史〈高句麗傳〉的幾個問題辨析〉(《민족연구》 1987년 제1기)이 유익하지만, 앞으로 연구해야 하고 또한 연구할 만한 부분은 여전히 많이 남아 있다.

고구려의 역사 연구에서 정상적인 학술연구 차원을 벗어나지 말아야 한다는 것이 우리의 일관된 주장이다. 우리는 고구려의 역사 연구를 현실 문제화하거나 정치 문제화하려는 경향이나 방법에 반대한다. 고구려의 역사는 중국의 역사 및 조선반도의 역사에서 계속해서 심도 있게 연구해야 할 과제다. 전력을 기울여 연구한 과학적인 결론을 학계에 제공하고, 나아가 고구려 역사 연구를 촉진하고 심화시키는 것은 학자들의 책무다. 연구 결론의 차이에 대해서는 학술 규범을 통해 교류하고 논쟁할 수 있을 것이다. 당장 동일한 견해를 얻을 수 없다 해도 상호 존중의 전제 아래 공통점을 찾고 다른 점을 인정하는 태도는 가져야 한다. 이렇게 할 수 있다면, 고구려의 역사 연구는 각국 학자의 공동 노력 아래 반드시 커다란 진전을 가져올 수 있을 것이다.

_벤중, 〈광밍일보〉 2003. 6. 24(국사편찬위원회 홈페이지에 올린 번역 자료를 수정한 것임).

| 제8장 |
분쟁의 해법찾기

제8장
분쟁의 해법 찾기

　역사의 분쟁은 비단 동아시아에서만 일어나는 것이 아니다. 1992년에 독립한 마케도니아와 이웃 국가 그리스 사이에서 벌어지는 역사논쟁도 흥미로운 사례다. 고대 마케도니아가 분리되어 현재 일부는 그리스 북부지방이 되었지만, 나머지는 옛 유고 연방에서 떨어져 나와 독립국가가 되었다. 그림8-1, 그림8-2 이때 마케도니아 명칭을 두고 그리스는 자신의 지방 명칭을 국명으로 사용하는 것이 부적절하다고 이의를 제기했고, 이에 따라 옛 유고 마케도니아공화국Former Yugoslav Republic of Macedonia이란 국명으로 유엔에 가입됐다. 또 국기 문양으로는 고대 마케도니아의 왕릉에서 발견된 '열여섯 개 햇살의 태양Vergina Sun'을 채택했으나 역시 이의가 제기되었다. 이리하여 현재는 햇살을 여덟 개로 줄이고 태양 형태도 일부 수정하여 사용하고 있다. 2007년 초에는 마케도니아에서 알렉산드로스라는 공항 이름을 채택함으로써 논쟁이 다시 불거졌다. 고대 마케도니아는 알렉산드로스 대왕과 아리스토텔레스의 출신지기 때문이다. 그리스는 이 밖에 터키, 사이프러스, 알바니아와 영토분쟁 및 민족분쟁을 겪고 있기도 하다.

　이런 분쟁을 보면 학문적으로 대응하여 문제를 해결하는 것이 거의 불가능하다는 생각이 든다. 이는 역사로 포장된 정치 문제라서 현실 세계와 거리를 두어왔던 인문학자로서는 당혹스러운 면이다. 문제 해결책으로 추상적이고 모호한 말만 토해내보았자 아무런 의미가 없다. 그럼에도 나름대로 대응논리를 찾지 않을 수도 없는 노릇이다.

그림 8-1 마케도니아 위치(《한겨레신문》 2007. 1. 8)

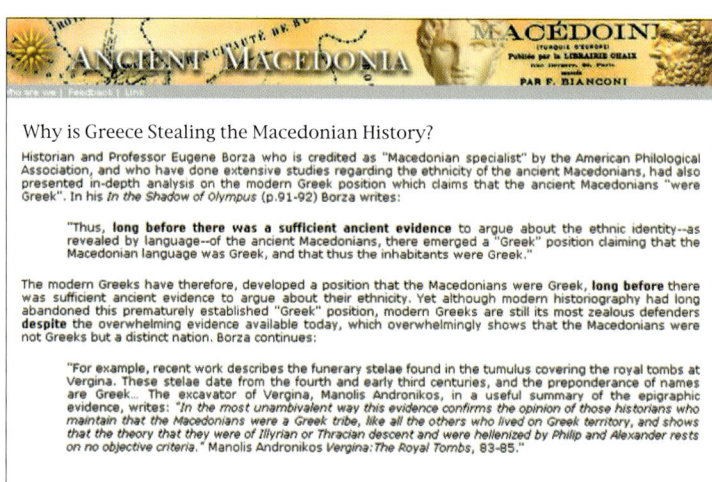

그림 8-2 마케도니아공화국의 주장을 담고 있는 인터넷 자료(www.ancientmacedonia.com)

1. 동북공정에 대한 국내 반응

중국의 동북공정이 국내에서 초미의 관심사가 되었을 때 그 중심에 있었던 것은 처음이 언론이었고 그 다음이 학계였다. 이런 점에서 역사학이 현실 대응 능력에서 뒤떨어지고 있음이 확인된다.

각 언론사는 앞 다투어 관련 기사를 내보냈고, 그러다 보니 사실이 왜곡되거나 단순히

그림 8-3 동북공정 항의 시위
《조선일보》 2004. 1. 15

민족 감정을 부추기는 기사도 상당히 많았다. 이에 따라 일반인의 대응 태도도 민족주의적 성향을 띠었다. 그림8-3 사이버 외교사절단 모임인 반크VANK에서는 고구려 기념우표를 제작하여 전세계에 배포하기도 했다.

동북공정 문제가 일단 진정된 후인 2005년 1학기에 대학원 수업에서, 동북공정을 둘러

표 1. 키워드 '동북공정' 기사 월별 증감(음영 표시는 주요 분기를 의미, 기경량 작성)

	2003				2004												2005				계
	9	10	11	12	1	2	3	4	5	6	7	8	9	10	11	12	1	2	3	4	
〈경향신문〉	-	-	1	8	22	13	10	6	4	2	8	56	20	9	6	8	5	5	10	3	196
〈동아일보〉	-	-	1	9	6	2	1	3	3	4	9	37	17	8	6	8	4	3	11	7	139
〈문화일보〉	-	-	2	3	8	7	6	-	1	2	4	24	12	2	4	3	1	2	4	1	86
〈조선일보〉	-	-	1	12	3	7	8	2	5	10	9	42	19	12	8	9	2	2	8	2	161
〈중앙일보〉	-	-	-	7	9	5	6	-	2	5	4	21	10	6	2	4	2	2	5	4	94
〈한겨레〉	1	-	1	4	10	3	5	-	5	4	16	48	10	5	4	9	6	1	5	2	139
〈한국일보〉	-	1	2	8	19	8	3	10	3	8	8	34	12	5	6	9	3	1	8	2	150
계	1	1	8	51	77	45	39	21	23	35	58	262	100	47	36	50	23	16	51	21	965

표 2. 키워드 '고구려사 왜곡' 기사 월별 증감(음영 표시는 주요 분기를 의미, 기경량 작성)

	2003					2004											2005				계
	4	8	10	11	12	1	2	3	4	5	6	7	8	9	10	11	12	1	2	3	4	
7개 일간지	1	1	3	9	63	107	49	25	5	11	13	77	679	172	63	25	48	22	8	48	18	1,447

표 3. 2003. 1. 1~2005. 4. 30 사이의 '동북공정' 검색 숫자(기경량 작성)

	카인즈(KINDS)	네이버	엠파스	신문사 홈페이지
〈경향신문〉	224	196	195	173
〈동아일보〉	132	139	132	273
〈문화일보〉	86	86	86	94
〈조선일보〉	154	161	123	213
〈중앙일보〉	–	94	93	123
〈한겨레〉	111	139	136	223
〈한국일보〉	146	150	149	222
계	853	965	914	1,321

싸고 국내에서 어떠한 반응을 보였는지를 검토한 적이 있다. 이때 분석한 결과를 보면 흥미로운 점이 발견된다.

'동북공정'과 '고구려사 왜곡'이란 단어를 신문 기사에서 검색하면 중국과 두 차례 협정을 맺기 직전인 2004년 1월과 8월에 기사 숫자가 최고조에 달했음을 알 수 있다. 표1, 표2 여론이 들끓었을 때 이를 가라앉히기 위한 무마용으로 급히 협정을 맺었다는 얘기가 된다. 이 밖에 2005년 3월에도 약간 증가한 경향을 보이는데, 이것은 일본의 독도의 날 조례안 가결 및 교과서 왜곡 문제와 관련하여 동북공정이 간접적으로 언급되었기 때문이다.

동북공정에 대해서 〈경향신문〉이 가장 많은 기사를 내보냈고, 〈조선일보〉와 〈한국일보〉 등이 그 뒤를 이었다. 2003년 7월에 '중국의 역사 빼앗기 대규모 프로젝트'란 제목으로 동북공정을 처음 보도한 〈중앙일보〉는 오히려 전체 기사 숫자는 적은 것으로 나타났다.

2003년 1월 1일부터 2005년 4월 30일까지 '동북공정'을 검색한 결과를 보더라도 한국언론재단이 운영하는 카인즈에 기사를 제공하지 않는 〈중앙일보〉가 상대적으로 적게 나타났다. 표3 반면에 2003년 8월 〈중앙일보〉에 이어 동북공정 관련기사를 내보낸 〈동아일보〉(신동아 포함)를 비롯하여 〈경향신문〉 〈조선일보〉 〈한국일보〉가 더 많은 관심을 기울였다. 한편으로 KBS는 2003년 10월 12일에 '일요스페셜 한·중 역사 전쟁—고구려는 중국사인가'를 내보내 관심을 증폭시켰다.

기사 성격을 분석하면, 칼럼은 〈중앙일보〉가 가장 많이 게재했고, 〈동아일보〉와 〈문화일보〉가 가장 적었다. 〈중앙일보〉는 다른 신문에 비해 외부 전문가를 많이 활용한 특색을 보였다. 이와 달리 〈동아일보〉는 기획 연재물 위주로 편성했다. 동북공정의 배경에 대해서 〈동아일보〉와 〈조선일보〉는 노무현정권의 '반미친중' 성향과 연관시키기도 했다. 그런데 흥미롭게도 가장 민족주의적이고 가장 강경한 논조를 띤 것은 〈한겨레〉 신문이었다.

〈한겨레〉 신문에는 '때에 따라서는 한·중 관계가 악화되는 것도 각오해야 한다,' '한·중 관계를 재검토해야 한다', '완전 해결될 때까지 비타협적으로 중국을 압박해야 한다', '문제가 완전히 해결될 때까지 모든 수단을 동원해 정면으로 대응해야 한다'는 등 강경한 논조가 많이 나온 것이 눈에 띈다.

_김경래 대학원 수업 보고문.

동북공정에 대한 국민의 관심에 편승하여 2006년에는 방송 3사가 모두 고구려, 발해를 주제로 한 드라마를 방영했으니, MBC의 〈주몽〉, SBS의 〈연개소문〉, KBS의 〈대조영〉이 그것이다. 그러면서 드라마 띄우기의 일환인지 몰라도 2006년 9월 초에 KBS를 필두로 언론에서 갑자기 동북공정 문제를 다시 한 번 제기하여 세인의 관심을 끌었으나 곧바로 사그라지고 말았다.

원래 언론을 통하여 동북공정 문제가 처음으로 제기되었지만, 이와 함께 중요한 축을 이룬 것이 학계였다. 2003년 10월에 한국고대사학계를 중심으로 첫 모임이 있었고, 이후 학술회의가 연달아 개최되었다. 한국고대사학회가 '중국의 고구려사 왜곡 대책 학술 발표회'(2003. 12. 9)를 개최한 것을 필두로 하여 고구려연구회의 '고구려=중국사, 중국의 논리는 무엇인가?'(2003. 12. 17), 한국고대사학회·서울시정개발연구원의 '고구려의 역사와 문화유산'(2004. 3. 26~27), 고구려연구회의 '고구려의 정체성'(2004. 6. 28~30), 독립기념관의 '한국 근대사와 고구려·발해 인식'(2004. 8. 15) 등이 개최되었다. 2004년 5월 말에는 전국역사학대회에서 '세계화시대의 역사분쟁'이란 공동 주제를 다루었다. 그림8-4

아울러 2003년 말에 동북공정에 대응할 연구 기관을 만들기로 의견이 모아졌고, 마침내 정부의 지원을 받아서 2004년 2월 18일에 '고구려사를 중심으로 한국고대사 나아가 동아시아 역

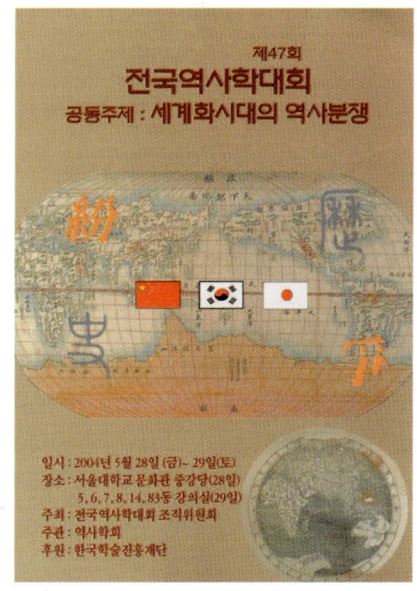

그림 8-4 2004년 전국역사학대회

그림 8-5 고구려연구재단 창립총회

사를 종합적으로 연구하기 위한 고구려연구재단 창립총회가 개최되었다. 그림8-5 그리고 3월 1일에 정식으로 출범했으나 예산 뒷받침이 되지 않아서 본격적인 활동은 6월부터 가능했다. 그 뒤로 일본의 역사 왜곡과 독도 영유권 주장이 계속됨에 따라 이 문제까지 함께 다룰 '동북아역사재단' 설립안이 2006년 5월 2일 국회에서 통과됐다. 이리하여 고구려연구재단은 2년 반의 활동을 접고 2006년 8월 20일에 해산되었으며 이를 대신할 동북아역사재단이 9월 28일에 출범했다.

많은 연구자들이 동북공정의 대응논리를 제시했지만, 크게 보면 출신 대학별로 두 개의 큰 경향성이 발견된다. 가장 두드러진 것이 서강대학교 교수와 그 출신 연구자들이 탈민족주의 성향을 공통적으로 표출하고 있다는 점이다. 이보다는 색깔이 뚜렷하지 않고 다소 분산적이지만, 탈민족주의의 대척점으로서 민족주의적 성향을 드러낸 고려대학교, 고구려연구회 등을 지목할 수 있다. 똑같은 사항에 대해서 정반대의 이념을 지향했다. 그에 비해서 서울대학교 출신 연구자들은 북방사에 대한 연구자가 가장 많았음에도 불구하고 성격을 뚜렷이 특징지을 수 없는데, 대체로 이념보다는 실증적 대응에 주력한 측면이 보인다. 이렇게 대학별로 학파를 형성하는 단초가 보이는 것은 학문적 발전을 위해서 매우 긍정적이다. 지금까지 근대적 연구가 일천하고 연구자가 많지 않은 상황에서 국사학계가 아직도 학파를 형성하지 못했기 때문이다.

이제 탈민족주의적 견해를 중심으로 연구자들이 제시한 문제의 해법을 몇 가지 유형으로 나누어 비판적으로 검토해보겠다. 특히, 이론적 측면보다는 주장의 근거가 되는 실증적 자료의 해석 문제에 중점을 두고자 한다.

2. 탈민족주의론

탈민족주의란 민족주의를 비판하면서 나온 주장이다. 국가나 민족의 경계를 허물어야 한다고 하면서 자민족 중심의 시각에서 벗어나 역사를 세계사적 관점, 다원주의적 관점에서 바라볼 것을 요구한다. 이들의 시각에서는 중국의 동북공정이나 일본의 우익사관도 민족주의의 산물이다. 그러기에 동아시아 삼국이 모두 민족의 틀에서 벗어날 때 비로소 역사 충돌의 문제가 해결될 수 있다고 생각한다.

그리고 문제 해결을 위해서 우리가 먼저 국사를 해체해야 한다고 주장한다. 2003년 8월에 '비판과 연대를 위한 동아시아 역사포럼'이 '국사의 해체를 향하여'란 주제로 학술회의를 개최한 적이 있었다. 이때의 취지문에 국사 해체론이 잘 나타나 있다.

> 이번에 개최되는 역사포럼의 첫 공개토론회인 '국사의 해체를 향하여'는 바로 그러한 자기 비판 작업의 일환이다. 텍스트 해석의 차이를 넘어 국사를 일종의 정치적 기획으로 이해할 때, 그 텍스트를 둘러싼 문화적, 정치적 권력 관계에 대한 질문을 던지지 않을 수 없다. '국사'라는 이름으로 우리에게 각인된 내셔널 히스토리는 사실상 '민족국가를 위한 변명'이었다. 그것은 민족국가를 역사발전의 주체이자 대상으로 설정함으로써 가장 자연스러운 정치조직이라 믿게 만들고 또 정당화시켰다. 개개인이 일상적 삶의 영역에서 겪은 고통과 절망, 기쁨과 희망은 민족의 고난과 영광이라는 민족서사에 가려 설 땅이 없었다.
>
> 물론 한반도의 특수성이 내셔널 히스토리를 요구하고 강화시킨 측면을 무시할 수 없다. 식민지로의 전락, 건국 직후의 비극적 내전, 후발 근대화 등의 문제들과 씨름해야만 했던 한반도의 경우 '국사'의 정통성은 의심할 수 없는 성역이기도 했다. 좌와 우를 막론하고, 한국사의 체계를 세워야 한다는 것은 일종의 정언명령이었다. 기존의 보수적 '국사'에 대항하여 진보적 '국사'를 지향하는 1980년대의 대안적 역사운동 또한 내셔널 히스토리의 틀에 갇히기는 마찬가지였다. 사실상 역사학의 좌·우 논쟁은 '국사' 해석의 주도권을 둘러싼 논쟁이었지, 정치적 기획으로서의 국사의 전제를 의심하는 데까지는 나아가지 못했다. 이 점에서 그것은 보수적 국사에 대한 대안이 아니라 진보적 보완이었던 것이다. [중략]
>
> 그러나 국사를 해체하는 작업이 일국적 틀에 갇혀서는 곤란하다. 그것은 최소한 동아시아 4개국에서 동시 다발적으로 이루어져야 할 작업이다. 일국적 차원에서 국사의 해체는 상대적으로 다른 국가 권력의 공식적 역사 해석을 강화하는 역작용을 빚을 수 있기 때문이다. 동아시아 4개국에서 동시다발적으로 국사의 해체를 지향하는 '비판과 연대를 위한 동아시아 역사포럼'의 존재 이유도 바로 여기에 있다. 물론 동아시아의 정치적, 지적 현실은 아직 요원하다. 북한과 중국에서는 국사의 정당성에 대한 비판이 허용되지 않는 실정이며, 한국과 일본에서도 비판은 주류 학계 밖에서 소수자의 목소리

로만 남아 있을 뿐이다.

    한국과 일본의 이런 소수자들의 목소리를 모아 이번에 '국사의 해체를 향하여'라는 공개토론회를 조직하게 되었다. 현해탄을 사이에 둔 두 나라의 내셔널 히스토리는 서로 상대방의 해석을 부정하고 타자화한다는 점에서 현상적으로는 첨예하게 충돌하지만, 인식론적으로는 같은 뿌리에서 나온 쌍생아인 것이다. 한국의 국가 권력을 정당화하는 정치 기획으로서의 '국사'에 대한 비판이 새로운 국사교육을 통해 일본사회를 '재국민화'하려는 '새로운 교과서를 만드는 모임'에 대한 효과적인 무기의 비판이 될 수 있는 것도 이 때문이다. 서로 다른 '국민의 역사'는 충돌할 수밖에 없는 것이다.

_임지현·이성시, 취지문.

  한국사 교과서가 민족주의에 과도하게 경도되었고, 여기에 역사학자들이 일조를 했다는 사실은 이제 비판받을 때가 되었다. 그러나 그렇다고 해서 민족과 국가를 완전히 벗어나야 한다는 것은 수긍하기 어렵다. 세계적으로 이념의 대립이 끝나자 수면으로 떠오른 것이 민족 갈등과 종교 갈등이었다. 소련방이나 유고 연방 등이 해체되면서 오히려 새로운 민족국가가 수립되었고, 민족 중심으로 세계질서가 재편되어가는 모습을 우리는 목격해왔다.

  더구나 중국이 성장하면서 중화 민족주의를 더욱 공고히 해가고 있고, 일본도 우익 성향을 강하게 드러내고 있는 마당에, 우리만 과연 민족주의의 옷을 벗어던진다고 문제가 해결될 수 있을지 의문이다. 이 글에서 국사 해체가 우리나라 단독으로는 안 되고 동아시아 4국이 동시에 이루어야만 소기의 목적을 달성할 수 있다고 한 점은 실현 가능성이 적다는 것을 역설적으로 보여준다. 가능성 여부를 염두에 두면서 의견을 제시하는 것과 그와 무관하게 이상론을 제시하는 것 가운데 어느 것이 더 바람직한지 생각해볼 필요가 있다.

  위의 글을 기초로 임지현은 다른 글에서도 동일한 주장을 했다.

    아프리카 중심주의가 전도된 유럽 중심주의듯이 동아시아의 삼국의 '국사'는 모두 유럽 중심주의에 대한 단순한 반작용일 뿐이다. (중략) 오히려 세계사적 차원으로 얽혀 있는 '국사'의 대연쇄를 잘라내는 작업이야말로 서양의 헤게모니를 해체하는 첫걸음인 것이다.

    서양과 일본의 역사 서술을 연결하는 '국사'의 연쇄고리는 다시 제국 일본과 식민지 조선을 잇는 고리로 이어졌다. (중략) '국사'의 해체는 궁극적으로 개별 민족국가, 동아시아, 유럽 세계를 잇는 '국사'의 대연쇄 고리를 끊어버린다는 것을 의미한다. (중략)

'국사'를 해체하는 작업은 따라서 일국적 틀에 갇혀서는 곤란하다. 그것은 최소한 동아시아 4개국에서 동시다발적으로 이루어져야 할 작업이다. 일국적 차원에서 '국사'의 일방적 해체는 다른 국가 권력의 공식적 역사 해석을 반사적으로 정당화하고, 그것이 일으키는 민족주의의 도미노 효과는 동아시아 민족주의의 '적대적 공범 관계'를 강화하는 역작용을 빚을 수 있기 때문이다. [중략]

'국사'를 향한 방아쇠가 어디에서 당겨지든 그것은 적대적으로 공존하는 '국사'의 연쇄 고리를 끊음으로써 동아시아 어느 국가든 역사의 기억을 전유하려는 시도에 대한 근원적인 비판이 된다. 한국의 '국사' 해체가 후쇼사 판 교과서나 고구려의 역사적 주권을 강변하는 중국의 '국사'에 대한 가장 고도화된 비판이라고 믿는 것도 이 때문이다.

_임지현·이성시, 24~25쪽, 29~30쪽, 32쪽.

탈민족주의론에서는 국사를 해체하고 그 대안으로 동아시아 역사 전체를 묶는 동아시아사관론을 제시하고 있다. 그러나 개별 국가사를 기반으로 하지 않고 동아시아 역사를 구성하기는 어려운 일이다. 다음도 동아시아론의 하나다.

고구려사는 누구의 역사인가? 한국은 중국 사서가 고구려를 중원의 역사에 속하지 않은 이민족의 역사로 기록했던 과거에 중점을 두고 한국사라고 주장하는 반면, 중국은 고구려 영토의 대부분이 중국에 속해 있다는 현재의 관점에서 고구려사를 중국사에 편입시키고자 한다. 역사란 현재가 아니라 과거다. 그래서 과거 고구려가 현재의 중국 영토에서 성립했던 나라라고 해서 고구려사를 중국사로 편입시키는 것은 어불성설이다. 하지만 그렇다고 해서 고구려사가 자동적으로 한국사가 되는 것은 아니다. [중략] 그렇다면 민족사적 관점 이외의 대안은 무엇인가? 중국과 한국이 평행선을 달리는 근본적인 이유는 중국은 고구려사를 현재의 관점에서만 인식하고자 하고, 한국은 과거 중심으로 고구려사의 국적 문제를 주장하기 때문이다. 따라서 평행선 상태를 벗어날 수 있는 하나의 가능성은 논의의 중심으로 현재와 과거가 아닌 미래에 두는 것이다. 다시 말해 한국과 중국이 상생하면서 공동 번영할 수 있는 미래를 위해 고구려사에 대한 역사논쟁이 어떤 기여를 할 수 있는지를 함께 성찰해보자는 것이다.

나는 이런 방향으로 미래를 만들어가는 역사의 기획을 '동아시아사관'이라고 명명하고자 한다. 나는 한국과 중국 사이의 고구려사를 둘러싸고 일어나는 역사분쟁의 근본 원인을 역사를 '국사'로 인식하는 민족주의사관에서 찾고 싶다. 민족주의사관을 고수하는 한, 한국과 중국은 고구려사 문제를 역사학적인 방법이 아니라 정치적인 방식으로 풀 수밖에 없다. 중국 동북공정은 분명 정치적인 문제들로부터 시작했다. 하지만 이 문제를 정치적으로 푼다면 결국 힘의 역학 관계로 결판이 날 수밖에 없다. 그러면 우리 주장을 중국인들에게 관철시킬 힘이 우리에게 과연 있는가? 또한 고구려사가 누구의 역사인가는 분명 역사학의 문제인데, 그 문제 해결을 정치가들에게 맡긴다면 역사학의 존재 이유는 무엇인가? 모든 역사 문제는 정치 문제다. 하지만 그렇다고 해서 정치가 역사를 지배한다면, 역사학이라는 학문은 불필요하다. 역사가 정치의 방향을 이끌어야지 정치가 역사를 지배해서는 안 된다.

_김기봉, 112~113쪽.

상기 필자는 전국역사학대회 토론에서 광개토왕이 한국인도 아니요, 중국인도 아니고 고구려인일 뿐이라고 언급한 적이 있다. 그 발언 의도는 이해가 된다. 그러나 역사라는 것은 흐름이 있고 계승이 있다. 그리고 그 종착지는 현재의 국가와 민족이다. 과거는 과거일 뿐이라고 하면 역사를 연구하고 관심을 기울이는 것은 단순한 호기심 차원에 불과할 것이다. 역사는 과거와 현재와의 대화이니 현재적 관점에서 바라보지 않을 수 없는 것이다. 그러기에 역사학자는 균형을 잡으면서 현재와 과거에 각각 발을 걸쳐놓게 된다. 현실적으로 누가 역사를 기술해주느냐 하는 문제도 발생하게 된다. 그런 점에서 고구려사가 한국사인가 중국사인가가 논란이 되지 않을 수 없다. 윗글에서 '고구려사를 중국사로 편입시키는 것은 어불성설'이라 한 말에서도 분명히 민족주의적 감정을 느낄 수 있다.

동아시아사로 역사를 서술한다고 해도 문장의 주어는 필요하다. 2,000년이나 각각의 공동체를 형성해온 한·중·일의 역사는 근대에 와서 민족이 분화되고 국가가 분리된 서양의 경우와 분명히 다르다. 이를 하나의 바구니에 담는다고 해서 민족이 사라지고 국가가 사라질 수는 없다. 또 하나의 새로운 역사가 탄생하기보다는 서로 뒤섞어놓은 잡탕이 될 가능성이 더 크다. 제1장에서 지적했듯이 《새 유럽의 역사》가 민족사의 틀을 뛰어넘지 못한 것만 보아도 그러하다.

이 글에서 논의의 중심을 현재와 과거가 아닌 미래에 두어야 한다거나 정치가 아닌 학문에서 문제를 해결해야 한다고 언급한 대목은 고개를 끄덕일 수 있지만, 과연 문제 해결에 부닥쳤을 때 어떻게 실행해야 하는지에 대해서는 고개가 갸우뚱해진다. 더구나 국력 문제까지 거론하면서 우리가 약하기 때문에 안 된다는 주장은 또 하나의 민족주의적 관점은 아닐까?

동아시아사론은 동아시아 공동체를 형성하자는 주장의 연장선상에 있다. 와다 하루키 和田春樹는 동북아시아 '공동의 집'을 구성하자고 제안했다. 그러면서 아시아에 몇 개의 공동체를 설정한다. 그러나 동북아시아 공동체 또는 그 내부의 몇 개 공동체는 국가나 민족보다 단위가 크기는 하지만 또 다른 경계선을 긋는 작업일 뿐이다. 물론 유럽이나 다른 지역에 비해서 실현 가능성도 대단히 낮다. 사실 이런 담론이 지속적으로 제기되어왔음에도 어떠한 형태의 공동체도 그 형성의 단초를 보여주지 못하고 있는 것이 동아시아의 현실이다. 여기에는 중국과 일본 사이의 주도권 경쟁도 큰 걸림돌이 된다.

동아시아 공동체론에 대해서 최장집은 다음과 같이 비판했다.

> 동아시아 지역에서 공동의 안보, 국가 간(및 영토 내) 분쟁 및 갈등을 다룰 평화와 공동 안전을 가능케 할 집합적 결정을 위한 제도화는 지금껏 왜 지지부진한가? 〔중략〕 동아시아는 왜 유럽연합EU이 보여주는 통합 방향과는 다른 경로를 보이고 있는가? 이 문제에 대한 해답은 매우 단순하고 분명한 것으로 보인다. 동아시아에만 국한시켜 보더라도 일본, 중국, 한국 등은 영토와 인구의 크기, 경제발전 정도에서 매우 비대칭적이다. 동남아시아로 확대해볼 때 비대칭적 차이는 더욱 커진다. 이 구조적 비대칭성은 유럽과 비교할 때 더욱 두드러진다. 〔중략〕
>
> 지역적 공동체 형성과 관련한 여러 논의에서 큰 장애 요소로 지적하는 것은 민족주의다. 지역 공동체의 장애 요인으로 민족주의를 강조하는 것은 동아시아 지역주의 담론 형성에서 하나의 중요한 특징으로 나타난다. 그리고 이 민족주의의 극복이라는 문제와 짝 지어져 '아시아의 아이덴티티'가 강조된다는 사실도 중요한 특징이다. 〔중략〕 한국과 일본에서 동아시아 공동체 형성의 장애 요인으로 민족주의를 상정하고 민족주의에 대한 비판적 담론을 형성하고 있다는 사실이다. 〔중략〕
>
> 민족주의는 부정적 요인이고 넘어서야 할 장애임에 분명하다. 그러나 우리는 이념 내지는 이데올로기 또는 가치로서의 민족주의와 근대화 및 국민국가 형성 과정에서 현실로서 존재했던 역사적 현상으로서의 민족주의를 구분해서 보는 것이 필요하다. 〔중략〕 우리가 현상으로서의 민족주의를 부정할 때 특정 단계에서의 역사적 현상을 설명하고 이해하기 어려울 뿐만 아니라, 현재의 중요한 갈등의 한 원천을 이해하기 어렵게 된다. 한국사회에서 이것은 다른 어떤 문제보다도 북핵 위기로 표출되는 북한 문제, 즉 냉전이 중요한 원인이 되는 민족 문제로서 남아 있는 것이고, 또한 그것은 객관적 현실이기도 한 것이다. 우리가 관념적으로 민족주의를 부정하고 해체한다고 해서 그 현실이 없어지는 것은 아니다.
>
> _최장집, 104~106쪽, 119쪽.

현재 국내에서 민족주의는 좌파적 경향, 탈민족주의는 우파적 경향을 띠고 있다. 이것은 서양의 이념적 현상과 정반대다. 이러한 이념적 대립도 민족주의와 탈민족주의에 관한 논쟁의 바탕에 깔려 있다. 이로 인해 역사논쟁을 자칫 국내의 이념논쟁으로 비화시켜 본질적 문제에서 멀어지게 할 위험성을 안고 있다. 김희교가 동북공정에 대한 한국 언론 보도를 비판한 것이 그런 경우다. 역사논쟁은 일단 학문적 차원에서 다루어져야 한다.

3. 제3의 역사론

고구려사가 한국사도 아니고 중국사도 아닌 제3의 역사라는 주장이다. 그러한 역사로서 김한규는 '요동사(만주사)'를 제안했다. 그는 만주지역의 역사는 한국사에도 중국사에도 속하지 않는 제3의 역사라는 것이다. 그러면서 '만주사', '동북사' 대신에 '요동사'라는 용어를 제안했다. 만주와 동북이라는 말은 정치적 의도가 개재되어 있기 때문이라 한다.

> 이처럼 역사상의 '중국'과 '한국'의 개념을 분석한 결과, '중국'은 황하 중하 유역, 중원에서 형성되어 수천 년간 존속, 발전했던 역사 공동체를 가리키는 말이었고, '한국'(혹은 삼한)은 한반도 중남부에서 형성, 발전된 또 다른 역사 공동체를 가리켜 사용된 말이었음을 알게 되었다. 여기서 당연히 우리의 관심을 끄는 사실이 하나 있다. 그것은 역사상의 '중국'과 '한국'의 사이에 '중국'에도 포함되지 않고 '한국'에도 포함되지 않는 제3의 존재가 개재해 있다는 것이다. 우리는 그곳을 가리키는 이름으로 '만주' 혹은 '동북'이란 말이 사용되고 있음을 잘 알고 있다. 〔중략〕 중국 동북지역에 대한 이 두 가지 명칭은 모두 근대에 이르러 집중적으로 사용되었을 뿐만 아니라, 정치적 목적에 따라 의도적으로 사용된 것이기 때문에 역사적 개념으로 받아들이기에는 적절하지 않다. 이에 반해 '요동'은 선진先秦 시대에 출현하여 이후 2,000여 년간 문헌에 빈번하게 나타난 역사적 명칭이다.
>
> _김한규, 2001, 196~197쪽.

이런 논리에 따라 고조선, 부여, 고구려 및 발해의 역사는 한국사가 아닌 요동사에 넣고, 한국사에는 단지 백제, 신라, 고려, 조선의 역사를 포함시켰다.

역사상 요동을 지배한 국가들은 크게 나누어 본다면, 중국에서 성립 발전한 국가와 요동에서 자생 자립한 국가로 양분된다. 연, 진, 한, 위, 진晉, 당, 명, 중화민국, 중화인민공화국 등이 전자고, 고조선, 부여, 공손씨의 연국燕國, 선비의 위魏, 고구려, 발해, 거란의 요, 여진의 금, 몽고의 원, 만주의 청, 만주국 등이 후자에 속한다. 진, 한 등 초기 국가들과 최근의 중화인민공화국을 제외하고서는 중국의 국가들이 요동을 점유한 형태는 매우 불완전하고 부분적인 것이었고, 그나마 점유 기간도 비중국계 국가들이 점거한 기간에 비해 훨씬 짧았다. 따라서 역사의 실제에 있어서, 요동의 대부분을 장기간 점유하고 통치한 국가는 중국에서 발생하여 중국을 지배했던 국가들이 아니라 요동에서 자생하고 요동에서 성장한 국가들이었다고 말할 수 있다. 결국 요동은 조선·부여·고구려 등 예와 맥계, 선비·거란·몽고 등 동호계, 말갈·여진·만주 등 숙신계 등 요동에서 형성된 여러 공동체들이 고조선, 부여, 고구려, 연, 위, 발해, 요, 금, 원, 청, 만주국 등을 차례로 건립한 터전이었다. 그것은 중원, 즉 중국이라는 터전에서 연, 진, 한, 진晉, 당, 송, 명 등 일련의 국가들이 성립된 것과 현저히 대비되며, 한국에서 성립, 발전한 백제와 신라, 고려, 조선, 대한민국 등 일련의 국가들과도 대비된다. 중국에서 성립된 국가들이 요동을 점유한 것은, 마치 요동을 근거로 성장한 위魏, 요, 금, 청 등의 국가들이 중국을 점유했던 것처럼, 남의 근거지를 일시 넘나든 것과 같았으며, 한국에서 건립된 국가가 요동을 지배한 것은 매우 제한된 부분에 지나지 않았다. 따라서 적어도 역사적 사실의 입장에서 본다면, '요동'은 '중국'이나 '한국'과 대비되는 별개의 정치적 무대였다고 할 수 있으며, 그것은 또한 중국사나 한국사와는 구별될 수 있는 독립된 역사를 창조한 기반이기도 했다.

_김한규, 2001, 203~204쪽.

이 주장은 한국과 중국 어느 쪽에도 치우치지 않고 매우 객관적인 것처럼 보인다. 그러기에 언론의 조명을 받기도 했다. 그러나 이 견해에는 치명적인 결함이 숨어 있다.

먼저 '요동' 개념의 혼란이다. 요동은 원래 '랴오하遼河 동쪽'을 가리킨다. 때로는 요동반도를 가리키기도 하고 때로는 압록강 건너 한반도까지도 포함한다. 그런데 이 글에서는 우리가 만주라고 지칭하는 산해관 동쪽, 한반도 북쪽의 너른 대지를 모두 포괄한다. 그는 전자를 협의의 요동, 후자를 광의의 요동으로 규정했다.

문제는 역사 자료에 나오는 협의의 요동과 광의의 요동을 뒤섞어서 모두 '요동'이란 말로 쓰고 있다는 점이다. 이렇게 되다 보니 극단적으로 요서遼西마저 그 상대 개념인 요동에 포괄되어 있다. 더구나 요동이란 용어가 일반적으로 좁은 의미로 사용되어왔고 또 그렇게 인식되어왔기 때문에, 이 주장에 따라 광의의 요동을 상정해서 이해하는 것은 혼란만 일으킬 뿐이다.

광의의 개념을 수용한다 해도, 요동 즉 요하 동쪽은 한반도 북부까지만 국한되는 것이 아닙니다. 이승휴의 《제왕운기帝王韻紀》(1287)만 해도 "요동에 따로 한 세상이 있으니, 중국과 뚜렷이 구분되었도다. 한없이 넓고 큰 파도가 삼면을 두르고, 북쪽에 육지가 있어 선으로 이어졌도다"라고 했으니 요동을 한반도 전체로 인식한 것이 분명하다. 그러므로 한반도 남부와 북부를 가르는 것은 자의적인 것이라 할 수밖에 없다. 그 결과 상이한 종족들인 예맥계, 숙신계, 동호계는 요동 공동체 안에 묶이면서, 지금까지 친연 관계를 설정해온 예맥계와 삼한은 분리하고 있다. 이에 대한 해명이 있어야 할 것이다.

이보다 더 치명적인 결함은 한국사의 범주와 관련된 것이다. 요동사를 설정하면서 그 상대 개념으로 '한국'이란 용어를 사용하는데, 이것도 혼란을 초래하고 있다. 현재 우리가 사용하는 '한국'과 동일한 단어를 사용하면서도 그는 한국을 한반도 남부의 삼한三韓 지역에 국한하고 있다.

자신의 주장을 뒷받침하기 위해서 '삼한'은 삼국을 가리키는 말이 아니었다고 한다. 이는 중국 측 주장과도 통한다. 이종욱도 '삼한일통'의 삼한은 삼국이 아니라 본래의 삼한을 가리킨다고 하면서, 통일 범위가 패강 이남에 해당하여 삼국보다는 본래의 삼한에 가깝기 때문이라는 것이다(이종욱, 2003, 67쪽). 그러나 이 주장은 분명히 역사적 사실과 다르다. 《삼국사기》 지리지를 보면, 통일신라가 9주를 설치하면서 본국에 3주, 백제 땅에 3주, 고구려 남쪽 땅에 3주를 고루 배분했음을 알 수 있다. 이것은 신라가 삼국을 통일했다는 자부심의 표현이다. 비록 고구려 땅 전체가 아니라고 해서 이를 삼한의 통일에 불과하다고 말할 수는 없다.

또 이미 삼국 말기에 중국에서 고구려를 마한馬韓이라 부른 사실이 있고 최치원도 삼한은 삼국이라고 지적했듯이, 삼한이란 원래 한반도 남부에서 일어난 마한, 진한, 변한을 가리키지만 시대가 흐르면서 고구려, 백제, 신라를 가리키기도 했다. 설령 삼한은 한반도 남부만을 가리킨다고 하더라도 당나라 이래로 고구려, 백제, 신라를 '해동삼국'이라 하여 하나의 그룹으로 이해해왔던 점을 간과하고 있다.

그러므로 삼한 개념에 의거하여 고구려를 한국(삼한)의 범주에서 제외하는 것은 사실을 왜곡하는 것이다. 더구나 '요동'은 협의의 개념에서 출발하여 수·당 이후에는 광의의 개념이 일반화되었다고 하면서, '삼한'도 협의의 개념과 함께 삼국을 가리키는 광의의 개념이 존재한다는 사실은 인정하지 않는 논리적 모순을 안고 있다.

'한국'과 '중국'의 역사적 범주는 시간과 상황의 변화에 따라 차츰 확장되었다. 그러나 고구려가 강성했던 시기, 즉 기원후 4세기 초부터 7세기 중엽까지의 기간에 '한국'의 공간적 범주는 이른바 '삼한'의 범위, 즉 한반도의 중부와 남부에 국한되어 대동강을 넘지 못했으며, '중국'의 점주도 중원지역에 국한되어 동북으로 요서지역을 넘지 못했다. 따라서 당시 '한국'과 '중국'의 사이, 즉 '요동'은 '한국'의 일부도 아니고 '중국'의 일부도 아니었다. '고구려'라는 국가는 바로 이 '요동'이라는 제3의 영역에서 건립된 국가였다. 즉 고구려는 한국의 국가나 중국의 국가가 아닌, 요동의 국가로 역사상에 출현했다.

_김한규, 2004, 8쪽.

그의 주장대로라면 고대의 한국사 범주에 고조선, 고구려, 발해 등 만주지역에서 일어난 국가들이 제외됨으로써 한국사 범주가 축소된다. 그는 고조선, 고구려, 발해의 역사가 한국사가 된 것은 민족주의의 산물이라고 주장했다.

고조선인과 고구려인, 그리고 발해인이 왜 한국인 혹은 한민족의 중요한 성분으로 간주되어야 하는지, 그 까닭을 설명하는 이는 아무도 없다. 이는 한국고대사의 민족주의적 연구가 민족적 정서에 의해 굴절되었음을 의미한다.

_김한규, 2001, 15쪽.

그러나 《삼국사기》와 그 이전의 구삼국사, 《삼국유사》에서 고구려를 삼국에 포함시켜왔고, 그 후에도 모든 한국 역사서들이 이를 뒤따랐기에 의문의 여지가 없었던 것이다. 이를 굳이 떼어 요동사에 붙이는 것은 전통적인 시대 인식과도 괴리가 있고 현재 우리의 인식과도 거리가 있다. 더구나 자신의 논지를 위해서 민족주의를 끌어들여 비판하는 것은 시대 조류를 따라 비판을 위한 비판을 하고 있다는 생각이 든다.

한편, 임지현은 탈민족주의의 연장선상에서 '변경의 역사'론을 제안했다.

그러므로 '근대의 국경'에 갇힌 '역사의 변경'을 구출하는 작업은 단순히 역사 서술의 인식론적 시시비비를 넘어서, 시민사회에 깊이 뿌리 박은 민족주의의 단단한 헤게모니에 균열을 내는 작업이기도 한 것이다. '국사'의 관점을 넘어서 '변경의 역사'라는 관점에서 고구려 역사를 바라보는 것, 그래서 고구려사를 고구려인에게 되돌려주는 것은 단순히 역사적 원근법의 문제만은 아니다. 그것은 과거에 대한 성찰적 역사상을 바탕으로 21세기 동아시아 민중의 비판적 연대를 향한 첫 걸음일 것이다.

_임지현, 2004, 33~34쪽.

고구려와 발해가 자리 잡았던 그 땅을 청과 조선 사이에 끼인 섬이라는 의미에서 '간도'

라 부를 수 있었던 그들의 인식은 생생한 삶의 체험에서 우러나온 '변경'에 대한 인식이라는 점에서 각별히 주목된다. 고구려의 역사를 중국과 한국 양국의 '국사'라는 폭력에서 구출해, 그 시대를 살았던 다양한 고구려인에게 돌려주어야 하는 이유도 여기에 있다.

_같은 책, 27쪽.

이 '변경의 역사'는 신문 칼럼에서 좀더 자세히 나타난다.

> 나는 여기에서 동아시아의 영유권 분쟁에 대한 역사적 시시비비를 가리자는 것이 아니다. 먼 옛날부터 우리 고유의 신성한 영토라는 근대 국민국가의 '지리적 신체' 개념을 벗어나 '변경 연구border studies'의 관점에서 '국토'를 바라봄으로써 영유권 분쟁이라는 동아시아의 지뢰밭을 통과할 수 있는 가능성을 탐색하자는 것이다.
> 현재 국민국가의 경계가 자연스럽고도 유기적인 통합된 영토적 단위라는 생각은 사실상 '국사'가 만든 신화다. 그것은 자연적 경계도 역사적 경계도 아닌 현재의 정치적 경계일 뿐이다. 독도·대마도·간도 등 분쟁의 대상인 변경은 서로 다른 사람들이 공유하는 친근한 삶의 터전이자, 경쟁하면서도 다양한 삶의 경험을 나누던 문화적 교류의 장이었다. 한국이냐 일본이냐라는 배타적 질문에서 벗어나 그곳을 삶의 터전으로 삼아온 양국의 주민들에게 초점을 맞출 때, 독도는 고통스러운 과거의 유산이 아닌 동북아 역사의 풍요로움과 다양성을 머금은 미래의 유산으로 드러나는 것이다. '변경'의 관점에서 '국경'의 문제를 바라보자는 것도 바로 이러한 이유에서다.
> 물론 현재 동아시아의 국제질서를 규정하는 국민국가의 경계를 부정하자는 것은 아니다. 현실 정치에서 그것은 불가능할뿐더러 바람직하지도 않다. 현재의 국경을 인정하되, 분쟁의 대상인 변경을 배타적인 일국적 공간이 아닌 다양한 문화와 정체성들이 자유롭게 소통하는 공동의 역사 공간으로 이해하자는 것이다.
> 그럴 때, 독도와 대마도는, 간도와 만주는, 어느 나라의 국경에 속하는가와 상관없이 우리의 유산이자 그들의 유산인 동아시아 공동의 풍요로운 유산이 되는 것이다. 이러한 변경사의 인식이야말로 분쟁 해소를 위한 첫걸음이 될 것이다

_임지현 칼럼, 〈중앙일보〉 2005. 3. 20.

이는 요동사 개념과도 상통하는 것이다. 그런데 이 주장에도 문제가 있다. 고구려사가 과연 분쟁의 대상인지 여부다. 고구려는 지금까지 아무 의심 없이 한국사로 다루어지다가 지금에 와서 새삼 중국사라고 주장된 것이다. 또한 한국사에서 고구려사는 백제, 신라와

함께 주류의 역사를 구성해왔지 한 번도 주변부 역사로 다루어진 적이 없다. 단순히 현재의 국경에 걸쳐 있었기 때문이라거나 현재 분쟁이 되기 때문에 변경사로 다루어야 한다는 것은 너무 단순한 논리다. 역사적 경과를 생각하지 않고 이것을 분쟁이라 하여 제3의 역사로 설정하자고 하면, 국경 지대의 역사는 모두 분쟁의 소용돌이에 휩쓸릴 것이다. 분쟁이란 오랜 기간 해결되지 않고 쟁론이 되어온 것만을 가리켜야 한다.

그는 만주, 간도, 신장, 티베트, 타이완 등을 중국의 변경사로 설정하고 있는데, 이처럼 만주를 변경사로 다루는 것과 거기에 고구려사가 포함되느냐 여부는 다른 차원의 문제다. 과연 고구려사가 변경사로서의 속성을 지녔는가를 따져야 하기 때문이다. 게다가 '간도'는 본래 중간 지대라는 의미로 쓰인 것이 아니다. 이 용어를 중국에서 용인하지 않고 있는 것만 보더라도 한민족과 얼마나 밀접한 관계에 있는지 짐작할 수 있다.

탈민족주의를 주장하는 사람들은 근대 국민국가의 인식 틀을 벗어나야 한다면서 고구려사는 중국사도 한국사도 아니고 고구려인의 역사라고 하는데, 이처럼 공허한 말이 없다. 다시 한 번 강조하거니와, 과거는 현재에서 바라볼 수밖에 없고 현재에서 연구될 수밖에 없다. 여기서 현재를 제거하고 과거 그 자체만을 바라보라고 하는 것은 어불성설이다. 과거로부터 현재까지 어떻게 흘러왔는가 하는 시간적 흐름을 역사학에서 도외시할 수 없다. 그러기에 고구려가 현재의 누구와 닿아 있는가를 따지는 것을 비난할 수 없다. 물론 국가의 틀을 넘어 동아시아사를 쓸 때는 좀더 자유로울 수 있겠지만, 그렇다고 동시대에 이곳저곳에서 국가들의 역사를 그냥 있는 그대로 서술만 한다고 해서 해결될 일인가? 무언가 일정한 틀로 묶어주는 장치가 필요한 것이다. 그게 역사의 흐름을 잡는 것이요, 계승을 찾는 일이다.

변경사를 운위하려면 독립국가를 이루지 못했지만 동양사에서 중요한 역할을 했던 중앙아시아 소그드인들에 주목하는 것이 훨씬 합리적일 것이다. 일본의 변경으로서 아이누족에 주목하듯이, 러시아와 중국에 걸쳐 있는 동일 민족인 러시아의 나나이족과 중국의 허저족赫哲族, 한국의 화교에 주목하는 것도 의미가 있다. 굳이 우리 역사에서 변경사에 가까운 존재를 찾는다면 고구려가 아니라 발해일 것이라는 생각도 든다.

4. 역사 공유론

이것은 '제3의 역사'를 설정하는 것과 비교되는 것으로서 한·중 양국이 역사를 공유할 수 있지 않겠느냐는 의견을 가리킨다. 발해사의 공유 가능성에 대해서는 제6장에서 언급했고, 중국 학자들이 주장하는 고구려사의 공유성에 대해서는 제7장에서 다루었다. 여기서는 중복을 피하고 한국 학자들이 주장하는 고구려사 공유론을 중심으로 언급하겠다.

먼저, 중국 학자의 고구려사 공유론은 진정으로 공유하고자 하는 의도보다는 전적으로 한국사라고 하는 견해를 누그러뜨려 중국사로 끌어들이려는 생각이 강하다는 인상을 준다.

> 중국은 고구려사 문제에 대해 중국의 동북지방사이자 한국사라는 일사양용─史兩用이라는 입장을 취해왔다. 고구려사 문제와 관련하여 마다정은 "한반도의 역사 문화 전통과 민족 감정을 존중해야 한다. 한반도학계의 우리와 다른 관점과 입장을 인정한다는 전제에서 '고구려사는 중국 고대사의 일부라는 것을 부정하는 의견'에 찬성하지 않으나, 중국의 관점을 강요하지 않는다"고 주장했다. 이런 과정에서 동북지방에 대해서는 언어와 문화적 장점을 가진 조선족 학자들을 활용해야 한다고 주장했다. 그러나 실제로 중국이 동북공정을 추진하는 과정에서 일사양용론보다는 적어도 1990년대 이후에는 고구려를 중국의 단일한 지방정권의 역사로 보는 견해가 압도하기 시작했다. 또한 동북지역의 주요 연구기관의 조선, 한국 연구소장은 거의 대부분 한족 출신으로 메워나가고 있으며, 조선족 학자들은 핵심적 의사 결정 과정에서 배제되어 있다.
>
> _이희옥, 123~124쪽.

분쟁을 종식시킨다는 명분 아래 국내에서도 고구려사 공유론이 제기되었다. 다음 두 글을 읽어보겠다.

> 학문의 독립성, 냉정한 자세가 필요하다. 결론적으로 고구려사는 고구려사일 뿐이다. 고대 동북아의 만주와 한반도에 걸쳐 살았던 고구려 주민의 역사다. 한국사도 아니며 중국사도 아니다. 오늘날 우리가 갖는 한국과 한민족이라는 관념, 국사체계는 근대에 만들어진 것이며 이것은 중국의 경우도 마찬가지다. 물론 오늘의 민족 및 민족문화 형성이라는 현재적 관점에서 고구려사를 한국사 분야에서 취급할 수 있으며 중국의 경우에도 그럴 수 있다. 그런 점에서 보면 고구려사는 한국사일 수도 있고 중국사일 수도 있다. 그러나 어느 한쪽이 전유할 수는 없다. 역사의 전유는 폭력이고 침략이다. 근대적 '국민국가nation state' 관점에서만 역사를 보고 절대화시키는 것은 역사의 여러 측면 가운데 하나만을 보게 한다. 이것은 결국 역사의 왜곡이다.
>
> _조성을, 66쪽.

그런 우리의 역사 의식과는 달리 만주지역의 고구려의 영토는 고구려 멸망 이후 오늘날까지 소위 한국사의 범위 밖으로 떨어져나갔다. 그곳에는 한국사의 어떤 국가와도 무관한 사람들이 살고 있었다. 뿐만 아니라 그들은 때때로 스스로의 국가를 세우기도 하고 또는 중국사에 명멸했던 국가와 더 깊은 관계를 맺고 있었다. 그리고 지금 그 지역은 국제법상으로도 아무런 논쟁의 여지가 없는 중국의 영토가 되어 있다.

그런 의미에서 본다면 고구려사는 '엄연한 한국의 역사'라는 선언의 의미는 다소 공허하게 들리기도 한다. 고구려사에 대한 중국의 태도가 부당하다는 것을 인정한다 해도, 만주지역의 역사가 전적으로 한국사에 귀속된다고 주장할 사람은 아무도 없을 것이다. 현재도 자신의 영토의 일부인 만주지역과 그 지역 사람들의 과거를 현대 중국 역사학에서 일정하게 중국사의 일부로 취급하는 것은 너무도 당연한 일일 것이기 때문이다. 고구려가 전적으로 중국사에 귀속되는 것은 아닐지라도, 자신의 역사의 일부라고 주장할 권리(?)를 중국도 지니고 있음을 완전히 부정할 수도 없는 것이 아니겠는가?

이렇게 보면, 고구려사에 대한 연고가 아무리 강하다 할지라도 그것이 전적으로 한국사의 전유물은 아니라는 결론을 받아들이지 않을 수 없다. 현재 중국에서 진행되고 있는 고구려사에 대한 해석이 잘못된 것이라는 점을 지적하기는 어려운 일이 아니다. 그러나 우연히 제기된 이러한 주장이 "한국사의 범위는 어디까지인가"라는 심각한 질문을 우리 스스로에게 던진다. 바로 그럴 때 이 문제는 훨씬 심각하게 사색해봐야 할 과제로 우리 앞에 던져졌다고 할 것이다.

_정두희b, 25~26쪽.

두 사람의 공유론 논거는 다소 다르다. 조성을은 탈민족주의적 관점에서 주장한 것이고, 정두희는 중국 영토라는 데 근거를 두고 있다. 전자의 경우에 민족과 국가는 근대의 산물이니 그 이전의 역사는 누구의 것이라 단정할 수 없다고 한다. 그러나 이미 지적했듯이 동아시아 국가들은 민족과 국가의 범위가 근대 이전에 이미 대강의 틀이 정해졌다. 그런 점에서 서양의 경우와 근본적으로 다르다. 후자의 견해는 실은 중국의 주장과 별반 차이가 없는 단순 논리일 따름이다. 일단 내 영토가 되면 역사도 자기 것이 될 수 있다는 발상에는 패권주의적 위험이 도사리고 있음은 이미 지적한 바 있다.

5. 기타 인식들

심지어는 발해사가 한국사가 아니라는 주장도 국내 연구자로부터 제기되었다.

발해는 기본적으로 말갈의 나라였다. 〔중략〕 독자는 이런 의문이 생길 것이다. 발해의 역사를 한국사에서 다루면 안 된다는 것인가? 필자는 발해를 발해의 역사로 다루어야 한다고 보는 것이다. 단지 한국의 역사가 아닌 그들의 역사로 다루어야 한다고 보는 것이다. 마치 수·당의 역사를 다루듯, 일본의 역사를 다루듯, 발해의 독자적인 역사로 다루어야 한다는 것이다. 물론 고구려가 망한 후 발해의 지배하에 들어간 고구려 유민들의 동향은 발해의 역사에서 주목하여 다룰 수 있을 것이다. 그러나 그것은 한국의 역사일 수 없다. 그리고 신라와 발해의 관계는 대외 관계라는 측면에서 신라사에서 다루어야 한다. 〔중략〕

천여 년 전 발해인들은 모두 세상에서 사라졌고 현재 그 후손들은 없다. 따라서 그들의 역사를 한국의 역사로 둔갑시켜도 발해인들은 우리에게 아무런 항의도 할 수 없다. 그러나 발해인의 역사를 한국사로 점령하는 일은 자랑스러운 일일 수 없다. 발해의 역사를 발해의 역사로 되돌릴 때 한국의 역사가들은 세계의 역사가들과 당당히 자리를 같이할 수 있을 것이다. 여기서 중국인들이 발해를 동북지역의 소수민족국가로 취급하는 것은 이해가 간다. 현재 중국이 발해의 영역을 통치 영역으로 삼고 있기에 그 영역 안에서 벌어졌던 역사를 그와 같이 다루는 것은 당연한 일이다. 〈만일 현재 한국이 옛 고구려·발해 지역을 통치한다면, 고구려는 물론 발해의 역사도 한국사에서 다루어야만 한다.〉

_이종욱, 2003, 79~80쪽.

이 도발적인 견해에도 문제가 있다. 수·당의 역사나 일본 역사처럼 발해도 독자적인 역사로 다루어야 한다는 주장은 앞뒤가 모순된다. 수·당의 역사는 중국이나 한국, 일본 모두 중국사로 서술하고 있고 일본 역사는 중국이나 한국 모두 일본사로 다루고 있다. 이것은 발해의 경우와 전혀 다르다. 고구려 유민이 발해에 피지배층으로만 들어간 것도 아니요, 우리가 발해사를 한국사로 강제 점령한 것도 아니다.

더구나 맨 마지막에는 중국의 동북공정 논리처럼 위험한 발상이 나타난다. 고구려와 발해 지역을 우리가 차지하면 우리 역사가 되고 중국이 차지하면 중국 역사가 된다는 것은 누차 언급했듯이 패권주의적이다. 모름지기 역사학자는 역사의 계승과 향배를 근간으로 그 역사의 귀속을 운위해야 한다. 영토의 귀속에 따라 역사의 귀속이 항상 바뀐다면 역사학자는 역사 연구가 아니라 영토 싸움에 골몰해야 한다. 결과적으로 탈민족주의를 주장하지만 마침내는 오히려 민족과 국가, 영토의 틀 안에 갇혀버린 꼴을 보이고 있다.

이 교수는 왜곡된 고대사를 제대로 해석하려면 "고대인의 시각에서 그들의 역사를 읽어야 한다"고 말했다. 민족사가 만들어낸 잣대, 국수주의적 잣대로는 고대의 역사를 읽을 수 없다는 것. 때문에 "발해의 역사를 한국사에 포함시키자"는 주장에 대해서도 그는 '명백한 역사 정복의 외침'이라고 일갈했다.

"발해사는 한국 역사에 편입시켜서는 안 되는 부분입니다. 한국이 현재 그 땅을 지배하고 있지도 않은 상황에서 말갈족의 역사인 발해사를 한국 역사에 넣을 수는 없습니다. 이렇다면 역사적인 침략 행위인 것이지요."

_《동아일보》 2003. 3. 3.

발해의 땅은 만주뿐 아니라 한반도 북부와 러시아 연해주까지 포함했다. 그렇다면 무엇을 근거로 발해 영토가 만주에 있었다고 해야 하는지 의문이다. 영토만 가지고 본다면 한국도 중국도 러시아도 모두 자기 역사로 주장할 수가 있다. 그의 견해대로 영토가 중요한 귀속 근거가 된다면 우리 역사로 다루고 있는 부여사나 옥저사는 너무나 당연히 중국사로 돌려주어야 한다. 우리가 이 역사를 강점하고 있는 것밖에 되지 않는다. 고조선도 요동에 있었다면 돌려줘야 한다.

이런 도전적 주장은 그가 최근에 쓴 고구려사 책에서도 되풀이되었다. 그런데 이런 주장의 의도는 다음 글에서 짐작할 수 있듯이 다른 데 있다.

그 후 발해사의 연구자도 늘어나고 국민의 세금으로 운영되는 모 국립대학의 국사학과에 발해사 연구자가 자리 잡는 상황이 벌어졌다. 〔중략〕 현재 발해사가 국사에서 신라와 같은 비중을 두고 다루어지는 것은 민족주의의 문제가 아니다. 그것은 국사학과에서 발해의 역사를 가르치는 연구자 공동체의 주장이 받아들여진 것을 의미한다. 그것은 학문 자체의 문제가 아니라 학문 권력을 장악한 연구자 공동체의 승리를 뜻한다.

_이종욱, 2003, 75~76쪽.

이상으로 분쟁을 해결할 수 있는 객관적 방안이라고 제기된 논의들을 몇 가지 유형으로 나누어 검토했다. 여기서 제외한 것은 이와 상대의 위치에 있는 민족주의적이고 때로는 국수주의적인 주장들이다. 이것은 민족 감정에 편승한 측면도 있고 경우에 따라서는 비학문적 태도를 취한 경우도 있다. 이 범주는 이론적이기보다는 감성적인 성향이 강하기 때문에 여기서는 제외한다.

■ 참고 사이트와 문헌

김기봉, 〈토론문〉《동 · 서양 식민지 역사 서술과 민족주의》한국정신문화연구원 국제한국문화홍보센터 · 독일 게오르그에케르트국제교과서연구소 주최 2004 아시아 · 유럽 교과서 세미나, 2004. 10. 7~8.

김기봉,《역사를 통한 동아시아 공동체 만들기》푸른역사, 2006.

김한규,〈요동을 매개로 한 한 · 중관계사〉《한국사시민강좌》28, 2001.

김한규,《요동사》문학과지성사, 2004.

김희교,〈한국언론의 동북공정 보도 비판〉《역사비평》69, 2004 겨울호.

송기호, 이병호, 임찬혁, 강진원, 홍기승, 김영천, 김수진, 최숙, 송용덕, 기경량, 김경래, 김대호, 오오다케 마유미, 야쿱 타일러,〈동북공정에 관한 학계 · 언론의 대응 분석〉2005년 1학기 대학원수업 보고서 모음.

송기호,〈동아시아 역사 충돌—대응과 반성〉《21세기 한국 고등교육의 미래와 인문학》2005 한국하버드옌칭학회 학술대회 발표문, 2005. 6. 29.

여호규,〈중국의 동북공정과 고구려사 인식체계의 변화〉《한국사연구》126, 한국사연구회, 2004.

이성시 지음 · 박경희 옮김,《만들어진 고대—근대 국민국가의 동아시아 이야기》삼인, 2001.

이종욱,《역사충돌》김영사, 2003.

이종욱,《고구려의 역사》김영사, 2005.

이희옥,〈중국의 '동북공정' 추진 현황과 참여 기관 실태〉《중국의 동북공정과 중화주의》고구려연구재단 연구총서 12, 2005.

임지현,〈한국사학계의 '민족' 이해에 대한 비판적 검토〉《역사비평》26, 1994.

임지현 엮음,《근대의 국경, 역사의 변경—변경에 서서 역사를 바라보다》휴머니스트, 2004.

임지현 · 이성시 편저,《국사의 신화를 넘어서》휴머니스트, 2004.

정두희a,〈중국의 동북공정으로 제기된 한국사학계의 몇 가지 문제〉《역사학보》183, 2004.

정두희b,〈고구려의 역사, 과연 어느 나라의 역사인가?〉《내 안에 살아 숨 쉬는 역사》청어람미디어, 2004.

조성을,《조선후기사학사연구》한울아카데미, 2004.

최장집,〈동아시아 공동체의 이념적 기초—공존과 평화를 위한 공동의 의미 지평〉《아세아연구》47-4, 2004.

| 제9장 |
한국사의 정체성

제9장
한국사의 정체성

　멕시코를 여행하면서 갑자기 떠오른 생각이 있었다. 인디오는 멕시코 역사에서 당당히 자리매김되고 있는데, 왜 인디언은 원주민Native, First Nation으로 불리면서도 미국이나 캐나다의 역사에서 제자리를 찾을 수 없는 것인가? 이런 차이는 어디에서 연유된 것일까에 대해 골몰하다가 결국은 국가의 주체가 누구냐, 그 국민이 어디에서 정체성identity을 찾느냐 하는 데 따라 달라진다는 결론을 얻게 되었다. 미국이나 캐나다는 어디까지나 유럽인의 국가로서 인디언은 그야말로 소수민족으로 전락되어버린 데 비해서, 멕시코 국민은 60퍼센트가 스페인인과 혼혈된 메스티소mestizo임에도 이들은 스페인이 아닌 인디오에서 자신의 원류를 찾고 있다. 그림9-1 고고학이 유럽에서는 역사학의 일환으로 발전한 데 비

그림 9-1 전통 방식으로 물건을 운반하는 인디오

해서 미국에서는 인류학의 한 부분으로 발전했으니, 이러한 차이는 선사시대가 자신의 역사선상에 있는지 아닌지 여부와도 관련이 있다. 이처럼 역사의 귀속은 정체성과 직접 관련되어 있다.

중국에 처음 갔을 때 받은 감회를 잊을 수 없다. 이미 알고 있는 중국의 땅덩어리, 중국의 인구였지만 막상 현지에서 체험하며 느낀 규모는 상상 이상이었다. 지금도 그러하니 조선시대나 그 이전에 중국에 사신으로 갔던 사람들의 충격은 엄청났을 것이다. 중국에 대해서 얘기하려면 그곳을 다녀보아야만 한다.

이런 어마어마한 대륙 옆에 혹처럼 붙어 있는 우리 자신의 존재에 대해서도 새삼 반추하게 되었다. 우리나라가 위대한 것은 자랑스러운 문화유산을 이룩해서가 아니요, 찬란한 역사를 남겨서도 아니요, 다만 이 거대한 흡인력을 지닌 대륙에 흡수되지 않은 것이란 생각이 들었다. 중국은 끊임없이 주변 민족과 문화를 빨아들여 자기 것으로 만들어왔다. 그러기에 중국 주변에 존재했던 수많은 종족과 국가들이 지금은 흔적도 없이 사라져버렸고, 때로는 소수민족이란 이름으로 명맥만 유지하고 있다.

그런데 지금 중국은 한반도마저 자기 것으로 만들어버리려 하고 있다. 일본의 임나일본부설은 과연 과거에 한반도 남부가 식민지였는가 하는 진실 논쟁에 불과하지만, 중국의 동북공정은 진실 논쟁과 거리가 있는 정치 논쟁이다. 과거에 대한 논쟁이지만 사실은 미래의 한반도 및 만주의 운명과 연관되어 있기 때문이다. 그런 점에서 과연 우리가 누구인지, 우리 역사가 어디까지인지에 대한 우리 나름의 논리가 개발되어야 한다. 자신에 대한 정체성을 재정립할 필요가 있다.

따라서 여기서는 우리 역사의 범주, 영토 범위, 독자적 천하관(세계관)에 대해 역사적으로 살펴봄으로써 중국의 주장에 대한 대응논리를 모색해보고자 한다. 이것은 지금까지 언급한 수많은 논란에 대한 답변이요, 결론이기도 하다.

1. 역사 의식

1.1. 삼국과 삼한

고려와 조선의 역사가 한국사에 속한다는 사실에 대해서는 아무도 이의를 제기하지 않고 있다. 다만 여러 국가들이 명멸하던 고려 이전으로 올라가면 얘기가 다소 복잡해진다. 이미 김부식이 《삼국사기》를 지은 데서 알 수 있듯이 고려시대에는 고구려, 백제, 신라를 우리 역사로 인식했다. 또 고려와 조선 모두 삼국의 왕릉을 관리하고 삼국 시조 사당을 건립했다. 다음은 그러한 사례다.

> 이 달에 교서를 내려 고구려, 신라, 백제의 여러 왕릉과 사당은 소재지 주, 현에서 수리하고 나무하는 것을 금지하며 왕릉을 지나가는 사람은 말에서 내리도록 하게 했다.
> _《고려사》 권4, 현종 8년(1017), 12월.

> 임금이 일찍이 예조에 명령하여 삼국 시조의 사당을 세우도록 했는데, [중략] 임금이 말하기를, "그렇지 않다. 옛 일을 상고하면 우리 동방은 삼국 시조가 있기 전에는 12한韓과 9한이 있어서 나라의 경계가 분분했으니, 그렇다면 삼국의 시조가 이를 다소 합쳐놓은 것은 그 공로가 진실로 적지 않으니, 마땅히 의사義祠를 세워서 그 공을 갚아야 할 것이다"라고 했다.
> _《세종실록》 권34, 8년(1426), 11월 5일.

> 고려의 왕릉과 단군·기자·신라·고구려·백제의 시조릉을 수리하라고 명령했다.
> _《영조실록》 권101, 39년(1763), 4월 22일.

이에 대해서 고려나 조선의 인식이 그러할 뿐이요, 그 이전에는 다를 수 있다고 반론을 제기하면 그 이전으로 더 올라가야 할 것이다. 여기서 먼저 떠오르는 것이 삼국통일에 관한 자료다.

삼국통일을 이룩한 뒤에 김유신은 임종을 앞두고 "지금 삼한이 한집안이 되고 백성이 두 마음을 가지지 아니하니, 비록 태평에는 이르지 못했다고 하더라도 소강小康의 시대가 되었다고 하겠습니다"(673)고 했다. 청주 운천동 사적비에서도 "사악함을 징벌하고 백성을 사랑했고, 삼한을 통합하여 땅을 넓혔으며[合三韓而廣地], 창해에 살면서 위세를 떨치시니"(686)라는 구절이 나온다. 또 신라가 당나라에 보낸 답변에서도 "일통삼한一統三韓 했다"(692)고 자부했다. 삼한이 한집안이 되었다는 것은 삼국통일을 통해서 비로소 삼국이 하나의 국가, 하나의 역사로 통합되었음을 상징적으로 말해준다. 삼국이 명실상부하게 공동운명체가 된 것이다.

이러한 일통삼한 의식은 신라의 새로운 제도에도 반영되었다. 673년과 686년에 각각 백제와 고구려의 유력자들을 신라 지배층으로 흡수하는 기준을 마련했다. 또 685년에 지방 행정구역으로서 9주의 설치를 완성했으니, 이것은 중국의 우왕禹王이 천하를 통일하고

9주를 설치한 이념에 따른 것이다. 그러면서 삼국에 각각 3주씩 동등하게 안배한 것이 주목된다. 693년에 완성된 9서당은 신라인뿐 아니라 백제인, 고구려인과 보덕국인, 말갈인으로도 편성하여 신라의 수도를 방비하게 했다. 이것은 신라가 백제인과 고구려인을 이민족이 아니라 자신과 동질적인 존재로 인식했기 때문이다.

이로부터 삼한은 삼국과 동일한 의미를 지니면서 우리나라를 대표하는 용어가 되었다. 다음은 최치원의 글이다.

> 그러므로 그의 문집에 태사시중에게 올린 편지가 있는데 다음과 같이 써 있다. "엎드려 듣건대 동쪽 바다 밖에 삼국이 있었으니 그 이름은 마한, 변한, 진한이었습니다. 마한은 고구려, 변한은 백제, 진한은 신라가 되었습니다. 〔중략〕"
>
> _《삼국사기》 권46, 〈최치원전〉.

《고려사》에서도 삼국을 자주 삼한으로 언급하고 있다.

> (고종 42) 왕이 조서를 내려 이르기를, "〔중략〕 신묘년에 변경의 장수가 수비를 하지 못해 몽고병이 난입하자 신기한 계략을 홀로 결정하여 뭇사람의 논의를 차단하고 몸소 임금의 수레를 받들어 적당한 땅을 찾아 도읍을 옮겼다. 몇 년도 되지 않아 궁궐과 관청을 모두 갖추고 법도를 다시 떨쳐 일으켜 삼한을 재조再造했다."
>
> _《고려사》 권129, 〈최충헌전〉.

여기서 삼한은 고려를 가리킨다. 이리하여 삼한이나 삼국은 고려 이후에도 우리의 역사적, 지리적 범주를 상정하는 대표적인 용어가 되었다. 《삼국사기》를 지어 삼국의 역사를 정리한 것도 이런 의식에서 나온 것이다.

> 신 김부식은 말씀 올립니다. 옛날에 나뉘어진 나라에서도 각각 사관을 두어 일을 기록했습니다. 그러므로 《맹자》에 이르기를 "진晉 나라의 승乘, 초나라의 도올檮杌, 노나라의 춘추春秋는 한 가지다"라고 했습니다. 생각건대 우리 '해동삼국'은 그 지나온 연수가 길고 오래되어 마땅히 그 사실을 나라의 역사책에 드러내야 합니다. 이에 늙은 이 신하에 명하여 편집하도록 하셨으나, 스스로 돌아보건대 부족할 뿐이어서 어찌할 바를 모르겠습니다.
>
> _《삼국사기》 〈삼국사기를 바치는 글〉.

이보다 늦게 편찬된 《삼국유사》에도 동일한 의식이 담겨 있다.

> 대체로 옛날 성인이 예악으로 나라를 일으키고, 인의로 가르침을 베푸는 데 있어 괴력난신怪力亂神은 말하지 않는 일이었다. 그러나 제왕이 장차 일어날 때는 부명符命과 도록圖籙을 받게 되므로, 반드시 남보다 다른 일이 있었다. 〔중략〕 그러므로 하수河水에서 그림이 나오고, 낙수洛水에서 글이 나옴으로써 성인이 일어났던 것이다. 무지개가 신모神母를 둘러서 복희伏羲를 낳았고, 용龍이 여등女登에게 감응되어 염제炎帝를 낳았으며, 황아皇娥가 궁상窮桑 들판에서 놀 때, 스스로 백제白帝의 아들이라 한 신동神童이 있어 황아와 사귀어 소호小昊를 낳았고, 간적簡狄이 알을 삼켜 설契를 낳았으며, 강원姜嫄은 거인의 발자취를 밟아 기棄를 낳았고, 요堯의 어머니는 잉태한 지 14개월 만에 요를 낳았으며, 패공의 어머니는 용과 큰 못에서 교접하여 하나라 고조 패공沛公을 낳던 것이다. 이후의 일은 어찌 다 기록할 수 있으랴. 그렇다면 삼국의 시조가 모두 신비스러운 데서 탄생했다는 것이 무엇이 괴이하랴. 이것이 이 책 첫머리에 기이편이 실린 까닭이며, 그 의도도 여기에 있는 것이다.
>
> _《삼국유사》〈기이편〉 서문.

삼한과 삼국이 삼국통일을 계기로 이들을 통합하기 위한 정치적 기도에서 나온 용어라고 우긴다면, 그 다음에는 삼국 당시의 인식을 살펴봐야 할 것이다. 먼저 해동삼국에 관한 기록이다. 651년 조공하러 왔던 백제 사신을 통해서 당 고종이 의자왕에게 보낸 조서에 다음과 같은 내용이 나온다.

> 해동삼국은 개국한 지 오래되어 영역이 맞닿아 있지만 실은 경계가 개 이빨처럼 들쭉날쭉하다. 근래에 서로 의심과 틈새가 생겨서 전쟁이 번갈아 일어나 편안한 해가 거의 없게 되니, 마침내 삼한 백성의 운명이 칼과 도마 위에 올려지게 되었고, 무기를 찾아서 분풀이를 하는 것이 아침저녁으로 서로 이어졌다.
>
> _《구당서》 권199상, 〈백제전〉.

다음으로, 삼한을 삼국과 동일시한 것도 삼국통일 이전에 중국 측 기록에 이미 나타난다. 645년 당나라와 전쟁을 벌였을 때 고구려 장수였던 고연수高延壽와 고혜진高惠眞을 당나라에서 모두 '마한 추장'이라 불렀다. 이것은 당나라에서 고구려를 마한이라 부른 증거다. 발해 유민 국가였던 정안국定安國을 송나라에서 '마한 종족'이라 적었는데 이것도 고구려 유민이란 의미를 지닌다. 왜 고구려를 마한이라 칭했는지는 알 수 없다. 《삼국유사》에서는 고구려 동명왕이 등장할 때 이미 마한을 병합했기 때문이라거나 고구려 땅에 본래 마읍산馬邑山이 있었기 때문이라고 설명했으나 믿기 어렵다. 백제를 변한이라 한 기록은 찾을 수 없지만, 삼국통일 이전에 이미 삼국=삼한 인식이 존재했던 것은 분명하다.

당나라에서 활동한 말갈인 가운데 이다조李多祚(654~707)가 있다. 당나라 역사서인 《구당서》와 《신당서》에 모두 그의 전기가 실려 있다. 그런데 《구당서》에는 그를 '삼한의 귀종貴種'이라고 설명하여 왜 말갈인을 삼한사람이라 했는지 이해가 되지 않았다. 다행히 1990년에 그의 묘지명이 발견되어 그 의문이 풀렸다. 여기서는 그를 말갈 출신으로 개주인蓋州人이라 했는데, 개주는 당나라가 고구려 개모성蓋牟城을 빼앗고 설치한 행정구역이었다. 그는 결국 말갈족 출신으로서 고구려에 들어와 활동하다가 다시 당나라로 들어간 사람이었다. 고구려에서 중요한 지위에 있었기에 '귀한 종족'이란 표현을 썼다. 따라서 그가 고구려인이었다는 의미에서 삼한이란 단어를 사용한 것이다.

삼국 가운데 고구려와 백제는 종족 차원에서 더 친밀감을 느끼고 있었다. 고구려 건국 세력은 부여에서 내려왔고 백제는 고구려에서 내려왔다. 이에 따라 고구려는 졸본부여, 백제는 사비시대에 남부여로 불렸고, 두 나라는 때로 양맥兩貊으로 일컬었다.

공은 이름이 융隆이고 자도 융으로, 백제 진조인辰朝人이다. '시조 하백의?' 자손이니 그가 처음 나라를 열어 동방에서 우두머리로 일컬었고, 한쪽 귀퉁이를 차지하여 천년 동안 이어내려왔다. 〔중략〕 공은 어려서부터 남다른 모습을 보였고, 일찍부터 뛰어난 용모를 지녔으니, 그 기세가 삼한을 압도했고, 그 이름이 양맥에 드날렸다. 그림9-2

_부여융 묘지명(682).

그림 9-2 부여융 묘지명

신라와 가야도 원래 삼한에 속하여 종족 면에서 가까웠으므로 서로 친밀감을 지니고 있었을 것이다. 이처럼 북방에서 내려온 부

그림 9-3 대표적인 산성인 우뉘산성

여 계통의 집단, 그리고 한반도 남부에 자리 잡았던 한 계통의 집단은 상호접촉을 통해 점차 결합되어갔다. 이에 따라 이들을 모두 아우르면서 일본이나 중국과 구별되는 경계선을 분명히 형성했으니, 다음 몇 가지 자료가 이를 뒷받침한다.

삼국시대에 도사道使란 직책이 있었다. 중앙에서 지방에 파견한 지방관인데, 이 관직 명칭은 다른 나라에 없고 오직 삼국에만 공통적으로 존재한다. 아마 고구려에서 시작하여 백제와 신라에 전파된 것으로 보인다. 이러한 관직 명칭의 공유는 삼국의 일체성을 상징적으로 보여준다.

산에 성벽을 쌓아 방어기지로 삼는 산성 축조의 전통도 삼국과 가야, 발해를 동일 문화권으로 묶는 중요한 요소다. 중원은 산이 없으므로 평지성 중심의 성곽체제가 발달했을

그림 9-4 아프라시압 벽화의 조우관 쓴 두 인물

뿐이다. 이에 비해 산지가 많은 한반도와 만주 중동부 일대에서는 산성을 쌓는 전통이 형성되었고, 그림9-3 고구려의 국내성과 환도산성처럼 평지성과 산성이 결합된 방어체계가 독특하게 발달했다. 일본에도 산지가 많지만 한반도로부터 전해진 것 외에는 독자적인 문화를 형성하지 못했다는 사실을 염두에 둔다면, 산성은 한국 고대문화의 한 특징을 이룬다고 할 수 있다.

또한 머리나 관에 새의 깃털을 꽂는 풍습도 독특하게 나타난다. 이것은 청동기시대 유물에서도 확인되는데, 삼국시대로 들어와서는 삼국과 가야를 아우르는 공동의 문화를 이루었다. 반면에 그 밖의 지역에서는 이러한 풍습이 보이지 않는다. 그러기에 해외 유적에서 조우관鳥羽冠을 쓴 그림이 확인되면 그 주인공은 한반도계 인물이라고 판단할 수가 있

한국사의 정체성 | 317

그림 9-5 발해의 쪽구들(함경남도 신포시 오매리 절터)

다. 이러한 사례는 당나라 이현李賢 (654~684)의 무덤 벽화, 둔황 220호 및 335호의 석굴 벽화, 당나라 은합에 새겨진 인물도, 중앙아시아 아프라시압 벽화 인물도 등 여러 곳에서 찾아볼 수 있다. 그림9-4

그뿐 아니라 쪽구들(고대 온돌)의 공유도 중요한 지표가 된다. 쪽구들은 원래 초기철기시대에 북옥저에서 기원하여 한반도로 전파되어 내려왔다. 이리하여 고구려, 백제, 신라에서 모두 사용하게 되었다. 그 후 고려와 조선을 거치면서 현재와 같은 전면 온돌로 전환되었고, 반면에 발해를 거쳐 여진족으로 전파된 쪽구들은 고대의 모습을 간직한 채 현재까지 만주 일대에 퍼져 있다. 그림9-5 주목할 것은 고대 쪽구들의 분포 범위가 우리 역사의 범위와 일치한다는 점이다. 북옥저에서 발원한 쪽구들이 더 추운 지역인 북쪽이나 서쪽으로는 전파되지 않고 남쪽으로만 내려온 이유는 정확히 알 수 없지만, 그 결과만 놓고 볼 때 쪽구들의 분포 범위는 삼국민을 다른 민족과 구별하는 경계선이 된다. 일본 열도에서 발견된 쪽구들은 한반도에서 건너간 사람들의 주거지에서만 나온다는 사실도 주목할 만하다.

삼국 내부에서뿐만 아니라 중국으로부터도 삼국은 동일체로 인식되었다. 이미 제7장에서 후루하타 도루古畑徹의 논문을 인용했듯이, 당나라에서도 '해동삼국'이란 용어를 사용했고, 삼국을 한 묶음으로 파악하여 때로는 중국의 내지 때로는 중국의 외지로 삼았다.

그뿐 아니라 가네코 슈이치金子修一가 지적했듯이, 삼국의 국왕은 당나라로부터 왕호王號와 군왕호郡王號를 동시에 받았다. 예를 들어서 고구려는 요동군왕 고려왕遼東郡王 高麗王, 백제는 대방군왕 백제왕帶方郡王 百濟王, 신라는 낙랑군왕 신라왕樂浪郡王 新羅王을 책봉받았다. 다른 나라는 단지 강국왕康國王, 파사왕波斯王 등 왕호만 받았다. 이렇게 왕호와 군왕호를 동시에 받은 것은 삼국뿐이다. 이것은 당나라가 삼국을 동일한 성격의 집단으로 인식하고 있었음을 증명한다.

이상으로 보건대 삼국은 이미 그 당시에도 내외로부터 동질적인 집단으로 인식되었고, 그것이 삼국통일 이후에도 그대로 계승되어 고려, 조선 및 현재까지 이어져내려왔다.

시간을 거슬러 올라가면 삼국은 다시 고조선으로 이어졌으니 다음 사료는 그러한 인식을 잘 반영한다.

축문에 이르기를 "조선의 말세에 나라가 세분되어 78개에 달했으며 약육강식의 싸움이 벌어졌다가 크게 세 나라로 병합되었으나 그 사이에 전쟁이 그치지 않았습니다. 〔중략〕"

_《고려사》 권45, 공양왕 원년(1389), 2월.

고조선이 78국으로 분할되었다가 삼국, 후삼국으로 이어졌고, 태조 왕건이 이들을 다시 통일했다고 한다. 따라서 고조선은 삼국의 원천인 것이다. 이런 의식으로 《삼국사기》에 신라 건국 이전에 고조선 유민들이 살고 있었다고 언급했고, 《삼국유사》에서는 단군신화를 맨 처음에 올려놓았다.

이처럼 고조선, 삼국으로 이어지는 역사는 한국사에 속해야 한다는 당위성을 확인할 수 있다. 이제 고구려 및 고조선 계승 의식을 조금 더 자세히 살펴보겠다.

1.2. 고구려 인식

통일신라는 삼국통일 의식으로 고구려를 자기 관할로 흡수했음을 천명했다. 그리고 고려는 고구려 국호에서 따왔으니 당연히 고구려 계승 의식을 가지고 있었을 것이다. 이것은 다음 자료에서 확인된다.

우리 태조는 왕위에 오른 뒤 아직 김부(경순왕)가 항복하지 않고 견훤이 사로잡히지 않았는데도 여러 차례 평양에 행차하여 손수 북쪽 변경을 순시했으니, 그 뜻은 역시 고구려 동명왕의 옛 땅을 내 집의 양탄자처럼 소중히 생각하고 반드시 이를 석권하여 소유하려 하는 데 있었다.

_《고려사》 권2, 태조 26년(943), 이제현 찬贊.

993년(성종 12)에 거란이 쳐들어왔을 때 서희 장군(942~998)이 고구려의 계승을 강하게 주장할 수 있었던 것도 이미 이런 의식 때문이었다. 그림9-6

소손녕이 서희에게 말하기를 "너희 나라는 신라 땅에서 일어났고 고구려 땅은 우리가 소유할 터인데 너희들이 이를 침범했다. 또 우리와 국경을 맞대고 있으면서 바다 건너 송나라를 섬기고 있다. 이 때문에 이번 군사행동이 있게 된 것이다. 만일 땅을 떼어 바치고 국교를 맺는다면 아무 일이 없을 것이다"라고 하니, 서희가 말하기를 "아니다. 우리나라가 바로 고구려의 후계자다. 이 때문에 국호를 고려라 하고 평양을 국도로 삼

그림 9-6 경기도 여주에 있는 서희 장군 묘소

았다. 영토 경계로 말하자면 귀국의 동경東京(지금의 랴오양)이 우리 땅이 되어야 하는데 어찌 침범했다고 말할 수 있는가? 또 압록강 안팎도 우리 경내이기는 하지만 지금 여진족이 그 사이를 몰래 차지해서 교활하고 거짓 행동을 하면서 도로를 차단했으니 오히려 바다를 건너는 것보다도 어렵게 되었다. 그러니 왕래하지 못하는 것은 여진족 탓이다. 만일 여진족을 쫓아내서 우리 옛 땅을 회복하여 성과 보루를 쌓아 도로가 통하게 된다면 어찌 국교를 맺지 않겠는가? 장군이 만약 내 말을 귀국 임금에게 전한다면 어찌 수긍하지 않을 리가 있겠는가?"라고 비분강개한 어투로 말했다. 이리하여 소손녕은 강행하지 못할 것을 알고 그 내용을 갖추어 보고했다. 거란 황제는 고려가 이미 강화를 요청했으니 그만 군사를 돌리라고 말했다.

_《고려사》 권94, 〈서희전〉.

비록 거란이 동경을 포함하여 요동지방을 차지했지만 고구려 계승자는 거란이 아니라 엄연히 고려라고 주장했다. 거란이 주장한 것은 지금 중국이 주장하는 바와 상통한다. 그런 점에서 서희 장군의 반론은 지금 우리가 눈여겨봐야 한다.

거란이 고구려 땅을 차지하여 고려가 이를 회복하지 못한 것을 아쉬워하는 내용은 인종 때의 기록에도 보인다. 다음은 고려가 금나라 황제에게 보낸 글이다.

가만히 생각하건대 고구려의 본토는 주로 저 요산遼山이었고 평양의 옛터는 압록강으로 한계를 삼았는데 그 후 여러 번 변천을 겪었습니다. 우리 조상 임금 때 와서는 북국(거란)이 차지하여 삼한 땅이 침범되는 바람에 비록 그들과 우호 관계를 맺기는 했으나 미처 옛 영토를 찾지 못했습니다.

_《고려사》 권15, 인종 4년(1126), 12월.

요동지방이 고구려 중심지였는데 거란이 차지하여 수복을 하지 못했다는 사실을 금나라 황제에게 보고했다. 요나라(907~1125)를 대신하여 새로 일어난 금나라(1115~1234)에 고구려를 계승했다는 사실을 분명히 해두었다. 이리하여 윤관尹瓘(?~1111) 장군이 여진족을 정벌한 것은 고구려 땅의 회복으로 인식했다. 다음은 윤관 장군이 임언林彦을 시켜서 영주英州의 관청 벽에 기록하게 한 내용이다.

점령한 땅은 300리로서 동쪽으로는 바다에 이르고 서북쪽으로는 개마산을 끼고 있으며 남쪽으로는 장주長州와 정주定州, 두 고을과 이웃했다. 산천이 수려하고 토지가 비옥하여 우리 백성들이 거주할 만한데, 이곳은 본래 고구려의 영토였으니 옛 비석과 유적이 지금도 남아 있다. 무릇 고구려가 과거에 잃었던 영토를 지금 임금께서 다시 찾게 되었으니 어찌 천명이라 하지 않겠는가?

_《고려사》 권96, 〈윤관전〉.

고려의 고구려 계승은 중국에서도 인정했다. 다음은 당나라에서 고려 태조를 책봉할 때 보내온 글이다.

아아! 권지고려국왕사權知高麗國王事 왕건은 몸은 용맹스러움을 타고났고 지혜는 기략에 통달했도다. 변방에서 으뜸으로 빼어났다가 장한 포부를 품고 기회를 잡아 일어섰도다. 산하를 얻었으니 그 땅은 풍요로운 곳이다. 주몽이 건국하던 상서로움을 이어받아 그곳의 임금이 되었고, 기자가 번국을 이룩한 발자취를 밟아서 은혜를 베풀었도다.

_《고려사》 권2, 태조 16년(933), 3월.

고려는 고구려와 기자를 이어받았다고 했다. 특히 고주몽의 건국을 계승하여 그곳에서 임금이 되었다고 했다. 원나라도 고려와 고구려를 동일시했던 사실을 황제의 말에서 확인할 수 있다.

> 고려는 1만 리나 되는 나라로 당나라 태종이 친히 정벌했으나 항복시킬 수 없었는데 이제 그 나라 세자가 스스로 나에게 귀의하니 이는 하늘의 뜻이로다.
>
> _《고려사》 권25, 원종 원년(1260), 3월._

이상의 자료를 통하여 확인할 수 있듯이 고려는 국내외에서 고구려 계승 국가로 인정받았다. 고구려 멸망으로부터 고려 건국까지 몇 백 년의 시차가 있는 것은 문제가 되지 않았다. 이처럼 고려가 고구려 계승 국가라고 한다면 고구려사는 한국사에 속할 수밖에 없다.

1.3. 고조선 인식

고조선이 78국으로 나뉘었다가 삼국이 되었다는 기록을 앞에서 읽어보았다. 《제왕운기 帝王韻紀》에도 이와 유사한 내용이 보인다.

> 누가 처음 나라를 세워 풍운을 열었는가. 석제釋帝의 손자 이름은 단군이로다. 〈본기에 "상제 환인에게 서자가 있어 웅이라 했다. 운운. 삼위태백에 내려가 널리 인간을 이롭게 하겠는가? 했다. 이리하여 웅이 천부인 세 개를 받은 뒤 귀신 3,000을 이끌고 태백산 정상 신단수 아래에 내려오니, 바로 단웅천왕檀雄天王이다. 운운. 손녀에게 약을 먹여 사람 몸이 되게 하여 박달나무 신과 혼인하여 아들을 낳아 단군이라 이름했다. 조선의 땅을 차지하여 왕이 되었으니, 시라尸羅, 고례高禮, 남북 옥저, 동북 부여, 예, 맥이 모두 단군의 후손들이다. 〔중략〕"라고 했다.〉

여기서 시라는 신라, 고례는 고구려를 가리킨다. 이들을 포함하여 옥저, 부여, 예맥이 모두 단군의 후손이란 의식을 표출하고 있다.

신라가 건국되기 전에 고조선 유민들이 6촌을 이루었다는 기록은 《삼국사기》 첫 부분에 등장한다.

> 시조는 성이 박씨고 이름은 혁거세다. 전한 효선제 오봉 원년 갑자(서기전 57) 4월 병진〈또는 정월 15일이라고도 했다〉에 즉위하여 거서간이라 일컬었다. 이때 나이는 13세였고 나라 이름을 서나벌徐那伐이라 했다. 이에 앞서 조선의 유민들이 산골짜기 사이에 나뉘어 살며 6촌을 이루고 있었다. 첫째는 알천 양산촌이고, 둘째는 돌산 고허촌, 셋째는 취산 진지촌〈혹은 간진촌이라고도 했다〉, 넷째는 무산 대수촌, 다섯째는 금산 가리

촌, 여섯째는 명활산 고야촌인데, 이것이 진한 6부가 되었다.

_《삼국사기》 권1.

고구려도 단군의 후예라고 한 것은 《삼국유사》에서 찾을 수 있다.

> 갑신년(기원전 37)에 즉위했으며 18년간 다스렸다. 성은 고, 이름은 주몽인데 혹은 추몽鄒蒙이라고도 한다. 단군의 아들이다.

_《삼국유사》 권1, 왕력.

이렇게 신라와 고구려 등이 모두 고조선으로부터 나왔다는 생각은 고려시대 기록에 처음 보인다. 그 이전에도 이런 의식을 가지고 있었는지는 확인되지 않는다. 단군은 신화적 인물로서 정말 그 후손이냐 여부는 따질 수 없다. 문제는 그런 계승 의식을 가지고 있었다는 점이다. 반면에 이 계승 의식을 중국사에서는 그 어디에서도 찾아볼 수 없다.

이처럼 삼국 모두를 아우르는 공동 역사로 앞 시대에 고조선이 존재했다는 인식은 고려시대부터 적극적으로 나타난다. 이에 따라 적어도 고려 후기에는 고조선, 삼국으로 이어지는 역사체계가 완성되었고, 조선시대에 단군과 기자에 대한 숭배가 높이 일게 되었다. 세조 때의 기록을 보면 평양에 단군, 기자, 고구려 시조의 사당이 있었다.

> 승정원에서 임금 명령을 받들어 평안도 관찰사에게 급히 글을 보내기를, "평양의 단군·기자와 고구려시조의 사당은 담장과 벽이 무너지고 단청이 더러워져서 바라보기가 딱하다. 중국 사신이 돌아가기 전에 수리하되 폐단이 없도록 힘쓰라" 했다.

_《세조실록》 권3, 2년(1456), 4월 28일.

> 조선단군신주朝鮮檀君神主를 조선시조단군지위朝鮮始祖檀君之位로, 후조선시조기자後朝鮮始祖箕子를 후조선시조기자지위後朝鮮始祖箕子之位로, 고구려시조를 고구려시조 동명왕지위高句麗始祖東明王之位로 고쳐 정했다.

_《세조실록》 권4, 2년(1456), 7월 1일.

영조 때는 단군과 기자의 무덤으로 전해지는 것을 수리하게 했다.

> 가까운 신하를 보내서 숭인전에 제사를 올리게 하고 단군·기자 이하 여러 왕의 능

묘를 수리하라고 명했으니, 시독관 유최기의 말에 따른 것이었다.

_《영조실록》 권49, 15년(1739), 5월 23일.

이와 같은 역사 의식을 수백 년이 지난 지금에 와서 부정하면서 고조선, 고구려를 중국사로 떼어가려는 것은 억지일 수밖에 없다.

2. 국경과 영토 의식

2.1. 북쪽 경계

발해의 멸망으로 한반도 북부와 만주를 상실했지만, 고려는 신라와 발해의 북서쪽 국경이었던 대동강에서 북상하여 압록강 하류까지 확장했다. 서희 장군이 거란과 협상하여 강동江東 6주를 확보할 수 있었고, 이어서 의주로부터 함흥의 도련포에 이르는 천리장성을 쌓았기 때문이다.

그러나 영토 의식은 여기에 머물지 않았다. 서희 장군의 말에서 알 수 있듯이 요나라 동경이 있는 요동지방까지 우리의 영토라는 생각은 고려 말기까지 계속되었다.

> 정사일에 도평의사사가 동녕부東寧府에 보낸 글에 이르기를, "[중략] 또 생각건대 요심遼瀋은 본래 우리나라 옛 강토에 속한다. [중략]"하고, 강계만호부로 하여금 요양과 심양 사람들에게 방을 붙여 밝히기를 "요양과 심양은 본래 우리나라 땅이다 [중략]"라고 했다.

_《고려사》 권42, 공민왕 19년(1370), 12월.

처음 기새인첩목아奇賽因帖木兒가 원나라에서 벼슬하여 평장平章이 되더니 원나라가 망하자 요심 관리 평장 김백안 등과 더불어 동녕부에 웅거하여 그 아비 기철을 죽인 것에 감정을 품고 장차 변경을 침입하려 했다. 이에 왕이 지용수, 서북면 부원수 양백안, 안주 상만호 임견미, 우리 태조를 보내서 치게 했다. [중략] 군사가 나장탑螺匠塔에 이르니 요성遼城까지 2일 길이라 운반하던 화물은 두고 7일간의 양식만 싸 가지고 가서 요심 사람들에게 말하기를, "요심은 우리나라 영토요, 그 백성은 우리 백성이니, [중략]"하고, [중략]

또 금주·복주 등지에 방을 붙이기를, "우리나라는 요임금과 같은 때 건국하여 주나라 무왕은 기자를 조선에 봉하고 서쪽으로 요하에 이르는 영지를 주었으니, 대대로 이 영토를 지켜왔다. 원나라가 천하를 통일한 후 공주를 출가시키고 요심지역을 그 영지로 삼았으며 이를 계기로 성省을 나누어 두었던 것이다. 〔중략〕 무릇 요하 이동의 우리 영토 안의 백성들과 각급 두목들은 속히 자진해 귀순함으로써 다 같이 국가의 벼슬을 받을 것이다. 만일 그러지 않으면 동경과 같은 교훈을 얻을 것이다"라고 했다.

_《고려사》 권114, 〈지용수전〉.

동경의 교훈이란 공민왕 18년(1369)에 기새인첩목아가 준동하던 동녕부를 공격한 사실을 가리킨다. 여기서 요심지방은 지금의 랴오양遼陽과 선양瀋陽이라 불리는 곳으로 전통적으로 요동지방의 핵심 도시들이다. 이곳이 우리 땅이라고 한다면 그 경계선은 랴오하遼河가 된다. 실제로 우리 역사의 무대는 랴오하 동쪽부터였다. 이런 사실은 원나라의 잔당이었던 북원北元 세력도 인식하고 있었다.

북원 요양성 평장 유익과 왕우승 등이 명나라에 귀순하려 했으나 주민을 다른 곳으로 옮길까 염려했다. 이리하여 요양이 본래 우리 땅이었으므로 만약 우리나라가 명나라에 요청하면 이주를 면할 수 있지 않을까 하여 사신을 보내서 보고했다.

_《고려사》 권43, 공민왕 20년(1371), 윤3월.

그러나 1388년 요동을 정벌하러 나간 태조 이성계가 위화도에서 회군하여 조선을 건국함으로써, 요동지방은 명실상부하게 명나라 땅이 되었다. 그림9-7 비록 성종 때 신숙주가 요동은 본래 우리나라 땅이라고 말했고, 연산군 때도 요동은 원래 고구려 땅으로 우리나라 사람들이 거주했다고 언급한 기록이 보이지만, 조선 건국과 더불어 요동 영유론은 사라지고 조선의 현실적인 북쪽 경계는 압록강으로 고착되었다.

한편, 동북쪽 경계도 점차 북상하는 추세를 보인다. 고려시대에 들어와서도 신라와 발해의 국경선이던 원산만에서 경계가 크게 벗어나지 않다가 윤관이 1107년에 9성을 개척하면서 본격적으로 영토 개척에 나섰다. 그런데 1258년 원나라가 화주和州(현 함경남도 금야)에 쌍성총관부雙城摠管府를 두어 철령鐵嶺(현 강원도 안변) 이북을 1356년까지 직접 지배함으로써 고려의 개척은 차질을 빚게 되었다. 1387년에는 명 태조가 철령위鐵嶺衛를 설치하여 철령 이북을 다시 회수하겠다고 고려 조정에 전해왔고, 이에 반발하여 고려 조정은 요동정벌을 단행했지만 이성계의 위화도회군으로 실패로 돌아가고 명나라의 철령위 설치 기

그림 9-7 위화도, 중국 단둥(앞)과 신의주(뒤) 사이에 보이는 섬

도도 무산되었다.

고려 말기에서 조선 초기를 거치면서 함경도 북단으로의 진출은 지속적으로 추진되었다. 특히 태종에서 세종에 이르기까지 압록강 상류에 4군을 설치하고 두만강 일대에 6진을 설치하여 비로소 압록강과 두만강을 경계로 하는 국경선이 마련될 수 있었다. 6진의 개척에 공을 세웠던 김종서는 다음과 같이 말했다.

> 김종서도 역시 직접 글을 써서 밀봉하여 아뢰기를, "[중략] 공경히 생각하옵건대, 우리 태조께서는 하늘이 낳은 성스러운 용맹으로 북방에서 일어나시어 대동大東을 차지하셨으니, 남으로는 바다에 이르고, 서북으로는 압록강에 닿았으며, 동북으로는 두만강까지 이르러서, [중략]" 했다.
>
> _《세종실록》 권78, 19년(1437), 8월 6일.

그런데 동북계에 대해서는 북서계와 같은 적극적인 영토 의식을 가지지 않았다. 북새北塞, 변새邊塞, 하토遐土 등으로 부르면서 가장 낙후한 곳으로 지목했고, 이곳은 원래 여진족이 살던 곳인데 김종서 장군이 이들의 땅을 빼앗은 곳으로도 인식했다. 다음은 이극돈이 왕에게 아뢴 내용이다.

> 영안도永安道(함경도)는 본시 야인(여진족)의 땅이었는데 세종께서 두만강을 경계로

삼았고, 그때 김종서가 계책을 올려 6진을 설치한 것입니다. 이는 대개 야인이 살던 땅을 빼앗은 것인데, 그들이 차마 옛 땅을 멀리 떠나지 못하므로 그대로 성 밑에 살도록 허락하고 울타리로 삼았습니다.

_《연산군일기》 권25, 3년(1497), 7월 5일.

다만, 두만강 일대에 관심을 가진 것은 이성계의 선조들이 건국의 기틀을 마련한 곳이기 때문이었다. 이와 함께 윤관이 개척한 공험진과 선춘령에 대한 관심도 보인다. 《고려사》〈지리지〉《세종실록》〈지리지〉《동국여지승람》 등 조선 초기의 서적에 윤관 9성 가운데 하나인 공험진이 백두산 동북쪽 또는 두만강 북쪽 700리에 다다랐고, 공험진 관할의 고개인 선춘령에 윤관의 경계비가 세워졌다는 기록이 등장하는데, 조선 후기 지도에 선춘령이 두만강 밖에 등장하는 것은 이 때문이다. 그림9-8 그렇지만 더 이상의 진전은 보이지 않고 말았다.

압록강과 두만강을 국경으로 삼은 뒤에는 중국과의 불필요한 마찰을 피하기 위해서 두 강을 몰래 건너는 것을 금지시켰다. 이를 어길 경우에 월경죄로 엄하게 다스렸다.

강계 부사 홍성보가 왕께 하직하면서 아뢰기를, "범월犯越과 잠상潛商은 강계의 큰 폐단인데, 연변의 파수꾼을 엄중히 하여 경계하면 범월은 금지할 수 있을 듯합니다. 그러나 잠상에 이르러서는 언제나 고산리·벌등·만포 세 진을 따라서 하므로, 강계와의 거리가 매우 머니, 청컨대 세 진의 장수로 하여금 날마다 적발하여 금지하게 하소서" 하니, 임금이 그대로 따랐다.

_《영조실록》 권31, 8년(1732), 2월 8일.

북방지역을 통제하고 소홀히 하다 보니 압록강과 두만강의 발원지인 백두산에 대한 의식도 희미해졌다.

우의정 송인명이 또 말하기를 "백두산에 정계비를 세운 지 거의 30년이 되었는데 아직 한 번도 순시하게 하지 않았으니, 서북 방면의 수령을 택하여 보내소서" 하니, 그대로 따랐다.

_《영조실록》 권49, 15년(1739), 3월 17일.

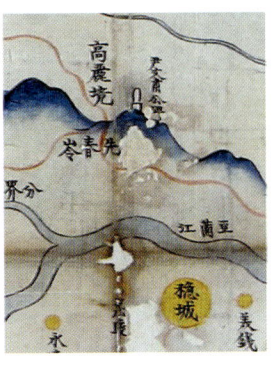

그림 9-8 윤관 비석과 고려경 표시(규장각 소장 서북피아양계만리일람지전도)

이처럼 백두산에 대한 순찰도 제대로 이루어지지 않았고, 그 땅에 대한 관심도 미약해졌다.

> 함경도 심리사 윤용이 돌아와 보고하니, 임금이 불러 보고 말하기를, "[중략] 북로北路의 지세는 어떠한가?" 하니, 윤용이 대답하기를, "신이 이번에 다닌 곳은 삼수·갑산에서 서수라까지며, 백두산에 올라서 형세를 두루 살펴보았습니다. 관방關防 가운데 경성의 성이 국내 제1의 성으로서 아직도 온전했는데, 김종서와 이수일 두 사람이 쌓은 것입니다"라고 했다. 임금이 말하기를, "백두산 정계에 대해서는 혹 부족한 곳이 없던가?" 하니, 윤용이 말하기를, "토문강에 목극등의 비석이 있는데 여기서 바라보니 모두 거칠어서 쓸모없는 땅이었습니다. 잃더라도 해로울 것이 없겠습니다"라고 했다.
>
> _《영조실록》 권62, 21년(1745), 8월 14일.

심지어 백두산이 우리 땅인지 회의를 가진 견해도 보인다.

> 시임·원임 대신과 2품 이상의 유신儒臣에게 《용비어천가》를 가지고 들어오게 하여, 읽고 나서 의견을 수렴하라고 명령했다. [중략] 형조판서 홍중효가 의견을 말하기를, "백두산은 우리나라 산맥의 근간이니, 이번의 망사望祀(멀리서 지내는 제사) 의논은 진실로 우연이 아닙니다. 그런데 《예기》에 '제후는 봉지 안에 있는 산천에 제사 지낸다'고 한 것을 생각해보면, 신은 이 산이 과연 나라 안에 있는지 모르겠습니다. 예전에 목극등이 경계를 정할 때 분수령에 비석을 세워 경계로 삼았는데, 그 산마루에서 백두산과의 거리가 거의 하루 길이나 되니, 아마도 그곳을 나라 안이라고 할 수 없을 것 같습니다. [중략]"고 했다. 지시하기를, "좌상左相이 그 일에 관심을 기울이고 있으니, 그 뜻은 아름답다. 그렇지만 막중한 사전祀典을 가벼이 의논할 수 없고, 또한 감히 자기의 견해를 옳다고도 할 수 없다. 그래서 먼저 유신으로 하여금 《용비어천가》 제1장을 읽게 한 것인데, '지금 우리 시조는 경흥에 집이 있다'는 여덟 글자가 내 마음에 더욱 간절히 와 닿았다. 이것은 백두산이 우리나라 산이라는 더욱 명백한 증거인 것이다. 비록 우리나라 땅이 아니라 하더라도 보답하는 도리로서 마땅히 제사를 지내야 할 터인데, 하물며 우리나라에 있는데 말할 게 있겠는가? [중략]"라고 했다.
>
> _《영조실록》 권109, 43년(1767), 윤 7월 10일.

이것은 백두산에 제사를 지내는 문제를 두고 신하들과 의논하는 장면이다. 다행히 이

때 영조의 강력한 의지로 백두산이 국가제례의 대상으로 정식 지정되었다. 이리하여 백두산을 우리나라 산천의 우두머리로 보는 인식이 다시 확고하게 자리 잡는 계기가 되었다. 과거 단군신화의 태백산, 고려시조전설의 백두산처럼 백두산을 우리나라의 중심지로 삼았던 인식이 되살아난 것이다.

영토 의식이 압록강과 두만강으로 고정되어버린 것은 그 자체로 끝나는 것이 아니라 역사 의식의 쇠퇴로 이어졌다. 두 강 너머에 있는 역사를 잊어버리고 만 것이다. 세종 때 이미 고구려 도읍지가 어디인지를 알지 못하는 사태가 발생했다.

> 예조판서 신상이 아뢰기를, "삼국시조의 사당은 마땅히 그 도읍지에 세울 것인데, 신라는 경주고 백제는 전주이나 고구려는 그 도읍지를 알지 못하겠습니다"라고 했다. 임금이 말하기를, "고찰해보면 알기가 어렵지 않을 것이다. 비록 도읍지에 세우지 못하더라도 각기 그 나라에 세운다면 될 것이다"라고 했다.
> _《세종실록》 권35, 9년(1427), 3월 13일.

여기서 백제 도읍지를 전주로 얘기한 것은 후백제를 염두에 두었기 때문이다. 《신증동국여지승람》에서는 평안도 성천과 의주가 마치 고구려의 건국지였던 것처럼 서술되어 있는데, 이것은 《삼국유사》에서 이미 오류라고 지적했던 것을 답습한 것이다. 또 《동국통감》에서는 거란 사신을 거부한 만부교 사건을 두고 "거란이 발해에 신의를 저버린 것이 우리와 무슨 상관이 있기에 발해를 위하여 보복을 한다고 하는가?"라고 하여 발해는 우리 역사와 아무 상관이 없는 것으로 생각했다. 이렇게 조선시대에 들어와 요동 땅을 잃어버리고 만주 역사를 잊어버렸다. 심지어 두만강 이북에 있는 태조 이성계의 활동지마저 정확히 어디인지 알 수 없을 정도가 되었다.

이러한 망각을 되살려준 사람들이 조선 후기 실학자들이다. 이들이 역사 지리 고증을 통해 부여와 고구려, 발해가 만주 땅에 있었다는 사실을 되찾아낸 것이다. 조선이 왜와 오랑캐에 침략당할 정도로 약한 나라가 된 이유를 찾는 과정에서 북방 영토의 상실을 새삼 깨닫게 되었다. 이리하여 백두산, 두만강 이북은 과거 우리 역사의 무대였고, 언젠가는 회복해야 할 지역이라는 고토 회복 인식이 커져갔다. 이리하여 백두산 정계비 설치 이후로 두만강 이북 지역을 잃어버렸다고 하는 비판의 목소리가 나오기 시작했다.

이와 함께 정계비의 토문강은 두만강과 무관하다는 인식도 퍼져갔다. 그러나 조선 후기에 이 일대에 대한 지리 의식이 부족하여 지도에 정계비의 토문강을 쑹화강으로 연결시키지 못하고, 분계강分界江이란 상상의 강을 설정했던 면이 보인다. 그림9-9 백두산에서 발원

한국사의 정체성 | 329

그림 9-9 분계강(규장각 소장 서북피아양계만리일람지전도)

하여 만주지역을 흐르다가 나중에 온성 부근에서 두만강과 합류하는 강을 상정한 것이다. 아무튼 이것은 두만강 이북에 국경선이 지나간다는 생각을 반영한 것이다. 그런데 조선 후기부터 두만강 건너에 주민이 이주해가면서 이런 의식은 점차 현실화되기 시작했다. 간도의 영유권 논쟁이 바로 그것이다.

2.2. 바다 경계

북쪽으로 대륙과 접해 있다고 한다면 나머지 삼면은 바다로 되어 있다. 바다에 있는 섬들도 역사적 변천 과정을 겪으면서 우리 땅이 되기도 하고 남의 땅이 되기도 했다. 제주도는 원래 탐라국이었다가 고려시대에 군현제로 편입되었으나, 그래도 정치적, 경제적 독립성을 유지하고 있었다. 그러다가 조선 초기 중앙집권정책에 따라 비로소 독자성을 잃어버리게 되었다.

제주 유생 고한준 등이 상소하기를, "탐라는 곧 옛날의 탁라국乇羅國입니다. 먼 옛날에 세 신인인 양을나·고을나·부을나가 900년 동안 정립했다가 인심이 하나로 모여서 고씨가 임금이 되었습니다. 신라 때는 고을나의 후손 고후·고청·고계란 사람 삼형제가 배를 만들어 바다를 건너가 비로소 귀속되기를 요청했으므로 신라 임금이 이름을 내려서 맏이는 성주星主, 가운데는 왕자, 막내는 도내都內라고 했으며, 양을나의 후손에게는 신라 말기에 성을 양梁이라고 내렸고, 고씨의 외손 문씨가 왕자를 계승한 사람도 있었습니다. 우리 태종 때 성주 고봉례와 왕자 문충세 등이 명칭이 참람함을 들어 고쳐 주기를 청하여 윤허받음으로써 성주와 왕자의 이름이 비로소 혁파되었습니다. 〔중략〕"라고 했다.

_《영조실록》 권24, 5년(1729), 9월 20일.

이렇게 태종 때 와서 비로소 독자적인 명칭이 사라지고 명실상부하게 조선으로 편입되었다.

독도 문제는 이미 다루었으므로 여기서는 생략한다. 그런데 일본에서는 울릉도까지 달라고 한 일도 있었다.

강원도 감사 조최수가 아뢰기를, "울릉도의 수색 토벌을 금년에 마땅히 해야 하지만 흉년으로 폐단이 있으니, 청컨대 이를 정지하도록 하소서"라고 했는데, 김취로 등이 말하기를, "지난 정축년(1697)에 왜인들이 이 섬을 달라고 청하자, 조정에서 엄하게 배척하고 장한상을 보내어 그 섬의 모양을 그려서 왔으며, 3년에 한 번씩 가보기로 정했으니, 이를 정지할 수가 없습니다"라고 하니, 임금이 이를 옳게 여겼다.

_《영조실록》 권40, 11년(1735), 1월 13일.

반대로 대마도도 우리 땅이라 생각했던 적이 있다. 일본 시마네현이 '다케시마의 날'을 선포하자 그 이튿날인 3월 18일에 경남 마산시에서는 '대마도의 날'에 대한 조례를 통과시켰다. 그러면서 조선 초기 이종무 장군이 대마도를 정벌하기 위해 마산포를 출발한 날인 6월 19일을 기념일로 삼았다. 사실 조선 초기에는 대마도를 경상도 소속이라 하고, 일본에서도 대마도를 조선 땅이라 한 기록이 조선왕조실록에 다음과 같이 나타난다.

예조에서 묻기를, "전번 서계에 이르기를, '대마도가 경상도에 예속되었다는 말은 역사 문헌을 상고하나 노인들에게 물어보나 아무 근거가 없다'고 했으나, 이 섬이 경상도에 예속되었던 것은 옛 문헌에 분명하고, 또한 너희 섬의 사절인 신계도도 말하기를, '이 섬은 본시 대국에서 말을 기르던 땅이다'라고 했다. 그러므로 과거에 너희 섬에서 모든 일을 다 경상도 관찰사에게 보고하여, 나라에 올린 것은 이 까닭이었다. 조정에서는 너희 영토를 다투려고 하는 것이 아니다"라고 하니, 구리안이 말하기를, "본도가 경상도에 소속되었다 함은 자기로서도 알 수 없는데, 신계도가 어찌 저 혼자서 이것을 알 수 있겠습니까. 이것은 반드시 망녕된 말입니다. 가령 본도가 비록 경상도에 소속되었다 할지라도, 만일 보호하고 위무하지 않으면 통치권 밖으로 나갈 것이요, 본디 소속되어 있지 않더라도 만일 은혜로 보호하여 주신다면, 누가 감히 복종하지 않겠습니까. 대마도는 일본의 변경이므로, 대마도를 공격하는 것은 곧 본국을 공격하는 것입니다. 〔중략〕"라고 했다.

_《세종실록》 권11, 3년(1421), 4월 6일.

임금이 우승지 이승손을 불러보고 이르기를, "〔중략〕 내가 생각하건대, 대마도는 바로 두지도豆之島다. 김중곤의 노비 문서에 '두지에 사는 사람이다'라고 했으니, 대마도는 곧 우리나라 땅인데 왜인에게 무엇이 관계되랴. 〔중략〕"고 했다.

_《세종실록》 권94, 23년(1441), 11월 21일.

의정부에서 사인舍人을 보내어 아뢰기를, "〔중략〕 또 지난번에 들으니, 대내전大內殿의 말이 '대마도는 본시 조선 땅이었으므로 우리가 군사를 일으켜 정벌하고 조선이 협공하여 말이나 기르는 섬으로 하는 것이 옳을 것이다'라고 했다 하며, 이제 또 대마도에서 대내전과 더불어 싸우려고 군병을 정제하고 있다는 말도 있습니다. 만약 대내전이 이기지 못하면 그만이지만, 이긴다면 그 섬의 왜인이 궁한 도둑이 되어 산만하게 바다에 떠다니면서 피차가 서로 난동을 부릴 것입니다. 더욱이 대마도는 일본과 격리되어 있어 우리나라의 진방鎭防의 구실을 한 적도 많았습니다. 〔중략〕"고 했다.

_《문종실록》 권9, 원년(1451), 8월 24일.

조선과 일본에서 모두 대마도를 본래 조선 땅이라 생각했다. 그러나 이 인식은 더 이상 보이지 않고 일본 땅으로 확고히 정착해갔다.

이리하여 제주도, 울릉도는 한국 땅, 대마도는 일본 땅으로 확정되어 경계가 분명해졌다. 다만 근대 이후로 일본이 독도를 자기 땅이라 주장함으로써 현재까지 양국 간의 배타적 경제수역 획정에 합의를 이루지 못하고 있다.

3. 독자적인 천하관

한반도는 지리적 여건 때문에 거대한 중원세력, 그리고 이웃인 만주와 일본으로부터 침략을 받거나 간섭을 받아왔다. 그런 점에서 한반도의 국가들은 주변 세력과 어떠한 관계를 맺으면서 자신의 생존을 지켜나가느냐 하는 역사적 과제를 항상 떠안고 있었다. 그러면서 내부적으로는 오랫동안 독자적인 생활권, 문화권을 이루어왔다. 예를 들어서 《제왕운기》에서 우리 역사를 노래한 첫머리에는 중국과 다른 독자의 세계를 언급했다.

그림 9-10 광개토왕릉비

요동에 따로 한 세상이 있으니, 중국과 뚜렷이 구분되었도다.
遼東別有一乾坤, 斗與中朝區以分.
한없이 넓고 큰 파도가 삼면을 두르고, 북쪽에 육지가 있어 선으로 이어졌도다.
洪濤萬頃圍三面, 於北有陸連如線.
가운데 천 리가 바로 조선이니, 강산의 형세가 천하에 이름났도다.
中方千里是朝鮮, 江山形勝名敷天.

역대 국가들은 스스로 천하의 중심임을 내세우기도 했지만, 강대국의 강한 영향력 때문에 이러한 의지는 좌절되고 사대주의를 표방하기도 했다. 그러나 사대주의를 표방하면서도 중국의 일부라는 생각보다는 독자적인 천하관을 유지하면서 자존심을 지켜왔다. 한편으로 외부적으로는 중국에 신하가 되면서 내부적으로는 황제국체제를 운영했던 외왕내제外王內帝의 시대도 있었다.

중국의 지배자는 천자 및 황제, 일본의 지배자는 천황으로 불리면서 각자 고대부터 천하의 중심임을 자처했다. 이런 의식은 한반도 고대국가에서도 분명히 나타나니 단군, 고주몽, 김수로 그리고 박혁거세가 모두 하늘과 연관된 지배자로 되어 있다.

광개토왕릉비 첫머리에는 "옛날 시조 추모왕이 나라를 세웠으니, 그는 북부여에서 나온 천제天帝의 아들이요, 어머니는 하백河伯의 딸이었다"고 했고, 모두루 묘지에도 "하백의 손자와 일월의 아들인 추모성왕은 원래 북부여에서 나왔으니"라는 구절이 있다. 이렇게 하늘 신과 강물 신의 결합으로 탄생한 건국시조는 천하의 지배자가 될 수 있었다. 그림9-10

이에 따라 고구려는 성스러운 임금이 다스리는 천하의 중심 국가로 자부했다. 5세기 금

한국사의 정체성 | 333

석문에는 스스로 천손국天孫國이라 하면서 그 지배자를 대왕, 성왕聖王, 태왕太王으로 불렀다. 그리고 신라는 동이東夷, 백제는 백잔百殘이나 노객奴客으로 낮추어서 고구려 자신은 화華로 자처하고 이들은 조공을 바치는 이夷로 여겼다. 다만, 고구려 지배자는 황제를 칭하지 않았고, 그들의 천하는 동방의 한 부분으로서 중국이나 유목민의 세계와 병존하는 형태를 띠고 있었던 것으로 인식했다.

백제와 신라도 독자적인 천하관을 가졌을 것이지만 현재 확인되는 것은 없고, 다만 황제체제를 일부 채용했던 면이 보인다. 백제는 5세기 후반 기록에 좌현왕左賢王, 우현왕右賢王, 불사후弗斯侯 등이 나타나는 것으로 보아 왕후제王侯制를 실시했음을 알 수 있다. 이것은 왕 아래에 다시 왕이 있는 것으로서 백제왕은 고구려처럼 황제의 모습을 띠고 있었다. 무령왕의 지석에서 62세로 사망한 것을 '붕崩했다'고 한 것도 황제의 사망을 일컫는 용어다. 신라 진흥왕은 스스로 '짐'이라 불렀다. 또 "제왕은 연호를 세우고, 스스로를 닦아 백성을 편안히 해야만 한다"(황초령 순수비)고 했고, 실제로 법흥왕 때부터 진덕여왕 때까지 독자적인 연호를 사용했다. 이러한 독자적인 연호의 사용은 고구려 금석문에서도 확인된다.

삼국이 이처럼 독자적인 천하관을 유지할 수 있었던 것은 중국이 위진남북조의 분열기를 맞이했던 상황과도 연관이 있다. 그러나 수당제국이 등장하여 주변국에 황제 중심의 수직적인 국제질서를 적극적으로 강요하면서 그 뒤로는 분위기가 달라졌다. 삼국은 중국을 중심으로 한 천하의 일원이 될 수밖에 없었고, 이에 따라 황제국을 자칭한 사례는 극히 이례적으로만 나타났다.

822년에 김헌창이 난을 일으켜 국호를 장안長安, 연호를 경운慶雲이라 했고, 궁예는 904년에 국호를 마진摩震, 연호를 무태武泰라 했다가, 그 뒤로 국호를 태봉泰封, 연호를 성책聖冊, 수덕만세水德萬歲, 정개政開로 변경했다. 이들이 완전히 독립된 황제국을 꿈꾸었는지는 명확하지 않지만 독자적인 연호를 사용하는 것은 황제의 권한이었다. 그런데 1132년 윤언이가 칭제건원稱帝建元을 건의하고 1135년 묘청이 난을 일으켜 국호를 대위大爲, 연호를 천개天開라 했을 때는 분명히 황제국을 지향했다. 또 1453년 이징옥이 반란을 일으켰을 때에도 스스로 대금황제라 하면서 여진족과의 연합을 도모했다.

그러나 이들은 대개 반란의 경우로서 일시적일 뿐이었다. 이를 제외하고 황제체제를 가장 잘 갖춘 사례로 대한제국을 들 수 있다. 갑신정변과 갑오경장 때부터 황제국 건설을 시도하다가 마침내 1897년에 황제국을 선포했다.

백악산 남쪽에서 천지에 고하는 제사를 지내고 황제의 자리에 올랐다. 나라 이름을 대한이라 정하고 이해를 광무 원년으로 삼았으며, 종묘와 사직의 신위판神位版을 고쳐 썼다. 왕후 민씨를 황후로 책봉했고 왕태자를 황태자로 책봉했다.

_《고종실록》 권36, 34년(1897), 10월 13일.

이것은 1894년에 발표된 홍범 14조에서 "청나라에 의존하는 생각을 끊고 자주 독립의 터전을 튼튼히 세운다"고 한 것처럼 중국과의 관계를 청산하는 의미가 더 컸다. 이러한 제국의 출발은 외세의 침략으로 오래지 않아 좌절되고 말았다. 베트남에서도 19세기에 응우옌 왕조阮朝가 등장하여 청나라가 정한 월남越南 대신에 대남大南으로 국호를 고치고 청나라와 대등한 황제국을 표방했으나 프랑스의 침략으로 실패한 바 있다.

대외적으로는 왕국에 머물면서 내부적으로는 황제체제를 유지했던 사례로는 발해와 고려가 있다. 발해는 당나라에 조공하고 책봉을 받았으면서 내부적으로 왕국과 다른 황제국의 면모도 지녔다. 황제는 짐朕, 제制, 조詔, 붕崩과 같은 독자적 용어를 사용했고, 연호의 사용, 정삭正朔(정월과 초하루, 즉 달력)의 반포, 종묘에 7묘廟 배향, 천지에의 제사 등 배타적 특권을 누렸으며, 주변 국가에 번국을 설정하여 이로부터 조공을 받고 책봉을 실행했으니, 발해에서도 그러한 요소가 나타난다.

발해 중앙관청인 3성에 선조성宣詔省이 있고 중대성 아래에 조고사인詔誥舍人 관직이 있는데, 이로 보아서 왕의 명령은 '조고'로 불렸던 것을 알 수 있다. 이것은 통일신라에서 교教라 하여 선교성宣教省을 설치했던 것과 대조된다. 또 발해에서 독자 연호를 사용한 것이 2대 무왕부터 11대 왕까지로 확인되는데, 한국사에서 이렇게 장기간 독자 연호를 사용한 유례가 없다. 유민 국가들인 정안국, 흥료국, 대발해국도 그 전통을 이어서 독자 연호를 사용했다.

아울러 고구려의 전통을 계승하여 그 지배자는 천손天孫을 자처했고, 이로 인해 772년에 일본 조정에서 마찰을 빚기도 했다. 정효공주 묘지에는 3대 문왕을 대왕이라 하면서 황상皇上으로도 표현했다. 그리고 834년에 조성된 발해 불상에서 허왕부許王府가 확인되어 발해 왕 아래에 허왕과 같은 왕들이 따로 존재했던 사실도 확인된다. 2대 무왕이 727년 일본에 보낸 국서에서 "여러 나라를 주관하고 여러 번국을 아울렀다"고 한 구절은 발해가 말갈족을 번국으로 상정했던 것을 반영한다.

고려도 대외적으로는 중국의 제후국으로서 왕을 칭하면서 내부적으로 황제체제를 따랐다. 조선이 《고려사》를 편찬하면서 그 범례에서 "무릇 종宗, 폐하, 태후, 태자, 절일節日, 제制, 조詔와 같은 것은 비록 참람된 것이지만 당시에 부르던 것을 그대로 살려둔다"고 밝힌 것은 이 때문이다. 그러나 고려가 원나라에 항복한 뒤로는 황제의 제도를 포기하지 않을 수 없었다.

> 갑신일에 다루가치가 왕을 비난하여 "선지宣旨라 부르고 짐朕이라 부르고 사赦라 부르니 이것은 참월한 것이 아니냐?"라고 말하니, 왕이 첨의중찬 김방경, 좌승선 박항으로 하여금 해명하여 말하기를, "감히 참월하려는 것이 아니라 단지 조상 때부터 전해오는 예를 따랐을 뿐인데 이제 어찌 감히 고치지 않겠는가?"라고 했다. 이리하여 선지를 왕지王旨로, 짐을 고孤로, 사를 유宥로, 주奏를 정呈으로 고쳤다.
>
> _《고려사》 충렬왕 2년(1276), 3월._

이전까지 고려는 다방면에서 황제의 제도를 따랐다. 고려 국왕은 때로 천자나 황제로 불렸으니, 광종 7년(956)에 조성된 퇴화군대사종退火郡大寺鐘에 "엎드려 금상황제수上皇帝의 덕이 사람들에게 미치길 빌며"라고 했고, 경종 2년(977)에 조성된 경기도 하남시 교산동 마애약사상에 "금상 황제께서 만수무강하기를 빕니다"라 했다. 그림9-11 이런 전통은 조선 초기까지도 이어졌던 것 같으니, 양주 회암사지와 양양 낙산사에서 출토된 '황제 만세' 명문 기와가 이를 증명해준다. 그림9-12

국왕의 생일을 천추절千秋節이나 수원절壽元節처럼 절일로 삼거나 사망 뒤에 묘호로 조祖나 종宗을 붙인 것도 원래 황제의 특권이었다. 몽골 침입 이후에 모두 왕으로 바뀐 것은 이 때문이다.

국왕 아래에는 제왕諸王, 친왕親王으로 불리는 왕족들이 있었다. 수도인 개경을 황도皇都, 서경을 서도西都라 불렀고, 하늘에 제사를 지내는 원구단을 설치했으며, 중앙의 정치제도로 3성 6부, 오군五軍 편제 등의 황제제도를 마련했다. 또한 당나라 기미제도를 모방하여 안북대도호부, 안변도호부 등의 도호부제도를 시행했고, 북방민족을 번藩으로 상정하여 팔관회에서 이들의 조공을 받았다.

고려가 이러했던 것은 당시의 국제 형세와도 연관이 있다. 송·요·금이 각축하던 상황에서 중국 대륙에 절대적인 패자가 존재하지 않았고, 이에 따라 몇 개의 병존하는 천하 가운데 하나를 다스리는 '해동 천자'로 자처할 수 있었다. 이에 대해서 중국 국가들은 방관하는 태도를 취했으니, 이는 고구려 때의 정세와도 비슷하다. 반면에 발해는 당나라와 같은 강력한 통일국가와 상대해야 했지만, 상대적으로 멀리 떨어진 곳에 도읍했던 지리적 요인이 배경이 되었다.

사대주의를 표방했던 국가로서는 신라와 조선을 들 수 있다. 사대란 "소국은 대국을 섬기고, 대국은 소국을 돌본다"는 이념에서 출발한 국제 외교 형식이었다. 신라가 독자 연호

그림 9-11 교산동 마애약사상과 명문

그림 9-12 '황제만세' 명문 기와. 회암사지(좌)와 낙산사 (우) 출토

를 사용하자 648년에 당 태종은 이를 문제 삼았다.

당 태종이 어사를 시켜 물었다. "신라는 신하로서 대국을 섬기면서 어찌하여 따로 연호를 칭하는가?" 신라 사신 한질허가 대답했다. "일찍이 천자의 조정에서 정삭을 반포하지 않았기 때문에 선조 법흥왕 이래로 사사로이 기년紀年을 가지게 된 것입니다. 만

한국사의 정체성 | 337

일 대국의 명령이 있었다면 작은 나라가 어찌 감히 그렇게 하겠습니까?"고 답하니, 태종이 수긍했다.

_《삼국사기》 진덕왕 2년.

    이에 따라 다음 해부터 독자 연호를 포기하고 당나라 연호를 사용했다. 또한 삼국통일을 이룬 무열왕의 묘호를 두고서도 당 고종이 사신을 보내서 천자를 참칭한 것이라고 지적했다. 신라는 이에 대해서 "신라는 비록 작은 나라지만 거룩한 신하 김유신을 얻어서 삼국을 통일했으므로 태종이라고 한 것입니다"라고 답변하여 당나라의 묵인을 받았다. 그러나 그 후로는 묘호를 사용하지 못했다.

    이처럼 당나라에 대해서는 사대를 했지만, 내부적으로는 보덕국과 탐라국을 번국으로 설정하여 조공을 받았고, 734년에는 일본 중심의 천황제 질서를 인정하지 않고 스스로 왕성국王城國이라 불러 신라 사신이 일본에서 되돌아오기도 했다.

    조선은 건국 시부터 사대를 명분으로 내세웠다. 위화도에서 회군할 때도 이미 사대를 이유로 들었고, 조선시대 법전인 《경국대전》에는 사대에 관한 실무 사항을 기록하여 법제화했다. 이에 따라 조선은 명나라의 제후국으로서 그 연호와 정삭을 사용했고 정기적으로 조공했다. 또 왕은 명나라 천자의 고명誥命과 인신印信을 받아서 합법적인 지위를 보장받았다. 아울러 제후국에 걸맞은 제도를 마련했으니, 왕의 명령은 교敎라 했고, 중앙행정기구를 6부 대신에 6조曹라 칭했다. 또한 황제의 색인 황색 사용도 금지했고, 하늘에 대한 제사도 중단했다. 천자는 하늘에 제사를 지내고 제후는 산천에 제사를 지내는 게 원칙이었기 때문이다. 황제에 대한 예법으로 머리를 조아리는 고두례叩頭禮나 발을 구르며 춤추는 무도례舞蹈禮도 폐지했다. 《고려사》를 편찬하면서는 《삼국사기》와 달리 천자의 역사인 '본기' 대신에 제후의 역사인 '세가'로 설정했다.

    그러나 다른 한편으로는 소중화의식을 통하여 주변 민족보다 우월하다는 자존심을 지켜나갔다. 이런 의식은 이미 고려시대부터 싹텄으니, 고려 중기의 문신인 박인량의 문집은 송나라에서 《소화집小華集》이란 이름으로 간행되었고, 《제왕운기》에는 "밭갈고 우물 파는 예의의 나라, 중화인이 이름하여 소중화라 했네"라고 노래했다.

    이러한 의식은 조선시대에 더욱 강화되었다. 중화인 명나라 못지않게 유교 문화를 향유하던 조선은 작은 중화였고, 그렇지 못한 여진과 일본은 이적으로 여겼다. 이에 따라 국가를 처음 연 단군과 함께 중국으로부터 와서 문명 교화를 일으킨 기자가 소중화의 역사적 근거로서 숭배되었다. 그런데 중화로 받들었던 명나라가 오랑캐 국가인 청나라에 멸망하자 이제는 조선만이 중화로서 명나라의 유일한 후계자라는 생각을 가지게 되었으니, 소중화의식은 조선이 중화라는 '조선중화의식'으로 탈바꿈했다.

조선의 자존심은 오랑캐로만 여겼던 남왜북로南倭北虜의 전란을 겪으면서 더욱 강화되었다. 그것은 청나라에 대한 복수를 꿈꾸는 북벌론과 명나라에 대한 의리를 강조하는 존주론尊周論으로 나타났으나, 북벌론은 실행에 한계가 있었으므로 존주론을 강화하는 방향으로 전개되었다. 이에 따라 명나라 황제를 제사 지내는 대보단大報壇을 설치했고, 존주론과 관련된 서적들을 편찬했으며, 명나라 마지막 연호인 숭정崇禎을 조선 말기까지 사용했다. 심지어 명나라가 표현된 과거의 중국에 현재의 조선이 결합된 지도도 제작되었다.

그림 9-13 열하일기 시작 부분

북벌론은 그 뒤 청나라의 문물을 배우자는 북학론으로 전개되었지만, 그 대표적 인물인 박지원의 글에서 보듯이 청나라에 머리를 숙이는 것은 아니었다. 그림9-13 단지, 오랑캐의 좋은 점만을 배워 이를 물리치자는 생각을 가지고 있었다.

> 어찌해서 '후삼경자後三庚子'라 했는가? [중략] 숭정 기원 뒤 세 번째 경자년을 말한다. 그러면 왜 '숭정'을 바로 쓰지 않았는가? 장차 강을 건너려고 이를 피한 것이다. 왜 이를 피했는가? 강 건너에 청나라 사람이 있기 때문이다. 천하가 모두 청나라 정삭을 쓰니 감히 숭정이라 하지 못한다. 그러면 왜 사사로이 숭정을 쓰는가? 명나라가 중화로서 처음에 우리가 명령을 받은 윗나라이기 때문이다. [중략] 청나라 사람들이 중국에 들어가 주인이 되자 선왕의 제도가 변하여 오랑캐가 되었지만, 동방 수천 리는 강을 경계로 삼아 나라를 유지하며 홀로 선왕의 제도를 지켰으니, 이것은 명나라 황실이 아직도 압록강 동쪽에 존재한다는 사실을 보여준다. 비록 저 오랑캐를 몰아내서 중원을 깨끗이 하여 선왕의 제도를 복구하기에는 역부족이지만, 모두 숭정이라도 높여서 중국을 보존할 수 있을 것이다.
>
> _《열하일기》〈도강록〉 서문._

그러나 서양의 천문학과 지리 지식이 들어오면서 중국이 세계의 중심이 아닌 사실을 확인하게 된다. 이에 따라 중국 중심의 천하관도 변화를 맞게 되었다. 다음 글은 정약용이 북경에 사신으로 가는 한치응에게 보낸 글이다.

> 내가 보건대 중국이란 것이 어찌하여 중中이 되는지 알 수 없고, 동국이란 것이 어찌해서 동東이 되는지 알 수 없다. 무릇 해가 제일 위에 있을 때를 오시午時라 하는데, 오시에서 해가 뜨고 질 때까지의 시간이 같으면 내가 곧 동서의 가운데 서 있다는 것을 알 수 있다. 또 북극은 약간 높고 남극은 약간 낮은데, 전체 경사의 반이 되면 내가 곧 남북의 가운데 서 있다는 것을 알 수 있다. 무릇 동·서·남·북의 가운데라면 가는 곳마다 중국 아닌 곳이 없는데, 어찌 이른바 동국을 따로 볼 수 있는가? 이미 가는 곳마다 중국 아닌 곳이 없는데, 어찌 이른바 중국을 따로 볼 수 있는가?
>
> _《여유당전서》 제1집 제13권, 〈송한교리사연서送韓校理使燕序〉._

이 글은 전통적인 지리관에 기초하여 중국과 동국을 언급하고 있지만, 서서히 조선인의 마음속에 중국이 따로 없다는 생각까지 깃들고 있음을 발견할 수 있다.

4. 연구의 미래

2005년 7월에 터키 수상이 몽골을 방문했을 때 돌궐Turk 비문을 찾아가 자기 조상의 역사라고 했다. 몽골 땅의 동부에는 흉노족의 유적이 남아 있고, 서부에는 돌궐족의 유적이 남아 있다. 그렇다고 몽골인들이 이 모두를 자기 조상의 역사라고 하지는 않는다. 돌궐은 투르크족의 역사고, 흉노는 자기 조상과 연계된다고 생각하고 있다는 것이다. 그러니 몽골에서는 아무런 반발도 없었고 오히려 우호적이었다. 터키는 비문이 있는 곳까지 고속도로를 건설해주고 박물관을 세워주기로 했다고 한다. 터키는 멀리 유럽 동남부와 소아시아 반도에 있는 나라다. 이곳에서 비록 수세기에 걸쳐 다양한 종족과 피가 섞였지만, 이들은 중앙아시아 선조로부터 피를 물려받은 순수한 터키인이라는 민족 의식을 가지고 있다. 만일 중국의 논리대로 한다면 이런 의식은 설 자리가 없게 된다. 중국에서도 이런 유연성을 가지고 역사를 연구하고 가르쳐야 할 것이다. 그러나 우리가 이를 중국에 요구한다고 해서 고쳐질 가능성은 적어 보인다. 그렇다면 우리 스스로 준비해갈 수밖에 없다.

역사 마찰은 앞으로도 지속적으로 벌어질 것이다. 그러나 고조선, 고구려, 발해가 우리 역사라고 하면서도 연구자는 아주 적은 실정이다. 지금은 북한 땅과 중국 땅이 되어 접근하기가 어렵기 때문에 연구자가 많이 나오지 않는다. 고대사 연구자는 신라사에 집중되어 있는 형편이다. 2004년 기준의 박사학위 소지자 통계를 보면 그 상황을 짐작할 수 있다. 그림9-14 그러니 동북공정과 같은 사태가 벌어져도 극소수 몇몇 연구자에 의존하여 대응할 수밖에 없다. 따라서 앞으로 유사한 일이 벌어졌을 경우를 대비하여 연구자를 양성할 필요가 있다. 이것은 연구의 시장논리로는 안 된다. 대부분의 대학에서 지역 연구와 연계를 시키니 북방사 연구자들이 강단에 서기가 어렵기 때문이다.

국내의 연구자를 양성하는 것과 더불어 외국의 한국사 연구자를 활용해야 한다. 해외의 한국 고대사 연구자는 아주 적다. 1998년 초까지 조사한 자료에 따르면, 당시까지 110명 정도의 연구자가 249편 정도의

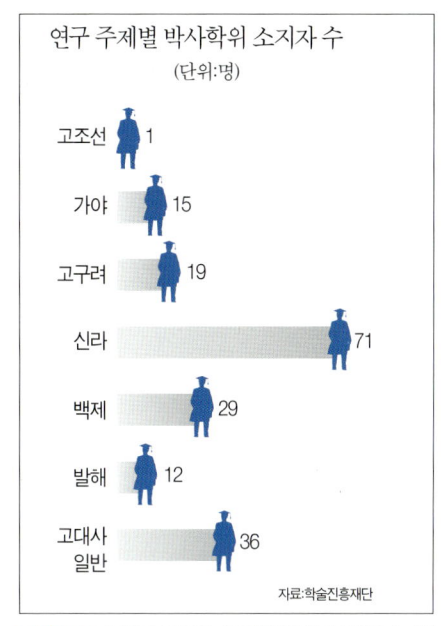

그림 9-14 고대사 연구자 숫자(중앙일보) 2004. 8. 26)

글을 발표했다. 그러나 전문적인 연구 수준을 보이는 글은 많지 않다. 20세기 후반에 활발한 활동을 벌인 연구자로서 고고학에서는 사라 넬슨Sarah M. Nelson, 리처드 피어슨Richard J. Pearson, 지나 반즈Gina L. Barnes, 릴리 샘플Lillie L. Sample 등이 있고, 역사학에서는 이옥, 케네스 가디너Kenneth H. J. Gardiner, 조너선 베스트Jonathan W. Best, 제임스 그레이슨James H. Grayson, 김종선 등이 있다.

연구 내용을 보면, 대부분이 고대사 전반에 관한 글을 두루 다루고 있으나, 케네스 가디너는 고구려사 연구에, 조너선 베스트는 백제사 연구에 힘을 쏟은 것이 주목받을 정도다. 더욱 문제는 신진 연구자들이 별로 없다는 점이다. 이것은 중국 연구자들이 폭발적으로 증가하는 추세와 크게 대비된다. 국력의 상승은 연구자의 증가와 정비례하는 것이 일반적인 경향이다.

따라서 해외의 연구자를 정책적으로 양성하여 이들이 국제사회의 여론을 형성하는 것이 중요하다. 이와 함께 국내학계의 견해를 해외에 알리는 것도 절실하다. 국내학계와 해외 학자 사이의 소통이 제대로 이루어지지 않는 것이 한국학의 현실이다. 최근의 연구 성과를 반영한 영문 한국사 개설서가 출간된 적이 없고, 국내의 영문 학술잡지도 영향력이 미미하다. 앞으로 이 분야에 대한 정책적 배려가 중요하다.

장차 국력으로 중국을 앞서기는 어려울 것이다. 세계 무대에서 중국의 발언권은 더욱

그림 9-15 기업의 이미지 광고

커지고 있다. 그럴 수록 역사의 싸움은 더욱 힘들어질 것이다. 그럼에도 역사를 넘겨주지 않았다고 후손에게 당당히 말할 수 있도록 대처해야 한다. 동북공정 문제가 한참 불거졌을 때 어느 기업에서 "땅의 크기에서 밀린다면 생각의 크기로 맞서야 합니다"는 이미지 광고를 낸 적이 있다. 그림9-15 어쩔 수 없이 우리로서는 생각의 크기로 맞설 수밖에 없다.

■ 참고 사이트와 문헌

가네코 슈이치金子修一,《隋唐の國際秩序と東アジア》名著刊行會, 2001.

강석화,《조선후기 함경도와 북방영토의식》경세원, 2000.

강석화, 〈조선후기의 북방영토의식〉《한국사연구》129, 2005.

김기덕, 〈고려의 제왕제諸王制와 황제국체제〉《국사관논총》78, 1997.

김정배, 〈중국사서에 나타나는 '해동삼국'〉《북방사논총》창간호, 고구려연구재단, 2004.

노명호, 〈동명왕편과 이규보의 다원적 천하관〉《진단학보》83, 1997.

노명호, 〈고려시대의 다원적 천하관과 해동천자〉《한국사 연구》105, 1999.

노태돈, 〈삼한에 대한 인식의 변천〉《한국사연구》38, 1982 ;《한국사를 통해 본 우리와 세계에 대한 인식》풀빛, 1998.

노태돈, 〈5세기 금석문에 보이는 고구려인의 천하관〉《한국사론》19, 서울대 국사학과, 1988 ;《고구려사 연구》사계절, 1999.

노태돈,《예빈도에 보인 고구려》서울대학교출판부, 2003.

박용운,《고려의 고구려계승에 대한 종합적 검토》일지사, 2006.

박재우, 〈고려 군주의 국제적 위상〉《한국사 학보》20, 고려사학회, 2005.

배우성,《조선후기 국토관과 천하관의 변화》일지사, 1998.

서지문, 〈한국사학에 바란다—고구려보다 넓은 지평을〉《한국사시민강좌》31, 2002.

송기호, 〈조선시대 사서에 나타난 발해관〉《한국사연구》72, 1991.

송기호, 〈황제 칭호와 관련된 발해 사료들〉 1993. 3. 26. 고려대 민족문화연구소 발해사 국제학술회의 발표문 ;《발해정치사연구》일조각, 1995.

송기호, 〈서양의 한국 고고학 및 고대사 연구 목록〉《한국사론》40, 서울대학교 국사학과, 1998.

송기호,《한국 고대의 온돌—북옥저, 고구려, 발해》서울대학교출판부, 2006.

송기호, 〈대외관계에서 본 발해 정권의 속성〉《한국 고대국가와 중국 왕조의 조공·책봉 관계》고구려연구재단 연구총서 15, 2006.

송용덕, 〈고려~조선전기의 백두산 인식〉《역사와 현실》64, 2007.

양기석, 〈4~5C. 고구려 왕자王者의 천하관에 대하여〉《호서사학》11, 1983.

유인선, 〈베트남 완조阮朝의 성립과 '대남大南' 제국 질서〉《아시아문화》10, 한림대학교 아시아문화연구소, 1994.

윤국일, 〈고구려 최고통치자의 황제적 지위〉《력사과학》1990-1.

이성규, 〈중국의 분열체제모식과 동아시아 제국諸國〉《한국고대사논총》8, 한국고대사회연구소 편, 가락국사적개발연구원, 1996.

이성규, 〈중국 고문헌에 나타난 동북관東北觀〉《동북아시아 선사 및 고대사 연구의 방향》학연문화사, 2004.

추명엽, 〈고려시기 '해동' 인식과 해동천하〉《한국사연구》129, 2005.

■ 읽기자료
외국학계의 시선으로 본 고구려 문제

Koguryo: An American view

    Like most of you, I learned from the start that Koguryo was part of Korea's long historical tradition. In graduate school I encountered the Samguk sagi and Samguk yusa, two historical accounts about Korea's past. The Samguk sagi and Samguk yusa described Korea's formation out of the states of Koguryo, Paekche, and Silla and told of Ulchimundok, not just a Koguryo general but a hero to Koreans of all ages. I read about early treasures of Koguryo such at the Generals Tomb or the Kwangaet'o wangbi monument on which early Koguryo and Korean history were written. I also learned that Pyongyang was once the capital of Koguryo, and Pyongyang is as Korean as any city in the world. So when I first learned of China's claims that Koguryo was in fact part of China's history and that Koguryo was one of ancient China's minority states, I was somewhat surprised and slightly amused at this assumption. But my amusement changed to concern as the rhetoric over "ownership" of Koguryo grew.

    As my training has been primarily in Koryo history not Koguryo, I had only paid a passing glance at Koguryo history. And in my study of Koryo's origins, I have spent more time analyzing the traditions of Silla than those of Koguryo. Silla was closer to my area of focus and also physically I was able to visit Kyongju much more readily and view Silla historical sites. I first visited Kyongju in 1966 when I lived in Pusan as a Peace Corps volunteer. In visiting the tombs and temples I was immediately struck by the richness of Silla's past.

    I wanted my students to have access to books on early Korea, especially Silla, and so this led me to the Samguk sagi. Nearly 15 years ago, I started working on a project to translate the Samguk sagi into English. There are several of us who are still struggling to render this important history into English, and we are making progress through the help of the Hangukhak chungang yonguwon. As the debate over Koguryo developed, our translation team was urged to speed up its focus on Koguryo. When I began translating the Koguryo annals, I became more enchanted with the text. As I progressed through several of the kwon in the Koguryo annals, a clearer sense of Koguryo identity emerged. Then in late September of this year I was privileged to be on a field trip that took me to several important Koguryo historical sites in northeastern China. This experience further enhanced my appreciation for and understanding of Koguryo's rich heritage.

강연 장면(2005. 11. 17)

In introducing the topic of Koguryo to an American audience, and particularly the question of ownership of Koguryo, it is important to realize this is an issue that has erupted out of 20th and 21st century nationalism. Since the mid 1950s both China and Korea, north and south, have been trying to regain control of their history and rediscover their national roots. Twentieth century imperialism and colonialism had made great efforts to deny the history of these nations. Now as China and the two Koreas attempted to regain control over their past and explore their heritages, it is natural to focus on history. Koguryo which physically occupied land that is in modern North Korea and northeast China inevitably became contested ground.

Although American scholars have not been actively caught up in this debate as to whether Koguryo should be Chinese or Korean, some scholars such as Gari Ledyard of Columbia University or Mark Byington, a young PHD out of Harvard, have found the Chinese claims to be untenable and is based on a retrospective look back into the past. To these scholars Koguryo is "embedded in Korean historiography." Other scholars like John Jamieson or Andrei Lankov, although questioning Chinese claims, feel that Koguryo people are more closely related to the pastoral peoples who for centuries inhabited what is today northeastern China. In other words to them Koguryo is neither Chinese nor Korean.

Koguryo in the historical sources

The earliest records on Koguryo are found in Chinese historical sources. If the Koguryo people kept histories they have been long since destroyed. Thus it is the Chinese sources that introduce modern readers to Koguryo's past. The Shiji compiled in the Han dynasty, is one of China's oldest histories. Koguryo's earliest past is found in the Choson section. The Chinese of the Han dynasty clearly distinguished themselves from the neighboring states, and the states of the Korean peninsula were not deemed part of China.

The Tang histories such as the Jiu tangshu or the Xin tangshu present a much more detailed history, but here too, the Koguryo record is placed in the Dongijon, (eastern barbarian) section. It is here that the term "samguk" is used in describing Koguryo, Paekche and Silla. These histories recognized each of the three kingdoms as separate states and also used a single term "haedong samguk" to describe the region.

The earliest extant Korean histories are the above mentioned Samguk sagi and Samguk yusa. The Samguk sagi was compiled in the middle of the 12th century under the supervision of Kim Pusik and the Samguk yusa was written in the 13th century by the monk Iryon. As the titles of both texts demonstrate, to people of mid Koryo, Korea's origins date from the samguk, the three kingdoms of Koguryo, Paekche, and Silla. Koguryo is an important part of Korea's historical memory.

To the people of Koryo, Koguryo was especially important. The name of their country Koryo was derived from Koguryo. In fact it was a rewritten version of Koguryo as the middle character gu had been deleted. Some scholars suggest that the Koryo link may be even more direct as they point to records that indicate that Koguryo itself referred to its country as Koryo from the middle of the 5th century. Kungye, the local lord who competed for control of the peninsula at the start of the tenth century called his state "Later Koryo" indicating he believed he was a successor to Koguryo. When Wang Kon founded his new state in 918 he took the name Koryo, in part pointing to the northern heritage of his new kingdom. Wang Kon placed great interest in reestablishing a Korean presence in the north in mark contrast to Silla which has generally ignored the northern reaches of the peninsula. Wang Kon established his western capital in Pyongyang rehabilitating that region and demonstrating its importance in his new state. He also welcomed immigrants from Parhae who had been forced to flee as the Khitan grew in strength in Manchuria. Parhae was a northern state that included descendants of Koguryo people.

Pyongyang, the ancient capital of Koguryo, remained an important area in Koryo. T'aejo Wang Kon in his fifth injunction of his Ten Injunctions discusses the importance of Pyongyang and urges kings to visit the area regularly. The early king Chongjong seriously thought of moving his capital there. And in the mid twelfth century, the charlatan monk Myoch'ong led a rebellion that tried to force the transfer of the capital to Pyongyang.

Koryo showed great interest in trying to gain control of the northern part of the peninsula and as it expanded northward it ran into the Khitans who were expanding south. The Khitan were also vexing the Chinese as they ultimately established their own dynasty called the Liao and controlled northern China into the 12th century. In 993 the Khitan invaded northern Korea claiming control over the area south of the Yalu river, and stating that Koryo as a successor to Silla has no right to the territory so far north. So Hui, one of early Koryo's great statesmen replied, "That is not so. Our country is in fact former Koguryo, and that is why it is named Koryo and has a capital at Pyongyang." He then went on to point out as the successor state to Korguryo, Koryo's land rested on both sides of the Yalu river.

The two major histories written in the Koryo period, the aforementioned

Samguk sagi and Samguk yusa, through their titles state the primacy of the three kingdoms, Koguryo, Paekche and Silla, in the evolution of Korea's history. The Samguk sagi in particular places great emphasis on Koguryo through the presentation of Koguryo's history in over ten chapters in the Koguryo pongi. Although the compliers of the Samguk sagi relied heavily on the Chinese historical record in writing the early Koguryo record, the sense of a history clearly separate and at times antagonistic to China emerges. For example in discussing the unification wars of the mid 660s, Kim Pusik presents a record that is at odds with that found in the Chinese sources. Furthermore, the biographies section of the Samguk sagi records the feats of several important Koguryo people and especially heralds the exploits of Koguryo's great warrior statesman, Ulchi mundok. The lessons presented in the Koguryo annals section of the Samguk sagi are written to be relevant to all Koreans. Or as Kim Pusik proudly writes, "The histories of Korea's Three Kingdoms are long, and their events should be set forth in an official record."

Other 12th and 13th century texts also point to the primacy of Koguryo in the historical memory of the people of Koryo. Although the Pyonnyon t'ongnok does not discuss Koguryo specifically, it mentions the importance of Mt. Paektu in the north as a generating point for T'aejo Wang Kon's genealogy. Through this text, the Koryo founder is seen to be a descendant of people from around the peninsula. Yi Sunghyu's Chewang ungi, written at the end of the 13th century, in discussing Korea refers to the country as Tongguk and puts Koguryo, Paekche and Silla as part of this history. Even more emphatically, one of Koryo's greatest writers, Yi Kyubo, places Koguryo right at the center of his writing when he presents the Tongmyongwang pyon which is about the founder of Koguryo, King Tongmyong.

Choson writers did little to change this perception. In compiling the history of Koryo through both the Koryosa and Koryosa choryo, Choson historians never challenged the primacy of Koguryo's position as one of the three kingdoms and part of Korea's historical past. To Choson scholars, Koguryo was part of Korea's historical roots. See for example Kwon Kun's Tongguk saryak, So Kojong's

Tongguk tʼonggam, or Yi Pʼa Samguksa choryo. The 18th century sirhak scholar An Chongbok took special interest in Koguryo and even suggested that Koguryo's origins preceded that found in the Samguk sagi and can be traced back to before Han Wudi conquered Ancient Choson.

Conclusions

When the Koryo statesman So Hui confronted a Khitan challenge to Koryo's "ownership" of Koguryo, he presented a strong defense of his position arguing that Koryo was in fact Koguryo. Koreans today when confronting the current Chinese challenged to the ownership of Koguryo should replicated So Hui's defense, drawing on modern terminology. To So Hui just as to Koreans in the 21st century, Koguryo is an integral part of their historical memory. Regardless of what Chinese scholars might suggest, Koreans will not and cannot budge from this position.

Let me give you an example from Hawaii's history. In the mid 1980s the state of Hawaii wanted to build a new highway through a neglected valley. After construction started, Hawaiian activists discovered what they thought was a sacred site. Archaeologists came in to study the site and when I questioned one of the archaeologists if the site were indeed sacred, he replied, "it is now." What he meant was that even if to ancient Hawaiians it was not sacred, the people had made it sacred today. Similarly even if Koguryo was not a Korean state, by the time of Koryo, it had become firmly a part of Korea's historical memory.

If you were able to ask the people of Koguryo whether they were Chinese or Korean, they would clearly declare they were not Chinese. A quick reading of the Koguryo pongi of the Samguk sagi reveals an on-going series of battles with different Chinese kingdoms, as Koguryo people sought to assert their identity. They fought a similar battle with Silla which ultimately they lost and become partially absorbed into the new Silla state. Some Koguryo people chose to escape Silla control and retreat into the hinterlands of Manchuria, many other chose to remain where they were and accede to Silla control. And it is most likely these people who remained under Silla tutelage, when asked the above question, they would reply that yes they are Korean and part of Korea's historical tradition.

Let me offer yet another posture that draws on Korea's history. On this satellite map we see no borders and perhaps that is the best way to look at the world. The people of Koguryo formed an important state in the middle of East Asia. That state has disappeared but its legacy helped form Silla, then Koryo and Choson, and still lives in the hearts of the Korean people. The Koguryo legacy is broad enough so that other peoples and other nations can also draw from it. It is a heritage that Koreans can proudly share with the world.

_Edward J. Shultz, University of Hawaii, 2005. 11. 17. 서울대학교 박물관 강연문.

찾아보기

ㄱ

가네코 슈이치 318
간도 76, 77, 79
간도협약 78
개혁·개방 정책 30
계급 갈등론 115
　～조화론 115
　～투쟁론 115
　～화해론 115
계급사관 199
고구려 163, 319~323
고구려 국제학술회의 155
고구려연구재단 292
고구려연구회 292
고양씨설 257
고이설 257
고조선 215~220, 318, 319, 324
공도정책 84
국사해체론 292
국수주의사관 23
국제수로기구IHO 88, 90
궁예 268
귀모뤄 郭沫若 250
그리스 287

근린제국 조항 21, 23
기미정책 180
　～체제 183
기자 215, 219, 323
기자묘 44
기자조선 216, 218
기후 요인 114
김한규 298

ㄴ

나이무쇼 85, 86
나이토 세이추 88
난사군도 67, 69, 71, 149
남북국시대론 228
내연의 적 14, 15
내재적 발전론 110, 114, 115
네르친스크 조약 73
네오콘 16
노예사회 125
노예제 결여론 109
녹둔도 91, 92

ㄷ

다이조칸 85, 86

다카하시 데쓰야 19
다케시마 82~84, 86
단군 43, 215, 323
단군묘 38, 44
단군조선 216, 217
당나라 지방정권 223, 233
당파성론 107
대남 335
대마도 331, 332
대한족주의 152, 186
댜오위도 67, 69, 149
도광양회 31
도리야마 기이치 108
도사 317
도이힐러, 마르티나 126
독도 70, 82~88, 331
독립기념관 23
돌궐 340
동북공정 139~155, 289~293, 306
동북아 경제 중심 추진위원회 37
동북아균형자론 14
동북아역사재단 292
동북지방 161, 163
동아시아 13
동아시아론 295, 296
동이 201, 203
　~족 213
동해 88~90
동호 계통 211
두만강 74~78, 326, 327, 329, 330
두용하오 都永浩 250
등투 67

ㄹ
룽탄산성 247, 248, 256
리더산 李德山 160, 161

ㅁ
마다정 馬大正 69, 147, 150, 165
마르크스주의사관 115, 150
《마주보는 한일사》 29
마케도니아 287
마한 315
만선사관 107, 108
만족 161
만주 161~163, 185
망언 16, 17
맥족 256
멕시코 311
모리야 가쓰이 109
목극등 74, 75
몽골 184, 185
　~제국 196, 203
무령왕 131
《문명의 충돌》 32
《미래를 여는 역사》 29
미시나 아키히데 107
민족성론 107, 109
민족주의 14, 15, 38~41

ㅂ
바이서우이 白壽彝 187
박문일 249
박진석 249
반국가분열법 32
반도적성격론 107, 108
반크 289
발해 154, 222
배타적 경제수역 70
백두산 76, 78, 79, 327~329
　~천지 81
번부 184, 185
베트남 209, 210
변경의 역사 301

봉건제 결여론 109
부국강병 31
부여 220, 221
부여설 258
북옥저 222
붕당정치론 112

ㅅ
사대 180, 336
《산해경》 174
삼한 300, 312
상인설 257
《새 유럽의 역사》 29, 30
《새로운 역사 교과서》 21
새로운 역사 교과서를 만드는 모임 20, 23
서희 319, 320, 324
석도 85
선춘령 327
세습적인 당파주의 125
센카쿠열도 69, 71
소수민족 152~154, 156, 189, 190, 192, 193
소중화 338
속말말갈족 주체론 231
수토제 85
숙신 계통 210
스에마쓰 야스카즈 127
시대 구분론 112
시마네현 83, 84, 86
시짱 185
식민주의사관 106, 130
식민지근대화론 116~123
　　　　～수탈론 116~123
신장 185
신장공정 140, 151
《신편일본사》 21
신해양법 70
실지론 265

쌍성총관부 325
쑨원 孫文 186
쑨위량 孫玉良 225
쑨진지 孫進己 156, 160, 166, 212, 249, 251
쑨쭤민 孫祚民 188, 193

ㅇ
아! 고구려 전시회 156
아시아 평화와 역사교육연대 28
아이들과 교과서 전국네트 21, 28
아테네 177
악비 岳飛 197, 198
안시성 247
안용복 84
압록강 74, 76~78, 326, 327, 329
애국주의 33
야스쿠니 신사 19
양맥 兩貊 316
에커트, 카터 114, 122, 126
《여성의 눈으로 본 한일 근현대사》 29
역사 교과서 왜곡 21
역사공유론 303
염황상 217, 257
예맥족 163, 210, 213
오랑캐 177, 178
오족공화 186
와그너, 에드워드 126
와다 세이 163
와다 하루키 296
왕건 268~272
왕부지 王夫之 174
왕위랑 王禹浪 250
왕이 141
왕인 박사 130
왕청리 王承禮 224
외왕내제 333
요동 324, 325

요동사 298, 300, 301
우다웨이武大偉 141, 145
우바시 198
우익세력 15
월경죄 327
웨이귀중魏國忠 224, 225
위구르 185
위만 219
위만조선 216, 218
위화도 회군 181
유소작위 31
윤관 76, 81, 321, 327
을해감계회담 78
이다조李多祚 316
이성계 181
이이제이 179
인종론 107, 109
일본해 88~90
일사양용 249, 250
일선동조론 107
일통삼한 의식 313
일한일역론 108
임나일본부설 127, 133
임지현 15, 301

ㅈ

자본주의 맹아 112
자학사관 21
장고분 133
장천1호분 158
재야사학자 38
재외동포특별법 36, 165
적대적 공범관계 14, 15
전바오도 72
전방후원분 133
《젊은이들에게 전하고 싶은 한국의 역사》 29
정계비 73, 75, 76

정두희 305
정상기 82
정체성론 109
정한론 107
정해감계회담 78
《제왕운기》 300, 322, 333
제주도 330
제후 201
조공 181, 182, 183
조선중화의식 339
조선족 164
《조선통신사》 29
조성을 305
조우관 317
주원장 196
주체사관 42, 43, 115, 116
중·조 변계조약 81
중화문명탐원공정 140, 150, 151
중화민족 32, 149, 184, 189, 193, 194, 198
중화민족다원일체격국론 194
지방민족주의 152
　～자치정권 263, 264
　～할거정권 263, 264
지안 국제학술회 253
진구황후神功皇后 127
진회秦檜 198
쪽구들 222, 318

ㅊ

책봉 183
천하관 172
천하도 173
철령위 81, 325
최장집 297
칠지도 131
칭기즈칸 197, 202

ㅋ
퀘벡 204

ㅌ
탄지샹 250
탈민족주의론 292, 295
탈베그 92
탕누우량하이 67
토문강 76
토지국유제 111
토지조사사업 119, 120
통일적 다민족국가 171, 183, 184, 192, 193, 196, 199
투바공화국 67, 149
티베트 69, 154, 184, 185

ㅍ
팔레, 제임스 125
평지아성 108
페르시아 177
페이샤오퉁 費孝通 194
평화의 바다 91
포클랜드 전쟁 72, 73
푸쓰녠傅斯年 252

ㅎ
하상주단대공정 140, 150
《한국과 일본에서 함께 읽는 열린 한국사》 29
한국바로알리기사업 23
한사군 216, 218
한승조 18
한·일 어업협정 70
한·중 어업협정 71
《한일 교류의 역사》 29
한일역사공동위원회 29
해동삼국 300, 315
헤이샤즈도 69

혼일도 174, 187
화이도 174
화이사상 174
화이일체론 187
후루하타 도루 318
후소샤 교과서 23~26
후쿠다 도쿠조 109
훙산문화 258
흉노 340
9복 173
9주 172, 173

동아시아의 역사분쟁

1판 1쇄 발행   2007년 8월 30일
1판 6쇄 발행   2023년 6월 27일

지은이   송기호
펴낸이   임양묵
펴낸곳   솔출판사

기획   임정림
편집   이종원, 윤정빈, 임윤영
경영관리   박현주

주소   서울시 마포구 와우산로29가길 80(서교동)
전화   02-332-1526
팩스   02-332-1529
블로그   blog.naver.com/sol_book
이메일   solbook@solbook.co.kr
출판등록   1990년 9월 15일 제10-420호

ⓒ 솔출판사, 2004

ISBN   978-89-8133-868-8 (93910)

• 잘못된 책은 구입한 곳에서 바꿔드립니다.
• 책값은 뒤표지에 표시되어 있습니다.